Peter Becker · Olaf Leiße

Die Zukunft Europas

Peter Becker · Olaf Leiße

Die Zukunft Europas

Der Konvent zur Zukunft
der Europäischen Union

VS VERLAG FÜR SOZIALWISSENSCHAFTEN

VS Verlag für Sozialwissenschaften
Entstanden mit Beginn des Jahres 2004 aus den beiden Häusern
Leske+Budrich und Westdeutscher Verlag.
Die breite Basis für sozialwissenschaftliches Publizieren

Bibliografische Information Der Deutschen Bibliothek
Die Deutsche Bibliothek verzeichnet diese Publikation in der Deutschen Nationalbibliografie;
detaillierte bibliografische Daten sind im Internet über <http://dnb.ddb.de> abrufbar.

1. Auflage März 2005

Alle Rechte vorbehalten
© VS Verlag für Sozialwissenschaften/GWV Fachverlage GmbH, Wiesbaden 2005

Lektorat: Frank Schindler

Der VS Verlag für Sozialwissenschaften ist ein Unternehmen von Springer Science+Business Media.
www.vs-verlag.de

Das Werk einschließlich aller seiner Teile ist urheberrechtlich geschützt. Jede Verwertung außerhalb der engen Grenzen des Urheberrechtsgesetzes ist ohne Zustimmung des Verlags unzulässig und strafbar. Das gilt insbesondere für Vervielfältigungen, Übersetzungen, Mikroverfilmungen und die Einspeicherung und Verarbeitung in elektronischen Systemen.

Die Wiedergabe von Gebrauchsnamen, Handelsnamen, Warenbezeichnungen usw. in diesem Werk berechtigt auch ohne besondere Kennzeichnung nicht zu der Annahme, dass solche Namen im Sinne der Warenzeichen- und Markenschutz-Gesetzgebung als frei zu betrachten wären und daher von jedermann benutzt werden dürften.

Umschlaggestaltung: KünkelLopka Medienentwicklung, Heidelberg

ISBN-13: 978-3-531-14100-8   e-ISBN-13: 978-3-322-80496-9
DOI: 10.1007/978-3-322-80496-9

Inhalt

Vorwort		9
Einleitung		11

TEIL I: Im Vorfeld des Konvents

1 Integration durch Verträge - von Maastricht nach Nizza — 16
   Der Vertrag von Maastricht — 19
   Der Maastrichter Vertrag als neue Stufe des Integrationsprozesses — 20
   Von Amsterdam nach Nizza — 23

2 Europa zwischen Intergouvernementalismus und Föderalismus — 26
   Intergouvernementalistische Leitbilder — 27
   Supranationale und föderalistische Leitbilder — 28
   Defizite des Integrationsprozesses — 30
   Verfassungsentwürfe des Europäischen Parlaments — 34
   Vom Vertrag zur Verfassung — 37

3 Der Konvent zur Ausarbeitung der Europäischen Grundrechtecharta — 41

TEIL II: Vorbereitungen zum Konvent

4 Der Vertrag von Nizza – Anstoß für den Konvent — 50
   Das Ergebnis von Nizza — 50
   Der Post-Nizza- Prozess — 53

5 Die politische Debatte zur Zukunft der Europäischen Union — 56
   Zur Begründung europäischer Politik und ihrer Ziele — 58
   Zur institutionellen Ausgestaltung der Europäischen Union — 60
   Zur Rolle einer europäischen Verfassung — 63

6 Der Gipfel von Laeken und die Einsetzung des Konvents — 67
   Die Vorbereitung der Erklärung von Laeken — 67
   Die Erklärung von Laeken — 71
   Erwartungen vor Beginn des Konvents — 72

TEIL III: Die Arbeit des Konvents

7 Struktur, Arbeitsweise und Zusammensetzung des Konvents — 78
   Zusammensetzung — 78

	Die Komponenten des Konvents	81
	Präsidium und Konventssekretariat	82
	Arbeitsmethoden und Arbeitsphasen	84
8	**Die Phase der Anhörung - der Verlauf bis zur Sommerpause 2002**	**88**
	Die Plenartagung am 21./22. März 2002	89
	Die Plenartagung am 15./16. April 2002	95
	Die Plenartagung am 6./7. Juni 2002	98
	Die Plenartagung am 11./12. Juli 2002	100
	Zwischenbilanz zum Ende der ersten Arbeitsphase des Konvents	102
9	**Die Phase der Erörterung - der Verlauf bis zum Jahresende 2002**	**106**
	Streitpunkte und Konfliktlinien	110
	Bilanz zum Ende der zweiten Arbeitsphase (Winter 2002/2003)	115
10	**Aufgaben und Ergebnisse der Arbeitsgruppen**	**117**
	Die Gruppe der Rechtsexperten	136
11	**Die Phase der Entscheidung – der Verlauf bis zum Abschluss der Arbeiten im Sommer 2003**	**137**
	Die Plenartagung am 27./28. Februar 2003	137
	Die Plenartagung am 17./18. März 2003	139
	Die Plenartagung am 3./4. April 2003	140
	Die Plenartagung am 24./25. April 2003	141
	Die Plenartagung am 15./16. Mai 2003	144
	Die Plenartagung am 30./31. Mai 2003	146
	Die Plenartagung am 5. Juni 2003	147
	Die Plenartagung am 11., 12. und 13. Juni 2003	149
	Der Europäische Rat von Thessaloniki	151
	Die Plenartagungen am 4., 9. und 10. Juli 2003	152
	Erste Bilanz	155

TEIL VI: Im Umfeld des Konvents

12	**Der Konvent im europapolitischen und internationalen Umfeld**	**158**
	Das Jahr 2002	158
	Das erste Halbjahr 2003	162
	Nach dem Konvent	167
	Fazit	171
13	**Zivilgesellschaft und Öffentlichkeit**	**172**
	Das Forum der Zivilgesellschaft	173
	Europäischer Jugendkonvent	174
	Anhörungen der Zivilgesellschaft	175
	Der Konvent in der öffentlichen Wahrnehmung	177

14 Der Konvent zwischen supranationalen und
    intergouvernementalen Vorstellungen   182

TEIL V: Abschluss des Konvents

15 Das Ergebnis des Konvents   192
    Transparenz und Legitimität   193
    Handlungsfähigkeit und Effizienz   196
    Subsidiarität und Bürgernähe   199

16 Bewertungen der Konventsergebnisse aus deutscher Sicht   204
    Bewertungen der deutschen Politik   204
    Stellungnahmen deutscher Verbände   210
    Der Konvent als deliberatives Modell   214

TEIL VI: Nach dem Konvent

17 Die Regierungskonferenz – der erste Anlauf   220
    Die Vorbereitung   220
    Der Verlauf der Regierungskonferenz   222
    1. Verhandlungsrunde am 4. Oktober 2003 – Auftakt und Eröffnung 225
    2. Verhandlungsrunde der Außenminister am 13. Oktober 2003   225
    3. Verhandlungsrunde des Europäischen Rats am 16./17. Oktober
       2003   226
    4. Verhandlungsrunde der Außenminister am 27. Oktober 2003   227
    5. Verhandlungsrunde der Außenminister am 18. November 2003   228
    6. Verhandlungsrunde – das Konklave der Außenminister am
       28./29. November 2003   229
    7. Verhandlungsrunde der Außenminister am 8. Dezember 2003   233
    8. Verhandlungsrunde der Staats- und Regierungschefs am
       12./13. Dezember 2003   233
    Fazit nach dem Scheitern von Brüssel   235

18 Die Neuaufnahme der Verhandlungen und der Abschluss der
    Regierungskonferenz   239
    Die Fortsetzung der Verhandlungen   244
    Die Verhandlungen im Kreis der Außenminister im Mai 2004   246
    Die letzten Verhandlungsrunden im Juni 2004   249
    Die Einigung auf den Europäischen Verfassungsvertrag   254

19 Ausblick: Integration durch Verfassung   259

20 Literaturverzeichnis   269

21 Anhang   279

Vorwort

Das Jahr 2004 könnte als ein historisches Jahr in die Geschichte des europäischen Integrationsprozesses eingehen. Mit dem Beitritt der zehn neuen Mitgliedern aus Mittel- und Osteuropa am 1. Mai 2004 wurde endgültig die Teilung des Kontinents überwunden. Und zugleich hat die Europäische Union mit der Unterzeichnung der europäischen Verfassung durch die Staats- und Regierungschefs am 29. Oktober 2004 den Sprung in eine konstitutionelle Ära vollzogen.

Damit liegt nun die erste Verfassung für Europa vor, die unter breiter Mitwirkung der europäischen Institutionen und der Zivilgesellschaften erarbeitet worden ist. Der Konvent zur Zukunft der Europäischen Union hat in 16-monatiger Arbeit von März 2002 bis Juli 2003 einen ersten Entwurf erstellt, den die nachfolgende Regierungskonferenz bis Juni 2004 noch einmal einer Revision in Details unterzog. Am 12. Januar 2005 hat nun das Europäische Parlament in Straßburg mit großer Mehrheit diesem Verfassungstext zugestimmt. Die Parlamentarier vertraten in ihrer Entschließung die Auffassung, dass die Verfassung einen stabilen und dauerhaften Rahmen für die künftige Entwicklung der Europäischen Union bieten und somit weitere Beitritte ermöglichen werde. In den Jahren 2005 und 2006 steht nun die Ratifizierung der Verfassung in allen 25 Mitgliedstaaten der Union auf der Agenda. Die ersten nationalen Parlamente haben der Verfassung bereits zugestimmt und mit dem Referendum in Spanien wurde auch der Reigen der Volkabstimmungen eröffnet. Gerade diese Volksabstimmungen sind es allerdings, die die Ratifizierung der Europäischen Verfassung als unsichere Sache erscheinen lassen, da in einigen Ländern der Ausgang sehr ungewiss scheint. Bei einem zustimmenden Votum aus allen Mitgliedstaaten wird die Verfassung im Jahr 2007 in Kraft treten.

Das vorliegende Buch bietet einen systematischen Überblick über die Vorgeschichte und Tätigkeit des Konvents sowie der nachfolgenden Regierungskonferenz. Es ist in fünf Teile gegliedert, die sowohl die historische Entwicklung als auch systematische Fragestellungen behandeln. Die Idee zu diesem Buch und eine erste Konzeption stammten von Olaf Leiße, die Ausarbeitung erfolgte gleichwertig durch beide Autoren. Olaf Leiße ist wissenschaftlicher Mitarbeiter am Lehrstuhl für Internationale Beziehungen und Europäische Politik der Staatswissenschaftlichen Fakultät der Universität Erfurt. Peter Becker arbeitet derzeit als wissenschaftlicher Mitarbeiter in der Forschungsgruppe EU-Integration der Stiftung Wissenschaft und Politik in Berlin und begleitete zuvor als Europareferent in der Thüringer Staatskanzlei in Erfurt den europäischen Verfassungsprozess. Der Text gibt ausschließlich die persönliche Meinung der Autoren wieder.

Die vorliegende Studie will interessierte Bürger und Fachleute gleichermaßen ansprechen. Wir hoffen, hiermit einen lesbaren und trotzdem wissenschaftlich gehaltvollen Beitrag vorgelegt zu haben, der einen raschen Überblick über die Entstehung der europäischen Verfassung erlaubt.

Berlin/Erfurt im Januar 2005

„Europa ist ein Traum und ein Projekt"
Romano Prodi
Präsident der Europäischen Kommission

Einleitung

Die Europäische Union hatte mit der Einberufung des Konvents am 28. Februar 2002 ihr größtes Reformprojekt seit ihrer Gründung aufgenommen. Der „Konvent zur Zukunft der Europäischen Union" sollte die EU effizienter, transparenter, demokratischer und bürgernäher machen – im Kern ging es um die Formulierung einer Europäischen Verfassung. Ziel und Aufgabe des Konvents war es, in einem Jahr einen Entwurf für einen Europäischen Verfassungsvertrag auszuarbeiten, der dann den Staats- und Regierungschefs der Mitgliedstaaten vorgelegt und in einer anschließenden Regierungskonferenz beraten werden konnte. Damit steht der Europäische Konvent in direkter Kontinuität zu den ersten Schritten der europäischen Einigung.

Mit dem euphorischen Vorsatz, „die Grundlagen für einen immer engeren Zusammenschluss der europäischen Völker zu schaffen", leiteten insbesondere die Römischen Verträge 1957 den Prozess der Integration des Kontinents ein. In den folgenden Jahrzehnten erlebten die Völker und Staaten in Europa, dass die gewünschte Annäherung stets mühsam und kompliziert war. Fortschritte und Rückschläge wechselten einander ab. Zur Integration führte, dies lässt sich rückblickend feststellen, kein gradliniger Weg, sondern nur ein mit vielen Umwegen behafteter, äußerst verschlungener und unübersichtlicher Pfad. In weitgehender Abhängigkeit von der weltpolitischen Lage, den ökonomischen Gegebenheiten, dem Willen der politischen Führer und den inneren Zuständen der Völker Europas schritt die Integration voran, dabei Jahre der Stagnation, der „Eurosklerose", ebenso wie „Meilensteine" verzeichnend. Für die Europa-Befürworter viel zu langsam und zögerlich, für die Europa-Kritiker viel zu schnell und überstürzt, war der angestrebte immer engere Zusammenschluss ein unumkehrbarer Prozess.

„Die Europäische Union ist ein Erfolg", formulierten die Staats- und Regierungschefs der Europäischen Union in ihrer Erklärung von Laeken vom Dezember 2001, hoffnungsvoll. Doch gleichzeitig sahen sie, dass die Integration ein kritisches Stadium erreicht hatte: „Fünfzig Jahre nach ihrer Gründung befindet sich die Union allerdings an einem Scheideweg, einem entscheidenden Moment ihrer Geschichte." Diese dramatische Formulierung wurde gewählt, um die Notwendigkeit und die Dringlichkeit einer umfassenden und grundsätzlichen Debatte über die Zukunft der Europäischen Union, ihre Verfasstheit und ihre Struktur zu beschreiben. Eine solche Debatte wurde bis dahin weitgehend vermieden, doch mehrten sich nach dem Vertrag von Nizza Forderungen, die Zukunft der Integration konkret zu diskutieren. Als Arena zur Diskursführung riefen die Staats- und Regierungschefs einen Konvent ins Leben, der die Union auf die neuen Herausforderungen des 21. Jahrhunderts vorbereiten sollte.

In erster Linie ging es darum, Europa eine neue innere Form und Festigkeit zu geben. Die Europäische Union sollte als eine politische Union der Staaten und gleichermaßen der Bürgerinnen und Bürger verstanden werden. Dazu arbeitete der Konvent die Prinzipien heraus, die konstituierend für eine solche Europäische Union sind. Mit dem Konvent hatte eine große, europaweite Debatte über die Ziele, Werte und die Visionen eines geeinten Europas begonnen. Diese Wiederbelebung des europäischen Einigungsgedankens wich nach Abschluss der Konventstätigkeit im Juli 2003 jedoch einer realpolitischen Desillusion. Zwar setzte der Konvent mit der Ausarbeitung eines Verfassungstextes zu einem europapolitischen Quantensprung an, die nachfolgende Regierungskonferenz endete jedoch im Dezember 2003 zunächst mit einem vollständigen integrationspolitischen Fehlschlag. Die Regierungen brachen ihre Verhandlungen ergebnislos ab. Doch wie so häufig in dem langen Prozess der Integration, sollte auch dieser Rückschlag überwunden werden. Nach dem Schock des gescheiterten Gipfels von Brüssel nahmen die Staats- und Regierungschefs im ersten Halbjahr 2004 die Verhandlungen wieder auf. Unter der diplomatischen und konsensorientierten irischen Präsidentschaft konnte schließlich im Juni 2004 eine Einigung erreicht werden. Damit verfügt die Europäische Union nach den Vorschlägen des Europäischen Parlaments für eine Europäische Verfassung aus den Jahren 1984 und 1994 nach Ablauf einer weiteren Dekade im Jahr 2004 über einen Verfassungstext, der nach langem Ringen nun auch von den Staats- und Regierungschefs akzeptiert wurde. Im Falle einer Ratifikation in allen Mitgliedstaaten der Europäischen Union, die in einigen Ländern über Volksabstimmungen erfolgt, wird diese Verfassung die Römischen Verträge von 1957 ersetzen und zur Grundlage für die weitere Entwicklung der Union in den kommenden Jahrzehnten werden.

Das vorliegende Buch bietet eine Darstellung über die Geschichte des Verfassungsprozesses in der Gemeinschaft und die Arbeiten von Konvent und Regierungskonferenz. Teil I beschäftigt sich mit der Vorgeschichte des Konvents, dem für den europäischen Integrationsprozess so charakteristischen Gegensatz von intergouvernementalen und supranationalen Ordnungsentwürfen sowie der Arbeit des Grundrechtskonvents. Teil II widmet sich der Zeit vom Vertrag von Nizza bis zum Gipfel von Laeken, der das Mandat für die Einsetzung des Konvents zur Zukunft der Europäischen Union vorgab. Teil III gibt einen Überblick über die Struktur, Arbeitsweise und Arbeitsphasen des Konvents. Die chronologische Darstellung der Arbeiten im Konvent wird in Teil IV ergänzt um einige Themen, die sich durch den gesamten Verhandlungsprozess des Konvents hindurch zogen und die bestimmend waren für sein Ergebnis. Teil V wird das Ergebnis der Konventsarbeit, den Entwurf für eine Europäische Verfassung, vorstellen und die Reaktionen in Deutschland skizzieren. Eine Darstellung der Debatte zur Zukunft der EU und der Arbeit des Konvents wäre unvollständig, ohne auf die Entwicklungen im Rahmen der nachfolgenden Regierungskonferenz einzugehen. Teil VI beleuchtet deshalb abschließend die Geschichte des Scheiterns des Europäischen Rats und damit der Verfassung im ersten Anlauf sowie den letztendlichen Erfolg nach einem halben Jahr weiterer Verhandlungen. Im Ausblick werden Chancen der Integration durch Verfassung erwogen und die Aufgaben der kommenden Jahre diskutiert.

Das Buch wendet sich an europapolitisch interessierte Leser. Es ist keineswegs nur für Fachleute geschrieben, sondern richtet sich vornehmlich an ein breites Publikum, das die Entwicklung der europäischen Verfassung in den Jahren 2002 bis 2004 retrospektiv noch einmal nachvollziehen möchte. In der Hektik des politischen Tagesgeschehens gehen oft viele Ereignisse unter, die wegweisenden oder gar zukunftsträchtigen Charakter besitzen. Die Studie soll daher die Geschichte eines großen europäischen Zukunftsprojektes nachzeichnen.

TEIL I

Im Vorfeld des Konvents

1 Integration durch Verträge - von Maastricht nach Nizza

Eine Vielzahl unterschiedlicher politischer Konzepte und Modelle begleiteten die Entwicklung der europäischen Integration seit ihren Anfängen. Zu keinem Zeitpunkt wurde ein eindeutig definierter Endzustand der europäischen Integration oder ein für alle verpflichtendes Leitbild für die Europäische Union unter den Mitgliedstaaten vereinbart. Diese Offenheit der Finalität des Integrationsprozesses erlaubte es, mit der EU divergierende Leitbilder zu verbinden: „Bundesstaat" versus „Staatenbund" oder „Vereinigte Staaten von Europa" versus „Europa der Nationalstaaten". Im Zentrum dieses Spannungsfeldes stand und steht noch immer die Frage nach der Rolle der EU-Mitgliedstaaten im Integrationsprozess. Seit Beginn des europäischen Integrationsprozesses herrschten darüber sehr unterschiedliche Auffassungen. So entstand ein reichhaltiges Tableau an Begriffen und Etikettierungen, um das Phänomen der Europäischen Union zu erfassen. Diese Varianz der Charakterisierungen und die innovativen Begriffsbestimmungen entsprangen dieser Kontroverse um die Natur der Europäischen Union. Sie wurde als ‚Staatenverbund' (Bundesverfassungsgericht), als ‚Konkordanzsystem' (Donald J. Puchala), ‚postmoderner Nationalstaat' (James A. Caporaso), als ‚Quasi-Staat' (William Wallace), ‚fusionierter Föderalstaat' (Wolfgang Wessels), ‚regulativer Staat' (Giandomenico Majone) oder schließlich als ein im Entstehen begriffenes ‚condominion' (Philippe Schmitter) bezeichnet.[1] Selbst als „Supernova" (Josef Isensee) wurde sie schon gesehen. Ihre Struktur wurde als Staatenverbund, Mehrebenensystem, hierarchisches oder polyzentrisches System gekennzeichnet. Um die Einzigartigkeit des europäischen Integrationsprozesses zu kennzeichnen, sprechen einige Beobachter von einem Gebilde „sui generis". Alle diese Bezeichnungen grenzen die Europäische Union gegenüber dem Ordnungsmodell „Nationalstaat" sowie anderen Formen regionaler Kooperation und Institutionen der internationalen Politik ab, weisen aber auch auf Unsicherheiten in Politik und Wissenschaft hin, das Phänomen der „neuen EU" begrifflich zu fassen.

Dabei erlebte die Europäische Union und ihre Mitgliedstaaten seit Mitte der achtziger Jahre des letzten Jahrhunderts eine Phase rasch aufeinander folgender Vertragsrevisionen. Die erste Überarbeitung der Römischen Gründungsverträge aus dem Jahr 1957/58 vollzog sich mit der Einheitlichen Europäischen Akte (EEA) 1986/87. Wenige Jahre später folgte der umstrittene, insgesamt jedoch wegweisende Maastrichter Vertrag (1992/93), der im rechtlichen Sinne die Europäische Union

---

[1] Eine nahezu umfassende Liste der Begriffe findet sich bei Wolfgang Wessels: An Ever closer Fusion? A dynamic macropolitical view in integration processes, in: Journal of Common Market Studies, Vol. 35, No. 2, 1997, S. 266-299, hier S. 268.

begründete. Mit ihm wurde der Einigung des Kontinents ein entscheidender Schub verliehen, dessen Auswirkungen trotz der Nachfolgeverträge bis hinein ins 21. Jahrhundert wirksam blieben. Mit dem Amsterdamer Vertrag des Jahres 1997 und dem Vertrag von Nizza des Jahres 2000 hat die EU nun nicht weniger als vier grundlegende Vertragsrevisionen hinter sich.

Diese jüngste Geschichte der europäischen Integration ist eng verknüpft mit dem Niedergang des Blocksystems des Kalten Krieges und den sich plötzlich eröffnenden Perspektiven für eine politische Neugestaltung des Kontinents. Mit dem Ende des Ost-West-Konflikts und der Auflösung des System- und Machtgegensatzes zwischen Ost und West konnte die Europäische Union als regionaler Akteur auf der europäischen und internationalen Politik wieder stärker in den Vordergrund treten. Die EU profitierte von der Relativierung militärischer Macht und der Aufwertung ökonomisch-zivilisatorischer Faktoren. Umgekehrt führte diese welt- und europapolitische Lage auch zu politischer Instabilität und zu Befürchtungen zunehmender militärischer Konflikte.

Der epochale Wandel stellte die EU vor die Grundsatzfragen über ihre Herkunft, ihre gegenwärtige Verfassung und künftige Verfasstheit sowie ihre politische Rolle und Aufgabe im neuen Europa. Diese Herausforderungen, vor die sich das westliche Europa gestellt sah, waren vielfältig und komplex.

Erstens, der Kontinent war bis zum endgültigen Ende des Kalten Krieges übersichtlich geteilt; die gegenseitige Bedrohung hatte das internationale und europäische Staatensystem stabilisiert. Im Osten Europas existierte bis 1991 noch die Sowjetunion in imperialer Größe, aber der Zusammenbruch des Landes zeichnete sich angesichts der ökonomischen und nationalen Krisen bereits ab. Die militärischen und ökonomischen Bündnissysteme in Osteuropa, der Rat für gegenseitige Wirtschaftshilfe und der Warschauer Pakt, lösten sich allmählich selbst auf. Die osteuropäische Hegemonialmacht UdSSR zerfiel in Nachfolgerepubliken. Mit der Auflösung der Sowjetunion kamen politische und militärische Unsicherheit nach Europa und weder Politiker noch Analysten konnten voraussagen, welche Gefahren der Zusammenbruch des Riesenreichs mit sich bringen würde.

Zweitens, mit dem Ende des sowjetischen Machtbereichs wurden die ehemaligen Satellitenstaaten in Freiheit und Unabhängigkeit entlassen. Recht schnell wurde deutlich, dass sich die Länder Mittel- und Osteuropas möglichst rasch in die westlichen Bündnisse und Organisationen integrieren wollten, fürchteten sie doch noch immer eine ideologische Kehrtwendung in Moskau, das Wiederaufleben der Breschnew-Doktrin und damit eine Rückkehr der Sowjets. Noch waren in vielen Ländern der Region sowjetische Truppen stationiert, die jederzeit in das innenpolitische Geschehen der osteuropäischen Länder eingreifen konnten. Die betreffenden Staaten übten daher maximalen Druck auf Nato, Europarat und die Europäische Gemeinschaft aus, die vormals rein westlichen Bündnisse auch auf Mittel- und Osteuropa auszudehnen. Von einem Beitritt erhoffte man sich dort die Sicherung der eigenen politischen Stabilität und vor allem auch wirtschaftliche Prosperität. Die Europäische Gemeinschaft reagierte zurückhaltend auf die Beitrittsgesuche der frühen 90er Jahre, entwickelte in den kommenden Jahren jedoch ausgefeilte Heranführungsstrategien, um die mittel- und osteuropäischen Staaten für einen langfristig geplanten Beitritt vorzubereiten.

Drittens, die Implosion Jugoslawiens führte zu den langwierigsten und grausamsten Kriegshandlungen seit Ende des 2. Weltkriegs in Europa. Zu Beginn waren die Staaten in der Europäischen Union über eine angemessene Reaktion auf die Jugoslawien-Krise zutiefst zerstritten. Rasch bildeten sich die alten Konstellationen der 30er und 40er Jahre des 20. Jahrhunderts heraus, als Deutschland und Österreich auf Seiten Kroatiens und Sloweniens standen, während Frankreich und Großbritannien für Serbien Partei ergriffen. Der Verlauf der Balkankriege, der schließlich in den Krieg um Bosnien-Herzegowina und das Kosovo mündeten, zeigte die Unfähigkeit der EU-Staaten, eine angemessene Antwort in Form einer kohärenten Außen- und Sicherheitspolitik auf einen so ernsten Konflikt in unmittelbarer Nähe der Gemeinschaft zu formulieren. Ohne das politische und militärische Eingreifen der USA hätte eine ausschließlich europäische Lösung sicher mehr Zeit - und mehr Menschenleben - gekostet.

Viertens, die weltpolitischen Veränderungen zu Beginn der 90er Jahre machten eine Neu-Justierung der Machtbalance innerhalb der EU notwendig. In Frankreich, aber auch in Großbritannien und anderen westlichen Nachbarländern bestand die Besorgnis vor einem erstarkten Deutschland. Ein wiedervereinigtes Deutschland, mit zwei in ihrem jeweiligen System führenden Ökonomien, werde, so glaubten damals viele, Europa wirtschaftlich dominieren und in der Folge auch wieder größere politische Ansprüche erheben. Die Rückkehr Deutschlands in die Reihe der führenden Nationalstaaten Europas rief daher Befürchtungen hervor, nun werde in Europa das unseligen Staatensystem der 20er Jahre mit einem großen, übermächtigen, aber politisch instabilen Deutschland in der Mitte des Kontinents wiederbelebt. Diese im Nachhinein überzogen scheinenden Ansichten prognostizierten eine Gefährdung des bisherigen politischen und wirtschaftlichen Gleichgewichts in Europa. Die insbesondere in Frankreich, aber auch in der Bundesrepublik favorisierte Lösung des vermeintlichen Problems lautete daher: verstärkte Einbindung durch Integration.

Fünftens, mit dem Abschluss des Binnenmarktprojekts in den 80er Jahren war die vor allem wirtschaftlich organisierte Integration Europas an ein vorläufiges Ende gekommen. Die vier Freiheiten beim Austausch von Personen, Waren, Kapital und Dienstleistungen waren umgesetzt, zusätzlich verwirklichten die meisten Mitgliedstaaten im Rahmen des Schengener Abkommens einen Raum ohne Binnengrenzen und mit möglichst wenig internen Kontrollen. Die ökonomische Integration Europas, die in der Nachkriegszeit mit den Gemeinschaften für Kohle und Stahl (EGKS), Atom (Euratom) sowie einigen Wirtschaftsbereichen (EWG) begann und sich dann schrittweise auf weitere ökonomische Felder ausdehnte, schien damit weitgehend abgeschlossen. Der von den Funktionalisten vorhergesagte Automatismus der schrittweisen Integration zu einer politischen Union hatte sich jedoch nicht eingestellt. Nun suchten die Mitgliedstaaten nach neuen Aufgaben für die Gemeinschaft.

Der Vertrag von Maastricht

Ihre Suche mündete schließlich in die Gründung der Europäischen Union durch den Vertrag von Maastricht.[2] Dieser Vertrag läutete eine neue Ära der europäischen Integration ein. In einer glücklichen historischen Situation gelang es den damaligen Mitgliedstaaten, die Gemeinschaft entscheidend zu vertiefen und sowohl im institutionellen als auch im Policy-Bereich wegweisende, originelle Neuerungen einzuführen.[3] Mit dem „Vertrag über die Europäische Union" einigten sich Staats- und Regierungschefs auf dem Gipfel am 9. und 10. Dezember 1991 in der kleinen niederländischen Stadt Maastricht auf ein neues Leitbild. Die Europäische Gemeinschaft wurde von einem überwiegend ökonomisch integrierten Verbund zu einer politischen Union fortentwickelt. Größere Transparenz und Bürgernähe, demokratischere Entscheidungsverfahren und ausgedehntere Entscheidungskompetenz in immer mehr Politikbereichen sollten die neu gegründete Union auszeichnen. Zu diesem Zweck sollte die Union zusätzlich zur bisherigen Gemeinschaft eine europäische Außen- und Innenpolitik umfassen. Nach dem Vorbild eines antiken griechischen Tempels dominierte die Europäische Union sinnbildlich als Dach das Integrationsprojekt. Als Säulen fungierten zum einen die neue Gemeinsame Außen- und Sicherheitspolitik (GASP)[4], die die zwischenstaatliche Zusammenarbeit bündelte und die Mitgliedstaaten im Rahmen der EU in den Stand setzte, gemeinsame Standpunkte und Maßnahmen zu erarbeiten, zum anderen die Zusammenarbeit im Bereich der Innen- und Justizpolitik, die den Mitgliedstaaten in Politikbereichen wie Asyl-, Einwanderungs- und Visapolitik, internationale Kriminalität, Terrorismus und Drogenhandel zukünftig engere Kooperationen ermöglichte. In beiden Säulen ging es primär darum, den Mitgliedstaaten der Union größere Problemlösungskapazitäten im Hinblick auf internationale, grenzüberschreitende Herausforderungen zu verschaffen. Hier wurde vorwiegend zwischenstaatliche Zusammenarbeit betrieben, die Gemeinschaftsorgane, insbesondere Kommission und Europäisches Parlament, waren dagegen an Entscheidungsprozessen in diesen Bereichen kaum beteiligt.

Aber auch in der ersten Säule, der ursprünglichen Europäischen (Wirtschafts-) Gemeinschaft, gab es umwälzende Veränderungen. So wurde das Europäische Parlament durch die Einführung des Verfahrens der Mitentscheidung und die Mitbestimmung bei Wahl und Abwahl der Kommission entscheidend aufgewertet. Die Gründung des Ausschusses der Regionen trug der gestiegenen Bedeutung der regionalen Ebene Rechnung, und die Einführung der Unionsbürgerschaft ließ die europäischen Bürger vom bloßen „Marktbürger" zu einem politischen Subjekt auf europäi-

---

[2] Vgl. zur Vorgeschichte Christian Deubner (Hrsg.): Die Europäische Gemeinschaft in einem neuen Europa. Herausforderungen und Strategien, Baden-Baden 1991.
[3] Vgl. zur Analyse Rudolf Hrbek (Hrsg.): Der Vertrag von Maastricht in der wissenschaftlichen Kontroverse, Baden-Baden 1993; Otto Schmuck: Der Vertrag zur Europäischen Union. Fortschritt und Ausdifferenzierung der Europäischen Einigung, in: Europa-Archiv, Folge 4/1992, S. 97-106, sowie Wolfgang Wessels: Maastricht: Ergebnisse, Bewertungen, Langzeittrends, in: integration, 1/1992, S. 2-16.
[4] Vgl. Elfriede Regelsberger: Die Gemeinsame Außen- und Sicherheitspolitik der Europäischen Union. Profilsuche mit Hindernissen, Bonn 1993.

scher Ebene werden. Die Gründung der Wirtschafts- und Währungsunion[5], auf dem Delors-Bericht von 1989 beruhend, war die für Bürger und nationale Politiker sicher einschneidenste Neuerung. Die Mitgliedstaaten verpflichteten sich zu einer einheitlichen Währungspolitik und führten in drei Stufen die gemeinsame Währung zum Jahr 2002 ein. Auch auf anderen Gebieten wurden der Union neue Kompetenzen übertragen, so in der Verkehrs-, Forschungs-, Entwicklungs- und Strukturpolitik. Die Sozial- und Steuerpolitik blieben allerdings weiterhin nationale Domänen.[6]

Der Maastrichter Vertrag als neue Stufe des Integrationsprozesses

Der Vertrag von Maastricht leitete nicht nur eine neue Phase der Integration ein, er erweiterte die Gemeinschaft um weitere, nicht ökonomische oder agrarische Bereiche und entwickelte sie zu einer politischen Union. Mit dem Unionsvertrag weitete sich die Debatte über eine Verfassung und die Zukunft der Europäischen Union, denn nun „regierte" die Europäische Union in immer mehr Politikbereichen mit stärkeren Kompetenzen. Dies führte in Politik und Wissenschaft zu Debatten darüber, welche Rechte und Zuständigkeiten der Union zustehen, ob sie demokratisch verfasst und in welchem Maße sie legitimatorisch an den Willen der Unionsbürger gebunden sei. Die Urteile über diese Fragen vielen höchst unterschiedlich aus.

Als positive Bewertung wurde angeführt, dass die Union den Menschen einen „realen Freiheitsgewinn"[7] bringe. Die politischen und ökonomischen Vorteile der europäischen Einigung wurden ebenso betont, wie der Charakter der Union als Friedens-, Wirtschafts- und Rechtsgemeinschaft. Keinesfalls sei die Politik der Union gegen die Bürger gerichtet, vielmehr in ihrem Sinne. Gegen den Vorwurf der Überbürokratisierung und die aufkommende Rede vom Superstaat wurde argumentiert: „Man lenkt und kontrolliert nicht besser 380 Millionen Menschen in 15 Ländern zwischen dem Polarkreis und der Meerenge von Gibraltar mit 20.000 Beamten, 1,21% des BIP und einer Handvoll Richtern! Es hieße, den gesunden Menschenverstand zu beleidigen, wollte man sich eine Art europäischen Superstaat vorstellen, der von oben nach unten auf der Befugnisskala ausschließlich seine Gesetze, seine Kontrolleure, seine Verfahren und seine Beamten gegenüber der Vielfalt der Völker der Union und der sie bildenden Staaten durchsetzen würde."[8] Allerdings wurde bemängelt, dass die Europäische Union über keine den Mitgliedstaaten vergleichbare Institutionen verfüge und deshalb den Unionsbürgern keine Erwartungssicherheit bieten

---

[5] Vgl. Elke Thiel; Wilhelm Schönfelder: Ein Markt - Eine Währung. Die Verhandlungen zur europäischen Wirtschafts- und Währungsunion, 2. Aufl., Baden-Baden 1996.

[6] Vgl. zu den Rückwirkungen der wirtschaftlichen auf die soziale Integration Fritz W. Scharpf: Mehrebenenpolitik im vollendeten Binnenmarkt, Köln 1994, sowie Reinhard Kreckel: Soziale Integration und nationale Identität, in: Berliner Journal für Soziologie, 4, 1, 1994, S. 13-20.

[7] Eckart Klein: Der Verfassungsstaat als Glied einer Europäischen Gemeinschaft. Leitsätze, in: Europarecht, Heft 4, 1990, S. 389-391.

[8] Europäisches Parlament: Arbeitsdokument des Institutionellen Ausschusses über die Funktionsweise des Vertrages über die Europäische Union im Hinblick auf die Regierungskonferenz 1996 – Verwirklichung und Entwicklung der Union, Entwurf einer Begründung, Verwirklichung der Union; Berichterstatter: Jean-Louis Bourlanges, Dok. PE212.450/end/Teil I.3, S. 47.

könne.⁹ Diese eher soziologisch inspirierte Kritik hob darauf ab, dass sich das institutionelle System der Europäischen Union in einem permanenten Fluss befände und zahlreichen, der aktuellen Situation geschuldeten Veränderungen unterliege. Da die Europäische Union kein Staat ist, sei auch der Entwurf einer Verfassung „illusionär und der europäischen Entwicklung abträglich. Denn man muss politisch mit Blindheit geschlagen sein, um nicht zu sehen, dass zur Gründung eines europäischen Staatengebildes fast alle jene vom Bundesverfassungsgericht so benannten ‚vorrechtlichen Bedingungen', wie gemeinsame Geschichte, Tradition, Kultur, Sprache, öffentliche Meinungsbildung und Gemeinschaftsgefühl fehlen, und dass ein europäischer Demos nicht existiert und auch dadurch nicht ins Leben gerufen wird, dass man dem Europäischen Parlament einige Kompetenzen gibt...".¹⁰

In der zum Teil sehr kritischen staatsrechtlichen Diskussion in Deutschland ließen sich drei Grundströmungen ausmachen. Integrationsfreundliche Auslegungen gingen davon aus, dass die bisherigen Verträge als Vorstufe oder bereits selbst als eine Verfassung bezeichnet werden können. „Die Verträge begründen eine eigenständige Organisation mit besonderen Institutionen. Sie bezeichnen Handlungsziele und Handlungsermächtigungen, legen ein Wert- und Rechtsschutzsystem fest und stehen an der Spitze einer Normenhierarchie. Sie besitzen eine erhöhte Bestandskraft. Anhand dieser Merkmale werden im staatlichen Recht Verfassungen im formellen Sinne charakterisiert".¹¹ Die Europäische Union verfügt über leitende Werte, ausgebildete Institutionen sowie über eine seit ihrer Gründung bewährte Praxis der Normsetzung und Normimplementierung. In allen „klassischen" Bereichen des Nationalstaats, der Gewährleistung von Sicherheit, Rechtsstaatlichkeit, Demokratie und, wenn auch eingeschränkt, Sozialstaatlichkeit, besitzen die Verträge bereits Elemente einer europäischen Verfassung.¹² Der Europäische Gerichtshof unterstützte diese Auffassung durch die Doktrin von der unmittelbaren Wirkung des Gemeinschaftsrechts, nach der die innerstaatlichen Gerichte den Schutz des EG-Rechts gewährleisten müssen, als ob es sich um innerstaatliches Recht handelte, und durch die Doktrin vom Vorrang des Gemeinschaftsrechts, nach der innerstaatliche Regelungen dem EG-Recht nicht entgegen stehen dürfen.¹³ Folgt man dem integrationsfreundlichen Ansatz, dann ist die Union auf dem Weg zu einem Bundesstaat, der über eine einheitliche Rechtsordnung verfügt, in das sich die mitgliedstaatlichen Verfassungen und Rechtsordnungen zwanglos einfügen.¹⁴ Die Europäische Union ist

---

[9] Vgl. Volker Haupt: Über den Bau demokratischer Institutionen im Prozess der europäischen Einigung, in: Armin von Bogdandy (Hrsg.): Die Europäische Option, Baden-Baden 1993, S. 217f.
[10] Hans Heinrich Rupp: Eine Verfassung für Europa?, in: Peter M. Huber (Hrsg.): Das Ziel der europäischen Integration, Schriften des Hellmuth-Loening-Zentrums für Staatswissenschaften Jena, Bd. 2, Berlin 1996, S. 49-53, hier S. 50.
[11] Roland Bieber: Verfassungsentwicklung und Verfassungsgebung in der Europäischen Gemeinschaft, in: Rudolf Wildenmann (Hrsg.): Staatswerdung Europas? Optionen für eine Europäische Union, Baden-Baden 1991, S. 393-414, hier S. 396.
[12] Vgl. Rudolf Steinberg: Grundgesetz und Europäische Verfassung, in: Zeitschrift für Rechtspolitik, Heft 9, 1999, S. 365-374.
[13] Vgl. Christian Joerges: Das Recht im Prozess der europäischen Integration, in: Markus Jachtenfuchs; Beate Kohler-Koch (Hrsg.): Europäische Integration, Opladen 1996, S. 73-108.
[14] Vgl. Ingolf Pernice: Die Dritte Gewalt im europäischen Verfassungsverbund, in: Europarecht, 1996, S. 27f.

mithin keine finale Organisation, sondern ein Entwicklungsprinzip, eine Integrationsgemeinschaft.[15] Ziel sei nicht die vollständige Aufhebung der Staatlichkeit der Mitgliedstaaten, sondern ihre Einbindung in eine supranationale Organisation und die Einhegung nationalstaatlicher Souveränität. Eine solche Entwicklung wurde auch durch die Rechtsprechung des Bundesverfassungsgerichts gedeckt.[16] Notwendige Konsequenz dieser Entwicklung ist die Verabschiedung einer europäischen Verfassung als Ausdruck des hohen Integrationsstandes in der Union und Sinnbild föderaler Einheit und Wertehomogenität in Europa.

Die zweite Strömung sah hingegen die Union in enger Abhängigkeit von den souveränen Mitgliedstaaten. Sie verneinte die Möglichkeit einer rechtlichen und politischen Eigenständigkeit der Union und damit auch die Notwendigkeit oder Chance, eine genuin europäische Verfassung ins Leben zu rufen. Vielmehr bleibe die Europäische Union in existentieller Weise an die Mitgliedstaaten gebunden, die die Grenzen der Integration festlegen. Diese Position schließt jedoch nicht aus, dass sich die Mitgliedstaaten immer weiter integrieren bis hin zu einem „Staatenverbund".[17] Und auch die Auffassung, dass die Gemeinschaftsrechte die nationalen Rechte überlagern, lässt sich mit diesem Ansatz verbinden.[18]

Die dritte Strömung übte im Gefolge des Maastrichter Vertrages fundamentale Kritik an der europäischen Integration. Der Maastrichter Vertrag sei beinahe ein „Staatsstreich", weil er nahe an den unantastbaren Kern nationalstaatlicher Souveränität heranreiche.[19] Zudem werde eine die nationalen Verfassungen gefährdende Entstaatlichung ohne jegliche demokratische Rückbindung an die Bürger vorangetrieben. Auch die neu geschaffenen Institutionen der Europäischen Union wurden abgelehnt. Sie sei kein freiheitliches, sondern ein herrschaftliches Gemeinwesen, urteilte der Staatsrechtler Karl Albrecht Schachtschneider.[20] Der Vertrag von Maastricht sei unvereinbar mit dem Selbstbestimmungsrecht der Deutschen (nach Art. 1, Abs. 2 GG) und den demokratischen Prinzipien des Grundgesetzes, weil er die Abtretung der Gesetzgebungshoheit an die Gemeinschaftsinstitutionen vorsehe. Da auf europäischer Ebene aber weder die Völker noch die gewählten Repräsentanten im Europäischen Parlament und den nationalen Parlamente über die Rechtsakte der Union entscheiden, sei das deutsche Volk nicht mehr frei und selbstbestimmt. Somit sei die nationale Demokratie ausgehöhlt, ohne durch eine adäquate europäische Demokratie ersetzt worden zu sein. Weitere Bereiche der Verwaltungs- und Gesetz-

---

[15] Vgl. Hans-Joachim Seeler: Die rechtsstaatliche Fundierung der EU-Entscheidungsstrukturen, in: Europarecht, Heft 2, 1990, S. 99-122.
[16] Vgl. Thomas Oppermann; Claus Dieter Classen: Europäische Union: Erfüllung des Grundgesetzes, in: Aus Politik und Zeitgeschichte, B 28, 1993, S. 11-20; sowie Christian Tomuschat: Die Europäische Union unter der Aufsicht des Bundesverfassungsgerichts, in: Europäische Grundrechtszeitschrift, Heft 20-21, 2003, S. 489-496.
[17] So der einflussreiche Begriff von Paul Kirchhof: Der deutsche Staat im Prozess der europäischen Integration, in: Josef Isensee; ders. (Hrsg.): Handbuch des Staatsrechts, Bd. 7, Heidelberg 1992, § 183.
[18] Vgl. Joseph H. Weiler: Community, Member States and European Integration, Is the Law relevant?, in: Journal of Common Market Studies, 21, 1982, S. 39-56.
[19] Vgl. Peter M. Huber: Maastricht – ein Staatsstreich?, Stuttgart 1993.
[20] Vgl. Karl Albrecht Schachtschneider: Die Europäische Union und die Verfassung der Deutschen, in: Aus Politik und Zeitgeschichte, B 28, 1993, S. 3-10.

gebungshoheit dürfen daher nicht übertragen werden, sondern müssen in der Hand des deutschen Volkes bleiben. Befürchtet wurde von den Kritikern die Bildung eines „Superstaates", dessen „oberstaatliche Gemeinschaftsstaatlichkeit" die Union zu einem Staat mit „fast grenzenlosen Kompetenzen" mache.[21] Durch schleichende Kompetenzabtretung wachse, ja wuchere die Union zu einem Superstaat, der die Errungenschaften der demokratischen Mitgliedstaaten zerstöre.[22]

Ähnlich sollten die Verfassungsgegner im Konvent ihre Position formulieren. Auch sie befürchteten einen schleichenden Abfluss souveräner Rechte der Mitgliedstaaten und damit die Erosion des Nationalstaats in seiner derzeitigen Form. Die Europäische Union brauche daher keine Verfassung, sondern spezielle Formen bilateraler Kooperation. Ein Sonderfall der Europakritik bildete die Ablehnung der durch den Maastrichter Vertrag eingeleiteten Einführung einer Gemeinschaftswährung. Der bereits erwähnte Staatsrechtler Schachtschneider hatte am 12. Januar 1998 gemeinsam mit den drei Wirtschaftswissenschaftlern Wilhelm Hankel, Wilhelm Nölling und Joachim Starbatty beim Bundesverfassungsgericht in Karlsruhe Klage gegen den geplanten Beitritt Deutschlands zur Währungsunion erhoben. Zur Begründung führten sie aus, dass die Einführung des Euro die existentielle Staatlichkeit Deutschlands und der anderen Mitgliedsstaaten der Währungsunion beende.[23] Der Klage war jedoch kein Erfolg beschieden.

Von Amsterdam nach Nizza

Trotz dieser grundlegenden Kritik sollte der europäischen Integrationsprozess weitergehen, wie er in den Maastrichter Verträgen angelegt war. Dort hatten die Staats- und Regierungschefs bereits die anschließende Regierungskonferenz vorgesehen, die 1995 in Turin offiziell eröffnet worden war und am 16. Juni 1997 in Amsterdam abgeschlossen wurde. Dieser offiziellen „Revisionskonferenz" waren umfangreiche Stellungnahmen der Institutionen zum Funktionieren des EU-Vertrags und die Arbeit einer „Reflexionsgruppe" der 15 Mitgliedstaaten, der Kommission und des Europäischen Parlaments vorausgegangen.[24] Der Vertrag von Amsterdam sollte jedoch kein mit Maastricht vergleichbarer Meilenstein werden, sondern der kleinste gemeinsame Nenner zur Korrektur der Verträge.[25] Die kreativsten und originellsten

---

[21] Ähnlich kritisch äußerten sich Dietrich Murswieck: Maastricht und der Pouvoir Constituant, in: Der Staat, 32, 1993, S. 163f; Hans-Heinrich Rupp: Muss das Volk über den Vertrag von Maastricht entscheiden?, in: Neue Juristische Wochenschrift, 46, 1993, S. 35f., sowie erneut Karl Albrecht Schachtschneider: Verfallserscheinungen der Demokratie, in: EG-Magazin, 1-2, 1993, S. 40f.
[22] Vgl. Manfred Brunner (Hrsg.): Kartenhaus Europa? Abkehr vom Zentralismus – Neuanfang durch Vielfalt, München 1994.
[23] Vgl. auch Wilhelm Hankel; Wilhelm Nölling; Karl Albrecht Schachtschneider; Joachim Starbatty: Die Euro-Illusion. Ist Europa noch zu retten? Reinbek bei Hamburg 2001.
[24] Vgl. Mathias Jopp; Andreas Maurer; Otto Schmuck (Hrsg.): Die Europäische Union nach Amsterdam. Analysen und Stellungnahmen zum neuen EU-Vertrag, Bonn 1998, sowie Rudolf Hrbek (Hrsg.): Die Reform der Europäischen Union. Positionen und Perspektiven anlässlich der Regierungskonferenz, Baden-Baden 1997.
[25] Vgl. Werner Weidenfeld (Hrsg.): Amsterdam in der Analyse, Gütersloh 1998. Für eine erste Betrachtung Wolfgang Wessels: Der Amsterdamer Vertrag – durch Stückwerksreformen zu einer effizienteren, erweiterten und föderalen Union?, in: integration, 3/1997, S. 117-135, sowie Wilhelm Schönfel-

Veränderungen waren die Einführung eines „Hohen Vertreters" für die Außenpolitik der Union[26] sowie die Einführung einer Flexibilitätsklausel, nach der einige Länder ihre Integration nach einstimmiger Zustimmung der übrigen Mitgliedstaaten weiter vorantreiben können.[27] Außerdem wurden Mehrheitsentscheidungen im Rat und das Mitentscheidungsrecht des Europäischen Parlaments ausgeweitet. Der Amsterdamer Vertrag, der am 1. Mai 1998 in Kraft getreten war, erwies sich jedoch als wenig tragfähiges Fundament.

Im Laufe der 90er Jahre wurde immer deutlicher, dass die größte Herausforderung der EU die Aufnahme neuer Mitglieder sein würde. Bereits 1995 hatte sich die EU nach Norden um Schweden, Finnland und Österreich erweitert. Das Drängen der jungen Demokratien in Mittel- und Osteuropa auf einen Beitritt wurde bereits 1991 mit den so genannten Europaabkommen mit den potentiellen Beitrittskandidaten aufgefangen. Aber erst auf ihrem Gipfel am 12. und 13. Dezember 1997 in Luxemburg beschlossen die Staats- und Regierungschefs, Beitrittsverhandlungen mit Estland, Polen, Tschechien, Ungarn, Slowenien und Zypern aufzunehmen. Zwei Jahre später kamen auf dem Gipfel in Helsinki Lettland, Litauen, die Slowakei, Rumänien, Bulgarien und Malta hinzu. Und auch der Türkei wurde der Status eines Beitrittskandidaten eingeräumt. Damit hatte sich die Union festgelegt. Doch stellte sich die Frage immer drängender, wie Vertiefung und Erweiterung in ein angemessenes Verhältnis gebracht werden könnten.[28]

Die Weiterentwicklung erfolgte mit einer erneuten Überprüfungskonferenz, die am 15. Februar 2000 unter portugiesischem Vorsitz in Brüssel eröffnet und 26. Februar 2001 mit der Unterzeichnung des Vertrags von Nizza abgeschlossen wurde. Vor dem Hintergrund des Auftrags, die EU auch nach der Osterweiterung handlungsfähig zu erhalten, standen in dieser Regierungskonferenz institutionelle Fragen im Zentrum, wie die Reform der Europäischen Kommission, die Neugestaltung der Stimmengewichtung im Ministerrat sowie die Ausdehnung der Bereiche für Entscheidungen mit qualifizierter Mehrheit und damit die Reduzierung der nationalen Vetomöglichkeiten.[29] In Nizza einigten sich die Staats- und Regierungschefs darauf, dass ab 18 Mitgliedstaaten jedes Land nur noch einen Kommissar stellt und die Sitzverteilung im Europäischen Parlament an die neu aufzunehmenden Mitglieder angepasst wird. Auch im Rat wurde die Anzahl der Stimmen neu verteilt und festge-

---

der; Reinhard Silberberg: Der Vertrag von Amsterdam. Entstehung und erste Bewertung, in: integration, 4/1997, S. 203-210.

[26] Vgl. Elfriede Regelsberger; Mathias Jopp: Und sie bewegt sich doch. Die Gemeinsame Außen- und Sicherheitspolitik nach den Bestimmungen des Amsterdamer Vertrages, in: integration, 4/1997, S. 255-263.

[27] Vgl. Josef Janning: Dynamik in der Zwangsjacke – Flexibilität in der Europäischen Union, in: integration, 4/1997, S. 285-291.

[28] Vgl. Werner Weidenfeld (Hrsg.): Europa öffnen. Anforderungen an die Erweiterung, Gütersloh 1997 und Barbara Lippert (Hrsg.): Osterweiterung der Europäischen Union - die doppelte Reifeprüfung, Bonn 2000.

[29] Vgl. Werner Weidenfeld (Hrsg.): Nizza in der Analyse, Gütersloh 2001, sowie Mathias Jopp; Barbara Lippert; Heinrich Schneider (Hrsg.): Das Vertragswerk von Nizza und die Zukunft der Europäischen Union, Bonn 2001. Speziell zu den Abstimmungsmodalitäten Wolfgang Wessels: Die Vertragsreformen von Nizza – Zur institutionellen Erweiterungsreife, in: integration, 1/2001, S. 8-25.

legt, dass Mehrheitsentscheidungen zukünftig auf der dreifachen Mehrheit von Stimmen, Staaten und Bevölkerung beruhen müsse.[30]

Der Vertrag von Nizza blieb der in der Bewertung am stärksten umstrittene Vertrag. Während die eine Seite hervorhob, dass mit diesem Vertrag das damals erreichbare Maximum erreicht worden sei, sah die andere Seite in diesem Vertrag keinen Fortschritt der Integration und sprach von einem gescheiterten Gipfel. Zweifellos reiht sich der Vertrag von Nizza ein in die lange Reihe typisch europäischer Kompromisse, die zu einer immer engeren Integration der Völker und Staaten führt. Insofern ist er weder ein Rückschritt noch ein Zeichen für die Stagnation dieses Prozesses. Der immense Aufwand, der im Vorfeld im Rahmen der Regierungskonferenz und auf dem Gipfel von Nizza selbst getrieben wurde, stand jedoch in keinem vertretbaren Verhältnis zu seinen Ergebnissen. In Europa traten Input und Output der intergouvernementalen Verhandlungen allmählich so weit auseinander, dass sich das Bewusstsein dafür ausbreitete, es könnte sinnvoll sein, auch andere Methoden einzusetzen. Dass die Beteiligten am Gipfel von Nizza selbst Unbehagen spürten, zeigte die Erklärung, die sie zum Abschluss abgaben. Zwar betonten sie hier, „dass die Europäische Union mit der Ratifikation des Vertrags von Nizza die für den Beitritt neuer Mitgliedstaaten erforderlichen institutionellen Änderungen abgeschlossen haben wird", dennoch wünschten die Staats- und Regierungschefs „die Aufnahme einer eingehenderen und breiter angelegten Diskussion über die Zukunft der Europäischen Union". Schwerpunkte dieser Diskussion sollten die Abgrenzung der Zuständigkeiten zwischen der EU und den Mitgliedstaaten gemäß dem Subsidiaritätsprinzip, der Status der Charta der Grundrechte, die Vereinfachung der Verträge sowie die Rolle der nationalen Parlamente sein. Demokratische Legitimation und Transparenz der Union sollten verbessert werden, um die gewünschte Bürgernähe der europäischen Ebene zu erreichen. Angedacht war zunächst, diese Debatte mit Vertretern aus Politik, Wirtschaft, Bildung und dem zivilgesellschaftlichen Bereich zu führen und die Ergebnisse in eine erneute Regierungskonferenz im Jahr 2004 einfließen zu lassen. Doch recht schnell wurde, auch angesichts der heftigen Kritik am Vertrag von Nizza, deutlich, dass die Europäische Union allein keineswegs in der Lage war, auf die Herausforderungen der kommenden Dekade angemessen reagieren zu können.

Die Methode der Regierungskonferenz schien sich nach den zweifelhaften Resultaten der beiden vorangegangenen Konferenzen erschöpft zu haben. Daher sahen sich die Repräsentanten der Mitgliedstaaten zunehmend genötigt, außerhalb des eigentlichen europäischen Rahmens auf die Finalität der Europäischen Union einzugehen und nach neuen, kreativen Lösungen zur Auflösung des europäischen Reformstaus zu suchen.

---

[30] Vgl. zum Vertrag von Nizza ausführlicher Kapitel 4.

2 Europa zwischen Intergouvernementalismus und Föderalismus

Da keine genuin europäische Gesellschaft existiert und auch die politische Ebene in der langen europäischen Geschichte zu keinem Zeitpunkt einheitlich organisiert war, ist der Integrationsprozess auf grundlegende Theorien und Vorstellungen verwiesen, die ihm Rahmen und Richtung vorgeben. Die Europäische Union als Gebilde „sui generis" benötigt mehr noch als die teilweise bereits Jahrhunderte alten Nationalstaaten Leitbilder und Leitideen, die Vorgaben für die zukünftige Entwicklung leisten, Chancen und Risiken abwägen und Perspektiven aufzeigen. Entscheidungsträger in den Parlamenten und Regierungen auf europäischer und nationaler Ebene, aber auch die Unionsbürger brauchen verlässliche Entwürfe für die „Konstruktion Europas".[31] Die Eigenart der Europäischen Union, über Hoheitsgewalt in bestimmten Politikbereichen und bei der Wahrnehmung spezifischer öffentlicher Aufgaben zu verfügen und doch in hohem Maße vom Willen der sie konstituierenden Mitgliedstaaten abhängig zu bleiben, gab und gibt immer wieder Anlass, über die Zukunft Europas nachzudenken. Mit Hilfe welcher Vorstellungen treiben maßgebliche Akteure den europäischen Integrationsprozess in die von ihnen gewünschte Richtung voran? Wie könnte das Ziel der Einigung aussehen? Die Großentwürfe, die Antwort auf diese Fragen geben, sind bereits in der unmittelbaren Nachkriegszeit diskutiert worden, greifen aber auf noch ältere Vorstellungen aus der Zwischenkriegszeit und des 19. Jahrhunderts zurück.[32] Zwei Entwürfe sind dabei bis heute leitbildprägend geblieben, auch wenn sie in der wissenschaftlichen Debatte längst abgelöst wurden: intergouvernementalistische und supranationale Vorstellungen. Sie fungieren im Grunde bis heute als „Idealtypen" im Sinne Max Webers, indem sie zwar nicht die Realität, wohl aber die Hoffnungen und Befürchtungen für die zukünftige Entwicklung durch einseitige Betonung bestimmter Elemente widerspiegeln. Trotz der aktuellen Überlegungen über Möglichkeiten des „Regierens jenseits des Nationalstaats"[33], über „räumliche Entgrenzung"[34] politischen und wirtschaftlichen Handelns bestimmen diese gegensätzlichen Leitbilder weiterhin den europäi-

---

[31] Vgl. Markus Jachtenfuchs: Die Konstruktion Europa. Verfassungsideen und institutionelle Entwicklung, Baden-Baden 2002, und Mathias Jopp; Andreas Maurer; Heinrich Schneider (Hrsg.): Europapolitische Grundverständnisse im Wandel. Analysen und Konsequenzen für die politische Bildung, Bonn 1998.

[32] Vgl. Heinrich Schneider: Leitbilder der Europapolitik. Der Weg zur Integration, Bonn 1977.

[33] Vgl. Michael Zürn: Regieren jenseits des Nationalstaats. Globalisierung und Denationalisierung als Chance, Frankfurt/Main 1998, sowie Markus Jachtenfuchs; Michèle Knodt (Hrsg.): Regieren in internationalen Organisationen, Opladen 2002.

[34] Vgl. Christine Landfried (Hrsg.): Politik in einer entgrenzten Welt, Köln 2001.

schen Diskurs, wenn es, wie im Konvent, um die zukünftige Ausgestaltung der Europäischen Union geht.

Intergouvernementalistische Leitbilder

Der Intergouvernementalismus gründet auf der wissenschaftlichen Theorie des Realismus und geht davon aus, dass der Nationalstaat der wichtigste international operierende Akteur ist und bleibt. Auf der Bühne der internationalen Staatenwelt lassen sich dem souveränen Nationalstaat bestimmte politisch wirksame Handlungen zuschreiben. Er ist legitimiert, für seine Bürger verbindliche Entscheidungen zu treffen und diese nach innen und außen durchzusetzen. Ebenso wie seine Bürger hat jeder Nationalstaat Interessen, die er mit Hilfe von Macht durchsetzt.[35] Machtpotentiale können Wirtschaft, Militär, Technologien, Ideologien und Werte eines Landes sein. Sie helfen dem Nationalstaat, seine Interessen international gegen andere Staaten durchzusetzen. Im frühen Realismus wird das internationale System als anomisch, regellos, chaotisch angesehen. Die Interessengegensätze können dabei sowohl zu einem Krieg aller gegen alle führen als auch zu bestimmten Formen partnerschaftlicher Zusammenarbeit. Intermediäre Systeme zwischen den Staaten, wie beispielsweise die Europäische Gemeinschaft, spielen in diesem Konzept keine wesentliche Rolle. Vielmehr kooperieren Nationalstaaten dann miteinander, wenn sie sich davon einen eigenen Nutzen versprechen. Vorteilserwägungen[36] und gemeinsame Interessen[37] fördern die Bildung von Koalitionen. „Die Grundannahme lautet, dass ein Handelnder unter den verschiedenen ihm zur Verfügung stehenden Handlungsalternativen jeweils die ihm am günstigsten erscheinende auswählt. Die Annahme lautet mit anderen Worten, dass ein Handelnder stets ein Kosten- und Nutzenkalkül anstellt, bevor er entscheidet".[38] Dieser Ansatz geht davon aus, dass den Staaten die Möglichkeit zukommt, rational zu handeln und Kosten und Nutzen sorgfältig gegeneinander abzuwägen, woraufhin sie sich stets für die für sie günstigste Alternative entscheiden, von der sie den höchsten Netto-Nutzen erwarten. Die Kooperation, die aus einem vorangegangenen Kosten-Nutzen-Kalkül erwächst, kann sehr weit gehen, führt aber niemals zur Aufhebung des Nationalstaates, der für die Realisten die höchste Organisationsform darstellt. Integration heißt daher für sie lediglich, dass Staaten gemeinsame Normen teilen und gleichgerichtete Erwartungen haben.[39]

Demgegenüber verweist die aus dem Realismus hervorgegangene Interdependenz- und Regimetheorie darauf, dass sich die Europäische Union im Laufe der Zeit von einer rein zwischenstaatlichen Organisation, die ausschließlich im Dienste der Mitgliedstaaten steht, zu einem eigenständigen korporativen Akteur gewandelt hat, dem das Recht übertragen worden sei, in speziellen Bereichen für die

---

[35] Vgl. Hans J. Morgenthau: Politics among Nations: The Struggle for Power and Peace, New York 1948.
[36] Vgl. William H. Riker: The Theory of Political Coalitions, New Haven 1962.
[37] Vgl. George F. Lika: Nations in Alliance: the Limits of Interdependence, Baltimore 1962.
[38] Vgl. Daniel Frei: Internationale Zusammenarbeit. Theoretische Ansätze und empirische Beispiele, Königstein/Ts. 1982, S. 13.
[39] Ebenda, S. 46.

Mitgliedstaaten zu handeln.⁴⁰ Dabei fungiere die Union nicht mehr nur als Sprachrohr ihrer Mitglieder, sondern entwickele eigenständige Interessen und Zielsetzungen, die sich auch durchaus gegen einige Mitgliedstaaten richten können. Dennoch ist die Einführung einer „supranationalen Demokratie" auch für Interdependenztheoretiker kaum möglich. Sie verweisen darauf, dass der intergouvernemental, auf zwischenstaatliche Zusammenarbeit angelegte Ministerrat noch immer die entscheidende Stellung im Entscheidungsgefüge der Union besitzt. Außerdem legt der Europäische Rat der Staats- und Regierungschefs die Leitlinien für die Fortentwicklung der Union fest. Mit der zweiten und dritten Säule, der Außen-, Verteidigungs- und Justizpolitik, sind darüber hinaus zentrale Bereiche staatlichen Handelns nicht gemeinschaftlich, sondern zwischenstaatlich angelegt. Der Nationalstaat bleibt auf lange Sicht, wenn auch mit veränderten Aufgaben und Potentialen, die zentrale Kategorie.⁴¹ Eine Organisation wie die Europäische Union kann deshalb höchstens den Rahmen für eine intergouvernementale Kooperation der Staaten bilden, eine weitergehende oder gar vollständige Integration wird dagegen kaum stattfinden.

Supranationale und föderalistische Leitbilder

Im Gegensatz dazu verweisen supranationale und föderalistische Ansätze, eng verbunden mit der wissenschaftlichen Strömung des Idealismus, auf die Einheit und die gemeinsamen Grundlagen Europas, die einen weitergehenden Zusammenschluss ermöglichen.⁴² Aus dem Analyseergebnis, dass der Nationalstaat in seiner bisherigen Form zu Hass, Streit und Krieg geführt habe, fordern sie die Überwindung des nationalstaatlichen Prinzips. „Die föderalistische Position ist sicher die Position einer maximalen Skepsis gegenüber der menschlichen Natur und der Fähigkeit der Staaten zu Wohlwollen und Zusammenarbeit. Sie führt deshalb, in ihrer radikalsten Form, zu einem tiefen Misstrauen in rein konföderale Lösungen, internationalen funktionalen Organisationen und Wirtschaftswachstum als Instrument der Integration."⁴³ Der Föderalismus setzt daher auf den Zusammenschluss der Staaten und der Bildung von Einheiten, die mehr sind als die Summe ihrer Teile. „Denn in der Tat bedeutet föderale Einheit, dass man die Zukunft seines Volkes oder der Völker einer Macht anvertraut, auf deren Beschlüsse man in nur eingeschränktem Maße Einfluss nehmen kann", schrieb der Föderalist Hendryk Brugmans Anfang der 50er Jahre.⁴⁴ Bereits einige Jahre zuvor, auf einem Kongress in Den Haag im Mai 1948, hatten Föderalisten die Grundlagen für eine supranationale Zukunft Europas konkret benannt. Da-

---

[40] Vgl. Volker Schneider; Raymund Werle: Vom Regime zum korporativen Akteur: Zur institutionellen Dynamik der Europäischen Gemeinschaft, in: Beate Kohler-Koch (Hrsg.): Regime in den internationalen Beziehungen, Baden-Baden 1989, S. 409.
[41] Vgl. Stanley Hoffmann: Obstinate or Obsolete? The Fate of Nation-State and the Case of Western Europe, in: Daedalus, 95 (3), 1966, S. 862-915, sowie ders.: The European Community and 1992, in: Foreign Affairs, 1989, S. 27-47.
[42] Vgl. zur historischen Darstellung der föderalistischen Bewegung Frank Niess: Die europäische Idee. Aus dem Geist des Widerstands, Frankfurt/Main 2001.
[43] Reginald J. Harrison: Europe in Question – Theory of Regional International Integration, London 1974, hier S. 44.
[44] Hendryk Brugmans: Skizze eines europäischen Zusammenlebens, Frankfurt/Man 1953, S. 84.

mals kamen unter der Leitung Winston Churchills über 700 Delegierte zusammen, um die Einigung Europas voranzutreiben. In ihrem Abschlussdokument, der „Botschaft an die Europäer", riefen sie leidenschaftlich:[45]

„Wir wollen ein geeintes, in seiner ganzen Ausdehnung dem freien Verkehr von Menschen, Idee und Gütern offen stehendes Europa.
Wir wollen eine Charta der Menschenrechte, die Gedankenfreiheit, Versammlungsfreiheit und freie Meinungsäußerung, sowie freie Ausübung einer politischen Opposition gewährt.
Wir wollen einen Gerichtshof, der in der Lage ist, notwendige Sanktionen zu verhängen, damit diese Charta respektiert wird.
Wir wollen eine Europäische Versammlung, in der die Kräfte all unserer Nationen vertreten sind.
Und wir gehen offen und ehrlich die Verpflichtung ein, mit all unseren Kräften (...) die Menschen und Regierungen zu unterstützen, die an diesem Werk zum Wohle aller arbeiten. Das ist die größte Friedenschance und Unterpfand einer großen Zukunft für unsere und die folgenden Generationen."

Tatsächlich beruhten die meisten Leitbilder der unmittelbaren Nachkriegszeit auf föderalistischen Vorstellungen, die eine Überwindung nationalstaatlicher Souveränität explizit in Aussicht stellten. Allerdings waren sie in ihrer Fixierung auf den supranationalen Staat und supranationale Institutionen wenig flexibel, zu statisch an der Errichtung eines neuen Gemeinwesens ausgerichtet. Der frühe Nachkriegsföderalismus prognostizierte zudem eine weltweite Entwicklung: „In der ganzen Welt macht sich die Tendenz bemerkbar, dass sich umfassende Kulturgemeinschaften zu mehr oder weniger fest gefügten Gruppierungen föderativer Art zusammenschließen. (...) Alle diese Bewegungen operieren mit dem föderalistischen Gedanken als einer möglichen Lösung für das Problem ihrer Vielfältigkeit und Heterogenität."[46] Gerade in Europa aber habe dieser Prozess an besonderer Dynamik gewonnen, weil er hier an bereits bestehende Gemeinsamkeiten anknüpfen konnte.

Für die Föderalisten beruhte eine nach ihren Vorstellungen gestaltete Europäische Union wesentlich auf der Zustimmung der Bürger. Um die Legitimationsgrundlage des politischen Systems zu stärken und dauerhaft zu sichern, sollten die vielfältigen Beziehungen, die die europäischen Bürger untereinander geknüpft haben, gefördert werden. Deshalb sollten für die Herstellung eines breiten Grundkonsenses unter den Unionsbürgern viele kleine Schritte beispielsweise in den Bereichen Tourismus, europäische Bildungsstätten, Kulturaustausch, persönliche Begegnungen gefördert werden.[47] Gemeinsame Werte, Überzeugungen und Interessen sollten die legitimatorische Basis für den politischen Überbau schaffen.[48] Dabei ging es keineswegs um völlige Homogenität. „Es gibt in jeder politischen Ordnung ein gewisses Maß von Konsens, aber er kann sehr pluralistisch sein, und das

---

[45] Zitiert nach Frank Niess: Die europäische Idee, a.a.O., S. 217, 218.
[46] Carl J. Friedrich: Europa – Nation im Werden?, Bonn 1972, S. 15.
[47] Vgl. Stiftung Mitarbeit (Hrsg.): Wie viel Demokratie verträgt Europa? Wie viel Europa verträgt die Demokratie?, Opladen 1994.
[48] John Pinder: EC, the Building of a Union, Oxford 1991.

Ausmaß dieses Pluralismus wechselt ständig."[49] Ziel aller Bemühungen war die Entstehung einer europäischen Bildungs- und Kulturgemeinschaft, die trotz des immer gegebenen Pluralismus den notwendigen Konsens der Gemeinschaftlichkeit sichert.[50]

Defizite des Integrationsprozesses

Die Forderung nach einem Zusammenleben der Völker und dem Zusammenschluss der Staaten aufgrund von föderalistischen Grundsätzen blieb nicht ohne Widerspruch. Kritikpunkte wurden aus politikwissenschaftlicher und soziologischer Perspektive vorgebracht und knüpften an die These vom Demokratiedefizit an, nach der europäische Beschlüsse weder auf der nationalen noch auf der europäischen Ebene hinreichend parlamentarisch kontrolliert werden. Einerseits haben die nationalen Parlamente keine Kontrollmöglichkeiten mehr, andererseits sei das Europäische Parlament noch kein vollgültiger Ersatz, da es in vielen Bereichen nur über eingeschränkte Kompetenzen verfüge.[51] Die Kernfunktionen von Parlamenten, Forum zu sein für öffentliche Debatten, Interessen zu aggregieren, Entscheidungen zuzuspitzen und Personal für die Exekutive heranzubilden, könne das Europäische Parlament nur mit Abstrichen wahrnehmen. Politische Entscheidungen werden daher in Europa nicht oder nur sehr eingeschränkt unter Hinzuziehung der Legislative getroffen, sondern in einem Prozess zwischen den Funktionseliten von europäischer und nationaler Politik und Bürokratie unter Einschluss betroffener Verbände und Unternehmen ausgehandelt. In der Union fehle es an den grundlegenden Voraussetzungen für eine echte demokratische Legitimation europäischer Politik, wie Parteien und zivilgesellschaftliche Vertretungen. Politik in Europa sei deshalb nicht direkt an den Willen der Unionsbürger gekoppelt und zudem hochgradig von anderen Einflüssen, wie bürokratischen und nationalen Interessen, abhängig.

Eine Aufhebung des Demokratiedefizits stößt auf zwei weitere Problembereiche, das Öffentlichkeitsdefizit und das Identitätsdefizit in Europa. Eine nach Abschluss des Maastrichter Vertrags veröffentlichte Studie hatte das Öffentlichkeitsdefizit in Europa konkretisiert.[52] Sie kam damals zu dem Schluss, dass genuin europäische Angelegenheiten in der Öffentlichkeit und den Medien kaum thematisiert wurden. Falls dies doch geschehe, dann dominiere die nationale Perspektive in der Europaberichterstattung. Verantwortlich dafür sei die „strukturell gesicherte Indifferenz der Entscheidungspositionen der Kommission gegenüber der Öffentlichkeit, die Bindung des Ministerrates allein an die jeweiligen nationalen Öffentlichkeiten und das Fehlen einer parlamentarischen und außerparlamentarischen Opposti-

---

[49] Carl J. Friedrich: Europa, a.a.O., S. 48.
[50] Hermann-Josef Blanke: Europa auf dem Weg zu einer Bildungs- und Kulturgemeinschaft, Köln, Berlin 1994.
[51] Vgl. demgegenüber Hans-Joachim Cremer: Das Demokratieprinzip auf nationaler und europäischer Ebene im Lichte des Maastricht-Urteils des Bundesverfassungsgerichts, in: Europarecht, Heft 1/2, 1995, S. 21-45.
[52] Jürgen Gerhards: Westeuropäische Integration und die Schwierigkeiten der Entstehung einer europäischen Öffentlichkeit, in: Zeitschrift für Soziologie, 22, 1993, S. 96-110.

on".[53] Somit sorgten die institutionellen Strukturen der Europäischen Union selbst dafür, dass europäische Themen zu wenig in den nationalen Medien präsent sind. Die Entpolitisierung der Kommission und die langjährige Arkanpolitik im Rat seien verantwortlich dafür, dass die Unionsbürger europäische Themen eher ausblendeten, obwohl sich die Kompetenzen der europäischen Organe ständig ausweiteten.

Trotz der Vertiefung der europäische Integration und der Einführung einer gemeinsamen Währung ist diese Analyse auch heute noch zutreffend. „Einer Verlagerung von Herrschaftsbefugnissen von den Nationalstaaten auf die EU scheint nun in keiner Weise einer Veränderung des Aufmerksamkeitsfokuses der Medien zu entsprechen: Die Öffentlichkeit hinkt einer Transnationalisierung der Politik hinterher, sie bleibt nationalstaatlich verhaftet, während sich die Politik europäisiert hat."[54] Damit bleibt die Vermittlung zwischen den Präferenzen und Interessen der Bürger und der europäischen Politik nachhaltig gestört. Bei den Unionsbürgern resultiert daraus Frust über „Brüssel", während sich die Politik, weitgehend unkontrolliert von den Parlamenten und einer echten europäischen Öffentlichkeit, in technokratischer Entscheidungsfindung, dem Schnüren von „Verhandlungspaketen" und ausgeklügelten Formen der Kompromissfindung erschöpft. Allerdings ist das konstatierte Öffentlichkeitsdefizit durchaus Veränderungen unterworfen. So stieg die Zahl der Journalisten in Brüssel in den vergangenen Jahren kontinuierlich. Zudem veränderten sich auch die Präferenzen der Bürger als Medienkonsumenten. Europäische Themen erlangen erhöhte Aufmerksamkeit, wenn die Betroffenheit der Bürger von politischen Entscheidungen zunimmt, Abstimmungsprozesse in der EU transparenter und das Handeln einzelner Akteure nachvollziehbarer wird und die Bürger mehr Einfluss auf europäische Politik nehmen können.

So bedingen die Verminderung des Demokratisierungsdefizits der EU und die Verminderung des Öffentlichkeitsdefizits einander. Fraglich bleibt allerdings, wie sich das konstatierte Identitätsdefizit in der Europäischen Union in diesen Kreislauf einfügt. Denn noch existiert keine europäische Gesellschaft, die als Fundament für eine bundesstaatlich geeinte Union dienen könnte. Die nationalstaatliche Überformung der Kulturen in Europa hat bislang verhindert, dass sich echte Gemeinschaft und eine belastbare kollektive Identität mit einem ausgesprochenen „Wir-Bewusstsein" ausbilden konnten. Mindestens drei Gründe stehen einer Aufweichung der Dominanz des Nationalstaatlichen entgegen.

Erstens, Europa ist ein vielsprachiger Kontinent. Zwar gibt es einige anerkannte Verkehrssprachen, aber: „Die überwiegende Mehrzahl der Europäer kann sich mit der überwiegenden Mehrzahl der Europäer nicht verständigen – daran wird sich allenfalls auf dem allerelementarsten Niveau in der voraussehbaren Zukunft etwas ändern."[55] Deshalb bildet Europa keine Kommunikationsgemeinschaft.

Zweitens, Europa ist auch keine Erinnerungsgemeinschaft. „Die Behauptung, dass kollektive politische Identität der Europäer als Europäer keinen Wurzelboden in

---

[53] Ebenda, S. 108.
[54] Jürgen Gerhards: Das Öffentlichkeitsdefizit der EU im Horizont normativer Öffentlichkeitstheorien, in: Hartmut Kaelble, Martin Kirsch, Alexander Schmidt-Gernig (Hrsg.): Transnationale Öffentlichkeiten und Identitäten im 20. Jahrhundert, Frankfurt/Main 2002, S. 135-158, hier S. 145.
[55] Peter Graf Kielmansegg: Integration und Demokratie, in: Markus Jachtenfuchs, Beate Kohler-Koch (Hrsg.): Europäische Integration, a.a.O., S. 47-71, hier S. 55.

einer Gemeinsamkeit der Erinnerung habe, bedarf kaum der Begründung. Was war, wird nicht als eine gemeinsame europäische Vergangenheit erinnert, sondern als eine Mehrzahl von Völkergeschichten".[56] Sei es im Krieg oder im Sport, was für ein Volk ein Sieg war, ist für ein anderes eine Niederlage.

Deshalb sind die europäischen Völker, drittens, auch nur sehr begrenzt eine Erfahrungsgemeinschaft, denn die Art und Weise der Erfahrung und Interpretation der Gegenwart resultiert aus den Erinnerungen an die je eigene Geschichte. Nur ganz allmählich bilden sich Erinnerungsbestände heraus, die allen Europäern gleichermaßen zukommen.

Im Vordergrund bleibt so weiterhin die Pluralität von Kommunikations-, Erinnerungs- und Erfahrungsgemeinschaften in Europa. Damit sind aber auch einer möglicher Demokratisierung des europäischen politischen Systems Grenzen gesetzt. Denn Demokratie setzt nicht nur Teilnahme an Wahlen voraus, sondern umfangreiche Partizipation der Gesellschaft in allen Bereichen. Gerade diese wird aber durch die nationalstaatliche Trennung der Gesellschaften bis auf weiteres erschwert. Durch die Gründung der Europäischen Union, die Verankerung der Bürgerrechte und die Einführung einer europäischen Staatsbürgerschaft sind zwar Anknüpfungspunkte für die Stärkung der europäischen Identität entstanden, dennoch bietet die Union „keinen umfassenden und finalen Bezugspunkt"[57] für die erforderliche kollektive Identitätsbildung. Damit treten ökonomische und politische Integration in gefährlichem Maße auseinander. „Die Europäische Gemeinschaft ist ein Wirtschaftsriese noch ohne ausreichende politische Handlungsfähigkeit, innere Solidarität und kollektive Identität. Die innereuropäischen politischen, gemeinschaftlichen und kulturellen Differenzen werden durch den Prozess des ökonomischen Zusammenwachsens sogar noch schärfer artikuliert."[58] Dieser integrationsskeptischen Sichtweise halten Föderalisten entgegen, dass der historische Zivilisationsprozess die europäischen Völker auf eine Entwicklungsstufe geführt habe, auf der alle voneinander abhängig sind und daher ein gemeinsames Schicksal haben. Außerdem verfügten sie über gemeinsam geteilte Grundwerte, die ihnen spezifisch seien und die Bürger zu Europäern werden ließen. Die gemeinsame Ideengeschichte, von der Antike über das Christentum, die Renaissance, Humanismus und Aufklärung trage entscheidend dazu bei, auch das politische Europa zu einen. Gegen die trennende politische Geschichte stellen die Föderalisten die gemeinsamen geistesgeschichtlichen Wurzeln.

Die Frage, welche Seite wirkungsmächtiger ist, ob Identität oder Differenz die europäische Kultur stärker prägen, scheint eine Frage der Betonung der einzelnen Elemente zu sein. Natürlich haben sich einerseits philosophische, religiöse und politische Ideen mühelos über Staatsgrenzen hinweg bewegt und die Europäer zusammenwachsen lassen[59]; andererseits haben die Nationalstaaten, obwohl sie größten-

---

[56] Ebenda, S. 56.
[57] M. Rainer Lepsius: Die Europäische Union. Ökonomisch-politische Integration und kulturelle Pluralität, in: Reinhold Viehoff; Rien T. Segers (Hrsg.): Kultur, Identität, Europa. Über die Schwierigkeiten und Möglichkeiten einer Konstruktion, Frankfurt/Main 1999, S. 201-222, hier S. 202.
[58] Richard Münch: Das Projekt Europa. Zwischen Nationalstaat, regionaler Autonomie und Weltgesellschaft, Frankfurt/Main 1993, S. 103.
[59] Vgl. Eduardo Tortarolo: Europa. Zur Geschichte eines umstrittenen Begriffs, in: Armin von Bogdandy (Hrsg.): Die Europäische Option, a.a.O., S. 21f.

teils von übereinstimmenden Ideen und Werten geleitet worden sind, höchst unterschiedliche Wege in die Moderne, zu Parlamentarismus und Rechtsstaatlichkeit beschritten, die bis heute ihr Verständnis von Staat und Demokratie prägen.[60] Beide Argumentationen beruhen allerdings auf der Prämisse, europäische Staatlichkeit müsse auf Homogenität der Öffentlichkeit und der Identität der Bevölkerung beruhen. Dieser Identitätsbegriff geht davon aus, es gebe eine durch Natur und Geschichte gefestigte vorpolitische Identität, aus der dann Staatlichkeit und politische Institutionen entspringen, die wiederum in ihrer Arbeit dieser Identität Rechnung tragen müssen.[61] Die Prämisse ist jedoch fragwürdig angesichts der Tatsache, dass auch die nationalen Gesellschaften in Bezug auf ihre Interessen und Präferenzen keineswegs homogen sind, sondern sich durch Vielfalt und Pluralismus auszeichnen.

Wird auf diese Homogenitätsprämisse verzichtet, dann eröffnen sich der Integration neue Perspektiven. Denn nun geht es nicht mehr um Extrempositionen, die entweder im „Bundesstaat Europa" oder in nationalstaatlicher Beharrung die Zukunft Europas suchen. Nun geht es, analog zur politischen Integrationsgemeinschaft, die einen immer engeren Zusammenschluss der europäischen Völker anstrebt, um eine konstruktive Verbindung von nationaler und europäischer Identität. Beide Identitätsformen stehen sich im Grunde auch nicht diametral gegenüber, vielmehr befinden sich die Bürger Europas wohl auf einem beständigen Kontinuum zwischen den beiden Polen. Der Unionsvertrag von Maastricht spiegelt dieses komplizierte Verhältnis wider. So heißt es einerseits, dass die Europäische Union ihre Identität auf internationaler Ebene behaupten muss (Art. B, 2. Spiegelstrich), während sie sich gleichzeitig verpflichtet, die nationale Identität ihrer Mitglieder zu achten (Art. F, Abs. 1). Auch hier gingen die Mitgliedstaaten offenkundig von mehreren Identitäten aus. „Europäische und nationale Identität: Zwei offenbar aufeinander bezogene, miteinander konkurrierende und miteinander verflochtene Identitäten."[62]

Einheit in der Vielfalt – nicht zufällig sollte Giscard d'Estaing „seine" Verfassung unter dieses Motto stellen. In diesem Sinne ist Europa eine Pluralität der Nationen, die als Gesamtheit gerade durch die Vielfalt der nationalen Eigenheiten konstituiert wird. Europa ist, einer Metapher Herders folgend, ein großes Gemälde, in das die Nationen ihre Besonderheiten als Farbtupfer einbringen. Europäische Identität besteht dann in der Erfahrung der Vielfalt und des nahen Fremden. Deshalb kann man folgern, „wo die Pluralität endet und die Uniformität beginnt, da endet auch Europa".[63] Ziel des europäischen Integrationsprozesses bleibt es, die Vielfalt des Kontinents zu bewahren und doch seine Einheit herzustellen. Denn „der Sinngehalt des europäischen Erbes und des lebendigen Europäertums kann wohl nur durch die dauernde Anstrengung bewusst gemacht werden, seine vielfältigen Komponen-

---

[60] Vgl. Klaus Schauer: Nationale und europäische Identität. Die unterschiedlichen Auffassungen in Deutschland, Frankreich und Großbritannien, in: Aus Politik und Zeitgeschichte, B 10, 1997, S. 3-13.

[61] Vgl. Charles Taylor: Was ist die Quelle kollektiver Identität?, in: Nicole Dewandre; Jacques Lenoble (Hrsg.): Projekt Europa: Postnationale Identität: Grundlage für eine europäische Demokratie?, Berlin 1994, S. 42-46.

[62] Meinhard Hilf: Europäische Union und nationale Identität der Mitgliedstaaten, in: Albrecht Randelzhofer; Rupert Scholz; Dieter Wilke (Hrsg.): Gedächtnisschrift für Eberhard Grabitz, München 1995, S. 157-170, hier S. 159.

[63] Herfried Münkler: Europa als politische Idee. Ideengeschichtliche Facetten des Europabegriffs und deren aktuelle Bedeutung, in: Leviathan, Bd. 4, 1991, S. 521-541, hier S. 539.

ten und Momente als solche und in ihrer Polyphonie zur Wahrnehmung und zur Geltung zu bringen."⁶⁴ Diesem Ziel der Union sollte eine Verfassung dienen.

Verfassungsentwürfe des Europäischen Parlaments

Mit zwei Entwürfen hatte das Europäische Parlament bereits in den Jahren 1984 und 1994 versucht, diese Synthese herzustellen und der Öffentlichkeit eine demokratische, rechtsstaatliche und pluralistische Union, die auf föderalistischen Grundsätzen beruhen sollte, zu präsentieren. Fünf Jahre nach der ersten, 1979 erfolgten Direktwahl durch die Unionsbürger legte das Europäische Parlament einen vom Institutionellen Ausschuss unter dem Vorsitz von Altiero Spinelli erarbeiteten Vorschlag für eine europäische Verfassung vor, der am 14. Februar 1984 vom Plenum mit einer Mehrheit von 237 Stimmen bei 34 Gegenstimmen und 54 Enthaltungen angenommen wurde.⁶⁵ Dieser Verfassungsentwurf war der erste Versuch, die Gemeinschaft auf eine neue vertragliche Grundlage zu stellen und demokratisch weiter zu entwickeln.⁶⁶ Er enthielt zahlreiche Vorschläge, die später auch vom Konvent wieder aufgenommen werden sollten. Zwei Merkmale waren dabei von Bedeutung.

Zum einen sah der Entwurf vor, europäische Hoheitsgewalt zu begrenzen, indem die Union der Europäischen Konvention zum Schutz der Menschenrechte und Grundfreiheiten (EMRK) sowie der Europäischen Sozialcharta beitreten solle. Außerdem sollte eine Unionsbürgerschaft geschaffen und die Bürger mit einer direkten Klagemöglichkeit vor dem Europäischen Gerichtshof ausgestattet werden. In der Präambel wurde betont, dass sich die Gemeinschaft auf die Grundsätze der pluralistischen Demokratie, der Achtung der Menschrechte und des Vorrangs des Rechts stütze. Zudem sollte „jede Weiterentwicklung von der Zustimmung der Völker und Staaten abhängig gemacht" werden. Mit dieser Formulierung wurden erstmals die Bürger der Gemeinschaft in den Prozess der Integration mit einbezogen. Während alle bisherigen Verträge davon ausgingen, dass sich ausschließlich die Staaten integrieren und daher die Gemeinschaftsbildung auf der Ebene der nationalen Regierungs- und Parlamentsvertreter zu erfolgen habe, betonte der Entwurf die doppelte Legitimation des Integrationsprozesses, zu dem auch die betroffenen Bürger Europas gehören. Allerdings fanden sich dann in den institutionellen Bestimmungen keine konkreten Hinweise, wie diese Beteiligung über die Wahlen zum Europäischen Parlament hinaus gewährleistet werden sollte. So blieb es zunächst bei der damals allerdings bahnbrechenden Erkenntnis, dass der Integrationsprozess von der Zustimmung, vom Konsens der Bürger abhängt, ohne dass zunächst eine konkrete Umsetzung in das Entscheidungsgefüge der Union erfolgte.

---

[64] Heinrich Schneider: Europäische Identität. Historische, kulturelle und politische Dimensionen, in: integration, 4/1991, S. 160-176, hier S. 171, 172.
[65] Europäisches Parlament: Entwurf eines Vertrages zur Gründung einer Europäischen Union, abgedruckt in: Werner Weidenfeld (Hrsg.): Wie Europa verfasst sein soll. Materialien zur Politischen Union, Gütersloh 1991, S. 354-385.
[66] Vgl. Dietmar Nickel: Der Entwurf des Europäischen Parlaments für einen Vertrag zur Gründung der Europäischen Union, in: integration, 1/1985, S. 11-27.

2 Europa zwischen Intergouvernementalismus und Föderalismus

Das zweite bedeutende Merkmal des Entwurfs war der Wille zur Demokratisierung der Gemeinschaft. Dies sollte in erster Linie durch eine Aufwertung des Europäischen Parlaments geschehen. Als Legislative sollten das Parlament und der Rat gemeinsam fungieren. Alle Gesetze müssten zunächst dem Parlament unterbreitet und erst nach seiner Billigung dem Rat übermittelt werden. Wenn eine Gesetzesinitiative dort abgelehnt werden sollte, käme sie in den so genannten Konzertierungsausschuss, einen gemeinsamen Vermittlungsausschuss von Parlament und Rat, wo Konsens über den vorliegenden Gesetzesvorschlag erzielt werden sollte. Dieser Vorschlag war Vorbild für das durch den Maastrichter Vertrag eingeführte Verfahren der Mitentscheidung. Darüber hinaus sollte das Europäische Parlament gleichberechtigt an der Budgetplanung beteiligt werden, das Programm der Kommission billigen und ein Misstrauensvotum gegenüber dem Präsidenten aussprechen können sowie die Hälfte der Richter am Europäischen Gerichtshof ernennen dürfen. Mit der Einrichtung eines europäischen parlamentarischen Zwei-Kammer-Systems und dem Entwurf einer „echten" Verfassung eilte das Parlament seiner Zeit weit voraus. Kritiker warfen dem Entwurf vor, er sei zu zentralistisch, begünstige ausschließlich die europäische Ebene und berücksichtige das Subsidiaritätsprinzip nicht ausreichend. Den Mitgliedstaaten wurde zunehmend der „Unterwerfungscharakter der supranationalen Beschlüsse"[67] deutlich. Dänemark wollte das Vetorecht erhalten sehen und Deutschland machte „Tendenzen zur Auszehrung nationalstaatlicher Finanzautonomie"[68] aus. „Der kühne Schritt der Verfassungsneuschöpfung"[69] scheiterte daher, wie später auch zunächst der Konventsentwurf, am Widerstand in den Mitgliedstaaten.

Das gleiche Schicksal ereilte auch den zweiten Entwurf, den das Parlament zehn Jahre später, am 10. Februar 1994, im Plenum diskutierte. Auch dieser Entwurf wurde vom Institutionellen Ausschuss des Parlaments, diesmal unter Vorsitz von Fernand Herman, erarbeitet.[70] In der Zwischenzeit hatte das Parlament auf dem Gebiet der Grundrechte so viel geleistet, dass es einen separaten Menschrechtskatalog unter einem eigenen Titel aufführen konnte. Er wurde zu einem wichtigen Vorentwurf für die später entwickelte Charta der Grundrechte.[71] In institutioneller Hinsicht sah der Entwurf eine jeweilige Zweiteilung von Legislative und Exekutive vor. Die Legislative sollte von Parlament und Rat gemeinsam gebildet werden. Das Parlament sollte die politische Kontrolle über die Tätigkeit der Kommission ausüben, während der Rat die Politiken der Mitgliedstaaten koordinieren sollte. Die Abstimmung im Rat sollte mit der doppelten Mehrheit von Staaten und Bevölkerung erfolgen. Die Kommission als erste Kammer der Exekutive sollte für die Durchführung

---

[67] Gerda Zellentin: Überstaatlichkeit statt Bürgernähe, in: integration, 1/1984, S. 45-51, hier S. 47.
[68] Wolfgang Wessels: Die Debatte um die Europäische Union – Konzeptionelle Grundlinien und Optionen, in: Werner Weidenfeld; ders. (Hrsg.): Wege zur Europäischen Union: Vom Vertrag zur Verfassung?, Bonn 1986, S. 37-58, hier S. 50.
[69] Jürgen Schwarze: Verfassungsentwicklung in der Europäischen Gemeinschaft – Begriff und Grundlagen, in: ders.; Roland Bieber (Hrsg.): Eine Verfassung für Europa. Von der Europäischen Gemeinschaft zur Europäischen Union, Baden-Baden 1984, S. 15-48, hier S. 48.
[70] Vgl. Bericht des Institutionellen Ausschusses des Europäischen Parlaments zur Verfassung der Europäischen Union vom 10. Februar 1994, in: Werner Weidenfeld (Hrsg.): Reform der Europäischen Union. Materialien zur Revision des Maastrichter Vertrages 1996, Gütersloh 1995, S. 389-410.
[71] Vgl. zur Charta der Grundrechte ausführlich Kapitel 3.

der Gesetze Verordnungen erlassen und den Haushaltsplan erstellen. Indem der Präsident die Mitglieder der Kommission bestimmte und ihre Aufgaben verteilte, näherte sich die Arbeitsweise der Kommission an das Modell nationaler Kabinette an. Die zweite Kammer der Exekutive sollten die Mitgliedstaaten bilden, denen auch weiterhin die Ausführung der Gesetze obliegen sollte. Der Vollzug der Gesetze sollte föderal gestuft sein, wobei sich die Union meist auf die Überwachung beschränken und die Durchführung den unteren Ebenen überlassen sollte. Dies sollte den Verwaltungsaufwand der Union begrenzen.

Die Diskussion, die dieser Entwurf im Parlamentsplenum auslöste, glich derjenigen, die 2003 während und im Anschluss an den Konvent geführt wurde. Die Liberalen beklagten, dass den Mitgliedstaaten zu wenig Rechte eingeräumt und sie dadurch nur unzureichend an den Entscheidungen beteiligt würden. Das alleinige Ernennungsrecht der Kommission durch den Präsidenten könne zudem dazu führen, dass nicht mehr alle Staaten ein Mitglied der Kommission stellen könnten. Einige Konservative bezeichneten den Verfassungsentwurf als Schritt zu einem zentralisierten, bürokratisierten, föderalen Superstaat, der den Verbund souveräner, unabhängiger, kooperierender Staaten zerstöre. Der Entwurf führe zu einem instabilen Gleichgewicht der Mitgliedstaaten. Einzelne Konservative, insbesondere aus Deutschland, forderten, die Verantwortung des Menschen vor Gott in die Präambel aufzunehmen. Von Seiten der europäischen Linken wurde beklagt, dass der Entwurf zu wenig auf die sozialen Probleme der Bürger reagiere. In den kleinen Mitgliedstaaten sah man den eigenen Einfluss gefährdet, große Staaten wiederum fürchteten den Zusammenschluss der kleineren Länder. Anderen war der Zeitpunkt der Verabschiedung der Verfassung verfrüht, außerdem habe das Parlament keinen Auftrag zur Ausarbeitung einer Verfassung erhalten. Aufgrund dieser unübersichtlichen Gemengelage und vielfacher Widerstände wurde der Verfassungsentwurf im Plenum nicht verabschiedet, sondern lediglich als Anlage in eine Entschließung des Europäischen Parlaments aufgenommen, in der eine Interinstitutionelle Konferenz und eine unabhängige Expertengruppe für die Ausarbeitung einer Verfassung gefordert wurde. Die endgültige Verabschiedung einer Verfassung solle dann einem Europäischen Verfassungskonvent vorbehalten bleiben.[72]

Beide Entwürfe des Europäischen Parlaments scheiterten zwar, hatten aber dennoch großen Einfluss auf die Verfassungsdiskussion in Europa. Letztlich wurden sie auch weniger wegen ihres dezidiert unions- und parlamentsfreundlichen Inhalts abgelehnt, sondern weil sie zur falschen Zeit entworfen wurden. In den 80er Jahren haben sie die Debatte um eine Vertiefung des damals stockenden Einigungsprozesses zunächst anstoßen müssen, in den 90er Jahren aber musste die Union die Folgen des weit reichenden Maastrichter Vertrags verarbeiten. Doch mit den weit weniger zukunftsweisenden Verträgen von Amsterdam und Nizza und einer gewissen Ermüdung bei den Regierungskonferenzen kam das Thema Verfassung allmählich zurück auf die europäische Agenda. Aufgabe des Konvents sollte es werden, die Frage der

---

[72] Vgl. zur Bewertung Meinhard Hilf: Eine Verfassung für die Europäische Union. Zum Entwurf des Institutionellen Ausschusses des Europäischen Parlaments, in: integration, 4/1994, S. 68-78, sowie Stavros Katsigiannis; Melanie Piepenschneider: Verfassung der Europäischen Union. Zum Entwurf des Institutionellen Ausschusses im Europäischen Parlament, Sankt Augustin 1994.

Verfassungsgebung aufzunehmen und die unterschiedlichen Vorstellungen in einen breiten, tragfähigen Kompromissentwurf zu verschmelzen. Verträge und Verfassungen, die bis dahin unvereinbar schienen und von unterschiedlichen Akteuren zu unterschiedlichen Zwecken entworfen wurden, sollten nun verknüpft werden zu einem neuen Amalgam, einem „Verfassungsvertrag", der den bisherigen Integrationsprozess auf eine höhere Stufe führt.[73]

Vom Vertrag zur Verfassung

Das letzte Jahrzehnt des 20. Jahrhunderts sah eine erheblich forcierte Integration in Europa. Die Verträge von Maastricht, Amsterdam und Nizza folgten in immer kürzeren Abständen. Damit gab sich die Union ein „Quasi-Verfassungsrecht", ohne jedoch eine „echte" Verfassung zu verabschieden. Die Verträge bereiteten jedoch den Boden für den Entwurf einer Verfassung vor, indem die beteiligten Akteure schrittweise die Auffassung der 80er Jahre überwanden, dass Staat und Verfassung unlösbar miteinander verbunden seien.[74] Vielmehr wurde deutlich, dass sich auch die Union eine Verfassung geben könne, ohne das bisherige, teils auf föderalen, teils auf konföderalen Prinzipien beruhende europäische politische System grundlegend in Frage zu stellen. Die Möglichkeit des Entwurfs nichtstaatlichen normativen Verfassungsrechts wurde von der Rechtswissenschaft[75] nicht mehr ausgeschlossen und von der Politik zunehmend gewünscht.[76] Eine Verfassung, die keine ausgedehnte europäische Staatlichkeit begründet, wurde zu einem attraktiven Konzept, denn „der Staat ist nicht erdacht, sondern er ist gewachsen. Eine Europäische Union aber kann eigentlich nur erdacht sein, und das heißt, dass sie in all ihren Grundzügen einer Erklärung, einer Rechtfertigung, einer widerspruchsfreien Logik bedarf".[77] Und dies sollte durch eine Verfassung geschehen. Die Begründungen für eine Verfassung waren vielfältig:[78]

- Eine Verfassung führt zu klaren Kompetenzzuweisungen und Entscheidungsverfahren. Dies schafft Planungssicherheit für Mitgliedstaaten, Unternehmen und private und öffentliche Organisationen.
- Mit der Verabschiedung weiterer Verträge werden die Regelungen des Gemeinschaftswerks immer komplizierter und differenzierter. Eine Beschränkung und Rückbesinnung auf das Wesentliche in einem Verfassungskonsens ist daher dringend nötig.

---

[73] Vgl. dazu Anne Peters: Elemente einer Theorie der Verfassung Europas, Berlin 2001, insbesondere S. 234-242.
[74] Vgl. Rudolf Wildenmann (Hrsg.): Staatswerdung Europas? Optionen für eine Europäische Union, Baden-Baden 1991.
[75] Vgl. Josef Isensee: Der Vorrang des Europarechts und deutsche Verfassungsvorbehalte, in: Joachim Burmeister; Michael Nierhaus (Hrsg.): Festschrift für Klaus Stern, München 1997, S. 1239f.
[76] Vgl. ausführlich zur Politik Kapitel 5.
[77] Werner von Simson: Voraussetzungen einer europäischen Verfassung, in: Jürgen Schwarze; Roland Bieber (Hrsg.): Eine Verfassung für Europa, a.a.O., S. 91-114, hier S. 93.
[78] Vgl. Olaf Leiße: Demokratie „auf europäisch". Möglichkeiten und Grenzen einer supranationalen Demokratie am Beispiel der Europäischen Union, Frankfurt/Main 1998, S. 81, 82.

- Nach der Verabschiedung einer Verfassung braucht sich die Union nicht mehr in solchem Maße wie bisher mit sich selbst zu beschäftigen. Damit wird die Union gestärkt für die Übernahme wichtiger Zukunftsaufgaben. Dies ist gleichzeitig die Voraussetzung dafür, dass die Union zu einem wichtigen weltpolitischen Akteur werden kann. Gleichzeitig schafft sie eindeutige Voraussetzungen für ihre Erweiterung.
- Unter den Unionsbürgern nimmt der „permissive consensus", die diffuse Zustimmung zur Integration ab. Eine Verfassung sichert die Grundrechte der Bürger und führt zu höherer Erwartungssicherheit. Dadurch erzielt die Union zugleich größere Akzeptanz bei den Bürgern.
- In einer ausgiebigen öffentlichen Diskussion um Verfassungsinhalte und Ziele kann die Bevölkerung zu ihren gemeinsamen Wurzeln finden, dem Integrationsprozess neue Impulse verleihen und europäische Politik verstärkt legitimieren.

Darüber hinaus ist in den 90er Jahren die „Méthode Monnet" zunehmend an ihre Grenzen gestoßen, nach der die Gemeinschaft unter Zurückstellung sensibler Felder mitgliedstaatlicher Souveränität primär ökonomisch zusammen wachsen soll.[79] Bis dahin hat sich die Europäische Union weniger durch die Selbstbestimmung der Bürger entwickelt als vielmehr durch reine Marktausdehnung. Mit der Umsetzung von Binnenmarkt und Währungsunion aber ist die rein wirtschaftliche Vertiefung der Gemeinschaft vorläufig an ihre Grenzen gestoßen, weitere Integrationsschritte müssen nun stärker politisch begründet und können nicht mehr funktionalistisch erklärt werden. Zudem sollte eine EU, die sich nicht mehr nur als Staaten- sondern auch als Bürgerunion begreift, „den europäischen Bürgern die Souveränität über den europäischen Integrationsprozess zurückgeben".[80] Daher setzte sich allmählich die Ansicht durch, Europa müsse von einer Zukunftsprojektion neu belebt werden, sollte die Stagnation des Integrationsprozesses, manifestiert in den Verträgen von Amsterdam und Nizza, nicht in Resignation umschlagen.

Der schnelle Konsens über eine Europäische Grundrechtecharta beflügelte die Befürworter des Verfassungsprojektes, rasch wurden Anforderungen an eine zukünftige Verfassung formuliert. Thomas Läufer gab frühzeitig einen ersten Überblick, welchen Ansprüche eine mögliche Verfassung genügen müsse:[81] Sie sollte eine Komplementärverfassung sein, indem sie die bewährten Verfassungen der Mitgliedstaaten ergänzt. Sie sollte ferner eine Integrationsverfassung sein, die eine weitere Vertiefung und Erweiterung der Union ermöglicht. Daher müsse sie auch eine Wandelverfassung sein, die auf Veränderungen in der Union flexibel reagieren kann. Außerdem sollte sie eine Verbandsverfassung sein, die der polyzentrischen Struktur der Union Rechnung trägt und klare Kompetenzzuweisungen enthält. Sie müsste zudem als Strategieverfassung Etappen der Vergemeinschaftung angeben. Darüber hinaus dürfe die europäische Verfassung keine einfache Kopie der nationalen Ver-

---

[79] Vgl. Claus Koch: Das Ende des Selbstbetrugs: Europa braucht eine Verfassung, München 1997.
[80] Ulrike Guérot: Eine Verfassung für Europa. Neue Regeln für den alten Kontinent?, in: Internationale Politik, 2/2001, S. 28-36, hier S. 29.
[81] Vgl. Thomas Läufer: Zur künftigen Verfassung der Europäischen Union – Notwendigkeit einer offenen Debatte, in: integration, 4/1994, S. 204f.

fassungen sein, sondern sollte Rücksicht nehmen auf die unterschiedlichen Verfassungstraditionen in den Mitgliedstaaten. Daher sollte sie sich von den nationalen Verfassungen inspirieren und ihre positiven Bestände aufnehmen, insgesamt aber ein adäquates Fundament für eine Union als eine Gemeinschaft „sui generis" sein. Ferner soll die Verfassung die bestehenden Verträge vereinfachen und auf ihren wesentlichen Kern reduzieren, um die gewünschte Transparenz und Bürgernähe zu gewährleisten.

„Eine künftige europäische Verfassung, gleich ob als Verfassungsvertrag oder bescheidener als Grundvertrag konzipiert, wird nur dann in identitäts- und integrationsstiftender Weise wirken, wenn sie als schlankes und entwicklungsoffenes Dokument angelegt ist. Je existenziell-umfassender sie konzipiert wird, desto schwerer erscheint sie realisierbar. Je statischer man das Institut der Verfassung begreift, desto weniger vermag es dem dynamischen Prozess der europäischen Integration gerecht zu werden."[82] Die zukünftige Verfassung sollte ferner die bereits ausgearbeitete Grundrechtecharta inkorporieren und ihr damit einen festen Platz in der europäischen Rechtsordnung zuweisen. Umstritten war hingegen, ob und welche Kompetenzordnung die Verfassung enthalten sollte. Feste Kompetenzkataloge wurden vor allem von denjenigen befürwortet, die dem europäischen Integrationsprozess eine „kompetenzansaugende" Wirkung unterstellten. Dagegen setzte sich bei einer Mehrheit die Ansicht durch, dass starre Kompetenzkataloge nicht flexibel genug und daher einer bundesstaatlichen Ordnung eher schädlich seien. Vor diesem Hintergrund wurde vor allem auf eine Stärkung des Subsidiaritätsprinzips und der Gebote von Klarheit und Transparenz plädiert, die sich für die Mitgliedstaaten als hinreichend autonomieschonend erwiesen hätten. Allerdings war es dringend notwendig, die unüberschaubare Fülle der europäischen Handlungsformen, wie Verordnungen, Richtlinien, Entscheidungen, Empfehlungen, ferner Koordinierungs- und Harmonisierungsmaßnahmen, zu konkretisieren. Und schließlich sollte das Institutionengefüge der Union so weit reformiert werden, dass eine möglichst elegante Gewaltenteilung, gegenseitige Kontrolle in einem institutionellen Gleichgewicht und eine effiziente Aufgabenwahrnehmung gewährleistet wären. Eine Verfassung sollte hier stabilisierend und machtbegrenzend wirken.

Zweifellos hatte Hermann Lübbe Recht, als er nach Verabschiedung des Maastrichter Vertrages schrieb: „Die künftige Europäische Union wird nicht das Subjekt einer Territorialherrschaft sein. Die künftige Europäische Union wird nicht Träger eines Gewaltmonopols mit dem Zweck der Sicherung des inneren Friedens sein. Die künftige Europäische Union wird keine Verteidigungsgemeinschaft sein. Die Mitgliedsländer der künftigen Europäischen Union bleiben unbeschadet dieser Mitgliedschaft in der Regelung ihrer internationalen Beziehungen sowohl zu den Unionsmitgliedern wie zu Dritten souverän und sind in dieser Souveränität lediglich beschränkt durch förmliche und faktische Bindungen an die Zwecke der Union. Die Mitgliedsländer der Europäischen Union geben keine staatlichen Exekutivbefugnis-

---

[82] Hermann-Josef Blanke: Essentialia einer europäischen Verfassungsurkunde, in: Thüringer Verwaltungsblätter, 9/2002, S. 197-203 (Teil 1), 10/2002, S. 224-232 (Teil 2).

se an die Union ab – auch nicht in Bezug auf die Exekution dessen, was die Union in ihren Institutionen für alle Unionsmitglieder verbindlich gemacht hat."[83]

Die Union ist kein Staat im herkömmlichen Sinne. Sie besitzt kein eigenes konstituierendes Staatsvolk, sondern sie umfasst heterogene Gesellschaften. Sie hat kein festes Staatsgebiet, vielmehr verändert es sich durch zukünftige Erweiterungen oder eventuelle Austritte. Zudem besitzt sie nur eingeschränkte Staatsgewalt. Zwar verfügt sie über rechtliche Durchsetzungsmacht gegenüber den mitgliedstaatlichen Verwaltungen, aber in ihrem Dienst stehen keine eigene Polizei, kein Grenzschutz, keine diplomatische Außenvertretung und keine eigene Armee. Aus dieser „Verfassung" der Union jedoch darauf zu schließen, dass eine weitere Vertiefung, die diese Unzulänglichkeiten aufhebt, unmöglich ist, wäre eine falsche Schlussfolgerung. Nur knapp zehn Jahr nach dem Maastrichter Vertrag ist die politische Stimmung in Europa so weit, dass der Entwurf einer Verfassung für viele plausibel geworden ist. Denn die Vergemeinschaftung hat auf immer mehr Politikbereiche übergegriffen, nationalstaatliche Kompetenzen ausgehebelt und in gemeinsame Verantwortung überführt. Und dies mit Zustimmung der Mitgliedstaaten. Diese sahen sich daher gedrängt, mit der neuen Konventsmethode die Entwicklung zu steuern. Die Ideen aber, die den Konvent leiten sollten, wenn es um die Frage der zukünftigen Ausgestaltung der Europäischen Union ging, gründeten in den Leitbildern von Intergouvernementalismus und Föderalismus. Dabei ging es allerdings weder um die Schaffung der „Vereinigten Staaten von Europa" mit starken supranationalen Behörden noch um die Zerstörung des bisherigen Einigungswerkes durch substanzielle Rückführung von Kompetenzen auf die nationale oder regionale Ebene. Vielmehr schienen auch in der Auseinandersetzung um vermeintlich technische Details „europapolitische Grundverständnisse"[84] durch, die in den beiden oben skizzierten Anschauungen ruhten. Wer soll was mit wie viel Macht entscheiden und durchsetzen dürfen? Diese Frage, mit der sich der Konvent ausführlich beschäftigte, lässt sich nicht politisch beantworten ohne Rückgriff auf Elemente dieser beiden Leitbilder.

---

[83] Hermann Lübbe: Regionalismus und Föderalismus in der politischen Transformation, in: Peter M. Huber (Hrsg.): Das Ziel der europäischen Integration, a.a.O., S. 85-95, hier S. 95.
[84] Vgl. Heinrich Schneider: Ein Wandel europapolitischer Grundverständnisse? Grundsatzüberlegungen, Erklärungsansätze und Konsequenzen für die politische Bildungsarbeit, in: Mathias Jopp; Andreas Maurer; ders. (Hrsg.), a.a.O., S. 19-148.

3 Der Konvent zur Ausarbeitung der Europäischen Grundrechtecharta

Mit seiner Antrittsrede vor dem Europäischen Parlament am 12. Januar 1999 hatte Bundesaußenminister Fischer nicht nur die Verfassungsdebatte angestoßen, sondern auch einen ersten konkreten Schritt auf dem Weg zu einer Europäischen Verfassung vorgeschlagen. Fischer hatte als wichtiges Projekt der deutschen Ratspräsidentschaft angekündigt, eine Initiative zur Erarbeitung einer Europäischen Grundrechtecharta zu starten. Ziel sei es, die Legitimität und die Identität der EU zu festigen. Die Idee einer Grundrechtecharta für die Rechte der Bürgerinnen und Bürger Europas war im Kern nichts Neues. Nach Gründung der europäischen Institutionen wurden immer wieder Versuche unternommen, über die sich zunehmend entwickelnde Rechtsprechung des Europäischen Gerichtshofes hinaus, den Grundrechtsschutz in der EU zu festigen. Das Europäische Parlament hatte bereits 1973 eine „Entschließung über die Berücksichtigung der Grundrechte der Bürger in den Mitgliedstaaten bei der Entwicklung des Gemeinschaftsrechts" verabschiedet; 1989 legte es einen Entwurf für einen Grundrechtekatalog vor.

Die erneute deutsche Initiative war insofern erfolgreich, als der Europäische Rat am 3. und 4. Juni 1999 in Köln über die Einberufung eines „Gremiums" zur Ausarbeitung einer Charta der Grundrechte der Europäischen Union entschied. Die Staats- und Regierungschefs beauftragten dieses Gremium, die seit Ende der 60er Jahre vom Europäischen Gerichtshof in Luxemburg entwickelten Grundrechte der Unionsbürger in einer Charta zusammen zu stellen und dadurch für die Bürgerinnen und Bürger sichtbarer zu machen.[85] Im „Beschluss des Europäischen Rats zur Erarbeitung einer Charta der Grundrechte der Europäischen Union" heißt es: „Die Wahrung der Grundrechte ist ein Gründungsprinzip der Europäischen Union und unerlässliche Voraussetzung für ihre Legitimität. Die Verpflichtung der Union zur Achtung der Grundrechte hat der Europäische Gerichtshof in seiner Rechtsprechung bestätigt und ausgeformt. Im gegenwärtigen Entwicklungsstand der Union ist es erforderlich, eine Charta dieser Rechte zu erstellen, um die überragende Bedeutung der Grundrechte und ihre Tragweite für die Unionsbürger sichtbar zu verankern."[86]

Dieses Projekt verfolgte somit in erster Linie eine politische und erst in zweiter Linie eine verfassungsrechtliche Dimension. Es rückte den europaweiten Diskurs

---

[85] Vgl. auch Sylvia-Yvonne Kaufmann (Hrsg.): Grundrechtecharta der Europäischen Union. Mitglieder und Beobachter des Konvents berichten, Bonn 2001, sowie Stefan Barriga: Die Entstehung der Charta der Grundrechte der Europäischen Union. Eine Analyse der Arbeiten im Konvent und kompetenzrechtlicher Fragen, Baden-Baden 2003.
[86] Europäischer Rat: Schlussfolgerungen des Vorsitzes in Köln, 3./4. Juni 1999.

über die gemeinsame Wertebasis der Union in den Mittelpunkt der Reformdebatte und sollte so identitätsfördernd und integrierend wirken.[87]
Die zu erarbeitende Charta sollte drei unterschiedliche Gruppen von Grundrechten umfassen:

- Die Freiheits- und Gleichheitsrechte sowie die Verfahrensgrundrechte, wie sie in der Europäischen Konvention zum Schutze der Menschenrechte und Grundfreiheiten gewährleistet sind und wie sie sich aus den gemeinsamen Verfassungsüberlieferungen der Mitgliedstaaten als allgemeine Grundsätze des Gemeinschaftsrechts ergeben.
- Die Grundrechte, die nur den Unionsbürgern zustehen.
- Wirtschaftliche und soziale Rechte, wie sie in der Europäischen Sozialcharta und in der Gemeinschaftscharta der sozialen Grundrechte der Arbeitnehmer enthalten sind (Artikel 136 EGV), soweit sie nicht nur Ziele für das Handeln der Union begründen.

Damit hatte der Europäische Rat in Köln neben der Einberufung einer Regierungskonferenz, um die in Amsterdam offen gebliebenen institutionellen Fragen zu klären, einen zweiten Reformprozess angestoßen. Beide Prozesse unterschieden sich allerdings sowohl in ihrer grundlegenden Zielsetzung als auch in ihrer Methodik. Während die Regierungskonferenz, die zeitgleich von Februar bis Dezember 2000 tagte, die Aufgabe hatte, kurzfristig die institutionellen Voraussetzungen für die Aufnahme weiterer Mitgliedstaaten zu schaffen, sollte mit der Grundrechtecharta ein langfristig wirkendes Reformprojekt begonnen werden. Der traditionellen Form der Regierungskonferenz mit ihren intransparenten Bargaining-Prozessen, ihren klassischen „package deals" und den Kompromisslösungen auf der Basis des kleinsten gemeinsamen Nenners sollte mit der Einberufung eines Konvents eine neue Form des deliberativen und transparenten Diskussionsprozesses ohne nationale Kuhhändel entgegen gesetzt werden. Beide Reformprozesse wurden zeitgleich, jedoch voneinander getrennt vorangetrieben.

Auf der Grundlage des Beschlusses von Köln wurde unter finnischer Präsidentschaft eine Einigung über die Zusammensetzung, die Vorsitzregelung und die Arbeitsweise des Gremiums erzielt, die der Europäische Rat bei seinem Treffen im finnischen Tampere am 15. und 16. Oktober 1999 bestätigte.[88]

Das „Gremium" gab sich selbst in seiner zweiten Sitzung am 1. Februar 2000 dann den Namen „Konvent". Der Konvent setzte sich aus 62 Persönlichkeiten aus allen 15 Mitgliedstaaten zusammen – 15 Beauftragten der Staats- und Regierungschefs der Mitgliedstaaten, einem Beauftragten der Europäischen Kommission, 16 Mitglieder des Europäischen Parlaments und 30 Mitgliedern der nationalen Parlamente (zwei aus jedem Mitgliedstaat)[89]. Die Mitgliedstaaten mit einem Zwei-

---

[87] Vgl. Otto Schmuck: Die Ausarbeitung der Europäischen Grundrechtscharta als Element der Verfassungsentwicklung, in: integration, 1/2000, S. 48-56, sowie Gisela Müller-Brandeck-Boucquet: Die Grundrechtscharta – Nukleus einer europäischen Verfassung?, SWP-Aktuell 2000/68, November 2000.
[88] Europäischer Rat: Schlussfolgerungen des Vorsitzes in Tampere, 15./16. Oktober 1999.
[89] Die deutschen Teilnehmer am Konvent waren als Beauftragter der Bundesregierung Roman Herzog, Bundespräsident a.D., für den Bundestag Jürgen Meyer, MdB, SPD (Vertreter: Peter Altmaier, MdB, CDU), für den Bundesrat Jürgen Gnauck, Minister für Bundes- und Europaangelegenheiten, Thürin-

Kammer-System konnten so einen Delegierten aus jeder Kammer des Parlaments in den Konvent entsenden. Rund drei Viertel der Konventsmitglieder waren Parlamentarier. Zugleich wurden Stellvertreter für die 62 namentlich benannten Mitglieder des Konvents berufen. Der Europäische Gerichtshof war ebenso wie der Europarat bzw. der Europäischen Gerichtshof für Menschenrechte in Straßburg durch Beobachter in die Arbeiten des Konvents einbezogen. Darüber hinaus führte der Konvent Anhörungen mit den Vertretern des Wirtschafts- und Sozialausschusses, des Ausschusses der Regionen und dem Europäischen Bürgerbeauftragten durch. Wie in Tampere beschlossen, fanden auch Anhörungen mit den Repräsentanten der Beitrittsländer sowie mit gesellschaftlichen Gruppen und Sachverständigen statt. Erstmalig „waren bei einem wichtigen europäischen Integrationsprojekt neben den Regierungen der Mitgliedstaaten sowohl das Europäische Parlament als auch die nationalen Parlamente"[90] beteiligt. Dieses Novum prägte die Arbeitsweise und den Diskussionsstil des Konvents.[91]

Die konstituierende Sitzung des Konvents fand am 17. Dezember 1999 in Brüssel statt. Zum Vorsitzenden wurde per Akklamation der frühere Bundespräsident und Vertreter der Bundesregierung im Konvent Roman Herzog gewählt. Als stellvertretende Vorsitzende wurden für die Gruppe der nationalen Parlamentarier Gunnar Jannsson (Finnland), für das Europäische Parlament Iñigo Méndez de Vigo (Spanien) sowie der Vertreter der Kommission, Kommissar Antonio Vitorino (Portugal) gewählt. Sie bildeten zugleich das Präsidium des Konvents. Das Präsidium wurde vom Generalsekretariat des Rates unterstützt und hatte die Aufgabe, die Sitzungen des Konvents inhaltlich vorzubereiten. Der Konvent arbeitete ohne Geschäftsordnung und verzichtete weitgehend auf Abstimmungen.[92] Auch von einer zunächst diskutierten Aufteilung in Arbeitsgruppen, etwa zu den unterschiedlichen Grundrechtekategorien, hatte das Präsidium abgesehen, da dies zu zahlreichen Abgrenzungsschwierigkeiten und -problemen führen würde. Vielmehr suchte es den breiten Konsens aller Mitglieder des Konvents und konnte lediglich mit der Überzeugungskraft seiner Argumente und dem Verhandlungsgeschick seines Vorsitzenden die Skeptiker überzeugen. Es formulierte die ersten Vorschläge zu den Artikeln, suchte die Abstimmung mit den einzelnen Gruppen und Delegationen im Konvent, insbesondere auch mit den Vertretern der Regierungen der EU-Mitgliedstaaten, und arbeitete die schriftlich oder mündlich eingebrachten Anmerkungen und Änderungswünsche der Mitglieder des Konvents in neue Artikelentwürfe ein. So spielte das Präsidium zweifellos für die Erarbeitung der Grundrechtecharta die entscheidende Rolle.

---

gen, CDU (Vertreter: Wolf Weber, Minister für Justiz, Niedersachsen, SPD), für das Europäische Parlament Ingo Friedrich, MdEP, CSU (Vertreter: Peter Michael Mombaur, MdEP, CDU), Jo Leinen, MdEP, SPD, und Sylvia-Yvonne Kaufmann, MdEP, PDS.

[90] Martin Borowsky: Wertegemeinschaft Europa. Die Charta der Grundrechte der Europäischen Union zwischen politischer Proklamation und rechtlicher Verbindlichkeit – Ziele, Inhalte, Konfliktlinien, Deutsche Richter Zeitung, Sonderdruck (Juli 2001), S. 277.

[91] Vgl. zum Verlauf der Verhandlungen im Grundrechtekonvent ausführlich Norbert Bernsdorff; Martin Borowsky: Die Charta der Grundrechte der Europäischen Union, Baden-Baden 2002.

[92] Nur bei der Sitzung am 6. Juni 2000 kam es zu einer Abstimmung mit indikativem Charakter. Allerdings vermied das Präsidium während der abschließenden Formulierungsarbeit jede Abstimmung, insbesondere eine Schlussabstimmung, entgegen dem Wunsch einiger Konventsmitglieder.

Von großer Bedeutung waren die weitgehende Transparenz der Beratungen und die mögliche Information und Einbeziehung der Öffentlichkeit. Der Europäische Rat hatte bereits in Tampere bestimmt, dass grundsätzlich „die Sitzungen des Gremiums und die in ihnen unterbreiteten Dokumente der Öffentlichkeit zugänglich sein" sollten. Dazu wurde eigens für die Konventsberatungen eine gesonderte Internet-Website eingerichtet, auf der alle Dokumente des Konvents eingestellt wurden und über die zugleich alle Interessierten die Möglichkeit erhielten, ihre Anliegen und Forderungen an den Konvent heran zu tragen.[93] Diese Form der Einbindung der Öffentlichkeit über das Medium Internet in ein europäisches Reformprojekt war ein Novum. Ergänzt wurde diese elektronische Form der Einbeziehung der Bürger durch Anhörungen auf nationaler und europäischer Ebene. In Deutschland fand am 5. April 2000 eine Anhörung vor den Europaausschüssen des Bundestages und Bundesrates mit Vertretern von Verbänden, Kirchen, Interessengruppen und Nichtregierungsorganisationen statt. Dabei sprachen sich nahezu alle Vertreter der Zivilgesellschaft und die angehörten Experten für die rechtliche Verbindlichkeit der Charta aus; etwas zurückhaltender zeigten sich mit Blick auf die vorgesehene Festschreibung wirtschaftlicher und sozialer Grundrechte nur die Vertreter der deutschen Wirtschaft. Umstritten blieben die Fragen nach der Reichweite der Grundrechtecharta und ihr Verhältnis zu den derzeitigen Kompetenzen der EU.

Eine Anhörung auf europäischer Ebene wurde am 27. April 2000 in Brüssel durchgeführt, bei der die Vertreter von 67 europäischen Dachverbänden der „europäischen Zivilgesellschaft" (Wirtschaftsverbänden, Gewerkschaften, Nichtregierungsorganisationen, Kirchen und Religionsgemeinschaften) gehört wurden. Da jeweils nur 5 Minuten Redezeit zur Verfügung standen, konnten keine vertiefenden Stellungnahmen abgegeben werden. Insgesamt bestätigte die Anhörung neben dem Wunsch nach einer baldigen rechtlichen Verbindlichkeit der Charta die teilweise sehr hoch gesteckten Erwartungen, insbesondere im Hinblick auf die sozialen Rechte. Obwohl das Bemühen des Konvents, die Öffentlichkeit möglichst breit einzubeziehen, anerkannt wurde, war es aufgrund des knapp vorgegebenen Zeitrahmens selbst für gut organisierte Verbände schwierig, effektiv Einfluss zu üben. Vor allem kleinere Nicht-Regierungsorganisationen hatten kaum eine Chance, zeitnah ihre Positionen zu definieren und sachgerecht in das Verfahren einzubringen.[94] Am 19. Juni 2000 führte der Konvent die im Beschluss des Europäischen Rats von Tampere vorgegebene Diskussion mit den Vertretern der 13 Beitrittsländer durch. In diesem Gedankenaustausch verdeutlichten die Beitrittskandidaten zwei grundsätzliche Anliegen: Zum einen dürfe die Charta auf keinen Fall dazu führen, dass ihr Beitritt verzögert werde, etwa durch streitige Debatten bei einer Ratifizierung der Charta. Zum anderen müssten Konflikte mit der EMRK bzw. dem Europarat ausgeschlossen sein.

---

[93] Die Website umfasste schließlich mehrere hundert Dokumente des Konvents, Eingaben von Nichtregierungsorganisationen, von internationalen Organisationen und von Einzelpersonen.
[94] Vgl. Martin Borowsky: Wertegemeinschaft Europa, a.a.O., S. 278, und Markus Engels: Die europäische Grundrechtecharta: Auf dem Weg zu einer europäischen Verfassung?, in: Friedrich Ebert Stiftung (Hrsg), Reihe Eurokolleg, Nr. 45, 2001, S. 13.

3 Der Konvent zur Ausarbeitung der Europäischen Grundrechtecharta

Der Konvent tagte zwischen dem 17. Dezember 1999 und dem 2. Oktober 2000 insgesamt 18 Mal, sowohl in förmlichen als auch informellen Sitzungen. Der Europäische Rat von Köln hatte vorgegeben, den Entwurf der Grundrechtecharta so rechtzeitig vorzulegen, dass der Europäische Rat diesen Entwurf gemeinsam mit dem Europäischen Parlament und der Europäischen Kommission auf dem Gipfel in Nizza im Dezember 2000 feierlich proklamieren könne. Danach erst - so der Beschluss von Köln - solle geprüft werden, ob und gegebenenfalls auf welche Weise die Charta in das Vertragswerk der Europäischen Union aufgenommen werden könne. So wurde bereits vor Beginn der Arbeiten des Konvents ein „zweistufiges Verfahren" vorgesehen.

Die öffentlichen Sitzungen des Konvents dauerten in der Regel eineinhalb Tage. Vor jeder Sitzung trafen sich die drei nach institutioneller Zugehörigkeit gebildeten Gruppen im Konvent zu informellen Sitzungen - die Gruppe der Regierungsvertreter, die Gruppe der Europaparlamentarier und die Gruppe der nationalen Parlamentarier. Diese Vorbereitungstreffen dienten der Aussprache und der Koordinierung unterschiedlicher Standpunkte und hatten insbesondere in der Schlussphase des Konvents, als Kompromissformulierungen für einzelne Vertragsartikeln abgestimmt werde mussten, eine wichtige Bedeutung. Daneben fanden sich die Mitglieder des Konvents auch in parteipolitischen Fraktionen zusammen, um sich über gemeinsame Positionen und ihr strategisches Vorgehen abzustimmen. „So war jeder Delegierte als Vertreter einer 'Institution' (Regierung, Europäisches Parlament, nationale Parlamente) im Konvent (und damit mehr oder weniger dieser Institution Rechenschaft schuldig), dabei gleichzeitig geprägt von nationalen Erfahrungen und Rechtstraditionen und darüber hinaus überzeugt von einer politisch-ideologischen Idee."[95] Der Vertreter des Europäischen Parlaments im Konvent, Jo Leinen, berichtete, dass zunächst die unterschiedlichen nationalen, politischen, juristischen und institutionellen Hintergründe der Konventsmitglieder die Beratungen im Konvent hemmten. „Die ersten Gespräche waren gekennzeichnet von Missverständnissen über den Auftrag des Konventes, scheinbar unüberbrückbaren Gegensätzen über die Natur und die Reichweite der in der Charta zu verankernden Rechte und grundsätzlichen Meinungsunterschieden über den Sinn und Zweck der europäischen Integration."[96] Im Verlauf der Beratungen konnten diese Unterschiede und Missverständnisse überwunden werden und es entwickelte sich ein offener Dialog zwischen den Mitgliedern des Konvents, der Kompromisse jenseits nationaler und parteipolitischer Positionen ermöglichte. Bereits zur dritten Sitzung des Konvents am 24./25. Februar 2000 hatte das Präsidium eine „Grundrechtsliste" vorgelegt, die zur Strukturierung der weiteren Beratungen und als erste Diskussionsgrundlage diente. Anhand des vom Konvent vereinbarten Arbeitsplans wurden dann durch das Präsidium die ersten Formulierungsvorschläge für die einzelnen Grundrechte vorgelegt. Der Vorsitzende des Konvents, Roman Herzog, beabsichtigte, bis Juni 2000 einen ersten Entwurf der Charta im Konvent vorzulegen. Von Anfang an verfolgte er eine Strategie des „als ob". Der Konvent solle den Text der Charta so formulieren, *als ob* sie rechtsverbind-

---

[95] Markus Engels: Die europäische Grundrechtecharta, a.a.O., S. 8.
[96] Jo Leinen; Justus Schönlau: Die Erarbeitung der EU-Grundrechtecharta im Konvent: nützliche Erfahrungen für die Zukunft Europas, in: integration, 1/2001, S. 28-33.

lich werde. Die Europäische Kommission hat in ihrer bewertenden Mitteilung diese Strategie des Vorsitzenden ausdrücklich gelobt.[97]

In insgesamt drei Lesungen[98] wurden sämtliche in die Charta aufzunehmenden Rechte und Bestimmungen diskutiert und formuliert. Die erste Lesung fand vom 24./25. Februar bis zum 5. Juni 2000 statt und diente dazu, zunächst die Konventsmitglieder mit ihren unterschiedlichen Rechtstraditionen zu Wort kommen zu lassen. Im Verlauf dieses ersten Durchgangs diskutierte der Konvent dann bereits „artikelscharf" über die Inhalte des Entwurfs der EU-Grundrechtecharta. Noch vor der Sommerpause nahm der Konvent die zweite Lesung über den gesamten Charta-Entwurf auf, die vom 6. Juni bis zum 19. Juli 2000 dauerte. Für die schließlich gefundenen Formulierungen der einzelnen Charta-Artikel war diese Lesung die eigentlich entscheidende. Das Präsidium legte zunächst die ersten 30 Artikelvorschläge zu den Freiheits- und Gleichheitsrechten, zu den justiziellen Grundrechten und zu den Rechten, die nur den Unionsbürgern zustehen, vor und ergänzte sie am 19. Mai 2000 durch die Vorlage der restlichen Artikelvorschläge zu den sozialen Rechten und zu den so genannten Querschnittsbestimmungen. Bei diesem Beratungsdurchgang waren nur schriftliche Änderungsanträge der Konventsmitglieder zugelassen, die innerhalb einer knapp bemessenen Frist eingereicht werden mussten, damit genügend Zeit für die vorgesehene Übersetzung in alle Amtssprachen verblieb. Das Präsidium erstellte zusätzlich eine Synopse der eingereichten Änderungsvorschläge und eigener „Kompromissvorschläge", die dann den Beratungen zugrunde lagen. Insgesamt gingen zu den Entwürfen der ersten 30 Artikel 598 Änderungsvorschläge beim Präsidium ein, die in einer in alle Amtssprachen übersetzten Zusammenstellung von 728 Seiten veröffentlicht wurden. Zur zweiten Tranche der Artikelentwürfe wurden insgesamt 446 Änderungsvorschläge vorgelegt, die in einem zweiteiligen Dokument von insgesamt 624 Seiten zusammengestellt wurden. Die dritte und abschließende Lesung beanspruchte nur zwei Sitzungen des Konvents im September 2000. Zur Vorbereitung dieser Lesung versandte das Präsidium ab dem 28. Juli 2000 - erstmalig - eine komplette Fassung des Charta-Entwurfes, die mit einer Präambel versehen und in einzelne Kapitel gegliedert war. Detaillierte Änderungsvorschläge sollten nicht mehr vorgelegt werden, vielmehr sollten die Konventsmitglieder lediglich noch für sie ganz wesentliche Gesichtspunkte in Form „allgemeiner Bemerkungen" hervorheben können. Gleichwohl entstand ein Konvolut von immerhin 416 Seiten, in dem die Bemerkungen der Konventsmitglieder zusammengestellt wurden und das zur Sitzung am 11./12. September 2000 vorlag.

Mit einer feierlichen Sitzung schloss der Konvent am 2. Oktober 2000 schließlich seine Arbeiten ab. Der Konvent hatte somit innerhalb von nur neun Monaten einen kompletten Chartaentwurf erarbeitet, der die Zustimmung nahezu aller Mitglieder gefunden hatte.[99] Der Europäische Rat von Biarritz nahm am 13./14. Oktober

---

[97] Mitteilung der Europäischen Kommission zum Status der Grundrechtscharta der EU, KOM (2000) 6444 endg. vom 11. 10.2000, Ziffer 7 und 8.
[98] Ausführlich hierzu Bernsdorff, Norbert; Borowsky, Martin: Die Charta der Grundrechte der Europäischen Union, Baden-Baden 2002.
[99] Bis auf Vorbehalte des EP-Parlamentariers Voggenhuber und des irischen Regierungsvertreters war die Zustimmung im Konvent einhellig. Selbst der vorher sehr reserviert auftretende Beauftragte des

3 Der Konvent zur Ausarbeitung der Europäischen Grundrechtecharta

2000 den Entwurf des Konvents an und übermittelte ihn an das Europäische Parlament und die Europäische Kommission. Das Parlament billigte den Entwurf am 14. November 2000, die Kommission am 6. Dezember 2000. Am 7. Dezember 2000 unterzeichneten und proklamierten die Präsidentin des Europäischen Parlaments, Nicole Fontaine, der Präsident des Europäischen Rates, Jacques Chirac, und der Präsident der Kommission, Romano Prodi, die Charta der Grundrechte der Europäischen Union auf dem Gipfel der Staats- und Regierungschefs in Nizza.

Mit der Grundrechtecharta entstand ein wichtiges politisches Dokument, das aber zunächst keine primärrechtliche Verbindlichkeit besaß. Dennoch waren sowohl die transparente Methodik der Erarbeitung in einem Konvent als auch das Ergebnis selbst ein wesentlicher Erfolg in der Verfassungsdebatte. Erstmalig wurde ein Reformprojekt der EU nicht einer klassischen Regierungskonferenz und ihren Ritualen überlassen, deren Mängel die Regierungskonferenz von Nizza überaus deutlich vor Augen geführt hat. Im Gegensatz zu den vertraulichen Verhandlungen im Rahmen der Regierungskonferenz waren die Konventsberatungen gekennzeichnet von Offenheit und Transparenz. Im Konvent selbst waren die vielfältigen Verfassungstraditionen und politischen Strömungen aller Mitgliedstaaten auf einen gemeinsamen Nenner zu bringen. Diese schwierige Aufgabe konnte gelingen, weil Vertreter des Europäischen Parlaments und der nationalen Parlamente maßgeblich beteiligt waren, was dem Konvent zugleich eine starke demokratische Legitimation gab.

Die Charta macht den Bürgern ihre Grundrechte gegenüber der Europäischen Union erstmals sichtbar und fasst die Grundrechte in einem einzigen Dokument zusammen. Sie wurde so zu einem greifbaren Ausdruck der gemeinsamen europäischen Wertebasis. Gerade auch im Hinblick auf die Aufnahme der jungen Demokratien in den Beitrittsstaaten in Mittel- und Osteuropa war dieses Argument von Bedeutung. Mit der Grundrechtecharta wurde in 54 Artikeln einer der modernsten Grundrechtekataloge erarbeitet, in den neue und moderne Grundrechte, wie das Verbot des reproduktiven Klonens, das Recht auf Datenschutz, die Rechte von Kindern und älteren Menschen oder das Recht auf eine gute Verwaltung aufgenommen wurden und der durchgängig geschlechtsneutral formuliert wurde.[100] Eine so formulierte europäische Werteordnung sollte den Kern einer europäischen Verfassung bilden. Insofern stellte die Frage, die Grundrechtecharta rechtsverbindlich zu machen, zugleich die Fragen nach der Fortsetzung des Verfassungsprozesses. „Damit hat die Grundrechtecharta in zweifacher Hinsicht die Debatte um eine europäische Verfassung gefördert: Durch ihren Inhalt, der zukünftig sicher ein wichtiger Bestandteil der Verfassung wird, aber auch durch das Verfahren ihrer Erarbeitung, das als Modell für den verfassungsgebenden Prozess genommen werden könnte."[101]

Das bereits in Köln durch den Europäischen Rat vereinbarte zweistufige Verfahren – zunächst eine rechtlich nicht verbindliche Proklamation und erst anschließend die Prüfung der Frage, wie mit der Charta weiterhin umgegangen werden sollte – ging auf die starken Vorbehalte einiger Mitgliedstaaten bereits vor der Einsetzung

---

britischen Regierungschefs, Lord Goldsmith, wollte den Chartaentwurf dem britischen Premier Tony Blair „wärmstens empfehlen".
[100] Gisela Müller-Brandeck-Boucquet, a.a.O., Seite 5.
[101] Markus Engels, a.a.O., S. 17

des Grundrechte-Konvents zurück. Besonders in den skandinavischen Mitgliedstaaten und in Großbritannien bestand eine ablehnende Haltung gegenüber einer rechtsverbindlichen EU-Grundrechtecharta und den Einstieg in eine europäische Verfassungsdebatte. Dagegen nutzten die Institutionen der EU und einige nationale Verfassungsgerichte bereits unmittelbar nach ihrer Vorlage die rechtlich unverbindliche Charta als wichtigen Orientierungsrahmen und Auslegungshilfe in ihrer Rechtsprechung.[102] Darüber hinaus forderten insbesondere das Europäische Parlament und die Europäische Kommission die rasche Aufnahme der Charta in das europäische Vertragswerk. Die Frage der Rechtsverbindlichkeit der Charta wurde schließlich in die Liste der im Rahmen der nachfolgenden Regierungskonferenz 2004 zu klärenden Fragen aufgenommen und wurde somit Teil der europäischen Reformagenda.

---

[102] Einen ersten umfassenden juristischen Kommentar der Charta liefern Jürgen Meyer; Norbert Bernsdorff; Martin Borowsky: Die Charta der Grundrechte der Europäischen Union – Kommentar zur Charta der Grundrechte der Europäischen Union, 2 Bde., Baden-Baden 2003.

TEIL II

Vorbereitung zum Konvent

4 Der Vertrag von Nizza – Anstoß für den Konvent

In der Nacht vom 10. auf den 11. Dezember 2000 endete nach mehr als drei Tagen intensiver Verhandlungen in der französischen Mittelmeermetropole Nizza die Regierungskonferenz der EU zur Reform des europäischen Vertragswerks. Allerdings konnten die Staats- und Regierungschefs der fünfzehn Mitgliedstaaten der Europäischen Union nicht ihr selbst gesetztes Ziel erreichen und die Union in ausreichendem Umfang auf die Aufnahme von zehn neun Mitgliedern vorbereiten. Es war der längste Gipfel in der Geschichte der Union – und zugleich einer der enttäuschendsten.

Das Ergebnis von Nizza

Die Regierungskonferenz wurde von den Außenministern der EU-Mitgliedstaaten am 14. Februar 2000 eröffnet und tagte zeitgleich zum Konvent zur Erarbeitung der EU-Grundrechtecharta. Überragendes Ziel der Regierungskonferenz zu den institutionellen Fragen war es, die Europäische Union erweiterungsfähig zu machen und die hierfür notwendigen Reformen auszuarbeiten. Dazu sollten insbesondere die Organe der Union auf die Wahrnehmung ihrer Aufgaben in einer erweiterten Union vorbereitet werden und so sichergestellt werden, dass die Europäische Union auch nach der Erweiterung effizient arbeiten kann. Bei den Verhandlungen standen drei Punkte im Zentrum:

1. Größe und Zusammensetzung der Kommission
Zum Erhalt einer arbeitsfähigen und effizienten Kommission wurden während der Regierungskonferenz zwei Optionen diskutiert:
- die Reduzierung auf ein Kommissionsmitglied je Mitgliedstaat;
- die Reduzierung auf weniger Kommissionsmitglieder als Mitgliedstaaten (mit einem System gleichberechtigter Rotation).

Zu Beginn der Regierungskonferenz tendierten zehn Mitgliedstaaten eher zur Option „ein Kommissionsmitglied je Mitgliedstaat", die fünf übrigen, und zwar die bevölkerungsreichsten, eher zu einer verkleinerten Kommission. Als Kompromisslösung hatte die französische Präsidentschaft eine zeitlich gestaffelte Reduzierung vorgeschlagen, die zur Grundlage der Einigung von Nizza wurde. Danach wurde vereinbart, bis zur Einsetzung einer neuen Kommission den Status quo beizubehalten. Der nächsten Kommission soll bei ihrem Amtsantritt am 1. November 2004 dann nur noch ein Kommissionsmitglied je Mitgliedstaat angehören. Sobald die Kommissionsgröße 27 Mitglieder erreicht hat, soll der Rat einstimmig über eine neue, reduzierte Obergrenze und ein System der „paritätischen Rotation" entscheiden. Dieses

System soll sowohl die Gleichbehandlung aller Mitgliedstaaten sicherstellen, indem kein Mitgliedstaat öfter als andere auf die Benennung eines Kommissars verzichten muss, als auch geographisch und demographisch ausgewogen sein.

Damit hatten die großen Mitgliedstaaten auf das Recht, einen zweiten Kommissar benennen zu dürfen, verzichtet. Da bis zum Jahr 2007 absehbar nur zehn Beitrittskandidaten in die EU aufgenommen werden sollten, hatten sich die Staats- und Regierungschefs in Nizza de facto auf die Option verständigt, dass pro Mitgliedstaat ein Kommissar benannt werden darf. Eine spätere Reduzierung erschien durch den Vorbehalt der einstimmigen Beschlussfassung unwahrscheinlich, aber immerhin konnte eine Begrenzung der Größe der Kommission erreicht werden. Jedoch war das neue Wahlverfahren des Kommissionspräsidenten, der nunmehr von den Staats- und Regierungschefs mit qualifizierter Mehrheit benannt werden kann, von großer politischer Bedeutung. Zugleich wurde die Stellung des Präsidenten der Kommission im Kollegium gestärkt. Er erhielt nach deutschem Vorbild eine Art Richtlinienkompetenz und damit das Recht auf die Zuweisung der Zuständigkeiten der einzelnen Kommissare, die auch nachträglich abgeändert werden können. Dies eröffnet die Möglichkeit zu einer stärkeren internen Hierarchisierung innerhalb des Kollegiums. Zugleich kann der Kommissionspräsident, nach Zustimmung des Kommissionskollegiums, aber ohne Mitentscheidung von Rat und Europäischem Parlament, einen Kommissar entlassen.

2. Reform der Stimmgewichtung im Ministerrat
Das für die sechs Gründungsmitglieder konzipierte System der Stimmengewichtung sah ein Gleichgewicht zwischen kleinen und großen Staaten vor. Die den Mitgliedstaaten zugeteilten Stimmen reichten bisher von 10 Stimmen für die bevölkerungsstärksten Mitgliedstaaten bis hin zu 2 Stimmen der bevölkerungsärmsten Mitgliedstaaten bei einer Gesamtzahl von 87 Stimmen aller Mitgliedstaaten. Beschlüsse mit qualifizierter Mehrheit kamen mit einer Mindeststimmenzahl von 62 Stimmen zustande. Indem das Modell in den verschiedenen Erweiterungsrunden fortgeschrieben wurde, wurde aus einem Gleichgewicht zwischen großen und kleinen Mitgliedstaaten ein Übergewicht der kleinen Mitgliedstaaten. Diese Entwicklung wurde durch die jüngste Erweiterungsrunde um die zumeist kleinen Staaten aus Mittel-, Ost- und Südeuropa noch verstärkt. Bereits in einem Protokoll zum Vertrag von Amsterdam wurden zwei Methoden zur Bestimmung der qualifizierten Mehrheit in Betracht gezogen: Entweder durch eine Neuwägung der Stimmgewichte und damit der Anpassung des bestehenden Systems durch eine stärkere Differenzierung zwischen den Mitgliedstaaten, oder durch die Einführung einer so genannten doppelten Mehrheit, d.h. durch die zusätzliche Berücksichtigung der Bevölkerungsgröße des Mitgliedstaates für das Zustandekommen eines Beschlusses. In den Beratungen der Regierungskonferenz wurden weitere Modelle diskutiert, die diese beiden Grundoptionen modifizierten bzw. miteinander verknüpften. In den abschließenden Verhandlungen von Nizza erwies sich diese Frage als heftig umstrittenes Kernproblem. Diese Frage war die eigentliche Machtfrage.

Das Ergebnis sah schließlich eine Neugewichtung der Stimmen vor, wobei auch die Beitrittskandidaten aus Mittel- und Osteuropa berücksichtigt wurden. Die

Regierungschefs hatten zudem die Schwellen für das Erreichen der qualifizierten Mehrheit neu bestimmt. Die Anhebung der Gesamtstimmenzahl auf 342 Stimmen erlaubte darüber hinaus eine feinere Differenzierung zwischen den Mitgliedstaaten, allerdings behielten Deutschland, Frankreich, Großbritannien und Italien das gleiche Quorum. Die Neugewichtung der Stimmen erfolgte damit nicht anhand objektiver und gleicher Kriterien für alle Mitgliedstaaten sondern anhand politischer Kriterien. Die Debatte vor und in Nizza war vom erbitterten Kampf des französischen Präsidenten gekennzeichnet, mit allen Mitteln die Gleichheit zwischen Deutschland und Frankreich trotz unterschiedlicher Bevölkerungsgröße zu sichern und damit die gleiche Stimmenzahl durchzusetzen.

Die Schwelle für das Erreichen einer qualifizierten Mehrheit wurde auf 258 Stimmen bzw. 74,56 Prozent heraufgesetzt. Die Regierungschefs hatten also die Marge für Abstimmungen im Rat erhöht und damit die Entscheidungsfähigkeit des Rates in Nizza eher geschwächt als gestärkt. Statt wie bisher einem einzigen Kriterium, der Mehrheit von 71,26% der gewichteten Stimmen, konnten sich die Staats- und Regierungschefs nach harten Verhandlungen nur auf den Kompromiss verständigen, der für die Zukunft eine dreifache Mehrheit vorsah. Zusätzlich zu den gewichteten Stimmen wurde nun die einfache Mehrheit der Mitgliedstaaten erforderlich und außerdem wurde die Möglichkeit eröffnet, auf Antrag eines Mitgliedstaates die Bevölkerungsgröße zu berücksichtigen. Danach sollten für die Beschlußfassung mindestens 62 Prozent der Bevölkerung der EU notwendig sein. Das deutsche Ziel, den demographischen Faktor für das Zustandekommen von Mehrheitsentscheidungen stärker zu betonen, konnte nur eingeschränkt erreicht werden. Mit der Möglichkeit der Überprüfung der repräsentierten Bevölkerung wurde allenfalls ein Einstieg in das System der ‚doppelten Mehrheit' gefunden. Auch eine Differenzierung nach objektiven Kriterien, sowohl zwischen den vier großen Mitgliedstaaten als auch zwischen den großen und den mittleren Mitgliedstaaten, konnte nicht erreicht werden. Vielmehr sank durch die Anhebung der Schwelle für das Erreichen einer Mehrheitsentscheidung die Schwelle der Sperrminorität. Die Blockademöglichkeiten im Ministerrat wurden erleichtert.

3. Ausweitung der qualifizierten Mehrheit
Wegen seiner Bedeutung für die Handlungsfähigkeit der Union wurde der Übergang zu Mehrheitsentscheidungen zum wichtigsten Kriterium für die Bewertung des Erfolgs der Regierungskonferenz von Nizza. Der portugiesische und der französische Ratsvorsitz hatten im Verlauf der Regierungskonferenz etwa fünfzig Artikel zusammengestellt, in denen das Einstimmigkeitsprinzip durch die Abstimmung mit qualifizierter Mehrheit ersetzt werden sollte. Unter diesen 50 Artikeln wurden dann fünf sensible Bereiche identifiziert, in denen der Übergang zur qualifizierten Mehrheit für eine erweiterte Union sich als besonders schwierig gestaltete: Steuerpolitik, soziale Sicherheit, Asyl und Einwanderung, gemeinsame Handelspolitik, Struktur- und Kohäsionspolitik. Während die Bundesregierung die Überführung in Abstimmungen mit qualifizierter Mehrheit zum Regelfall machen wollte, hatten andere Mitgliedstaaten größere Vorbehalte.

Der Europäische Rat in Nizza kam schließlich überein, die Mehrheitsentscheidungen im Ministerrat um etwa 40 Artikel auszuweiten, teilweise allerdings erst ab den Jahren 2007 bzw. 2014. In sensiblen Bereichen, wie in der Strukturpolitik, der Asyl- und Einwanderungspolitik oder der Steuerpolitik, konnten lediglich Übergangsregelungen vereinbart werden.

Der Post-Nizza- Prozess

Das dürftige Ergebnis von Nizza, aber viel stärker noch die abschreckenden Rituale nationaler Interessenpolitik, hatten die Schwächen der Methode „Regierungskonferenz" besonders nachhaltig aufgezeigt. Viele wissenschaftliche und politische Beobachter lehnten deshalb das Ergebnis und die Methodik als Ausdruck des Stillstands des europäischen Integrationsprozesses ab.[103] Die enttäuschenden Ergebnisse und die komplizierten Verhandlungen über die Machtfragen, insbesondere bei der Frage der Stimmengewichtung im Rat, hatten nochmals deutlich bestätigt, dass nationales Prestigedenken und kurzfristige Interessenpolitik sowie das Denken in Blockadekategorien an Stelle von Handlungs- und Gestaltungsmöglichkeiten die Debatte bestimmten. Bereits im Vorfeld des Gipfels in Nizza hatte die Bundesregierung gemeinsam mit der italienischen Regierung ein Papier zur Zukunft der Europäischen Union vorgelegt. Darin hatten beide Regierungen vorgeschlagen, ein Protokoll oder eine Erklärung in Nizza zu vereinbaren, in der eine Liste in einer weiteren Regierungskonferenz zu prüfenden Fragen, unter anderem die Frage der Kompetenzabgrenzung und des künftigen Rechtsstatus der EU-Grundrechtecharta, aufgeführt werden sollte. Insbesondere die Ministerpräsidenten der deutschen Länder hatten auf die Fortsetzung des Reformprozesses, in dessen Mittelpunkt die Kompetenzabgrenzung stehen sollte, gedrängt. Bereits im März 2000 hatten die Ministerpräsidenten darauf bestanden, die Regierungskonferenz inhaltlich nicht zu stark auf institutionelle Fragen zu begrenzen. Sie hatten ihre Zustimmung im Bundesrat schließlich vom Einstieg in die weiterführende Debatte und damit von einer umfassenden Reform abhängig gemacht und damit die Bundesregierung in ihren Bemühungen um eine Fortsetzung des Reformprozesses bestätigt.

Die europäischen Staats- und Regierungschefs fanden in Nizza allerdings noch nicht die Kraft, den Weg für einen zweiten Konvent frei zu machen. Sie verständigten sich schließlich auf die von Deutschland und Italien vorgeschlagene „Erklärung zur Zukunft der Europäischen Union". Darin wurde festgestellt,
- dass eine weitere Regierungskonferenz kein zusätzliches Hindernis für den Erweiterungsprozess darstellt,
- dass bereits im nächsten Jahr eine breite öffentliche Diskussion zur Zukunft der EU angeregt werden soll, an der sich alle interessierten Parteien (nationale Parlamente, Vertreter aus Wirtschaft, Wissenschaft und Zivilgesellschaft, Vertreter der Beitrittsländer) beteiligen sollten;

---

[103] Vgl. die erweiterte Sonderausgabe der Zeitschrift „integration", Heft 2/2001 „Das Vertragswerk von Nizza und das Verfassungsdilemma in der Europäischen Union" sowie Werner Weidenfeld (Hrsg.): Nizza in der Analyse, Gütersloh 2001.

- dass spätestens im Dezember 2001 der Europäische Rat eine Initiative zur Einleitung eines umfassenden Reformprozesses ergreifen wird,
- dass folgende Fragen behandelt werden sollen: Abgrenzung der Zuständigkeiten zwischen der Europäischen Union und den Mitgliedstaaten, Status der in Nizza proklamierten Charta der Grundrechte, Vereinfachung der Verträge und die Rolle der nationalen Parlamente in der Architektur Europas,
- dass diese Folgekonferenz 2004 einberufen werden wird.

Zwar war die Einberufung einer Folgekonferenz erst für 2004 vorgesehen und die Möglichkeit eines zweiten Vorbereitungskonvents nicht konkret erwähnt, aber dennoch legte sich die Europäische Union mit der verbindlichen Einigung auf diese Erklärung schon in Nizza auf die nächste EU-Reform fest. Diese Erklärung von Nizza sollte zum Stimulus des europäischen Verfassungsprozesses werden. Viele Aspekte und Diskussionspunkte, die die Reformdebatten der EU seit vielen Jahren bestimmt hatten, wurden wieder aufgegriffen, denn die Union stand vor zahlreichen Herausforderungen:

- Trotz der in immer kürzeren Abständen einberufenen Regierungskonferenzen zur Reform des europäischen Vertragswerks ging es noch immer um die Vertiefung der Gemeinschaft. Subsidiarität und Kompetenzabgrenzung, Vereinfachung der Verträge, Demokratisierung der Gemeinschaft standen weiterhin ganz oben auf der Agenda der Union. Weder war es ihr bis dahin gelungen, die Aufgaben, die der europäischen Ebene überlassen werden sollten, zu konkretisieren, noch hatte sie ein überzeugendes institutionelles Design zur politischen Entscheidungsfindung vorlegen können.
- Entgegen der Erklärung von Nizza war die Union noch nicht in der Lage, die neuen Mitglieder aufzunehmen. Schließlich sollte die Union um zunächst zehn, in längerer Perspektive um bis zu 15 Staaten erweitert werden. Viele Entscheidungsmechanismen basierten aber noch immer auf den Strukturen der 50er Jahre und die Mitgliedstaaten hingen dem Wunschbild ihrer absoluten Souveränität nach. Die Beitrittskandidaten mussten lernen, die gerade erkämpfte Souveränität abzugeben, zugleich Verantwortung für ihre eigene und die europäische Entwicklung zu übernehmen und Vertrauen in die Union zu bilden. Dies fiel den osteuropäischen Staaten nach den Erfahrungen der Sowjetzeit nicht leicht. Umgekehrt mussten aber auch die Altmitglieder lernen, dass die Beitrittskandidaten keine „Satelliten" mehr sein wollen, die keinen Widerspruch wagen und alle Entscheidungen der Großmächte „abnicken".
- Es musste eine Entscheidung über den weiteren Umgang mit der Charta der Grundrechte getroffen werden. Bislang schwebte sie gewissermaßen vertraglich nicht fixiert frei im europäischen Raum und war damit ohne rechtliche Verbindlichkeit für die Bürger.
- Nach dem absehbaren Ablauf einer weiteren Dekade sollte auch dem großen Projekt des europäischen Verfassungsgebungsprozesses wieder neuer Schub verliehen werden. Die Entwürfe des Europäischen Parlaments von 1984 und 1994 hatten trotz ihres Scheiterns den Boden bereitet für die Überzeugung, die Europäische Union brauche eine Verfassung. Die politische und die wissenschaftliche Debatte steuerten *essentials* für eine europäische Verfassung bei.

- Und schließlich musste auch über die Finalität der Europäischen Union debattiert werden. Warum und zu welchem Zweck integrieren sich die Mitgliedstaaten und ihre Bürger immer weiter? Was könnte ein adäquates, von einem allgemeinen Konsens getragenes Ziel der Integration sein? Dafür musste ein neues Leitbild jenseits von Konföderation und Föderation entworfen werden, die offensichtlich zu schematisch waren. In den 90er Jahren wurde andere Vorstellungen entwickelt, wie beispielsweise Überlegungen über Formen der „abgestuften Integration", ein „Europa à la carte", bei dem die Mitgliedstaaten sich jeweils die Politikbereiche aussuchen sollten, die sie integrieren wollten, ein „Europa der konzentrischen Kreise", bei dem ein Kerneuropa von einer weniger integrierten Peripherie umgeben sein sollte, oder ein „Europa der Regionen". Diese und viele andere Konzepte mussten diskutiert, auf ihren Zukunftsgehalt hin ausgelotet und bewertet werden.

Im Gegensatz zur Methode der Regierungsverhandlungen, die in Nizza zu enttäuschenden Ergebnissen geführt hatte, bot sich die Konventsmethode für weitere Integrationsschritte von konstitutioneller Bedeutung an. Der Grundrechtekonvent hatte erfolgreich ein Gegenmodell aufgezeigt. Die Methode vereinte grundsätzlich die Prämissen Transparenz, Öffentlichkeit und demokratische Legitimation mit der Notwendigkeit, Effizienz der Arbeiten und Sachkompetenz der Beteiligten zu garantieren. Der Grundrechtekonvent wurde so zu einer Art „Katalysator" für eine breite, europaweite Debatte über die Rolle der Grundwerte in der Europäischen Union und über alternative Formen der Vertragsrevision. Auf der einen Seite stand die klassische Methode, die Methode der Regierungskonferenz nach Artikel 48 EU-Vertrag. Auf der anderen Seite stand die konsensuale, effektive und transparente Arbeitsweise des Grundrechtekonvents. Ein besonderer Vorzug der Arbeiten des Konvents im Gegensatz zur Regierungskonferenz war die Transparenz der Debatten im Plenum, die Anhörungen (auf nationaler und europäischer Ebene) von Vertretern der „Zivilgesellschaft" sowie die umfassende „virtuelle Transparenz" durch die Einbeziehung des Internets. Die Kritik an der klassischen Regierungskonferenz wurde von der Frage nach der demokratischen Legitimation der jeweiligen Entscheidungsträger geleitet. Gerade bei den Regierungsverhandlungen wurde immer wieder kritisiert, dass die Vertreter der Regierungen keinerlei Kontrolle und Rechenschaftspflicht für ihre Positionierungen in der Regierungskonferenz unterliegen würden. Dagegen setzte sich der Grundrechtekonvent in seiner überwiegenden Mehrzahl aus gewählten Abgeordneten des Europäischen Parlaments und der nationalen Parlamente zusammen und verfüge somit über eine direkte Legitimation durch die Wahlbürger.

5 Die politische Debatte zur Zukunft der Europäischen Union

Als sich die Situation zum Ende der 90er Jahre weiter zuspitzte, die Staaten Mittel- und Osteuropas immer nachdrücklicher auf einer baldigen Aufnahme in die Gemeinschaft bestanden und die Vertiefung keine greifbaren Fortschritte erzielte, fühlten sich Politiker in vielen Mitgliedstaaten der Union erstmals seit vielen Jahrzehnten gefordert, neue Ideen zur europäischen Integration zu kreieren und sie im Rahmen öffentlicher Reden ihren Kollegen und den Bürgern zu präsentieren. Zwar gehörten auch in den vorangegangenen Jahren Reden gerade im Europabereich zum politischen Alltagsgeschäft, neu war an der Situation nach Nizza allerdings, dass sie sich direkt und mit wenigen diplomatischen Verklausulierungen auf die weitere Ausgestaltung der Europäischen Union bezogen und neue Visionen zur Diskussion stellten. Es war offensichtlich an der Zeit, über das Ziel der Integration, die „Finalität", nachzudenken. Da politische Gebilde oberhalb des Nationalstaats niemals Selbstzweck sein können, sondern immer auch eine besondere Begründung, eine Existenzberechtigung brauchen, um ihr Vorhandensein zu legitimieren, drängten sich jenseits des politischen Alltagsgeschäfts drei grundsätzliche Fragen in den Vordergrund:

- Weshalb und zu welchem Zweck brauchen Europa und seine Bürger die Europäische Union?
- Wie sollte die EU beschaffen sein, um den Herausforderungen an die Politik zukünftig gewachsen zu sein?
- Welche Rolle kann eine zukünftige EU-Verfassung spielen, und wie soll die weitere Integration ausgestaltet werden?

Funktion und Ziel dieser Verfassungs- und Finalitätsdebatte war es, der sich erweiternden Europäischen Union ein neues politisches Selbstverständnis zu vermitteln, um die Akzeptanz und die Legitimität der EU zu stärken. So sollte der Union zu einer normativen Begründung und neuen Perspektive verholfen werden. Im Vorfeld des Konvents fühlten sich zahlreiche europäische Politiker aus beinahe allen Mitgliedstaaten der Union herausgefordert, ihre Vision von einem vereinigten Europa vorzustellen.

Den Auftakt in der Reihe politischer Reden zur europäischen Integration machte im Januar 2000 noch im Vorfeld von Nizza der ehemalige Kommissionspräsident Jacques Delors, als er in mehreren Artikeln im „Figaro" und der „Le Monde" Chancen und Grenzen einer weiteren Integration der Union kritisch abwog. Seine Gedanken präzisierte er in einer Rede am 29. Juni 2000 in Paris.[104] Ihm folgte als erster

---

[104] Jacques Delors: Für eine neue Dynamik im europäischen Integrationsprozess, abgedruckt in: Internationale Politik und Gesellschaft, 1/2001.

5 Die politische Debatte zur Zukunft der Europäischen Union

hochrangiger Regierungsvertreter eines Mitgliedstaats am 12. Mai 2000 Bundesaußenminister Joschka Fischer mit seiner Rede an der Humboldt-Universität in Berlin unter der Überschrift „Vom Staatenbund zur Föderation – Gedanken über die Finalität der Europäischen Integration".[105] Mit dieser Rede belebte Fischer die Debatte über die politische Zukunft der Europäischen Union neu und stieß einen europaweiten Diskurs in Wissenschaft und Politik über das Ziel des Integrationsprozesses an. Hatte der Außenminister bei seiner Antrittsrede vor dem Europäischen Parlament zu Beginn der deutschen Ratspräsidentschaft am 12. Januar 1999 lediglich allgemein eine „Diskussion über die Verfasstheit Europas" gefordert, eröffnete er mit seiner Humboldt-Rede die Debatte über die Finalität der europäischen Integration. Auf die „deutsche Herausforderung" reagierte Frankreichs Präsident Jacques Chirac am 27. Juni 2000 mit seiner Rede „Unser Europa" vor dem Deutschen Bundestag in Berlin.[106] Und am 6. Oktober 2000 stellte Tony Blair britische Perspektiven der europäischen Integration in einer Rede vor der polnischen Börse vor.[107] Im Folgejahr äußerten sich schließlich noch Bundespräsident Rau in einer Rede vor den Abgeordneten des Straßburger Parlaments im März 2001[108] sowie der damalige französische Premierminister Lionel Jospin am 28. Mai 2001 zur „Zukunft des erweiterten Europas".[109] Am 20. November 2001 stellte Bundeskanzler Schröder auf dem Parteitag der SPD den Leitantrag zur Europapolitik persönlich vor, mit dem er seine Überlegungen zur weiteren Ausgestaltung der Integration präzisierte.[110] Darüber hinaus lieferten Kommissionspräsident Romano Prodi, der spanische Ministerpräsident Aznar, der belgische Premierminister Verhofstadt und viele weitere hochrangige politische Führungspersönlichkeiten zu verschiedenen Anlässen europapolitisch inspirierte Beiträge.[111]

Im Folgenden sollen die wichtigsten Reden der „großen Drei" in der Union - Deutschland, Frankreich und Großbritannien - auf ihre Antworten auf die oben genannten Fragen hin analysiert werden. Warum gibt es überhaupt das große Projekt der Integration und welches Ziel verfolgt sie; wie soll die zukünftige institutionelle Ausgestaltung aussehen, mit der diese Ziele verwirklicht werden sollen; und welche Rolle spielt dabei eine europäische Verfassung?

---

[105] Joschka Fischer: Vom Staatenverbund zur Föderation – Gedanken über die Finalität der europäischen Integration, abgedruckt in: Blätter für deutsche und internationale Politik, 6/2000, S. 752-762. Zahlreiche Reden sind auch im Internet unter http://www.auswaertiges-amt.de einzusehen.

[106] Jacques Chirac: Unser Europa. Rede vor dem Deutschen Bundestag, abgedruckt in: Blätter für deutsche und internationale Politik, 8/2000, S. 1017-1021.

[107] Tony Blair: Rede in der polnischen Börse, http://www.number-10.gov.uk.

[108] Johannes Rau: Plädoyer für eine europäische Verfassung. Rede vor dem Europäischen Parlament, abgedruckt in: Blätter für deutsche und internationale Politik, 5/2001, S. 630-634.

[109] Lionel Jospin: „Europa schaffen, ohne Frankreich abzuschaffen", Rede zur Zukunft des erweiterten Europas, abgedruckt in: Blätter für deutsche und internationale Politik, 7/2001, S. 858-869.

[110] Sozialdemokratische Partei Deutschlands: Verantwortung für Europa – Deutschland in Europa, Beschluss E1 auf dem Parteitag in Nürnberg am 20.11.2001 (http://www.spd.de).

[111] Zahlreiche Beiträge sind abgedruckt in Hartmut Marhold (Hrsg.): Die neue Europadebatte. Leitbilder für das Europa der Zukunft, Bonn 2001. Vgl. für eine Übersicht auch Olaf Leiße: Was vom Reden übrig blieb. Gedanken europäischer Politiker im Vorfeld des Konvents zur Zukunft der Europäischen Union im Lichte seiner Ergebnisse, in: Arno Krause; Heiner Timmermann (Hrsg.): Europa – Integration durch Verfassung, Münster 2003, S. 70-93.

Zur Begründung europäischer Politik und ihrer Ziele

Europa ist keine seit langer Zeit historisch eingeführte politische Kategorie, sondern Europa muss als neues Gemeinwesen jenseits des Nationalstaats begründet und gegenüber den Bürgern immer wieder legitimiert werden. Außenminister Fischer reflektierte in seiner Humboldt-Rede, die er seinerzeit als „persönliche Zukunftsvision" deklarierte, noch einmal die Geschichte der Europäischen Gemeinschaft, die Gründe ihrer Entstehung und die Möglichkeiten ihrer weiteren Entwicklung. Ursprung der Integration war demnach die Suche nach einem dauerhaften Frieden für Europa, denn nach der verhängnisvollen ersten Hälfte des 20. Jahrhunderts sei das reine Nationalstaatsprinzip an sein Ende gelangt. Um eine Wiederholung der katastrophalen Ereignisse zu verhindern, wurde, so Fischer, das Prinzip des Gleichgewichts zwischen den souveränen Nationalstaaten Europas aufgegeben und statt dessen durch eine enge Verflechtung der Interessen und den Transfer nationaler Souveränitätsrechte an übergeordnete Institutionen abgelöst, die in der Folge eine immer enger werdende Kohärenz der Staaten bewirkte. Mittlerweile sind klassische Bereiche der staatlichen Souveränität - Geld, Recht und Sicherheit - auf supranationale Organisationen übertragen. Nun gehe es darum, den weiteren Ausbau der politischen Institutionen voranzutreiben. Für Fischer folgten aus den gemeinsamen Werten notwendig gemeinsame Institutionen, die den Nationalstaat überwölben. Dagegen erinnerte Chirac in Berlin an die „großen alten Männer" der europäischen Integration, deren Ziele heute weitgehend verwirklicht sind. Wohlstand, ein ausgewogenes Kräfteverhältnis und Frieden, gemeinsames Bekenntnis zu westlichen Werten sowie die sehr französische Vorstellung eines Europas im Dienste des weltweiten Fortschritts waren für Chirac wesentliche Elemente des Integrationsprozesses. Für föderalistisch beeinflusste Zukunftsvisionen hatte Chirac wenig Sinn, sodass seine Vorschläge für die Zukunft der Union in eine andere Richtung gingen als die des deutschen Außenministers. Chirac favorisierte eindeutig den souveränen Nationalstaat als wichtigsten international operierenden Akteur. Dieser Denkrichtung entsprach auch die Zusage, Frankreich werde sich für einen ständigen Sitz Deutschlands im Weltsicherheitsrat einsetzen, sowie die Betonung der Vielfalt der politischen Traditionen in Europa und die Ablehnung eines europäischen „Superstaates".

Bundespräsident Rau legte dagegen den Nachdruck in seiner Rede auf den „reichen Vorrat gemeinsamer Traditionen" und die „gemeinsamen Interessen Europas", die zur Integration der Völker in der Union geführt haben und weiterhin führen werden. Für ihn ist die Union „mehr als eine bloße Zweckgemeinschaft", die der Umsetzung und Implementation konkreter politischer Ziele dient. „Europa - das ist eine bestimmte Vorstellung von menschlicher Existenz, vom Zusammenleben der Menschen". Und diese Vorstellungen, „die Grammatik der Freiheit und der Solidarität", sollten sich in der zukünftigen Verfassung der Union widerspiegeln. Diesen Überlegungen schloss sich der damalige französische Premierminister Jospin an, als er nach den Ursprüngen und Zielen der europäischen Integration fragte und zu dem Schluss kam, dass sich Europapolitik nicht in Institutionenarithmetik erschöpfen dürfe, sondern sich vordringlich um die inhaltliche Gestaltung der Union kümmern müsse. „Europa muss für ein bestimmtes Gesellschaftsprojekt stehen", forderte

Jospin programmatisch. Und dieses Projekt schilderte er in mehreren Facetten, deren Grundlinien auf folgende Aspekte hinausliefen: Europa ist primär eine Wertegemeinschaft, die Demokratie, Menschenrechten und Rechtsstaatlichkeit verwirklicht und die zugleich wirtschaftlichen Wohlstand und sozialen Fortschritt anstrebt. „Es ist der Kontinent, auf dem dem Menschen der größte Respekt gezollt wird". In der Charta der Grundrechte besitze Europa mittlerweile einen zentralen Vertrag, der die europäischen Nationen miteinander verbinde. Um die Besonderheit der neu entstehenden europäischen Gesellschaft zu kennzeichnen, verwendete Jospin den heute archaisch klingenden Begriff der „Schicksalsgemeinschaft". Mit diesem Begriff betonte er die besonderen Bande zwischen den Völkern Europas, die zukünftig nur noch gemeinsam auf neue Herausforderungen reagieren können und sollen. Mit anderen Worten, Jospin forderte die Bildung einer unauflöslichen Gemeinschaft auf europäischer Ebene, wie sie in den Nationalstaaten bereits existiert. Konkret erneuerte Jospin seinen Vorschlag einer Wirtschaftsregierung für den Euro-Raum, das als Korrektiv gegen eine zunehmende Ökonomisierung und Wettbewerbsorientierung dienen könne. Eine solche Regierung solle die nationalen Regierungen mit Konjunkturprogrammen unterstützen, Unternehmenssteuern harmonisieren und Sozialdumping vermeiden helfen. Langfristig sollte ein wirkliches europäisches Sozialrecht im Rahmen eines europäischen Sozialvertrags verabschiedet werden. Weitere Forderungen Jospins sahen eine stärkere Rolle der öffentlichen Dienste, die Gründung einer operativen Kriminalpolizei sowie die Forcierung der gemeinsamen Außenpolitik vor. Mit diesen Vorschlägen ging Jospin weit über die in Deutschland selbst in progressiven Kreisen vorherrschenden Vorstellungen eines geeinten Europas hinaus. Mit seiner Rede betonte er das europäische Gesellschafts- und Sozialmodell, das mit der Europäisierung soziale Anliegen verbinden soll, wie ein hohes Maß an sozialem Schutz, Ausbildung und Partizipation für möglichst viele Unionsbürger.

Die Europareden britischer Premiers werden stets mit besonderer Aufmerksamkeit verfolgt, da sich in ihnen nicht nur die Haltung eines Politikers, sondern die Eigenwilligkeit und Ambivalenz einer ganzen Nation zu Europa widerspiegeln. In seiner Rede am 6. Oktober 2000 vor der polnischen Börse ging Blair verhältnismäßig kritisch mit dem Verhältnis Großbritanniens zur europäischen Integration ins Gericht. Nach Blairs Ansicht hat sich Großbritannien zu lange in der Rolle des wohlmeinenden, aber distanzierten Freundes gefallen, anstatt sich selbst an der Integration zu beteiligen. Nun sei es an der Zeit, Großbritanniens Erbe der Vergangenheit zu überwinden und ein „Schlüsselpartner" in Europa zu werden. Aus diesem Impetus heraus skizzierte Blair seine Vision von Europa. Aus britischer Sicht ist die Schaffung von Reichtum und Wohlstand durch die Errichtung eines gemeinsamen Marktes die vordringlichste Aufgabe der Europäischen Union. Die Union sei in erster Linie eine Wirtschaftsunion. Aber sie sei darüber hinaus auch eine politische Macht. Dies sei die Ursache, warum immer mehr Staaten eine Aufnahme in die Union anstreben und warum die Union selbst zu einer geordneten Struktur finden müsse. Als Ergänzung zur „Wirtschaftmacht Europa" sah Blair gerade im außenpolitischen Bereich die Notwendigkeit, die Union zu einem international handlungsfähigen Akteur zu entwickeln. „Ein solches Europa kann mit seiner wirtschaftlichen und politischen Stärke eine Supermacht sein; eine Supermacht, aber kein Superstaat". Für viele Partner war die Selbstverständlichkeit, mit der der Machtanspruch der Europäischen Union betont wurde, eine Provokation. Befürworter der Integration auf dem Kontinent geben sich gern der Illusion hin, die EU sei ein guter Leviathan, der allein durch Appell an Konsensbereitschaft und Ratio wirkt, zu überregionalen Problemen keine eindeutige Position zu beziehen und daher auch keine Machtpolitik im internationalen System zu betreiben braucht. So legte Blair mit seinem Pragmatismus den Finger in eine Wunde, die viele Pro-Europäer lieber unbeachtet lassen wollten. Auch wenn die britische Regierung, nicht zuletzt unter dem Eindruck des Irak-Krieges, die Forderung nach einer echten Gemeinsamen Außen- und Sicherheitspolitik im Laufe der Konventsarbeit permanent relativierte, war es Blairs Verdienst, mit Nachdruck darauf hingewiesen zu haben, dass Europa nicht nur einen Wertekanon, sondern auch gemeinsame Aufgaben brauche, die in gemeinsamer Verantwortung weltweit wahrgenommen werden müssen.

Zur institutionellen Ausgestaltung der Europäischen Union

Institutionelle Fragen sind die entscheidenden Machtfragen in der EU, sowohl im Zusammenspiel zwischen den Organen als auch im Verhältnis der Union zu den Mitgliedstaaten. Hier wurden die Differenzen zwischen den unterschiedlichen Vorstellungen zur Zukunft der Union besonders deutlich. Soll eher die intergouvernementale oder die supranationale Ebene gestärkt werden? Und nach welchen Kriterien sollte eine sinnvolle Abgrenzung der Kompetenzen zwischen den verschiedenen Ebenen erfolgen? Die Antworten waren breit gefächert. Außenminister Fischer skizzierte seine Vorstellungen einer Europäischen Föderation der Nationalstaaten, die auf der doppelten Legitimationsquelle der Staaten und der Völker basiere. Diese Föderation solle über ein europäisches Exekutiv- und ein Legislativorgan verfügen. Fischer schlug ein aus zwei Kammern bestehendes Europäisches Parlament als Legislative vor. Eine Kammer solle sich aus gewählten Abgeordneten, die zugleich Mitglieder der nationalen Parlamente bleiben sollten, zusammensetzen. Die zweite Kammer solle sich als Vertretung der Nationalstaaten entweder am amerikanischen Senatsmodell oder am deutschen Bundesratsmodell orientieren. Daneben schlug er eine europäische Regierung vor, die als Exekutivorgan entweder aus der Fortentwicklung des Europäischen Rates oder aus der heutigen Europäischen Kommission mit einem direkt gewählten Präsidenten an ihrer Spitze entstehen könnte.

Das parlamentarische Modell mit einer Wahl des Kommissionspräsidenten durch das Volk oder beide Kammern des Parlaments favorisierte auch Johannes Rau. Die SPD blieb in ihrem Leitantrag zwar eher vage, stand aber einer starken europäischen Exekutive in Verbindung mit einer Staatenkammer aufgeschlossen gegenüber. Besonders revolutionär erschien in diesem Zusammenhang der Vorschlag, für die Wahl zum Kommissionspräsidenten zukünftig einen Kandidaten der Sozialdemokratischen Partei Europas (SPE) aufzustellen. Berücksichtigt man die Regeln des Proporzes, die bislang die Wahl des Kommissionspräsidenten unter den Staats- und Regierungschefs der Union bestimmten, dann bedeutet dieser Vorschlag einen deutlichen Bruch und die Durchsetzung echter demokratischer Normen in der EU. Notwendige Voraussetzung für die Einführung eines solchen demokratischen Prinzips ist aber vor allem die Bildung einer echten europäischen Partei. Der Beschluss äußert sich dazu nur vorsichtig, sieht aber immerhin „langfristig" die Weiterentwicklung der SPE zur Mitglieder- und Programmpartei vor. Nicht zu Ende gedacht sind die konkreten politischen Implikationen der Wahl eines europäischen Präsidenten durch die Mitgliedsvölker. Denn wie lassen sich Wähler mobilisieren, wenn der Spitzenkandidat nicht aus dem eigenen Land kommt, womöglich noch nicht einmal die eigene Sprache spricht? Der Auswahlprozess des politischen Personals durch die Bürger in einem vielsprachigen Europa erfordert noch weitere politische, verfassungsrechtliche und soziologische Überlegungen, die einen Parteitagsbeschluss gewiss überfordern.

Gegenüber den eher föderalistischen, vom deutschen Staatsaufbau inspirierten Vorstellungen deutscher Politiker sprachen sich Briten und Franzosen für eine eher intergouvernementalistische Lösung aus. Und dies unabhängig von der parteipolitischen Zugehörigkeit. So sahen sowohl Chirac als auch Jospin die Zukunft der Europäischen Union primär in einer noch tieferen Zusammenarbeit der Nationalstaaten. Jospin machte diesbezüglich konkrete Vorschläge, so für den Europäischen Rat, den er zukünftig alle zwei Monate zusammentreten lassen und mit einem mehrjährigen Programm für eine „Legislaturperiode" ausgestattet sehen wollte. Zudem sollte er auch das Europäische Parlament auflösen können. Der Ministerrat sollte als ständiges Gremium der Europaminister gefestigt werden und mehr Koordinations- und Entscheidungsaufgaben übernehmen. Das Europäische Parlament sollte insoweit aufgewertet werden, als dass der zukünftige Kommissionspräsident von der in den Wahlen siegreichen Fraktion gestellt werden soll. In der von Jospin angestrebten „Föderation der Nationalstaaten" sollte das Europäische Parlament enger mit den nationalen Parlamenten zusammenarbeiten und auf einer „ständigen Konferenz der Parlamente" die Rechtsakte der Union verabschieden. Diese Konferenz solle die Einhaltung der Subsidiarität durch die EU überprüfen, jährlich über die „Lage der Union" debattieren und Vorschläge für die Änderung von Verfahren und die Umsetzung von Politiken unterbreiten. Wie er sich genau die Zusammenarbeit von Hunderten, wenn nicht gar Tausenden von Parlamentariern auf der Konferenz sowie die Kooperation der Regierungsvertreter in einer erweiterten Union vorstellte, sagte Jospin nicht. Hier schienen die Vorschläge wenig ausgereift zu sein. Auch Jospin forderte „wirkliche europäische Parteien" in einem politischen Raum, „in dem die Völker Europas durch die Wahl ihrer Vertreter ihre politischen Präferenzen klar zum Ausdruck bringen". Wenn die Europäische Union zukünftig nicht nur instrumentelle Ziele der Bürger - Wohlstand, Sicherheit, Arbeit - sondern auch emotionale Bedürfnisse der Identifikation mit einem Gemeinwesen erfüllen wolle, dann müsse sie sich weiter politisieren. Jospin setzte hierbei auf Europawahlen nach einem einheitlichen Wahlrecht und die verstärkte Einbeziehung von Vereinen und Verbänden der europäischen Zivilgesellschaft.

Im Juni 2000 legten die französischen Gaullisten einen Aufsehen erregende Verfassungsentwurf dem Senat vor, der vom ehemaligen Premierminister Alain Juppé und seinem Mitautor Jacques Toubon nach monatelangen Debatten erarbeitet worden war. Dabei forderten sie einen radikalen Wandel der europäischen Strukturen. Eine zukünftige „verstärkte Union der Nationalstaaten" brauche vordringlich eine eigene Legislative und Exekutive. Das Papier sah dabei die Abschaffung der EU-Kommission, die zur „Blockade Europas" geführt habe, sowie die Auflösung des Ministerrates vor. Stattdessen soll der Europäische Rat der Staats- und Regierungschefs einen Präsidenten wählen, der die Europäisch Union 30 Monate lang nach außen vertreten solle. Zudem solle ein europäischer Regierungschef ernannt werden, der eine Unionsregierung bildet und drei Jahre lang führt. Die Autoren versprachen sich davon eine weitgehende Unabhängigkeit der Regierung von Weisungen und nationalem Proporzdenken. Die Legislative sollte aus zwei Kammern, dem Europäischen Parlament und einer „Nationenkammer" gebildet werden, die die nationalen Interessen in Europa vertreten sollten. Das Parlament soll das Recht erhalten, die Regierung durch ein Misstrauensvotum zu stürzen, während es umgekehrt auch vom Europäischen Rat aufgelöst werden kann. Diese Ideen brachten Bewegung in die französische Europadebatte. Nicht zu Unrecht nannte der Abgeordnete der Grünen im Europäischen Parlament Daniel Cohn-Bendit Juppé und Toubon „die größten Europäer unter den Nicht-Föderalisten".

Ganz so weit wie die französischen Gaullisten ging Tony Blair in seinen Ausführungen nicht, obwohl auch er eine intergouvernementale Zukunft für die EU anstrebte. Für ihn war die Kommission eine unabdingbare Institution, die allein in der Lage ist, eine unabhängige und von partikularistischen Interessen weitgehend unabhängige Politik durchzusetzen. Dennoch war für ihn, wie für die Gaullisten, der Europäische Rat dasjenige Organ, das die Tagesordnung der Union bestimmen soll. Zukünftig sollte es dies unter Beteiligung des Kommissionspräsidenten und mit Hilfe eines klaren Arbeitsprogramms noch organisierter und strukturierter tun und die wichtigsten Entscheidungen in allen Bereichen europäischen Handelns, in Wirtschaft, Außenpolitik und Verteidigung, fällen. Damit würden die Aufgaben des Rates denen der nationalen Regierungen vergleichbar, allerdings sollte seine Arbeit dem Wählervotum nicht unterworfen werden. Dennoch hätten die ebenfalls eingeforderte klare politische Richtung, das Arbeitsprogramm und insbesondere der Zeitplan zur Umsetzung von Politiken einen starken Integrationssog ausgelöst, weil die Festlegung von Terminen die Aufstellung und Umsetzung politischer Agenden erheblich beschleunigt. Die parlamentarische Vertretung spielte dagegen für Blair nur eine untergeordnete Rolle. In Bezug auf die Legislative schlug Blair die Einrichtung einer zweiten Parlamentskammer unter Beteiligung nationaler Parlamentarier vor. Blair schien sich hier mit seinen Vorstellungen am britischen Oberhaus zu orientieren. An der Verabschiedung von Gesetzen sollte diese Kammer sich nicht beteiligen, das bliebe dem Europäischen Parlament vorbehalten; ihre Aufgaben lägen vor allem in der Kontrolle der Tätigkeit der europäischen Organe nach Maßgabe des Subsidiaritätsprinzips sowie in der Anbindung der Union an die sie konstituierenden Nationalstaaten. Interessanterweise, aber in der Praxis wohl kaum sinnvoll umzusetzen, sollte die zweite Kammer auch die demokratische Kontrolle über die Gemeinsame Außen- und Sicherheitspolitik ausüben.

Zur Rolle einer europäischen Verfassung

Analog zur Kontroverse um die Ziele der Europäischen Union und ihre institutionelle Ausgestaltung herrschte auch in diesem Bereich große Meinungsvielfalt. Die Spannbreite reichte von den euphorischen Vorschlägen Fischers bis zu den sehr zurückhaltenden Vorstellungen Tony Blairs. Fischer plädierte für eine Vollendung der europäischen Integration in Anlehnung an Vorstellungen des Föderalismus. Die Europäische Union habe ihr politisches Ziel dann erreicht, wenn sie sich von einem Staatenverbund zu einer parlamentarischen Europäischen Föderation gewandelt habe. Dies könnte in drei Stufen geschehen. Zunächst müssten sich die Staaten innerhalb der Union zusammenfinden, die an einer vertieften Kooperation interessiert sind, und weitere Möglichkeiten sondieren. Im nächsten Schritt könnte diese „Avantgarde" - Fischer knüpfte hier begrifflich an entsprechende Ausführungen des früheren Kommissionspräsidenten Jacques Delors an - einen europäischen Grundvertrag schließen, der den Kern einer künftigen Verfassung für eine föderale Union bildet. Fischer sprach in diesem Zusammenhang von einem Gravitationszentrum, an das sich alle Staaten anlagern könnten, die eine Vollendung der politischen Integration wollten. Der Verfassungsvertrag, der auf dieser Stufe geschlossen werden sollte, sollte eine klare Kompetenzzuordnung an die europäische und die mitgliedstaatliche Ebene enthalten sowie die Grundrechte für die Unionsbürger festschreiben. Mit dem Abschluss des Verfassungsvertrages und dem Aufbau eines neuen institutionellen Systems für eine Europäische Föderation sei die dritte Stufe erreicht und die europäische Integration zu ihrer Vollendung gelangt.

Dieser Verfassungsvertrag war für Fischer sowohl Zielpunkt der immer engeren Zusammenarbeit der Völker und Staaten als auch ein „bewusster politischer Neugründungsakt Europas". Danach wächst Europa nicht einfach zusammen bis zur vollen Integration, sondern es bedarf eines Aktes, der das Ende der Integration in den bisherigen Formen und gleichzeitig den Beginn einer völlig neuen Ära ankündigt und der, gerade auch in den Augen der Bürger, die Entstehung eines bis dahin nicht gekannten politischen Gemeinwesens in Europa symbolisiert. Fischer griff bei seinen Überlegungen eine bereits 1994 im ersten Schäuble/Lamers-Papier vorgestellte Überlegungen zu einem „Kerneuropa" auf, das sich um die deutsch-französische Zusammenarbeit („Kern im Kern") etablieren sollte. Eine „Avantgarde" sollte als eine Art „Gravitationszentrum" den Schritt zu einer „Europäischen Föderation" wagen, so Fischer. Die vorgeschlagene Avantgarde, die grundsätzlich für alle Staaten offen bleiben solle, verzahne nicht nur ihre Zusammenarbeit untereinander und vertiefe somit die Union, sondern sie gehe das Wagnis eines Sprungs in eine völlig neue qualitative Ordnung ein. Dieser Übergang zu einer Europäischen Föderation sollte keinesfalls gegen die europäischen Nationalstaaten erfolgen, sondern nur unter deren Einbindung. Im Zentrum, sozusagen als Korsett der Föderation, soll die „Souveränitätsteilung" (entsprechend einer präzisen Kompetenzabgrenzung) zwischen europäischer und nationaler Ebene stehen, abgesichert durch einen „Verfassungsvertrag". Mit dieser Forderung und der Begrifflichkeit nahm Fischer Bezug zum zweiten Schäuble/Lamers-Papier vom 3. Mai 1999, in dem erstmals ein solcher Verfassungsvertrag gefordert wurde.

Die Überlegungen von Bundesaußenminister Fischer zur Frage der Finalität des europäischen Integrationsprozesses waren von langfristiger, strategischer Bedeutung sowohl für die deutsche Europapolitik als auch für die europaweite Debatte. Er vermittelte der deutschen Europapolitik ein neues Leitbild, das gegen Ende der neunziger Jahre abhanden gekommen zu sein schien. Fischer propagierte nicht mehr die Vision eines europäischen Bundesstaates, der sich fast zwangsläufig nach der „Méthode Monnet" entwickeln müsse. Vielmehr suchte Fischer den Ausgleich zwischen europäischer und nationalstaatlicher Ebene. Mit dieser Zukunftsvision legte Fischer den Nährboden für eine breitere europäische Verfassungsdebatte in ganz Europa.

In der Folge argumentierte auch Jürgen Habermas ein Jahr später in seiner Rede im Rahmen der Hamburg Lecture, dass eine europäische Verfassung ein wichtiges Mittel sei, die bisherigen Annäherungsprozesse im politischen, kulturellen und zivilgesellschaftlichen Bereich zu beschleunigen und zum Ziel zu lenken.[112] Für ihn besaß der Verfassungsgebungsprozess einen katalysatorischen Effekt, der geradezu als *self-fulfilling prophecy* das angestrebte Ziel der vollendeten Integration durch die Prognose der Verwirklichung des Zieles erreichen lässt.

Auch Bundespräsident Rau plädierte für die Verabschiedung einer Verfassung, deren Notwendigkeit er aus dem Demokratiegebot ableitete. In jeder Demokratie haben sich Bürger gemeinsame Regeln und Verfahren zu dem Zweck auferlegt, bestimmte Ziele und Interessen zu verfolgen. Wolle man eine demokratische Union haben, dann müsse man ihr politisches System entsprechend umgestalten und so das Fundament zu einer „Föderation der Nationalstaaten" legen. Die zukünftige Verfassung solle aus drei Teilen bestehen. Der erste Teil sollte die bereits in Nizza verabschiedete Grundrechtecharta enthalten. Dies stärke die von Rau favorisierten gemeinsamen europäischen Grundwerte und Errungenschaften europäischer Kultur. Der zweite Teil der europäischen Verfassung solle die Kompetenzen zwischen den Mitgliedstaaten und der Union klar voneinander abgrenzen. Rau sprach sich gegen eine zu weitgehende Zentralisierung aus und bevorzuge stattdessen ein Gemeinwesen, das sich jenseits der Nationalstaaten entfalte, ohne diese zu bedrängen oder gar zu ersticken. Daher war für ihn die „Föderation der Nationalstaaten" das anzustrebende Ziel der europäischen Integration. Der dritte Teil der Verfassung schließlich sollte das künftige institutionelle Gefüge Europas bestimmen.

Auf französischer Seite wurden die deutschen Ideen begrüßt. Chirac prognostizierte die Herausbildung einer Avantgarde-Gruppe innerhalb der Gemeinschaft, die eine weitere Vertiefung bestimmter Politikbereiche anstrebe solle. In einer die spätere Entwicklung erstaunlich klarsichtig vorwegnehmenden Feststellung sprach er davon, dass vor allem Deutschland und Frankreich die neue „Avantgarde-Gruppe" bilden sollten, um die Zusammenarbeit in Europa weiter voranzutreiben. Diese Avantgarde sollte ein Sekretariat einrichten, das die unterschiedlichen Standpunkte koordinieren und allmählich zur vertieften Kooperation führen solle, ohne die Nationalstaatlichkeit der Mitglieder zu bedrohen oder gar aufzuheben. Hinsichtlich des zukünftigen Tempos der weiteren Integration meinte Chirac, es hänge „weitgehend davon ab, inwiefern sich unsere Völker mit Europa identifizieren, sich

---

[112] Jürgen Habermas: Warum braucht Europa eine Verfassung?, in: Die ZEIT, 27/2001, S. 7.

ihm zugehörig fühlen und willens sind, in einer Solidargemeinschaft zusammenzuleben". Interessanterweise befürwortete auch Chirac die Verabschiedung eines Textes, der schließlich als erste „europäische Verfassung" proklamiert werden könnte. Doch blieb sein Inhalt vage. Chirac hob weder auf gemeinsame europäische Werte noch auf einen emphatischen Neugründungsakt ab. Über die Verfassung sollten „zunächst die Regierungen und danach die Völker" befinden, im Anschluss daran werde sie durch die Regierungen und Völker „proklamiert".

Jospin übernahm zwischen den Positionen Fischers und Chiracs eine gewisse Mittelstellung. Auch er hielt eine verstärkte Zusammenarbeit im Zuge der Weiterentwicklung der Europäischen Union für unerlässlich. Daher setzte er sich für die Möglichkeit einer flexiblen Zusammenarbeit von kooperationswilligen Staaten ein. Zwar vermied er ausdrücklich das Wort Avantgarde, aber die realpolitischen Folgen für die europäische Entwicklung wären durchaus ähnlich. Von Fischer übernahm er zusätzlich den Gedanken, dass eine Verfassung nicht nur die europäische Integration weiter voranbringen solle, sondern eine qualitative Veränderung in der Zusammenarbeit der Staaten bringen und daher den Abschluss tief greifender Reformen bilden müsse. „Wichtig ist auch, dass durch diesen institutionellen Schritt ein grundlegender politischer Akt zum Ausdruck kommt, nämlich die Bekräftigung eines gemeinsamen Projektes, eines gemeinsamen Zieles". In diesem Punkt stimmte Jospin mit Fischer überein, während ihm ansonsten die föderalistischen Ambitionen Fischers zu weit gingen und er auf einer Weiterexistenz der Nationalstaaten beharrte.

Tony Blair war bereits die Diskussion über eine mögliche europäische Verfassung viel zu weitgehend. Entsprechend seiner Auffassung von einem Europa freier, unabhängiger souveräner Nationen kam es ihm eher auf eine Steigerung der Effizienz der europäischen Politik an. Sein Leitbild einer sehr pragmatisch, am politisch Machbaren orientierten Union benötigte kein weiteres Dokument zur Legitimation ihrer Tätigkeit. Trotz der voranschreitenden Integration bleibe der Kern der Europäischen Union die nationalstaatliche Verfasstheit. „Wir müssen der Europäischen Union die richtigen politischen Grundlagen geben. Diese Grundlagen haben ihre Wurzeln im demokratischen Nationalstaat". So viel die EU auch wachse, von ihren Wurzeln dürfe sie sich nicht trennen. Denn für Blair garantierte ausschließlich der Nationalstaat demokratische Strukturen. Mit dem Selbstbewusstsein der ältesten Demokratie in Europa vermied Blair weitgehend das Nachdenken über die Errichtung einer europäischen Staatlichkeit. „Die EU wird eine einmalige Kombination aus Intergouvernementalem und Supranationalem bleiben". Vor allem die Bereiche sollten vergemeinschaftet werden, die den Nationalstaat überfordern. Alles andere sollte bei den Mitgliedstaaten verbleiben. Blair nahm in seiner Rede auf die Europakritiker in seinem Land große Rücksicht, wenn er dezidiert von einem Europa der nationalen Unterschiede und getrennten Identitäten sprach. Für eine weitere Vertiefung, gar eine Neugründung der Union im Sinne Fischers, sah er dabei wenig Spielraum. Er äußerte sogar die Vermutung, dass sich die Verfassung, wie in Großbritannien, „in einer Anzahl verschiedener Verträge, Gesetze und Präzedenzfälle finden wird". Daher stellte er die Verfassungsfrage nicht. „Vielleicht können die Briten es sich leichter als andere Nationalitäten vorstellen, dass bei einem Gebilde, das so dynamisch ist wie die EU, eine Debatte über eine Verfassung nicht unbedingt zu einem rechtsverbindlichen Einzeldokument namens Verfassung führen muss". Damit ließ sich Blair sehr stark vom Rechtssystem Großbritanniens leiten und distanzierte sich von kontinentaleuropäischen Vorstellungen. Hier deutete sich bereits an, dass der offizielle britische Beitrag zum Konvent zur Zukunft der Europäischen Union höchst zwiespältig ausfallen würde.

Dennoch folgte Blair einer seit Jahrzehnten durchgehaltenen Linie britischer Europapolitik, wenn er trotz der Negierung föderalistischer Lösungen die Einbindung und Teilnahme Großbritanniens an den weiteren Integrationsschritten forderte. „Sich im Zentrum des Einflusses zu befinden, ist für Großbritannien (...) ein unabdingbarer Teil von Einfluss, Stärke und Macht in der Welt". Da heute kein Nationalstaat mehr allein in der Lage sei, den gegenwärtigen Problemlagen erfolgreich zu begegnen, sei es für Großbritannien notwendig, europäische Politik in der Union mitzugestalten. Allerdings ging es ihm weniger um die Stärkung der Union als Selbstzweck, sondern vor allem um eine Stärkung der Stellung Großbritanniens in der Union. In diesem Sinne könne die Definition Europas nur lauten: „Europa ist ein Europa freier, unabhängiger souveräner Nationen, die diese Souveränität bündeln möchten, im Dienste ihrer eigenen Interessen und der gemeinsamen Sache, denn gemeinsam erreichen wir mehr als allein". Bremsen, aber kooperieren, mit dieser Devise reihte Blair sich nahtlos in die britische Europapolitik seiner Vorgänger gleich welcher politischer Couleur ein. „Großbritannien hat keine wirtschaftliche Zukunft außerhalb Europas", äußerte Blair im November 2001 in Birmingham. Mit dieser Einstellung ging er in die weiteren Beratungen zur Zukunft der EU.

In der dichten Folge europapolitischer Reden im unmittelbaren Vorfeld des Konvents drückten sich die unterschiedlichen Grundverständnisse in den Kernfragen der Europapolitik in den Mitgliedstaaten aus. Die Ziele des europäischen Projekts und seine Finalität, die zukünftige institutionelle Ausgestaltung der Union und die Rolle einer europäischen Verfassung wurden von den europäischen Staats- und Regierungschefs kontrovers diskutiert. Die Vielfalt, ja Unvereinbarkeit der Antworten auf diese Grundfragen waren ein wichtiger Grund, die Zukunft der Integration in die Hände eines vergrößerten Kreises zu legen. Bereits die in den Reden aufschimmernden Differenzen ließen die Spannungen erahnen, die der Konvent in seiner Arbeit zu bewältigen hatte.

6 Der Gipfel von Laeken und die Einsetzung des Konvents

Mit der Erklärung zur Zukunft der EU hatten die Europäischen Staats- und Regierungschefs bei ihrem Gipfel vom 7. bis 11. Dezember 2000 in Nizza einen umfassenden und fundamentalen Reformprozess, den so genannten Post-Nizza-Prozess, eingeleitet. Die Erklärung lieferte erste Anhaltspunkte zu Agenda, Verfahren und Organisation des Prozesses. Der Europäische Rat von Göteborg am 15./16. Juni 2001 konkretisierte dann das weitere Verfahren. Danach zeichneten sich vier Phasen mit unterschiedlichen Eckpunkten ab:

- Während der ersten Phase von Januar bis Juni des Jahres 2001 wurde unter der schwedischen Präsidentschaft ein Bericht zur weiteren Gestaltung des Post-Nizza-Prozesses ausgearbeitet. Zugleich wurde eine breit angelegte öffentliche Debatte mit interessierten Parteien, nationalen Parlamenten, Vertretern aus der Wissenschaft und der Zivilgesellschaft aufgenommen.
- In der zweiten Phase bis zum Europäischen Rat in Laeken im Dezember 2001 wurde unter belgischer Präsidentschaft eine Erklärung erarbeitet, mit der das Mandat, das Arbeitsprogramm und die Organisation des Prozesses beschrieben wurden.
- In der dritten Phase wurde mit dem Konvent die Vorbereitung der nächsten Regierungskonferenz begonnen.
- Mit der Einberufung der Regierungskonferenz zum 4. Oktober 2003 sollte der Reformprozess abgeschlossen werden.

Die Vorbereitung der Erklärung von Laeken

Bereits unmittelbar nach Abschluss der Regierungskonferenz zum Vertrag von Nizza nahmen die Regierungen der Mitgliedstaaten, die Europäische Kommission und das Europäische Parlament die Arbeiten zur Vorbereitung des Prozesses zur umfassenden Reform der EU auf. Der schwedische Vorsitz bekräftigte seine Absicht, gemeinsam mit der nachfolgenden belgischen Präsidentschaft sowie der Europäischen Kommission und unter Mitwirkung des Europäischen Parlaments eine breite öffentliche Debatte zur Zukunft der Europäischen Union einzuleiten und die Möglichkeiten zur Struktur der Vorbereitungsphase zu erörtern.

Der Präsident der Europäischen Kommission, Romano Prodi, hatte sich bereits in seiner Rede vor dem Europäischen Parlament am 17. Januar 2001 für eine offene, pluralistische und demokratischere Methode zur Vorbereitung der nächsten Regierungskonferenz ausgesprochen. Der Europäische Rat von Laeken solle das Mandat für ein Forum verabschieden, in dem sich in Anlehnung an den Grundrechtekonvent

Vertreter des Europäischen Parlaments, der nationalen Parlamente sowie der Regierungen der Mitgliedstaaten und der Kommission zusammen finden sollten. Ergebnis der Arbeiten dieses Forums sollten „institutionelle Schlussfolgerungen" sein, die über die vier in der Erklärung zur Zukunft der EU aufgeführten Themen hinaus reichen. An diese von Romano Prodi so genannte „Phase des strukturierten Nachdenkens" solle sich eine „kurze Regierungskonferenz" anschließen. In ihrer Mitteilung[113] über die Modalitäten der Debatte über die Zukunft der Europäischen Union sprach sich die Europäische Kommission dann für die Methode des Konvents zur Vorbereitung der nächsten Regierungskonferenz aus. Ein Konvent garantiere die erforderliche Interaktivität und die Transparenz der Debatte. Aufgabe des Gremiums sei die Registrierung, Prüfung und Zusammenstellung der Meinungsäußerungen im Rahmen der offenen Debatte sowie die Strukturierung der Debatte.

Auch im Europäischen Parlament und in einigen nationalen Parlamenten zeichnete sich früh der Wille nach einer Beschleunigung und einer inhaltlichen Ausweitung des Auftrags für die anstehende Reformdebatte ab.[114] Das Europäische Parlament sprach sich für einen Konvent zur Vorbereitung der unbedingt notwendigen Vertragsänderungen aus. Dieser Konvent solle bereits 2002 seine Arbeit aufnehmen. Die Regierungskonferenz solle dann bereits für das Jahr 2003 einberufen werden und ihre Arbeiten vor dem Auslaufen des Mandats der Europäischen Kommission und den Wahlen zum Europäischen Parlament im Juni 2004 abschließen. Auch einige Mitgliedstaaten begannen frühzeitig mit internen Überlegungen, wie die in Nizza vereinbarte nächste Regierungskonferenz vorbereitet werden solle.[115] Die europäischen Außenminister erörterten am 5./6. Mai 2001 bei ihrem informellen Treffen in Nyköping die Vor- und Nachteile von verschiedenen Methoden und Modellen.[116] Diskutiert wurde zum Beispiel über eine „Gruppe der Weisen" oder eine erneute Reflexionsgruppe von Regierungsbeauftragten, wie sie zur Vorbereitung der Regierungskonferenz zum Vertrag von Amsterdam vorgeschaltet worden war.

Die ersten konkreten Vorschläge legte allerdings erst der belgische Ratsvorsitz zu Beginn seiner Präsidentschaft im 2. Halbjahr 2001 vor. Er verfolgte das ambitionierte Ziel, die inhaltliche Aufarbeitung der „Post-Nizza-Themen" auszuweiten und einem Konvent zu übertragen. Als seine persönlichen Berater zur Ausarbeitung eines Vorschlags für die Erklärung von Laeken berief der belgische Ministerpräsident Guy Verhofstadt fünf politische Persönlichkeiten in die so genannte „Laeken-

---

[113] Mitteilung der Europäischen Kommission über bestimmte Modalitäten der Debatte über die Zukunft der EU vom 25.4.2001, KOM (2001) 178 endg.

[114] Vgl. Entschließung des Europäischen Parlaments zum Vertrag von Nizza und der Zukunft der EU vom 31. Mai 2001 und Beschluss der 24. COSAC in Stockholm vom 22. Mai 2001.

[115] So wurden zum Beispiel innerhalb der Bundesregierung unterschiedliche Modelle diskutiert, bei denen die verschiedenen Themenschwerpunkte des Post-Nizza-Prozesses in unterschiedlichen Foren unter der Leitung einer „Steuerungs-" bzw. „Lenkungsgruppe" abgearbeitet werden konnten.

[116] Vgl. Daniel Göler: Der Gipfel von Laeken: Erste Etappe auf dem Weg zu einer europäischen Verfassung?, in: integration, 2/2002, S. 99-110; Norbert Riedel: Der Konvent zur Zukunft Europas. Die Erklärung zur Zukunft der EU, in: Zeitschrift für Rechtspolitik, 35. Jg., 2002, Heft 6, S. 241-246 und Martin Große Hüttmann; Der Konvent zur Zukunft der Europäischen Union. Leitbilder, Kontroversen und Konsenslinien der europäischen Verfassungsdebatte, in: Klaus Beckmann; Jürgen Dieringer; Ulrich Hufeld (Hrsg.): Eine Verfassung für Europa, Tübingen 2004, S. 137-165.

6 Der Gipfel von Laeken und die Einsetzung des Konvents

Gruppe"[117]. Unterstützt von dieser Beratergruppe und auf der Grundlage einer informellen Aussprache im Kreis der Außenminister legte der Vorsitz Anfang September konkrete Überlegungen vor. Bereits Anfang Oktober 2001 konnte grundsätzliches Einverständnis bei allen Mitgliedstaaten erreicht werden, einen Konvent einzuberufen, der analog zum Grundrechtekonvent aus Vertretern der Mitgliedstaaten, des Europäischen Parlaments, der Kommission und der nationalen Parlamente zusammengesetzt sein sollte. Der Konventsvorsitzende sollte von den Staats- und Regierungschefs in Laeken ernannt werden. Ein Präsidium sollte den Konvent leiten und aus je einem Vertreter der Teilgruppen des Konvents bestehen.

In den folgenden Wochen entwickelten sich zähe und intensive Verhandlungen über Einzelfragen und Formulierungen der Erklärung von Laeken. Dabei standen folgende Punkte im Mittelpunkt:

- *Der zeitliche Rahmen:* Umstritten war, wie lange der Konvent tagen solle und wie lange die von einigen Mitgliedstaaten geforderte Zwischenperiode als „Reformphase" zwischen Konvent und Regierungskonferenz dauern solle. Einige Delegationen, insbesondere die britische und die französische, forderten eine mindestens sechsmonatige Pause zwischen dem Ende der Arbeiten des Konvents und dem Beginn der Regierungskonferenz, um Parlament und Öffentlichkeit gebührend informieren zu können. Andere sprachen sich dagegen für eine möglichst kurze Zwischenperiode aus, damit man die Regierungskonferenz bereits im Jahr 2003 abschließen könne.
- *Die Beteiligung der Beitrittsländer:* Unumstritten war, dass die Länder, mit denen die EU Beitrittsverhandlungen führte, in die Arbeiten des Konvents einbezogen werden sollten. Heftig umstritten war allerdings, ob auch der Türkei die Teilnahme am Konvent eröffnet werden solle und ob die Beitrittsländer vollkommen gleichberechtigt oder nur als Beobachter in die Arbeiten des Konvents einbezogen werden sollten.
- *Zusammensetzung des Konvents:* Bei der Zusammensetzung war insbesondere die Frage umstritten, ob die Stellvertreter, wie im Grundrechtekonvent, gleichberechtigt und damit als de facto-Mitglieder an den Tagungen des Konvents teilnehmen können. Nachdem sich die Delegationen sehr schnell darauf verständigen konnten, den Vorsitzenden des Konvents selbst zu benennen, entbrannte über diese Personalfrage eine strittige Debatte[118]. Auch die Anrechnung der bereits in der Erklärung von Laeken namentlich zu bestimmenden Vorsitzenden und seiner Stellvertreter auf das Kontingent der Regierungsvertreter war eine heftig umstrittene Frage.[119]
- *Zusammensetzung des Konventspräsidiums:* Einige Mitgliedstaaten forderten, dass die drei Präsidentschaften, in deren Amtsperiode der Konvent tage, jeweils

---

[117] Die Gruppe setzte sich zusammen aus dem ehemaligen italienischen Premierminister Giuliano Amato, dem früheren belgischen Premierminister Jean-Luc Dehaene, dem früheren Kommissionspräsidenten Jacques Delors, dem ehemaligen polnischen Außenminister Bronislaw Geremek und David Milliband, zuvor Berater des britischen Premierministers.

[118] Zur Auswahl standen in Laeken schließlich der frühere französische Staatspräsident Valéry Giscard d'Estaing und der früherer niederländische Premierminister Wim Kok.

[119] Die italienische Regierung unter Silvio Berlusconi bestand zusätzlich zum stellvertretenden Vorsitzenden Giuliano Amato auf einem weiteren Regierungsvertreter im Konvent.

einen Sitz im Präsidium erhalten sollten. Dies lehnten wiederum andere Delegation und auch das Europäische Parlament strikt ab, da es zu einem Übergewicht von Regierungsvertretern im Präsidium führe.

- *Auftrag und Beschlussfassung im Konvent:* Es bestand Einigkeit unter den Mitgliedstaaten, dass der Konvent „Optionen" erarbeiten solle.[120] Ob der Konvent aber diese Optionen im Konsens oder mit Mehrheitsabstimmungen erreichen sollte, war zunächst umstritten. Der Vorsitz, unterstützt von einigen Mitgliedstaaten, wollte die in der Erklärung zur Zukunft der EU von Nizza sehr allgemein formulierten Themen des Konvents in Frageform weiter präzisieren. Die Erklärung von Laeken solle nicht nur die vier Themen der Erklärung von Nizza übernehmen, sondern darüber hinaus eine Stärkung der Handlungsfähigkeit der EU in den Bereichen Justiz und Inneres und Außenbeziehungen prüfen. Es sei eine Antwort auf die Rolle Europas in seiner spezifischen Situation zu finden. Dagegen wollten andere Mitgliedstaaten ein zu umfangreiches Mandat des Konvents mit dem Argument verhindern, es sei eine Vereinfachung der Verträge, nicht aber eine komplette Neuverhandlung notwendig.

Der Europäische Rat der Staats- und Regierungschefs verständigte sich schließlich bei seinem Treffen in Laeken am 14./15. Dezember 2001 auf die Einberufung des Europäischen Konvents zur Zukunft der EU, der alle wesentlichen Fragen prüfen sollte, welche die zukünftige Entwicklung der Europäischen Union aufwirft. Die größte Schwierigkeit bei der Formulierung der Erklärung von Laeken war die Ungewissheit der Regierungen darüber, zu welchen Ergebnissen ein parlamentarisch dominierter Konvent gelangen würde. Zugleich antizipierten die Mitgliedstaaten bereits bei der Formulierung des Konventsmandats die nachfolgende Regierungskonferenz, die ausschließlich und eigenständig eine Vertragsänderung verbindlich regeln würde.

Dass die belgische Präsidentschaft schließlich ihr hochgestecktes Ziel dennoch erreichte, einen Konvent zur Vorbereitung einzuberufen, der möglichst unabhängig und ohne Vorgaben sowie umfassend eine Prüfung des europäischen Vertragswerks vornehmen sollte, basierte auf zwei Grundentscheidungen:

1. Insgesamt behandelte der belgische Vorsitz die Formulierung der Erklärung von Laeken mit einem hohen Maß der Vertraulichkeit. Auch bei der obligatorischen Rundreise des belgischen Ministerpräsident Guy Verhofstadt durch die Hauptstädte zur Vorbereitung des Europäischen Rates in Laeken vom 26. November bis zum 11. Dezember 2001 wurden keine Einzelheiten bekannt.
2. Die belgische Präsidentschaft plante frühzeitig, das Mandat des Konvents durch eine Zusammenstellung von Fragen einzugrenzen und so die Richtung der Diskussion zu strukturieren, ohne sie zu weit vorzubestimmen. Dieses Vorgehen eröffnete die Möglichkeit, durch die Formulierung der Fragen die jeweils unterschiedlichen Positionen zwischen den Mitgliedstaaten zu überdecken.

---

[120] Dagegen hatte das Europäische Parlament und viele nationale Parlamente die Erarbeitung von „Optionen" strikt abgelehnt. Da dies den Druck im Konvent zur Einigung und die Verbindlichkeit des Endproduktes bereits vor Beginn der Arbeiten des Konvents schwächen könne, forderten sie die Ausarbeitung eines in sich geschlossenen Textes.

Die Erklärung von Laeken

Die Staats- und Regierungschefs verabschiedeten in Laeken die „Erklärung von Laeken zur Zukunft der Europäischen Union"[121], die in drei Abschnitte gegliedert war. Unter der Überschrift „Europa am Scheideweg" wurden die Ursachen für die allgemein festzustellende Europaskepsis analysiert. Es gelte, die Bedenken und die Skepsis der Bürger aufzunehmen und die Union zu reformieren. Die Bürger verlangten von den europäischen Organen weniger Trägheit und Starrheit, stattdessen mehr Effizienz und Transparenz. Das Ziel sei eine demokratischere, effizientere und transparentere Europäische Union.

Im zweiten Teil der Erklärung wurde unter dem Titel „Herausforderungen und Reformen in einer modernisierten Union" das eigentliche Mandat des Konvents in rund 60 Fragen konkretisiert, die zu vier Fragenkomplexen zusammengefasst wurden.

Der erste Fragenkomplex zu Transparenz und Effizienz der europäischen Kompetenzordnung sowie zur besseren Verteilung und Abgrenzung der Zuständigkeiten zwischen der EU und den Mitgliedstaaten enthielt insgesamt 18 Fragen. Gefragt wurde, ob der Konvent eine Notwendigkeit sehe, in einzelnen Politikbereichen, wie zum Beispiel bei der Außen-, Sicherheits- und Verteidigungspolitik und dem Strafrecht, zusätzliche Kompetenzen auf die europäische Ebene zu übertragen, oder ob es umgekehrt zu einer Rückverlagerung von Zuständigkeiten auf die nationale Ebene kommen müsse. Ergänzt wurden diese Strukturfragen um den Auftrag, das Subsidiaritätsprinzip zu überprüfen.

Das zweite Fragenbündel zur Vereinfachung der Instrumente der Union thematisierte die Verringerung, Präzisierung und Transparenz der EU-Gesetzgebungsinstrumente. Der Konvent sollte prüfen, ob verstärkt auf eine Rahmengesetzgebung zurückgegriffen und ob die Methode der offenen Koordinierung verstärkt genutzt werden sollte. Unter der Überschrift „Mehr Demokratie, Transparenz und Effizienz in der Europäischen Union" wurden sowohl Fragen zur Reform der Organe und Institutionen, wie zum Beispiel nach der Bestimmung bzw. der Wahl des Kommissionspräsidenten, als auch Möglichkeiten zur Stärkung der nationalen Parlamente und zur Verbesserung der Transparenz europäischen Handelns zusammengefasst. Zur Erhöhung der Effizienz von Beschlussfassung und Arbeitsweise wurde nach Möglichkeiten zusätzlicher Beschlüsse mit qualifizierter Mehrheit ebenso gefragt wie nach der Notwendigkeit, den Ministerrat und das System der rotierenden Präsidentschaften zu reformieren.

Der abschließende Fragenkomplex war sowohl in seiner Begrifflichkeit als auch den aufgezeigten Lösungswegen überaus innovativ. Mit der Überschrift „Der Weg zu einer Europäischen Verfassung für die europäischen Bürger" bekannten sich alle Staats- und Regierungschefs zum Ziel der Europäischen Verfassung.[122] Gefragt wurde auch, ob dieses Ziel durch eine Neuordnung der bestehenden Verträge ohne inhaltliche Änderungen möglich oder die Aufteilung der bestehenden Verträge in

---

[121] Die Erklärung ist im Anhang abgedruckt.
[122] Daniel Göler: Der Gipfel von Laeken, a.a.O., spricht in diesem Zusammenhang von einem „integrationspolitischen Quantensprung".

einen Basisvertrag und einen Vertrag mit den anderen Bestimmungen sinnvoller sei, wie sie das Europäische Hochschulinstitut in Florenz vorgeschlagen hatte.[123]

Bemerkenswert war an dieser Zusammenstellung der Fragen, dass sie sowohl die Möglichkeit zur Stärkung der intergouvernementalen Dimension bzw. der Rolle der Mitgliedstaaten in der EU als auch Ansätze zur Stärkung supranationaler Lösungen eröffnete. Zugleich sollte eine Synthese zwischen den beiden grundsätzlichen Herausforderungen ermöglicht werden, der Sicherung der Handlungsfähigkeit und der Effizienz der erweiterten Union einerseits und der Wahrung von Legitimität und Identität andererseits.

Der dritte Teil der Erklärung von Laeken befasste sich mit der Zusammensetzung des Konvents und seinen Arbeitsmethoden. Der Europäische Rat legte fest, dass sich das Gremium aus 16 Mitgliedern des Europäischen Parlaments, 30 nationalen Parlamentariern (2 für jeden Mitgliedstaat), 2 Vertretern der Kommission und 15 Vertretern der Regierungen zusammensetzen solle[124]. Die Beitrittskandidaten sollten jeweils mit zwei Abgeordneten und einem Repräsentanten der Regierungen im Konvent vertreten sein. Zum Vorsitzenden des Konvents wurde der frühere französische Staatspräsident Valéry Giscard d'Estaing bestimmt. Die beiden früheren Premierminister Giuliano Amato (Italien) und Jean-Luc Dehaene (Belgien) wurden Vize-Präsidenten des Konvents.

Mit dem ausdrücklichen Bekenntnis zu einer eigenständigen „europäischen Verfassung" als Ziel europäischer Integrationspolitik hatten die Staats- und Regierungschefs dem Konvent eine sehr ambitionierte Aufgabe und einen hohen Anspruch übertragen. Im Konvent sollten alle Fragen zur Fortsetzung des Integrationsprozesses unbeschränkt diskutiert und neue Lösungswege erörtert werden können. Die „verwirrende Vielzahl von ungewichteten Fragen"[125] öffnete die Debatte für die gesamte Bandbreite europapolitischer Grundverständnisse und Ordnungsmodelle, ohne eine Präferenz für ein Modell erkennen zu lassen. Zusätzlich hatten die Regierungen der Mitgliedstaaten einige Sicherungen eingebaut, die es ihnen erlauben sollten, den Reformprozess in seiner entscheidenden Phase wieder zu steuern. Der Konvent sollte lediglich der möglichst umfassenden und transparenten Vorbereitung der nachfolgenden Regierungskonferenz dienen und Optionen erörtern, ohne jedoch zu rechtlich verbindlichen Festlegungen zu führen.

Erwartungen vor Beginn des Konvents

Aufgabe des Verfassungskonvents sollte es sein, die oben genannten Grundverständnisse zusammenzuführen und zu einem sinnvollen Ganzen zu verknüpfen. Von Anfang an knüpften sich große Hoffnungen an den Konvent. Föderalistische Positionen, insbesondere aus dem Europäischen Parlament, äußerten die Erwartung,

---

[123] Europäisches Hochschulinstitut: Ein Basisvertrag für die Europäische Union Studie zur Neuordnung der Verträge. Abschlussbericht, am 15. Mai 2000 Herrn Romano Prodi, Präsident der Europäischen Kommission, übergeben.
[124] Vgl. zur Zusammensetzung des Konvents ausführlich Kapitel 7.
[125] Wolfgang Wessels: Der Konvent: Modelle für eine innovative Integrationsmethode, in: integration, 2/2002, S. 83-98, hier S. 87.

der Konvent möge sich nicht mit der Ausarbeitung unverbindlicher Empfehlungen begnügen, sondern eine europäische Verfassung ausarbeiten. Inhaltlich forderten sie ein einheitliches, für den Bürger verständliches Verfassungsdokument, das die Hoffnung der Bürger auf eine transparente, in ihren Entscheidungsstrukturen nachvollziehbare Union erfülle. Die Charta der Grundrechte solle eingearbeitet, die Zuständigkeiten eindeutiger gefasst und die Entscheidungsverfahren vereinfacht werden. Zudem solle die Verfassung erst nach einem Referendum in den EU-Staaten in Kraft treten. Die Hoffnung, die seit Jahrzehnten geforderte Verfassung nun endlich in Europa durchzusetzen, speiste sich aus dem Reformdruck, den der Beitritt von gleich zehn neuen Ländern auf die bisherigen Mitgliedstaaten ausübte. Von der notwendigen Generalrevision der Union erhoffte man sich eine Durchsetzung des bis dahin am Widerstand der Intergouvernementalisten gescheiterten Verfassungsprojektes. Außerdem war weit über die Hälfte der Mitglieder des Konvents Abgeordnete des Europäischen Parlaments und der nationalen Parlamente, die dem Konvent durch ihre numerische Überlegenheit eine gewisse Dynamik verleihen sollte. Am Ende des Konvents müsse, so lautete eine verbreitete Hoffnung, „mehr Parlament in Europa" stehen.[126] Doch erwies sich die Einschätzung im Verlauf des Konvents als Trugschluss, dass von der entsendenden Institution direkt auf die europapolitischen Vorstellungen des Konventsmitglieds geschlossen werden konnte. Der Schlüssel zum Erfolg des Konvents wurde dennoch in erster Linie im Konvent selbst gesehen. Voraussetzungen dafür waren, „(1.) eine einig auftretende Präsidentschaft, die den Konvent in einer Auseinandersetzung um zentrale Elemente der EU-Verfassungsdiskussion sammeln und dort zu klaren Entscheidungen führen kann, (2.) der Wille zur Erstellung eines kohärenten und ehrgeizigen Reformkonzepts, (3.) der entschiedene Versuch des Konvents, seine historische Rolle und seine inhaltlichen Positionen vorrangig gegenüber Öffentlichkeit und Parlamenten der Mitgliedsländer der EU zur Geltung zu bringen, (4.) die Konzentration des Konvents auf die Reform der institutionellen und prozeduralen Aspekte des politischen Willensbildungs- und Entscheidungssystems der EU."[127]

Wollte der Konvent erfolgreich sein, so musste er zunächst an sich und seine „Mission" glauben. Dafür bedurfte es einer Präsidentschaft, die einen klaren Arbeitsplan mit klaren Zielvorgaben vorlegte, um so den Druck auf die Mitglieder zu erhöhen, innerhalb des gegebenen Rahmens den Konvent zum Erfolg zu führen. Darüber hinaus war es wichtig, deutlich zu machen, dass sich mit dem Konvent eine einmalige, kaum wiederholbare Chance ergab, Europa zu „neuen Ufern" zu führen. Präsident Giscard d'Estaing hatte in den ersten Sitzungen mit französischem Pathos wiederholt darauf hingewiesen. Diese Maßnahmen dienten dazu, die Mitglieder des Konvents, die sozialpsychologisch eher eine Zufallsgruppe bildeten, zu einer arbeitsfähigen Gemeinschaft zusammenzuschweißen, die mit einem deutlichen „Wir-Bewusstsein" und dem Gefühl für die übernommene Verantwortung ausgestattet

---

[126] So Jürgen Meyer, in: Sebastian Barnutz; Martin Große Hüttmann: Die Verfassungsdebatte nach Laeken. Der Konvent als neue und bessere Methode für Reformen in der EU. Tagungsbericht, in: integration, 2/2002, S. 157-163.

[127] Christian Deubner; Andreas Maurer: Ein konstitutioneller Moment für die EU: Der Konvent zur Zukunft Europas, SWP-Diskussionspapier, Februar 2002 (www.swp-berlin.org), S. 1.

sein sollten. Die Entwicklung einer eigenen Identität als „Europaelite" und die zunehmende Distanz zur nationalen Ebene sollten eine Atmosphäre hervorrufen, in der sich ein reges konstruktives und „diskursives Eigenleben" entfaltete.[128] Darüber hinaus erschien es wichtig, dass sich der Konvent inhaltlich nicht übernehmen sollte, wenn er seine „systemgestaltende Funktion" effektiv ausüben wollte.[129] Verbreitet waren daher im Vorfeld des Konvents Mahnungen, sich nicht mit allen Problemen der Europäischen Union zu belasten, sondern sich auf ausgewählte, zentrale Bereiche zu beschränken. Insbesondere nach den reichen Vorgaben aus Laeken galt es, sich auf das wesentliche Reformziel zu konzentrieren. Jahrzehntelange Versäumnisse der Mitgliedstaaten, die „Leftovers" von Nizza und die von den verschiedenen politischen Strömungen herangetragenen Wünsche konnten nicht alle mit einem Schlag durch den Konvent gelöst werden. Zur Aufrechterhaltung der Arbeitsfähigkeit sollte sich der Konvent zudem auf konsensfähige Materien beschränken, wobei allerdings bis zuletzt strittig blieb, wie mit abweichenden Meinungen umgegangen werden soll, die sich nicht zwanglos in einen Konsens einfügen lassen. Hier lag die Gefahr nahe, dass es dem Konvent nicht gelingen könnte, einen einheitlichen, kohärenten Abschlusstext vorzulegen und dadurch nach außen den verheerenden Eindruck eines zerstritten und ungeordneten Diskussionsklubs hinterlassen könnte. Dies forderte die Präsidentschaft ebenso wie alle übrigen Konventsteilnehmer.

Für einen Erfolg des Konvents aber waren nicht nur die eigene Arbeitsfähigkeit und einzelne Sachmaterien bestimmend, sondern auch die Einbeziehung anderer Akteure. Hier sollte der Konvent in das bereits bestehende engmaschige Netz von europapolitischen Akteuren einbezogen werden. Aufgrund der Stärke der Parlamentarier-Fraktion wurden die nationalen Parlamente „natürliche Bündnispartner des Konvents".[130] Im Laufe des Konvents sollten insbesondere von den Europaausschüssen der nationalen Parlamente regelmäßig öffentliche Sitzungen veranstaltet werden, die der europapolitischen Debatte in den Mitgliedstaaten und den Beitrittskandidaten einen wichtigen Schub verliehen. Über seinen Konstitutionellen Ausschuss wurde auch das Europäische Parlament in die Arbeit mit einbezogen. Die Aufmerksamkeit von Medien und Öffentlichkeit zu erringen, sollte sich jedoch als wahre Herkulesaufgabe erweisen. Richtig war die Forderung nach einer langfristig geplanten PR-Arbeit, „die die Medien zu Verbündeten in einem Prozess ohne Beispiel macht und sie an den wichtigen Fortschritten der Vertragsreform bzw. der Verfassungsgebung teilnehmen lässt."[131] Die Hoffnung war, dass die positive Resonanz der europäischen Zivilgesellschaft(en) den Konvent motivieren und ihn im Laufe seiner Arbeit in den Augen der Öffentlichkeit „zu dem einzigen legitimen Träger eines Verfassungskonzepts für die weitere Einigung der Europäischen Uni-

---

[128] Georg Vobruba: Was kann der Konvent?, in: Blätter für deutsche und internationale Politik, 5, 2002, S. 526-530, hier S. 526.
[129] Elmar Brok: Europa im Aufwind? Überlegungen zu den Ergebnissen des Gipfels von Laeken, in: integration, 1/2002, S. 3-6, hier S. 5.
[130] Michael Roth: Europa braucht einen erfolgreichen Konvent, in: integration, 1/2002, S. 7-11, hier S. 10. Vgl. auch Andreas Maurer: Nationale Parlamente in der Europäischen Union – Herausforderungen für den Konvent, in: ebenda, S. 20-34.
[131] Christian Deubner; Andreas Maurer: Ein konstitutioneller Moment für die EU, a.a.O., S. 7.

on"[132] werden lässt. Tatsächlich aber sollte das Interesse der Medien nach den ersten Sitzungen erheblich nachlassen. Gründe waren der wenig massenmediale, eher langatmige und technokratische Charakter der Plenumssitzungen, unklare Entscheidungsprozeduren im Konvent selbst sowie die Dauer des Konvents insgesamt, dessen Tagungen sich über mehr als 70 Wochen hinzogen und damit die Aufmerksamkeitsspanne von Medien und Öffentlichkeit deutlich überschritten.

Die wichtigsten Akteure, die der Konvent zu berücksichtigen hatte, waren der Europäische Rat sowie die Regierungen der Mitgliedstaaten und Beitrittskandidaten. Der Europäische Rat verlieh dem Konvent das Mandat, gab ihm zielführende Arbeitsfragen an die Hand und stattete ihn mit Arbeitsstrukturen aus. Die große, im Vorhinein völlig ungeklärte Frage bezog sich jedoch auf die Stellung des Konvents. Würde sich der Konvent im Laufe seiner Tätigkeit zu einer „echten" verfassunggebenden Versammlung weiterentwickeln oder würde er sich mit Empfehlungen an die Staats- und Regierungschefs im Europäischen Rat begnügen? Und wie würden sich die Regierungen der Mitgliedstaaten und Beitrittskandidaten zur Konventsarbeit verhalten? Würden sie konstruktiv mitarbeiten und so den Konvent aufwerten oder würden sie ihn lediglich zur Kenntnis nehmen, missachten oder sogar stören und eine Einigung verhindern?

Hinter diesen Fragen schienen erneut die beiden Positionen auf, die als föderalistisch und intergouvernemental gekennzeichnet worden sind.[133] Im ersten Fall begreift sich der Konvent als Verfassungsgeber für eine neu zu konzipierende Europäische Union. Die Konventsteilnehmer betrachten sich als europäische Avantgarde, die weitgehend unabhängig von Interessen und Ideen der nationalen Ebene eine Union entwirft, der zukünftig größere Handlungsmacht nach außen und innen zukommt. Demnach würde der Konvent ein einziges Dokument, eine Verfassung bzw. einen Verfassungsvertrag, entwerfen, das eine EU als selbständigen Akteur auf der internationalen Bühne und Ordnungsmacht gegenüber den Mitgliedstaaten vorsieht. Seine Legitimation bezöge ein solcher Konvent aus der Qualität seiner Arbeit und dem Ansehen in der europäischen Öffentlichkeit. An seinem Ergebnis käme kein Mitgliedsstaat und kein Beitrittskandidat vorbei, wollte er sich nicht selbst ins europäische Abseits begeben. Auf diese Weise hätte der Konvent den Handlungsspielraum der nachfolgenden Regierungskonferenz so weit eingeengt, dass dieser faktisch nur die Akklamation der Verfassung bleibt. Änderungswünsche oder gar die Ablehnung des Konventstextes hätte eine gesamteuropäische Stigmatisierung zur Folge. Dagegen bleiben in der intergouvernementalen Variante die Nationalstaaten die „Herren der Verträge". Der Konvent wäre in diesem Fall nur der Stichwortgeber für die Regierungskonferenz, der die Letzt- und Alleinentscheidung über die Zukunft der Europäischen Union obliegt. Hier entscheiden die Staats- und Regierungschefs nach eigenem Gutdünken über den vom Konvent vorgelegten Text, verändern, verwässern und entstellen ihn nach eigenem Ermessen. Der Konvent selber verstünde sich ebenfalls nur als verlängerter Arm der Nationalstaaten und verzichtet auf detaillierte Vorschläge für eine Neugestaltung und Aufwertung der Union. Sein Text wäre weder eine Verfassung noch ein Vorstoß für die revolutionä-

---

[132] Ebenda.
[133] Vgl. dazu Kapitel 2.

re Neugestaltung der Union, sondern ein technokratisch inspiriertes Papier ohne jede Ambition auf einen Neuanfang in Europa.

Beide Extrempositionen sollten schließlich in die Arbeit des Konvents einfließen. Die Befürchtungen beider Seiten bestätigten sich allerdings nicht, aber auch einige Hoffnungen wurden gedämpft. Weder intergouvernementale Zersplitterung noch supranationale Zentralisierung konnten sich vollständig durchsetzen. Die europäische Verfassung, so viel wurde bereits im Vorfeld deutlich, würde ein Kompromiss zwischen den maßgeblichen Akteuren werden. Ihr Erfolg, schrieb Fritz Scharpf, werde letztlich daran gemessen, „ob sie die europäische Politik besser als bisher dazu befähigt, den Mitgliedstaaten bei der Bewältigung der auf nationaler Ebene nicht mehr lösbaren Probleme zu helfen".[134]

---

[134] Fritz W Scharpf: Was man von einer europäischen Verfassung erwarten und nicht erwarten sollte, in: Blätter für deutsche und internationale Politik, 1, 2003, S 49-59, hier S. 59.

Teil III

Die Arbeit des Konvents

7 Struktur, Arbeitsweise und Zusammensetzung des Konvents

Der Konvent stand vor einer schwierigen Aufgabe. Der Europäische Rat von Laeken hatte ihn mit nicht weniger als einer Komplettrevision des europäischen Vertragswerks beauftragt – allerdings ohne dem Ergebnis einen entsprechenden Grad an Verbindlichkeit einzuräumen. Im Kern ging es um die Konstitutionalisierung der EU durch die Formulierung eines europäischen Verfassungsvertrages. Zugleich hatte er dem Konvent eine enges Zeitkorsett und die Grundzüge seiner Struktur und Zusammensetzung vorgegeben sowie mit der namentlichen Benennung des Vorsitzenden und seiner beiden Stellvertreter eine erste wichtige Personalentscheidung getroffen.

Zusammensetzung

Insgesamt war der Konvent mit seinen 105 Mitgliedern und der gleichen Zahl von Stellvertretern äußerst heterogen besetzt. Wie bei seinem Vorbild, dem Grundrechtekonvent, und im Unterschied zu den bisherigen Verhandlungen zur Reform des europäischen Vertragswerks zwischen den Vertretern der Regierungen im Rahmen von Regierungskonferenzen, dominierten auch beim Verfassungskonvent die Parlamentarier die Regierungsvertreter. Insgesamt waren rund 2 Drittel der Mitglieder des Konvents Parlamentarier.[135]

Die Vertreter der Beitrittskandidaten wurden umfassend an den Beratungen des Konvents beteiligt; sie waren jedoch nicht vollkommen mit den Vertretern aus den EU-Mitgliedstaaten gleichgestellt.[136] Die Erklärung von Laeken sah vor, dass sie an den Beratungen teilnehmen sollten, ohne einen Konsens, der sich zwischen den Mitgliedstaaten abzeichnet, verhindern zu können, d.h. der Europäische Rat hatte ihnen kein Stimmrecht übertragen. Die Beitrittsländer drängten darauf, auch im Präsidium vertreten zu sein und die Dokumente des Konvents in ihre Sprachen übersetzen zu lassen. In beiden Punkten waren sie schließlich erfolgreich. Vertreter der Beitrittsländer im Präsidium wurde der frühere slowenische Außenminister Alojz Peterle.

---

[135] Thomas Oppermann: Eine Verfassung für die Europäische Union - Der Entwurf des Europäischen Konvents, in: Deutsche Verwaltungsblätter, Jg. 118, Heft 18, 2003, S. 1165-1176 sprach sogar von einem „parlamentarisierten Vorbereitungsgremium", S. 1166. Prof. Oppermann war Berater des Vertreters des Bundesrats im Konvent, dem baden-württembergischen Ministerpräsident Erwin Teufel.

[136] Auf einer Tagung des Plenums im März 2003 wurde vorgeschlagen, den Vertretern der Beitrittsländer ab dem 16. April 2003, d.h. nach der Unterzeichnung der Beitrittsverträge, den gleichen Status zu verleihen, wie ihn die Konventsmitglieder der EU-Mitgliedstaaten innehaben.

7 Struktur, Arbeitsweise und Zusammensetzung des Konvents

Konvent zur Zukunft der Europäischen Union		
Plenum	Präsident (Giscard d'Estaing)	1
	Vizepräsidenten	2
	Vertreter der Staats- und Regierungschefs	15
	Je 2 Vertreter der nationalen Parlamente	30
	Vertreter des Europäischen Parlaments	16
	Vertreter der Europäischen Kommission	2
	Vertreter der Regierungen der Beitrittsländer	13
	Je 2 Vertreter der nationalen Parlamente der Beitrittsländer	26
	Mitglieder des Konvents	**105**
	Stellvertretende Mitglieder	**102**
Präsidium	Präsident Giscard d'Estaing	1
	2 Vizepräsidenten	2
	9 Mitglieder des Konvents: je 1 Vertreter der drei Mitgliedstaaten, die die Ratspräsidentschaft ausüben, 2 nationale Parlamentarier, 2 Europaparlamentarier, 2 Kommissionsmitglieder	9
	1 Beobachter aus den Beitrittsländern	1
		13
Beobachter	Vertreter des WSA	3
	Vertreter des AdR	6
	Vertreter der Sozialpartner	3
	Europäischer Bürgerbeauftragter	1
		13

Sowohl der Wirtschafts- und Sozialausschuss (WSA) als auch der Ausschuss der Regionen (AdR) hatten bis zur Entscheidung des Europäischen Rats von Laeken auf eine direkte und umfassende Beteiligung an den Arbeiten des Konvents gedrängt. Beide beratende Institutionen der EU konnten nur Beobachter in den Konvent entsenden, die allerdings nicht stimmberechtigt waren. Nachdem sich die starken Regionen bzw. Länder in Belgien, Österreich und Deutschland bei ihren Regierungen für eine angemessene Berücksichtigung des AdR im Konvent eingesetzt hatten, durfte der Ausschuss schließlich sechs Beobachter entsenden, während der WSA nur mit drei Beobachtern im Konvent vertreten war. Außerdem konnten diese Regionen, die sich bereits im Vorfeld des Europäischen Rats von Laeken zu einem Netzwerk der Regionen mit Gesetzgebungsbefugnissen zusammen gefunden hatten, durchsetzen, dass in der Erklärung auch eine Differenzierung der zu benennenden Vertreter des AdR vorgenommen wurden und erstmals die Regionen mit Gesetzgebungsbefugnissen in einem offiziellen Dokument der EU erwähnt wurden.[137]

Unumstritten war der Beobachterstatus für den Europäischen Bürgerbeauftragten und die dem Präsidium des Konvents eingeräumte Möglichkeit, bei Bedarf die Vertreter des Europäischen Gerichtshofs, der Europäischen Zentralbank und des Europäischen Rechnungshofs hinzuziehen zu können.

Auffallend war, dass nahezu alle Vertreter im Konvent über eine ausgesprochen große Erfahrung als Politiker in ihren jeweiligen Parlamenten und Regierungen verfügten. Fast die Hälfte der 105 Vollmitglieder waren amtierende oder ehemalige Regierungschefs oder Minister. Diese Quote erhöhte sich nochmals, als in der zweiten Verhandlungsphase weitere aktive Minister Mitglieder des Konvents wurden – prominenteste Beispiele waren sicherlich der deutsche und der französische Außenminister. Dass dann schließlich die Mehrzahl der aktiven Außen- bzw. Europaminister der Mitgliedstaaten sich im Konvent engagierten, war ein Beleg dafür, dass sowohl die Bedeutung des Konvents für die Diskussion über die Zukunft der EU erkannt als auch die bestimmende Rolle der Regierungsvertreter gestärkt wurde.

Dennoch ermöglichte die im Unterschied zu den traditionellen Regierungskonferenzen offene Diskussion und die diskursive Atmosphäre im Konvent auch den Regierungsvertretern, die klassischen nationalen Positionen zu überdenken. So war bemerkenswert, dass der damalige britische Europaminister Peter Hain sich schließlich für eine europäische Verfassung aussprach.[138]

Die deutschen Mitglieder im Konvent waren:

Bundesregierung:	Außenminister Joschka Fischer (Grüne) [zuvor Peter Glotz] Staatsminister Hans Martin Bury (SPD) [zuvor Gunter Pleuger]
Bundesrat:	Ministerpräsident Erwin Teufel (BW, CDU) Minister Wolfgang Gerhards (NRW, SPD) [Zuvor Minister Wolfgang Senff (NI, SPD)]
Bundestag:	Prof. Dr. Jürgen Meyer (SPD) Peter Altmaier (CDU)
Europäisches Parlament:	Elmar Brok (CDU) Prof. Dr. Klaus Hänsch (SPD) Dr. Sylvia-Yvonne Kaufmann (PDS) Joachim Wuermeling (CSU)
Beobachter:	Prof. Dr. Manfred Dammeyer für den Ausschuss der Regionen Dr. Göke Daniel Frerichs für den Wirtschafts- und Sozialausschuss.

---

[137] In der Erklärung von Laeken wurde vorgegeben: „...sechs Vertreter im Namen des Ausschusses der Regionen (die von diesem aus den Regionen, den Städten und den Regionen mit legislativer Befugnis zu bestimmen sind)...".

[138] Vgl. hierzu auch Kapitel 5.

Die Komponenten des Konvents

Im Konvent fanden sich die Mitglieder bereits sehr früh sowohl nach politischer Zugehörigkeit wie nach Komponenten (z.B. Europäisches Parlament oder nationale Parlamente) zusammen. Ergänzt wurden diese Formen der Koordination durch informelle Abstimmungen beispielsweise im Kreis der nationalen Delegationen, oder auch in besonderen Interessengruppen, wie die Gruppe der ausgesprochenen Europaskeptiker, die letztlich den Konventskompromiss ablehnte.[139] Die deutsche Delegation traf sich regelmäßig auf Einladung des jeweiligen Vertreters der Bundesregierung im Konvent im so genannten „Brüsseler Kreis" vor den Plenarsitzungen, um gemeinsame Positionen abzustimmen und ein gemeinsames Vorgehen zu koordinieren. Bereits im Vorfeld der konstituierenden Sitzung des Konvents am 28. Februar 2002 trafen sich auch die großen politischen Familien wie EVP, SPE und Liberale. Die Repräsentanz der beiden großen Parteifamilien EVP und SPE hielt sich im Konvent ungefähr die Waage. Die EVP-Gruppe bildete ein fünfköpfiges Führungsgremium, das von dem deutschen Europaparlamentarier Elmar Brok geleitet wurde. Sprecher der SPE-Gruppe im Konvent wurde Giuliano Amato und Wortführer der Gruppe der Liberalen der britische Europaparlamentarier Andrew Duff.

Die Parteifamilien versuchten frühzeitig die Konventsarbeiten programmatisch zu begleiten; ihr beachtlicher Einfluss war von Anfang an bemerkbar. Andrew Duff meint sogar: „Die Treffen der parteipolitischen Familien geben inhaltlichen Auseinandersetzungen mehr Raum als dies in den Plenarsitzungen möglich ist. Damit wirken sie als Katalysator für die Forderung guter und die Zurückweisung schlechter Ideen."[140] So geht zweifellos der erste Gliederungsvorschlag für einen Verfassungsvertrag, den das Präsidium am 28. Oktober 2002 vorlegte, auch auf die Initiativen der beiden Parteifamilien EVP und SPE zurück. Die EVP-Gruppe im Konvent hatte die Sommerpause genutzt, um einen ersten Komplettentwurf für eine europäische Verfassung zu erarbeiten. Elmar Brok brachte diesen Entwurf am 1. Oktober 2002 in den Konvent ein. Das als informell gekennzeichnete Diskussionspapier basierte auf den Ergebnissen einer ersten Diskussionsrunde der EVP-Gruppe im französischen Roquebrune, einem von Rupert Scholz im Auftrag der EVP-Gruppe im Konvent erstellten Verfassungsentwurf und den Diskussionen des EVP-Kongresses von Estoril (Portugal). Auch die SPE hatte in einer ersten Klausurtagung am 30. und 31. August 2002 in Birmingham ihre Überlegungen für eine Reform der EU diskutiert und grundsätzliche Ziele für die Arbeiten im Konvent abgestimmt. Man verständigte sich allerdings darauf, keinen eigenen Verfassungsvertrag zu erarbeiten. Diese Arbeit solle im Konvent selbst geleistet werden. Giuliano Amato brachte deshalb die allgemeinen „Priorities for Europe" am 3. Oktober 2002 in den Konvent ein.

Für die Arbeiten im Konvent war auch die Gruppe der Europaparlamentarier von herausragender Bedeutung. Bereits im Vorfeld und während der ersten Arbeits-

---

[139] Gegenbericht der Konventsmitglieder William Abitbol, Jens-Peter Bonde, Per Daalgard, John Gormley, David Heathcoat-Amory, Esko Seppanen, Peter Skaarup, Jan Zahradil, „Europa der Demokraten", Anlage III zum Bericht des Vorsitzes des Konvents an den Präsidenten des Europäischen Rats, CONV 851/03 vom 18. Juli 2003.

[140] Andrew Duff: Der Beitrag des Europäischen Parlaments zum Konvent: Treibende Kraft für einen Konsens, in: integration, 1/2003, S. 3-9, hier S. 5.

phase des Konvents hatte das Europäische Parlament mit einer Vielzahl von Initiativberichten die Themen des Konvents vorbereitet und eine gute Diskussionsbasis geschaffen. So wurden im Europäischen Parlament Berichte zur Rolle der nationalen Parlamente (Februar 2002, Berichterstatter Giorgio Napolitano), zur Rechtspersönlichkeit (März 2002, Berichterstatter Carlos Carnero-Gonzalez), zur Abgrenzung der Kompetenzen (Mai 2002, Berichterstatter Alain Lamassoure), zum Status der Grundrechtecharta (Oktober 2002, Berichterstatter Andrew Duff), zur Normenhierarchie (Dezember 2002, Berichterstatter Jean-Louis Bourlanges) und zur Rolle der Regionen in der EU (Januar 2003, Berichterstatter Giorgio Napolitano) erarbeitet. Diese Berichte bestimmten wesentlich die Debatten im Konvent und zeichneten mögliche Lösungswege auf. Die Delegation der Europaparlamentarier im Konvent traf sich durchschnittlich zweimal pro Monat, um Einschätzungen auszutauschen und Positionen abzustimmen. Die Europaparlamentarier nutzen für ihre intensive und erfolgreiche Koordination den Vorteil, in Brüssel vor Ort zu sein und sich auch unabhängig von den Terminen des Konvents treffen und verständigen zu können. Andrew Duff kommt deshalb zu dem Urteil, „dass die Europaparlamentarier die wohl am besten koordinierte Teilgruppe (die Kommission ausgenommen) sind, aber auch, dass viele einzelne Europaparlamentarier zu den engagiertesten Mitgliedern des gesamten Konvents gehören."[141]

Die Gruppe der nationalen Parlamentarier war die größte Komponente des Konvents. Allerdings war diese Gruppe zu heterogen, als dass sie diese numerische Größe in einen mit der Delegation der Europaparlamentarier vergleichbaren Einfluss auf die Debatten im Konvent hätte ummünzen können. Die Vertreterin der Gruppe der nationalen Parlamentarier im Präsidium des Konvents, Gisela Stuart, kam so zu einer sehr kritischen Bewertung: „National parlamentarians were the visitors to Brussels, invited to meetings and used to endorse the decisions reached by European interest groups."[142]

Präsidium und Konventssekretariat

Geleitet wurde der Konvent von einem Präsidium. Ihm kam die wichtige Funktion zu, dem Konvent Anstöße für seine Debatten zu liefern, den Diskussionsprozess zu strukturieren und zu lenken sowie Konsenslinien festzustellen.[143] Es legte den Terminplan fest, arbeitete die Tagesordnung aus und entschied über die Einrichtung von Arbeitsgruppen sowie die Anhörung von Experten. Dabei versuchte das Präsidium stärker als der Konvent in seiner Gesamtheit, die Vorstellungen, Spielräume und Verständigungschancen der Regierungen in seiner Vorbereitung und inhaltlichen Planung der Konventssitzungen zu antizipieren. Dies war umso verständlicher, als im Präsidium die Vertreter der mitgliedstaatlichen Regierungen dominierten. Auch der Vorsitzende des Konvents, Giscard d'Estaing, genoss als Mitbegründer des Eu-

---

[141] Ebenda, S. 4.
[142] Gisela Stuart: The Making of Europe's Constitution, London 2003, S. 18.
[143] In der Erklärung von Laeken hieß es lapidar: „Dem Präsidium fällt die Aufgabe zu, Anstöße zu geben, und es erstellt eine erste Arbeitsgrundlage für den Konvent."

ropäischen Rats in den 70er Jahren und als ehemaliger Staatspräsident das besondere Vertrauen der Staats- und Regierungschefs. Er rechtfertigte dieses Vertrauen durch eine stets an europapolitischem Realismus und Pragmatismus orientierte Diskussionsleitung im Konvent und durch seine stark intergouvernemental geprägten Vorstellungen zum künftigen institutionellen Gefüge der EU, wie seine Vorschläge zur Gründung eines „Kongresses der Völker Europas" und die Etablierung eines starken „Europäischen Präsidenten" zeigten. Allerdings wurden die besonders von den gaullistischen Vorstellungen eines „Europas der Nationen" geprägten europapolitischen Positionen Giscards durch die Benennung der zwei dezidiert an föderalen Vorstellungen orientierten Vizepräsidenten des Konvents ausbalanciert.[144]

Dem Präsidium gehörten neben dem Präsidenten und den beiden Vizepräsidenten neun weitere Mitglieder des Konvents an: die Vertreter der Regierungen derjenigen Länder, die während der Dauer des Konvents den Unionsvorsitz innehatten (Ana Palacio für Spanien, Henning Christophersen für Dänemark und Giorgos Katiforis für Griechenland), zwei Vertreter der nationalen Parlamente (John Bruton, Irland, und Gisela Stuart, Großbritannien), zwei Vertreter des Europäischen Parlaments (Klaus Hänsch, Deutschland, und Íñigo Méndez de Vigo, Spanien) sowie die beiden Vertreter der Kommission, Michel Barnier und António Vitorino. Der Vertreter des slowenischen Parlaments im Konvent, Alojz Peterle, nahm für die Beitrittsländer an den Beratungen des Präsidiums als ständiger Gast gleichberechtigt teil.

Auch diese Mitglieder des Präsidiums entwickelten insbesondere in der Schlussphase der Arbeiten einen ausgeprägten Pragmatismus.[145] So kanalisierte das Präsidium die weitergehenden Wünsche des Plenums, seiner Komponenten und der parteipolitischen Familien. Klaus Hänsch, Vertreter des Europäischen Parlaments im Präsidium, charakterisierte das Selbstverständnis des Präsidiums: „Andererseits wäre der Konvent gescheitert, wenn das Präsidium sich nur als Koordinierungs- und Exekutionsorgan für die Wünsche aus dem Konvent verstanden hätte. Es musste den Willen und die Fähigkeit entwickeln, die inhaltliche Arbeit des Konvents zu inspirieren, zu orientieren und zu lenken, ohne ihn zu dominieren."[146] Gerade diese diskussionsleitende und ergebnisorientierte Rolle wurde scharf von Gisela Stuart kritisiert: „The presidium was the drafting body, deciding which working groups' recommendations should be accepted almost unchanged (as was the case with the group in the Fundamentals Charter of Rights) and which should be almost ignored (such as the one on Social Europe)."[147]

Das Präsidium trat regelmäßig vor jeder Plenartagung des Konvents und zwischen zwei Plenartagungen zusammen. Es traf sich insgesamt zu 50 Sitzungen, wo-

---

[144] Martin Große Hüttmann spricht von zwei „Aufpassern", die Giscard zur Seite gestellt worden seien, in: Der Konvent zur Zukunft der Europäischen Union, a.a.O., S. 149.
[145] Klaus Hänsch sprach während der entscheidenden letzten Verhandlungswoche im Juni 2003 mit Blick auf weitergehende Forderungen aus der Gruppe der Europaparlamentarier im Konvent zur Frage der Ausweitung von Mehrheitsabstimmungen und des Verfahrens zur Wahl des Kommissionspräsidenten davon, dass der sensible „Ballon des Konvents" durch einen kleinen Hauch zuviel leicht platzen könne.
[146] Klaus Hänsch: Der Konvent – unkonventionell, in: integration, 4/2003, S. 331-337, hier S. 331.
[147] Gisela Stuart, a.a.O., S. 19.

bei die Protokolle der Sitzungen keine Rückschlüsse auf die Brisanz der Debatten erlauben. Auch im Präsidium galt das Konsensprinzip, so dass die Vorschläge des Präsidiums bereits auf einer ersten Abstimmungsrunde basierten und ausgefallene Einzelvorschläge kaum Aussichten auf Zustimmung hatten – so auch die Überlegungen Giscard d'Estaings zur Reform der institutionellen Aufbaus der EU.[148] In dem das Plenum des Konvents und die Arbeitsgruppen nach Abschluss der ersten Orientierungsdebatten sich in spezifische Reformüberlegungen und Themen vertieften, erhöhten sich auch Dauer und Häufigkeit der vorbereitenden Sitzungen des Präsidiums. Hinzu kam eine Vielzahl informeller Gespräche der Präsidiumsmitglieder mit einzelnen, meinungsbildenden Mitgliedern des Konvents und mit Vertretern von Regierungen der Mitgliedstaaten. Gisela Stuart berichtete, dass erst in den letzten Monaten auch im Präsidium Simultanübersetzungen angeboten wurden und den Präsidiumsmitgliedern die Möglichkeit eingeräumt wurde, von einem Mitarbeiter zu den Sitzungen begleitet zu werden.[149]

Der strukturbildende und diskussionsleitende Einfluss des Präsidiums sollte allerdings auch nicht überschätzt werden. Die entscheidenden Debatten über die Grundzüge und Schwerpunkte des Verfassungsvertrags fanden im Plenum statt, während die wichtigsten Kompromisslinien in den informellen Abstimmungsgremien des Konvents entwickelt wurden. Dennoch war die Bedeutung der Vorarbeiten des Präsidiums für das Endergebnis des Konvents für die entschiedene Formulierungsphase des Plenums immens. Das Präsidium legte die Formulierungsvorschläge für die Artikelentwürfe vor, es diskutierte die Unmenge der Änderungsanträge und wählte daraus die Anträge aus, die eine Konsensfindung versprachen.

Dabei wurde das Präsidium von einem Sekretariat unterstützt, dessen Rolle gerade in der abschließenden Formulierungsphase enorm wichtig wurde. Das Sekretariat unter der Leitung des früheren britischen Diplomaten John Kerr übernahm die vielfältigen organisatorischen und administrativen Aufgaben. Zusammengesetzt war das Sekretariat vorrangig aus abgeordneten Mitarbeitern des Generalsekretariats des Rates, die unterstützt wurden von einigen Experten der Europäischen Kommission und des Sekretariats des Europäischen Parlaments.

Arbeitsmethoden und Arbeitsphasen

Der Konvent tagte im Plenum und in seinen Arbeitsgruppen öffentlich; alle Dokumente wurden im Internet der interessierten Öffentlichkeit zugänglich gemacht. In den Plenardebatten konnte sich jedes Mitglied in auf drei Minuten beschränkten Wortbeiträgen zu den vorgegebenen Themen äußern. Das Plenum trat zwischen

---

[148] Allerdings berichtet Gisela Stuart von einer besonderen Abstimmung im Präsidium über die Forderung der französischen Delegation, auch weiterhin die eigene Filmindustrie durch eine besondere Klausel schützen zu können: „As Valery Giscard d'Estaing went round the table asking for individual votes he soon realised that Alojs Peterle, ‚the invitee' from Slovenia, had the casting vote. As he said no, Valery Giscard d'Estaing just looked at him and said ‚your vote doesn't count'." Gisela Stuart, a.a.O., S. 24.
[149] Gisela Stuart, a.a.O., S. 21.

März 2002 und Juli 2003 zu insgesamt 27 Plenarsitzungen und 52 Sitzungstagen zusammen. Insgesamt hatten sich die Mitglieder des Konvents seit März 2002 mit 1.812 Beiträgen und 5.995 Änderungsanträgen zu den Artikelentwürfen an der Erarbeitung des Entwurfs für einen Europäischen Verfassungsvertrag beteiligt.[150]

Durch die sehr strikt gehandhabte Beschränkung der Redezeit hatten jeweils mehr als 100 Redner pro Sitzungstag die Möglichkeit zu Kurzbeiträgen. Andererseits war der Ablauf der Sitzungen von Beginn an durch eine gewisse Eintönigkeit geprägt. Statt lebendiger Diskussionen miteinander, wurde die Liste der gemeldeten Wortbeiträge kommentarlos abgearbeitet. Spätestens nach dem fünften Redner setzte hier gelegentlich eine Konzentrationsschwäche ein, die manchen Teilnehmer in die Lobby führte, wo Gespräche im kleinen Kreis für eine Vertiefung der Positionen sorgten. Die Kritik an dem routinierten Ablauf der Sitzungen führte schließlich dazu, dass in regelmäßigen Abständen kurze Aussprachen mithilfe so genannter „blauer Kärtchen" ermöglicht wurden, die Reaktionen von einer Minute auf die Redebeiträge ermöglichen sollten. Trotz dieser Möglichkeit zur Kurzreaktionen kam lange Zeit keine rechte Diskussionsatmosphäre im Plenum auf. Eine vertiefte und differenzierte Diskussion war mit diesem Verfahren im Plenum nicht möglich, jedoch es ermöglichte dem Präsidium, grundsätzliche Kompromiss- und Konfliktlinien auszuloten. Dagegen waren die Beratungen in den Arbeitsgruppen differenzierter und intensiver. Dort kam es zu dem von wissenschaftlicher Seite konstatierten „deliberativen Interaktionsmodus".[151] Darüber hinaus konnten die Mitglieder „schriftliche Beiträge" einbringen, die ebenfalls in der Sprache, in der sie eingereicht wurden, im Internet abrufbar waren.

Die Sitzordnung im Konvent wurde alphabetisch nach dem Familiennamen der Mitglieder bestimmt. Diese sichtbar gemachte Fiktion der Nicht-Fraktionierung des Plenums trug nicht unwesentlich zur Förderung der Zusammenarbeit unter den Teilnehmenden bei. Allerdings war auffällig, dass sich nach den ersten Sitzungen, als jeder Teilnehmer ein Statement abgelegt und sich damit den übrigen Mitgliedern bekannt gemacht hatte, die immer gleichen Redner zu Wort melden.

Bereits in der Eröffnungssitzung stritt der Konvent heftig über den vom Präsidium vorgelegten Entwurf einer Geschäftsordnung. Insbesondere die Europaparlamentarier kritisierten den stark „präsidentiell" geprägten ersten Entwurf, der dem Präsidenten des Konvents eine beherrschende Stellung zugewiesen hätte. Das Präsidium reagierte auf die massive Kritik mit dem Angebot, schriftlich eingereichte Änderungsanträge für die Erstellung eines zweiten Entwurfs aufzunehmen. Am 14. März 2002 legte das Präsidium eine überarbeitete „Note mit den Arbeitsmethoden"[152] vor, die nicht mehr weiter diskutiert und auch nicht mehr als Geschäftsordnung des Konvents verabschiedet wurde. Diese überarbeitete Geschäftsordnung zeichnete sich durch eine Stärkung des Plenums, bzw. einer signifikanten Zahl von Mitgliedern des Konvents gegenüber dem Präsidium und der Rolle der stellvertre-

---

[150] Vgl. den Bericht des Vorsitzes des Konvents an den Vorsitzenden des Europäischen Rats, CONV 851/03 vom 18. Juli 2003.
[151] Daniel Göler; Hartmut Marhold: Die Konventsmethode, in: integration, 4/2003, S. 317-330, hier S. 323.
[152] Vgl. CONV 9/02 vom 14.3.2002.

tenden Mitglieder aus. Abstimmungen im Konvent waren auch weiterhin nicht vorgesehen und wurden auch nicht gefordert. Thomas Oppermann glaubt, dass Abstimmungen im Konvent auf Grund seiner ‚disparaten' Zusammensetzung keine ausreichende Legitimationskraft erhalten hätten.[153]

Das Mandat der Erklärung von Laeken sah zunächst lediglich die Erarbeitung von „Empfehlungen und Optionen" vor. Die europäischen Staats- und Regierungschefs akzeptierten jedoch nach einem Gespräch mit dem Präsidenten des Konvents bei ihrem Treffen in Sevilla am 21./22. Juni 2002 schließlich das selbst gesetzte Ziel des Konvents, einen kohärenten europäischen Verfassungsvertrag zu erarbeiten. Der Vorsitzende des Konvents erstattete dem Europäischen Rat, wie in der Erklärung von Laeken vorgesehen, regelmäßig einen mündlichen Bericht.

Präsident Giscard d'Estaing hatte die Arbeit des Konvents in drei Phasen unterteilt. Die erste Phase, die im Juli 2002 abgeschlossen wurde, hatte er als „Phase des Zuhörens" bezeichnet.[154] Diese Phase diente der Bestandsaufnahme und der Analyse der bestehenden Probleme der EU; sie wurde dominiert von umfangreichen Grundsatzdebatten, in denen zunächst die unterschiedlichen Ansichten und Erwartungen zu Inhalt und Ziel des europäischen Integrationsprozesses ausgetauscht wurden. In der zweiten Jahreshälfte 2002 wurde mit den Arbeiten in den Arbeitsgruppen eine „Phase der Erörterung" durchgeführt.[155] Hier wurden erste konkrete inhaltliche Aspekte und Einzelfragen eines künftigen Europäischen Verfassungsvertrages diskutiert. Das Präsidium legte zudem den Entwurf für die Gliederung des Verfassungsvertrages vor. Seit Anfang des Jahres 2003 befand sich der Konvent in einer „Phase der Formulierung". Für diese letzte Phase[156] erstellte das Präsidium eine Synthese der Debatten im Plenum sowie der Ergebnisse der Arbeitsgruppen und legte die ersten Artikelentwürfe vor.

Da über die Reform der EU letztlich nur in einer Regierungskonferenz, d.h. im Konsens aller Mitgliedstaaten entschieden werden kann, war es das politische Ziel des Konvents, einen kohärenten Gesamtentwurf zur zukünftigen Gestalt der EU vorzulegen, um die anschließende Regierungskonferenz zu binden. Die Formulierung der Vertragsartikel erfolgte sukzessive für die einzelnen Titel und Teile des Verfassungsvertrags. Nach der Aushändigung und der Erläuterung der ersten Entwürfe im Plenum konnten die Konventsmitglieder und die stellvertretenden Mitglieder binnen einer Woche schriftliche Änderungsanträge zu den Entwürfen einreichen. In der darauf folgenden Plenartagung wurden dann die Texte und die Änderungsanträge diskutiert. Zu Beginn der 22. Plenartagung am 15./16. Mai 2003 verständigte sich der Konvent auf eine reformierte Arbeitsmethode für die Endphase, den Prozess der Konsensfindung. Der Gesamtentwurf des Verfassungsentwurfs sollte danach in seiner ersten Fassung bis zum 30./31. Mai 2003 vorliegen und die 1. Lesung bis Anfang Juni 2003 abgeschlossen werden. Darüber hinaus sollten in den ersten beiden Juniwochen die Präsenz der Konventsmitglieder in Brüssel und die Intensität der Sitzungen erhöht werden. Giscard schlug vor, die politischen Familien und die

---

[153] Vgl. Oppermann, a.a.O., S. 1166.
[154] Vgl. hierzu ausführlich Kapitel 8.
[155] Vgl. zu dieser Phase Kapitel 9 sowie zu den Arbeitsgruppen Kapitel 10.
[156] Vgl. zu dieser Phase ausführlich Kapitel 11.

Komponenten stärker in die Vorbereitungen der Plenarsitzungen und die Formulierung von Kompromissvorschlägen einzubinden. In enger Abstimmung mit den Parteifamilien und den Komponenten überarbeitete das Präsidium auf der Grundlage der Diskussion im Plenum und der eingereichten Änderungsvorschläge den ersten Entwurf und legte eine neue Fassung vor. Auch zu diesem überarbeiteten Entwurf konnten die Konventsmitglieder in Zuge einer 2. Lesung erneut Änderungsanträge einbringen. Nach einer erneuten Überarbeitung und Diskussion im Plenum wurden im Zuge einer abschließenden 3. Lesung währen der letzten Plenarsitzung vom 11. bis zum 13. Juni 2003 geringfügige Änderungen vorgenommen, bis der Vorsitzende im Plenum den Konsens des Konvents feststellen konnte.

8 Die Phase der Anhörung - der Verlauf bis zur Sommerpause 2002

Am 28. Februar 2002, 15 Uhr, war es dann soweit. Der Konvent zur Zukunft der Europäischen Union wurde feierlich eröffnet. Im 700 Plätze umfassenden Plenarsaal des Europäischen Parlaments im Paul-Henri-Spaak-Gebäude in Brüssel drängten sich neben den Konventsmitgliedern hochkarätige Politiker und Abgesandte aus ganz Europa. Unter den Flaggen der 15 Mitgliedstaaten und der Europa-Fahne hielten der spanische Ministerpräsident José Maria Aznar als damaliger Präsident des Europäischen Rates, der Präsident des Europäischen Parlaments, Pat Cox, der Präsident der Europäischen Kommission, Romano Prodi, sowie der Konventsvorsitzende Valéry Giscard d'Estaing die Eröffnungsreden.[157]

Aznar wies darauf hin, dass der Konvent nunmehr die in Laeken getroffenen Vereinbarungen umsetzen könne, die nächste Regierungskonferenz in einem breiten und transparenten Rahmen vorzubereiten. Ziel des Konvents müsse es sein, das Gleichgewicht zwischen der kulturellen Einheit Europas und seiner historischen Vielfalt zu berücksichtigen und daher eine Verfassung zu entwerfen, „die den verschiedenen Rechtsordnungen der Mitgliedstaaten Rechnung trägt". Darüber hinaus müsse geklärt werden, wie die schrittweise Übertragung von weiteren Politikbereichen auf die Union, die bis dahin ausschließlich Sache der Mitgliedstaaten waren, politisch und rechtlich erfolgen könne. Aznar wünschte sich eine Vertiefung der politischen Integration im Dienst der europäischen Kultur - und war dafür zumindest in seiner Eröffnungsrede zu erstaunlichen Abstrichen an der nationalen Souveränität bereit. Pat Cox erinnerte in seiner Eigenschaft als Präsident des Europäischen Parlaments daran, dass der Gedanke der Einsetzung eines Konvents zuerst aus dem Parlament hervorgegangen sei. Die Arbeit des Konvents sei für ihn „ein entscheidender und revolutionärer Schritt auf dem Weg hin zu Demokratie und Parlamentarismus in Europa". Der Konvent stehe für „Offenheit und Transparenz, für Innovation und Kreativität". Auch für Kommissionspräsident Prodi war die Eröffnung des Konvents ein historischer Moment, ein Augenblick, in dem die „Völker bekräftigen und erklären müssen, aus welchen Gründen sie sich zusammengetan haben". Und er erinnerte die Mitglieder an ihre historische Verantwortung: „Sie sind zusammengekommen, weil ein ganzer Kontinent sich die Frage nach der eigenen Zukunft stellt. An Ihnen ist es, die Antwort zu finden. Eine Antwort, die dem, was auf dem Spiel steht, gerecht wird". Diese Antwort, daran ließ Prodi keinen Zweifel, könne nur eine Verfassung sein, „die den Beginn des politischen Europa besiegelt" und die Europa die Möglichkeit verschaffe, die Gemeinschaft in Richtung auf eine „fortschrittliche supranationale Demokratie" weiterzuentwickeln.

---

[157] Vgl. CONV 4/02 vom 5. März .2002.

Konventspräsident Giscard d'Estaing erinnerte die Mitglieder in seiner Ansprache an die geschichtliche Dimension ihres Tuns. „Auf der einen Seite klafft der Abgrund des Scheiterns. Auf der anderen liegt das schmale Tor zum Erfolg". Habe der Konvent Erfolg, werde Europa in 25 oder 50 Jahren eine ganz andere weltpolitische Rolle spielen, als es derzeit der Fall sei. „Man wird dann Europa nicht nur als die Wirtschaftsmacht, die es ja heute schon ist, achten und ihm Gehör schenken, sondern auch als eine politische Macht, die mit den gegenwärtigen und den künftigen Weltmächten als ihresgleichen spricht und über die nötigen Mittel verfügt, um ihre Werte zur Geltung zu bringen, ihre Sicherheit zu gewährleisten und eine aktive Rolle bei der Wahrung des Weltfriedens zu spielen". Mit diesen Worten zeigte Giscard den Konventsteilnehmern ihren möglichen Handlungsrahmen und die Optionen zur weiteren Ausgestaltung der Union. Bei der Frage nach dem konkreten Ergebnis des Konvents gab sich Giscard dagegen weit vorsichtiger. Zunächst sprach er lediglich von einem „Konzept, das für unseren Kontinent Einheit bringt" und der europäischen Ebene größere Bedeutung verleihe. Aufgabe sei es, bei Bürgern und Entscheidungsträgern ein starkes Zugehörigkeitsgefühl zu Europa zu entwickeln und gleichzeitig die „natürliche Verbundenheit mit ihrer nationalen Identität" zu bewahren. Ziel der Konventsarbeit solle die Ausarbeitung eines Vorschlags sein, der einen möglichst breiten Konsens erzielt und daher umso durchsetzungsfähiger sein werde. Ein solcher Konsens würde auch „den Weg für eine europäische Verfassung ebnen", die er begrifflich als „Verfassungsvertrag für Europa" kennzeichnete. Damit definierte Giscard das Ziel der Konventsarbeit und ermahnte zugleich die Mitglieder, Gemeinsamkeit und Einheit in der Arbeit zu wahren. Mehrfach kam der Vorsitzende in den ersten Sitzungen darauf zurück und verpflichtete die große und heterogene Gruppe der Konventsmitglieder auf Zusammenhalt und Zusammengehörigkeit. Sozialpsychologisch nicht ungeschickt, beschwor er gerade zu Beginn der Arbeit die Ausbildung eines „Konventsgeists".

Die Einsetzung und Eröffnung des Konvents erzeugten in Brüssel eine seltene Aufbruchstimmung. Noch bestimmte nicht Feilschen um einzelne Punkte sondern Offenheit und Dynamik die Atmosphäre. Alle Beteiligten schienen sich zu freuen, an etwas Neuem zu partizipieren, ausgewählt worden zu sein, die Zukunft Europas mitgestalten zu können. Dies sei, wie Giscard ausführte, die erste Gelegenheit seit der Konferenz in Messina im Jahr 1955, Bedingungen und Möglichkeiten der europäischen Integration auszuloten. Und Giscard fand für diesen Vorgang zweifellos die passenden feierlichen Worte.

Die Plenartagung am 21./22. März 2002

Drei Tage nach der feierlichen Eröffnung, am 21. März 2002 trat der Konvent zu seiner ersten inhaltlichen Sitzung zusammen und begann mit der Anhörung der Konventsmitglieder die erste Phase seiner Arbeit. Präsident Giscard d'Estaing erinnerte in seinem kurzen Einführungsstatement daran, dass es zunächst darauf ankomme, sich gegenseitig kennen zu lernen und die Meinungen und Ansichten der anderen zur Kenntnis zu nehmen. Ziel sei es, trotz der Verschiedenheit der Teilnehmer und ihrer Standpunkte zu einer gewissen Einheitlichkeit zu gelangen. Der Konvent, der ja soziologisch gesehen eine Zufallsgruppe war, deren Mitglieder sich größtenteils vorher nicht kannten, sollte also zugleich mit einem ersten inhaltlichen Austausch auch zu einer Gemeinschaft zusammen wachsen. Erwartungen mussten aufgebaut und erste kommunikative Bande geknüpft, inhaltliche Standpunkte und Positionen eruiert werden. Zu diesem Zweck war das Plenum auch in einen kleineren Sitzungssaal im Paul-Henri-Spaak-Gebäude des Europäischen Parlaments verlegt worden. Sechs Mal sollte der Konvent bis zur Sommerpause tagen, wegen der Anreise der Teilnehmer jeweils verteilt auf den Nachmittag des ersten und den Vormittag des zweiten Tages, und dabei unterschiedliche Themenkomplexe einführend behandeln: Erwartungen an die Europäische Union (21./22. März 2002), Aufgaben und Kompetenzverteilung in der EU (15./16. April 2002), die Wahrnehmung der Aufgaben, ihre Instrumente und Beschlussverfahren (23./24. Mai 2002) sowie der Raum der Sicherheit, der Freiheit und des Rechts und die Rolle der einzelstaatlichen Parlamente (6./7. Juni 2002). Eine Plenartagung wurde der Zivilgesellschaft (24./25. Juni 2002), die letzte Tagung vor der Sommerpause dem Jugendkonvent gewidmet (11./12. Juli 2002). Hier wurde auch über das außenpolitische Handeln der EU debattiert. Der Konvent arbeitete damit wichtige Problemfelder ab und scheute auch vor schwierigen Materien nicht zurück.

Die erste Tagung stand unter dem sehr allgemein gehaltenen Generalthema „Was erwarten Sie von der Europäischen Union?" Es meldeten sich 83 Redner, denen vom Präsidenten jeweils 3 Minuten Redezeit eingeräumt wurden, wobei allerdings die meisten Redner diese knapp bemessene Zeit überschreiten sollten und damit den Ablauf der Sitzung verzögerten. Entsprechend der heterogenen Zusammensetzung des Gremiums waren die Äußerungen der Delegierten höchst unterschiedlich, wenn auch viele Beiträge redundant erschienen. In ihrer Gesamtheit gaben sie einen ersten Eindruck von der Variationsbreite der Positionen und Einstellungen und wiesen bereits auf einige Grundlinien der späteren Debatten hin. Weitgehend unstrittig war die Bewertung des bisherigen Weges der europäischen Integration. Nahezu alle Redner würdigten die Rolle der Union als Friedensbewahrer und Motor des Fortschritts in Europa. Fast alle Redner hoben hervor, dass Europa bereits auf einem gemeinsamen Wertfundament basiere, das gekennzeichnet sei durch Fairness, Toleranz, Bereitschaft zur Friedenssicherung, Demokratie, Achtung der Menschrechte und Solidarität untereinander. Als Errungenschaften des zurückliegenden Integrationsprozesses wurden der Binnenmarkt mit seinen Freiheiten für Waren, Kapital, Dienstleistungen und Personen, die weitgehende Abschaffung der Grenzkontrollen im Schengen-Raum sowie die Einführung des Euro, die zu dem Zeitpunkt erst drei Monate zurücklag, angeführt. In diesem Zusammenhang begrüßten die Teilnehmer auch ausdrücklich die Beteiligung der mittel- und osteuropäischen Beitrittsstaaten am Konvent. Hierdurch ergebe sich, so formulierten es viele Redner, die Chance auf eine Wiedervereinigung des Kontinents nach Jahrzehnten des aufgezwungenen Sonderwegs dieser Staaten. Die Beitrittskandidaten brächten neue Ideen und neuen Schwung nach Europa, versprach der slowenische Regierungsvertreter Nahtigal. Die große Zahl an pro-europäischen Stimmen erstaunte zunächst die Beobachter, doch handelte es sich bei den meisten Statements zunächst um unverbindliche Stellungnahmen, die erst in den folgenden Sitzungen konkretisiert wurden.

Auch bei der Analyse des Zustandes der Union stimmten die meisten Redner überein. Bemängelt wurde vor allem die unzureichende Vermittlung der Union gegenüber dem europäischen Bürger. Diese hätten zunehmend das Gefühl, europäische Entscheidungen würden über ihre Köpfe hinweg von einer anonymen Bürokratie im weit entfernten Brüssel gefällt, ohne dass die Entscheidungsträger den Bürgern angemessen Rechenschaft über ihr Handeln ablegten. Zudem seien die Bürger verunsichert darüber, wer in Europa was entscheide und mit welchen Mitteln umsetze. Damit sprachen die Konventsmitglieder direkt das Thema des Demokratie- und Legitimationsdefizits an, das der vielleicht wichtigste Grund für die Einberufung des Konvents gewesen war und dessen Behebung deshalb weit oben auf der Agenda des Konvents stand. Ein Europa ohne Berücksichtigung der Völker aber habe keinen Sinn, formulierte der irische Parlamentsvertreter de Rossa stellvertretend für viele. Und sein Kollege Bruton assistierte mit den Worten, der Kontinent müsse sich von einem Europa der Diplomatie zu einem Europa der Demokratie entwickeln. Frieden, Wohlfahrt, Vollbeschäftigung, mit diesen Zielen lasse sich bei den Bürgern ein Zugehörigkeitsgefühl zu Europa schaffen. Aber der Bezug auf die Bürger, führte der Vertreter der irischen Regierung, Ray MacSharry, aus, sei insofern ein Problem, als die Bürger in den einzelnen Ländern Unterschiedliches und zudem manches Widersprüchliche wollten. Daher sei es Aufgabe des Konvents, Ziele für Europa zu formulieren und den Bürgern transparent zu machen.

Doch genau an diesem Punkt gingen die Auffassungen der Konventsmitglieder signifikant auseinander. Die Forderungen für die Zukunft, die Erwartungen an die vertiefte und erweiterte Union und die Formulierung ihrer Aufgaben waren so vielfältig wie die im Konvent vertretenen Positionen, Gremien, Parteien und Nationen. So forderte Josep Borrell Fontelles, Sozialdemokrat aus dem spanischen Parlament, die Union solle sich verstärkt um die Bereiche Umwelt, Arbeit und wirtschaftlicher Fortschritt kümmern. Kommissar Michel Barnier mahnte ebenfalls eine vertiefte gemeinsame Wirtschaftspolitik an, die auch ein Nachdenken über Steuerharmonisierung und soziale Belange einschließen solle. Lena Hjelm-Wallén, Vertreterin der sozialdemokratisch geführten Regierung Schwedens im Konvent, sah wichtige zukünftige Aufgaben der Union vor allem in einer verbesserten Landwirtschaftspolitik sowie in einem Ausbau der Innen- und Justizpolitik und der konservative irische Parlamentarier John Bruton ergänzte die gewünschte Agenda um die Bereiche Frieden, Wohlfahrt und Vollbeschäftigung. Auch Alvydas Medalinskas, liberaler Abgeordneter im litauischen Parlament, befürwortete eine europäische Sozialstaatlichkeit und eine mögliche Zusammenlegung von Souveränitäten. Gerade die vertiefte Zusammenarbeit auf dem Gebiet der Außen- und Sicherheitspolitik war ein halbes Jahr nach den Anschlägen in New York und Washington am 11. September 2001 ein häufig genanntes Thema. Der Vertreter der britischen Labour-Regierung, Peter Hain, sah Europa im Sinne der bereits vorgestellten Reden von Tony Blair als Führungskraft in der Welt. Ihm schloss sich Cristiana Muscardini von der italienischen Alleanza Nazionale bzw. der rechts stehenden Fraktion Union für das Europa der Nationen im Europaparlament an. Auch sie forderte die Bekämpfung des Terrorismus in Verbindung mit einer starken Außenpolitik verstärkt auf europäischer Ebene zu verankern. Für eine weitere Stärkung der Gemeinsamen Außen- und Sicherheitspolitik sprachen sich Hubert Haenel, Gaullist in der französischen Nationalversammlung, Joao Vallera von der portugiesischen Regierung, Meglena Kuneva von der konservativ geführten bulgarischen Regierung, Pavol Hamzik vom slowakischen Parlament sowie der Liberale Paul Helminger von der luxemburgischen Nationalversammlung aus. Dagegen meinte Edvins Inkens vom lettischen Parlament, die Europäische Union solle kein Weltpolizist sein. Lettland sei schon früher Teil einer Supermacht gewesen und sehe dafür keine Notwendigkeit mehr. Karel de Gucht, liberaler belgischer Abgeordneter meinte, die Union sei kein Superstaat, sondern ein Forum für die Zusammenarbeit der Staaten auf der Grundlage der Gleichheit. Das Ziel müsse sein, zuerst eine gemeinsame politische Identität auf europäischer Ebene herzustellen. Und Henrik Kristensen, Sozialdemokrat im dänischen Folketing, ergänzte, die Union solle sich auf die Aufgaben konzentrieren, die kein Mitgliedstaat allein lösen könne, wie Wirtschaft, Umwelt und Verbraucherschutz. Aber er forderte auch, dass die EU zukünftig mit einer Stimme in der Welt und bei internationalen Organisationen, wie UNO und WTO, sprechen solle.

Das Panorama der Aufgaben, die die Konventsmitglieder bei der EU ansiedeln wollten, wurde abgerundet durch eine Reihe von Einzelforderungen. So wollte der Zypriote Attalides die EU verstärkt in die Lösung von Regionalkonflikten einbinden. Sylvia-Yvonne Kaufmann, für die PDS im Europäischen Parlament, wünschte sich einen erhöhten Einsatz im Kampf für die Gleichheit der Geschlechter, und Sören Lekberg, Sozialdemokrat im schwedischen Parlament, thematisierte als einziger Redner die Durchführung eines europaweiten Referendums zur Ratifizierung des Konventsergebnisses. Er befürwortete ein solches Vorgehen, weil es seiner Meinung nach die Zustimmung der Bürger zum weiteren Ausbau der Union sichere. Doch sollte sich nur anderthalb Jahre später, im Oktober 2003, eine Mehrheit der Schweden gegen die Einführung des Euro aussprechen und das prekäre Missverhältnis zwischen dem „Elitenprojekt Europa" und der Mehrheitsmeinung unter den Bürgern offensichtlich machen. Das Thema der Bürgernähe stand im Blickpunkt weiterer Redner. Der Beobachter des Ausschusses der Regionen im Konvent, Eduardo Zaplano, wünschte sich als Konventsergebnis die Wahrung von Subsidiarität und Bürgernähe, ausgedrückt in der Stärkung von kommunaler und regionaler Selbstverwaltung. Darüber hinaus solle der Ausschuss der Regionen Organ der EU werden. Für eine stärkere Anbindung an den Bürger sprachen sich ferner Sylvia-Yvonne Kaufmann, der „Föderalist" Alain Lamassoure vom Europäischen Parlament und Ministerpräsident Teufel aus, letzterer jedoch mit anderen Rückschlüssen, die später behandelt werden.

Dieser Überblick über die Wortmeldungen der ersten inhaltlichen Tagung des Konvents belegt bereits das uneinheitliche Bild, das für den Konvent charakteristisch werden sollte. Dieses Bild verdichtete sich noch, betrachtet man die Haltung der Redner zur europäischen Integration genauer. Die Gemeinsamkeiten zwischen den europäischen Nationen ausdrücklich betont haben Alain Barrau, Sozialist und Vorsitzender des EU-Ausschusses der französischen Nationalversammlung, Jürgen Meyer, SPD-Abgeordneter im Deutschen Bundestag, der spanische Sozialist Borrell,

EU-Kommissar Vitorino aus Portugal, Ana Palacio, Vertreterin der konservativen Regierung Spaniens, Peter Glotz für die sozialdemokratische Bundesregierung, und Gabriel Cisneros, konservativer Abgeordneter im spanischen Parlament, der darauf hinwies, dass es die Aufgabe Europas sei, immer mehr gemeinsam tun. Nachdruck auf die Gleichheit aller Mitgliedsländer legten der Grieche Avgerinos, die polnische Regierungsvertreterin Danuta Hübner, József Szájer, Konservativer im ungarischen Parlament, Henning Christoffersen von der dänischen Regierung und Vytenis Andriukaitis, Sozialist im litauischen Parlament. Letzterer ermahnte die übrigen Konventsteilnehmer mit den Worten: „Diskriminieren Sie uns nicht". Im Gegensatz zur „Fraktion" der Integrationisten waren die Bemerkungen zur Achtung der nationalen Identitäten weitaus häufiger, im politischen Spektrum aber mindestens so breit gestreut. Besonders betont wurden die nationalen Identitäten von József Oleksy, Sozialdemokrat im polnischen Sejm, Pál Vastagh, Sozialdemokrat im ungarischen Parlament, Slavko Gaber, Liberaler im slowenischen Parlament, Rihards Piks, Konservativer im lettischen Parlament, und Nickloy Mladenov, Konservativer im bulgarischen Parlament, der hervorhob, dass die Quelle der Legitimität bei den nationalen Parlamenten liege und diese daher gestärkt werden sollten. Ebenso betonten Alojz Peterle, Konservativer im slowenischen Parlament, Matjaz Nahtigal von der slowenischen Regierung, der zypriotische Regierungsvertreter Michalis Attalides, der türkische Regierungsvertreter Mesut Yilmaz sowie für das Europäische Parlament Antonio Tajani, Mitglied der EVP, und die bereits erwähnte Cristiana Muscardini für die Fraktion Union für das Europa der Nationen die Bedeutung der nationalen Identität in der EU.

Bei dieser Frage zeigte sich ein fließender Übergang zu den ausgesprochenen Europaskeptikern. Dazu zählte, wenn auch mit Einschränkung, Gianfranco Fini, italienischer Regierungsvertreter, der für eine starke EU unter Bewahrung nationaler Interessen eintrat. Für ihn blieben die Nationalstaaten das wichtigste Gegengewicht gegen die unerwünschten Folgen der Globalisierung. Auf die Union sollten daher nur solche Aufgaben übertragen werden, die dort effizient gelöst werden können. Keinesfalls sollte ein europäischer Superstaat geschaffen werden, der die nationalen Identitäten aufhebt oder in Frage stellt. Noch skeptischer äußerten sich Michael Frendo, Konservativer im maltesischen Parlament, der Europa in erster Linie als Kontinent von Nationalstaaten auffasst, deren Identitäten auch zukünftig geschützt werden sollen, sowie Reinhard Bösch von der österreichischen FPÖ. Er plädierte dafür, dass Europa sich Zeit lassen solle mit der Integration und appellierte an den Konvent, in seinem Ergebnis die nationalen Unterschiede zu respektieren und die Gleichheit von Union und Mitgliedstaaten widerzuspiegeln. In diesem Zusammenhang gewannen auch die ausgesprochenen Europagegner an Profil. Hier sind insbesondere der dänische Europaparlamentarier Jens-Peter Bonde, Peter Skaarup von der Dänischen Volkspartei, David Heathcoat-Amory von den britischen Konservativen und der französische Europaabgeordnete William Abitbol zu nennen. Alle vier sprachen sich im Konvent wiederholt dafür aus, dass die Union Kompetenzen wieder an die Nationalstaaten rückübertragen solle. Bonde argumentierte, dass nur eine „abgespeckte" Union die Zustimmung der Bürger finde und sprach sich ausdrücklich für eine Union der Nationalstaaten aus. Heathcoat-Armory verwendete ein demokratietheoretisches Argument, demzufolge der *acquis communautaire* deshalb beschnitten werden müsse, weil die Union keine Berechtigung für derart weit reichende Kompetenzen besitze. Es gebe kein den nationalen Demoi vergleichbares europäisches Demos, kein europäisches Volk, daher komme den nationalen Parlamenten die entscheidende Funktion zu, die durch kein anderes, übergeordnetes Gremium ersetzt werden könne. Auch im Sinne Europas sei daher eine Rückgabe von Kompetenzen von Vorteil. Solche dezidiert antieuropäischen Äußerungen waren jedoch im Konventsplenum nicht sehr verbreitet. In vielen Redebeiträgen hielten sich die Betonung der europäischen und der nationalen Identität die Waage, es herrschte ein ausgeprägtes „Sowohl – Als auch", das meist in der Forderung nach Stärkung beider Ebenen mündete. Die von vielen Rednern als Ziel genannte „Föderation der Nationalstaaten" zeigte in ihrer Konturlosigkeit das zunächst noch zurückhaltende, suchende Bemühen der Konventsmitglieder, die Union begrifflich zu fassen und dem Integrationsprozess eine Richtung zu geben.

Aus der abwartenden Haltung resultierte die Distanz vieler Redner, zum Kernproblem der Union, dem Aufbau der Institutionen und ihren zukünftigen Aufgaben, bereits in der ersten Sitzung Stellung zu beziehen. Es war ein Brite, der Liberale und Europaparlamentarier Andrew Duff, der den Konvent dazu aufrief, nicht zurückzuschrecken vor der „föderalen Frage". Er setzte sich für starke supranationale Institutionen, gegen mehr Befugnisse des Rates und gegen den Aufbau einer dritten legislativen Kammer ein. Auch Sylvia-Yvonne Kaufmann verlangte für das Europaparlament das volle Mitentscheidungsrecht, eine Stärkung der Kommission sowie eine Minderung des Vetorechts des Rates. Hans van Mierlo von der niederländischen Regierung forderte Kontrollrechte des Europaparlaments für alle Politikbereiche. Und Teija Tiilikainen, Regierungsvertreterin Finnlands, meinte, eine europäische Regierung solle aus Wahlen hervorgehen. Dagegen unterstützte Peter Hain eine Stärkung des Rates, möchte aber zugleich auch mehr Einfluss für ein gestrafftes Europäisches Parlament. Gegen die Rückführung von Zuständigkeiten sprachen sich dezidiert Peter Glotz, Präsidiumsmitglied Giorgos Katiforis aus Griechenland sowie der Spanier Gabriel Cisneros aus.

Auch die Diskussion um den Stellenwert des Abschlussdokuments bewegte sich in den vorgezeichneten Bahnen. Die meisten Redner, die auf die Arbeit des Konvents selbst zu sprechen kamen, wiesen darauf hin, dass ein Scheitern des Konvents große Wirkung auf den weiteren Integrationsprozess hätte. Dennoch vermieden viele Redner den direkten Bezug auf den Begriff der Verfassung. Jürgen Meyer wollte einen „durchsetzungsfähigen Vorschlag erarbeiten", ohne diesen direkt „Verfassung" zu nennen. Mit Recht forderte er, gerade angesichts der vielen kondolenzartigen Beiträge zu Beginn des Konvents, keine belanglosen Statements zu halten, sondern am Text zu arbeiten. Auch Peter Glotz wünschte sich ein „ehrgeiziges Ergebnis", Ben Fayot einen „kohärenten Text". Caspar Einem, österreichischer Sozialdemokrat, befürwortete eine „supranationale Demokratie", durch die deutlich werde, dass europäisches Recht kein fremdes Recht ist. Für das Europäische Parlament machte sich als erste Rednerin Sylvia-Yvonne Kaufmann für einen Verfassungsentwurf mit dem Kern der Grundrechtscharta stark. Ihr schlossen sich der Belgier Elio Di Rupo, Andrew Duff und andere an. Die spätere spanische Außenministerin Ana

Palacio sprach von einem Verfassungsvertrag und Piia-Noora Kauppi, finnische Abgeordnete der EVP im Europaparlament, wollte diesen Verfassungsvertrag aufteilen in eine einfache und kurze Verfassung sowie einen zweiten Teil, der den überarbeiteten gemeinschaftlichen Besitzstand enthält. Lamberto Dini schließlich empfahl einen Gründungsakt für Europa im Sinne der Humboldt-Rede Joschka Fischers.

Der Überblick über die Diskussionslage zu Beginn des Konvents zeigt eine Mannigfaltigkeit von Argumentationslinien und Positionen, die von politischen Beobachtern so nicht erwartet worden war. Nur wenige Mitglieder machten durch eindeutige Statements auf sich aufmerksam, so vor allem die Europagegner, aber auch der grüne Europaparlamentarier und ausgesprochene Föderalist Johannes Voggenhuber aus Österreich. Die übrigen Beiträge wiesen zahlreiche sich vielfach überkreuzende Argumentationen auf, die auf die Unsicherheit, die Unklarheit der Teilnehmer über das Ziel des Konvents und die unterschiedlichen Erwartungen, die von verschiedenen Seiten an die Konventsmitglieder herangetragen worden sind, zurückzuführen sein dürften. Die Gegensätze im Konvent beruhten auf den Differenzen zwischen großen und kleinen Ländern, Altmitgliedern und Beitrittskandidaten, Regierungsmitgliedern und Parlamentariern, eher „linken" und eher „rechten" Einstellungen, pro- und antieuropäischen Standpunkten. Indem jeder Redner eine Vielzahl von Merkmalen in sich vereinigte, repräsentierte er zugleich jeweils eine sehr heterogene Melange unterschiedlicher Positionen. Mit Recht wurde hier von „multiplen Identitäten" gesprochen, die kaum fest gefügte Präferenzen erkennen lassen.[158] Daraus folgt auch, dass beispielsweise aus dem Übergewicht der Parlamentarier im Konvent nicht zwingend auf den Willen der Mehrheit zu einem parlamentarisch-demokratischen Ausbau der Union geschlossen werden kann. Andererseits waren es im Konvent nicht ausschließlich die Parlamentarier, die sich für eine Stärkung der Demokratie auf europäischer Ebene einsetzten. Vielmehr machten sich auch viele Regierungsvertreter für eine europäische Demokratie stark, während mancher nationaler Abgeordnete und sogar einige Europaparlamentarier die nationale Identität betonten und in der Union eher einen Staatenbund als einen Staatenverbund mit föderativen Ansätzen erkennen wollten.

Die Plenartagung am 15./16. April 2002

In den folgenden Sitzungen beherrschten Fragen der Aufgabenwahrnehmung und der Kompetenzverteilung den Konvent. Er sollte sich darüber verständigen, ob und welche neuen Aufgaben der Union angesichts ihrer neuen Dimension und den Erwartungen der Bürger an die Problemlösungsfähigkeit europäischer Politik übertragen werden sollte. Klärungsbedarf herrschte insbesondere bei der Frage, ob hierbei eine Abgrenzung der vorhandenen Kompetenzen oder aber eine Einschränkung bzw. Ausweitung notwendig sei. Der Schwerpunkt der Kompetenzdiskussion verlagerte sich schließlich allmählich auf die mögliche Ausgestaltung der europäischen Exeku-

---

[158] So Daniel Göler: Der Europäische Verfassungskonvent. Strukturen – Phasen – Ergebnisse, in: Arno Krause; Heiner Timmermann (Hrsg.): Europa – Integration durch Verfassung, a.a.O., S. 30-69, hier S. 57.

tive, also dem zukünftigen Machtverhältnis zwischen Kommission und Europäischem Rat. Kontrovers waren auch die Ideen bezüglich der Stimmengewichtung und der Arbeits- bzw. Abstimmungsverfahren in einer erweiterten Union.

Gleich die erste große Debatte in diesem Bereich wurde durch den Redebeitrag des Vertreters des deutschen Bundesrates, den baden-württembergischen Ministerpräsidenten Erwin Teufel, entfacht, als er unmissverständlich einen Kompetenzkatalog forderte. Dort sollte festgeschrieben werden, welche Bereiche in die Zuständigkeit der Mitgliedstaaten fallen und welche Aufgaben die Union wahrnehmen solle. Zu den Zuständigkeiten, in die die Union nicht eingreifen dürfe, zählten für Teufel der innere Staatsaufbau der Mitgliedstaten, die kommunale Selbstverwaltung, die öffentliche Daseinsvorsorge, der Bildungsbereich sowie die allgemeine Verwaltungstätigkeit. Einer Ausweitung der Zuständigkeiten der Union, betonte Teufel, würde dies nicht entgegenstehen. Viele Redner befürworteten denn auch eine weitere Stärkung der Gemeinsamen Außen- und Sicherheitspolitik. Insbesondere unter dem Eindruck der Terroranschläge des 11. September 2001 forderten viele Mitglieder ein effizientes gemeinschaftliches Krisenmanagement, um auf die Bedrohung durch Terrorismus und neue Kriege angemessen reagieren zu können. Ein einheitliches Auftreten sei wichtig, so beispielsweise der niederländische Vertreter van Mierlo, um erfolgreiche Krisenintervention betreiben zu können. Dennoch löste eine „Weltmacht Europa" bei vielen Teilnehmern Unbehagen aus. Der zweite Bereich, für den eine vertiefte Vergemeinschaftung gewünscht wurde, war der Raum der Freiheit, der Sicherheit und des Rechts. Gemeinsames Vorgehen gegen illegale Einwanderung, Drogen- und Menschenhandel wurde von der Mehrzahl der Redner gewünscht. In diesem Zusammenhang sei auch an exekutive Befugnisse für die europäische Polizeibehörde Europol und einen gemeinsamen Grenzschutz zu denken. Weitere von einigen erwähnte Einzelbereiche waren Umweltpolitik, Forschungspolitik und Verbraucherschutz. Von Seiten der französischen Sozialisten wurde erneut die Forderung nach einer Wirtschaftsregierung und den Abschluss eines europäischen Sozialvertrags gefordert. Als logische Konsequenz aus der Errichtung der Wirtschafts- und Währungsunion müsste nun, so meinte unter anderem Alain Barrau, ein europäisches Sozialmodell entwickelt werden, das die Unterschiede zwischen den mitgliedstaatlichen Regelungen berücksichtige und dennoch ein gemeinschaftliches Vorgehen gegen Armut, soziale Ausgrenzung und Arbeitslosigkeit erlaube. Dieses Projekt wurde vor allem von den sozialistischen und sozialdemokratischen Vertretern in die Debatte eingebracht, so von Sylvia-Yvonne Kaufmann, Evelin Lichtenberger aus Österreich, Anne van Lancker aus dem Europaparlament und Proinsias De Rossa aus Irland, der sich ein Europa der Marktbegrenzung und der sozialen Ausgewogenheit wünschte. Umstritten war im Konvent auch, ob die Union für die Wahrnehmung solcher Aufgaben zukünftig eigene Steuern erheben dürfe oder nicht. Im Laufe der Debatte wurde allerdings recht schnell deutlich, dass für viele Redner die feste Zuschreibung von Zuständigkeiten auf eine bestimmte politische Ebene zu unflexibel ist und der Dynamik der Integration nicht gerecht wird. Die Debatte um die Kompetenzverteilung zielte daher zunehmend auf die Formulierung von Kompetenzkriterien. Jürgen Meyer merkte an, dass die Zuordnung zu ausschließlichen, konkurrierenden und ergänzenden Zuständigkeiten, wie sie sich bereits aus den bisherigen Verträgen ergebe, ein akzeptables Verfahren sei. Diese Ansicht wurde von der Mehrheit der Konventsteilnehmer geteilt, ebenso wie die Auffassung Meyers, dass die Erstellung eines negativen Kompetenzkatalogs wenig hilfreich sei. Auch die Forderung nach einer Rückverlagerung von Kompetenzen auf die mitgliedstaatliche Ebene stand, mit Ausnahme der Europagegner, recht bald nicht mehr zur Debatte. Allerdings dürfe es keine „Einbahnstraße nach Europa" geben, mahnte der Repräsentant der Bundesregierung im Konvent, Peter Glotz.

Da sich die Mehrzahl der Konventsteilnehmer darauf zu verständigen schien, dass es auch in Zukunft flexibel zu handhabende Kompetenzkriterien geben solle, kam die Frage auf, welche Kriterien für die Kompetenzverteilung angelegt werden sollen. In diesem Zusammenhang wurde das Kriterium der Subsidiarität genannt, nach der die Union nur dann tätig wird, wenn der grenzüberschreitende Aspekt der Aufgabe gegeben ist bzw. wenn die Union wirksamer und effizienter tätig werden kann als die Mitgliedstaaten. Die Mehrdeutigkeit des Subsidiaritätsprinzips zeigte sich allerdings schnell in der sich anschließenden Debatte über die genaue Definition und den Anwendungsbereich des Prinzips, wie zwei Äußerungen im Konvent exemplarisch zeigen. Der Europaskeptiker Heathcoat-Amory argumentierte, dass alles von den Mitgliedstaaten geregelt werden solle, was nicht ausdrücklich der Union übertragen worden sei. Dagegen betonte der österreichische Regierungsvertreter Farnleitner, dass mehr Aufgaben auf die europäische Ebene übertragen werden sollten, da sie dort kostengünstiger erfüllt werden könnten; auf den unteren Ebenen verblieben noch genügend eigene Aufgaben. Als weitere Prinzipien der Kompetenzaufteilung wurden im Konvent das Kriterium der Verhältnismäßigkeit, nach dem eine Maßnahme nicht über die Erreichung eines Zieles hinaus gehen darf, sowie der Grundsatz der Solidarität angesprochen. Klaus Hänsch forderte schließlich in seinem Beitrag, dass sich die Union eine Kompetenzordnung geben solle, die eine umfassende Harmonisierung bis ins kleinste Detail verhindere und sich stattdessen auf Kernkompetenzen konzentriere. Dazu gehörten Marktregeln, Währung, Sicherheit, regionale Solidarität und die Verteidigung nationaler Interessen nach außen. Mit seinen Äußerungen erntete erstmals ein Redner Beifall im Plenum, was auf eine Zustimmung einer Mehrheit der Konventsteilnehmer zu diesen Thesen schließen ließ.

Mit der Frage der Kompetenzabgrenzung eng verbunden war die Frage nach den Kontrollmöglichkeiten hinsichtlich der Einhaltung der Subsidiarität. Viele im Konvent diskutierte Vorschläge setzten bei den nationalen Parlamenten an, die die Einhaltung der Subsidiarität verstärkt prüfen sollen, was keine Vertragsänderung, sondern eine verstärkte Ausnutzung der vorhandenen Möglichkeiten bedeuten würde. Geringer Aufwand würde auch der Vorschlag bedeuten, Europaparlamentarier mit in die Subsidiaritätsprüfung einzubeziehen. Ein anderer Vorschlag sah die Einrichtung eines juristisch besetzten Kontrollgremiums vor, das beim Europäischen Gerichtshof angesiedelt sein solle. Weitere Vorschläge wollten einen aus den Mitgliedern der einzelstaatlichen Verfassungsgerichte zusammengesetztes Gremium bzw. eine enge Kooperation zwischen nationalen Verfassungsgerichten und dem Europäischen Gerichtshof. Erwin Teufel befürwortete die Einsetzung einer neuen europäischen Institution. „Ein mögliches Modell wäre ein politisches Gremium, welches von europäischer und nationaler Seite beschickt wird. Es sollte zu früher Stunde angerufen werden können, etwa, wenn die Kommission ihren offiziellen Gesetzesvorschlag vorgelegt hat. Das Gremium müsste binnen kurzer Frist beschließen. So würde die Dynamik des europäischen Integrationsprozesses weniger gehemmt als durch jahrelange Prozesse beim Gerichtshof." Dennoch ging die Tendenz im Konvent gegen die Schaffung einer neuen Institution, da dies zu noch mehr Komplexität und Machtdiffusion innerhalb der Union führen würde. Als unproblematisch wurde die Installation einer Kontrollinstanz beim Europäischen Gerichtshof angesehen, da dann zum einen die Verträge nicht geändert werden müssten und zum anderen der Gerichtshof prinzipiell schon zuvor mit der Überprüfung der Subsidiaritätseinhaltung betraut war. Eine entscheidende Frage in diesem Zusammenhang war dann, wer dieses Gremium anrufen könnte. Im Gespräch waren in erster Linie die nationalen Parlamente, allerdings verlangten zunächst auch die deutschen Länder, dass allen Regionen mit Gesetzgebungsbefugnis dieses Recht zugestanden werden solle. Diese Linie konnte sich jedoch nicht durchsetzen.

Die Plenartagung am 6./7. Juni 2002

Die Frage der Kompetenzabgrenzung zwischen europäischer und nationaler Ebene prägte auch die folgenden Sitzungen. Bei der Diskussion über den „Raum der Freiheit, der Sicherheit und des Rechts" standen sich zwei Gruppen gegenüber. Während die Mehrheit der Konventsteilnehmer für eine Überführung der „dritten Säule", des Bereichs Inneres und Justiz, in den Gemeinschaftsbereich plädierte, befürwortete eine Minderheit eine Beibehaltung der intergouvernementalen Zusammenarbeit, wie sie derzeit gehandhabt wird. Die ersteren verwiesen auf die Vorteile gemeinschaftlichen Vorgehens, die gut funktionierenden Mechanismen der gerichtlichen Kontrolle sowie die Transparenz des europäischen Rechts, die letzteren auf den Bedeutungsverlust der nationalen Parlamente in diesem sensiblen Bereich. Allerdings waren die „Integrationisten" uneins über den weiteren Weg zu einer supranationalen Innen- und Justizpolitik. So sprachen sich zwar einige Redner für die Überführung des gesamten Politikfeldes in den Anwendungsbereich der Gemeinschaftsverfahren aus, andere wollten jedoch spezielle Einzelzuständigkeiten davon ausgenommen sehen. Umstritten war zum einen, welche Institution diesen Bereich kontrollieren solle. Ins Gespräch gebracht wurden die Überwachung durch das Europäische Parlament, insbesondere durch die Einrichtung eines Sonderausschusses, durch die Kommission im Rahmen des bestehenden Systems oder durch die Einrichtung eines Hohen Vertreters für die Innen- und Justizpolitik analog zum außen- und sicherheitspolitischen Bereich. Umstritten war zum anderen, ob und in welchem Maße die europäischen Gemeinschaftseinrichtungen in diesem Bereich, das Europäische Polizeiamt Europol, das Europäische Amt für Betrugsbekämpfung OLAF sowie die Europäische Stelle für justizielle Zusammenarbeit Eurojust, politisch gestärkt, finanziell gefördert und personell ausgebaut werden sollten. So sprachen sich viele Redner für eine Aufwertung dieser Behörden aus, indem sie beispielsweise Europol mit erweiterten

8 Die Phase der Anhörung - der Verlauf bis zur Sommerpause 2002

Befugnissen ausstatten und ihm das Recht zuerkennen wollten, die nationalen Behörden zur Aufnahme von Ermittlungen aufzufordern und konkrete Ermittlungen vor Ort gemeinsam mit den nationalen Behörden durchzuführen. Damit sollte sich die bislang eher als Koordinierungsstelle fungierende Behörde zu einem echten Strafverfolgungsinstrument verwandeln. Analog dazu sollte auch Eurojust zu einer europäischen Staatsanwaltschaft, insbesondere bei Betrugsfällen im Bereich des Gemeinschaftsrechts, mit Anrufungsrecht des Europäischen Gerichtshofes und/oder der nationalen Gerichte transformiert werden. Gegen diese Pläne gab es jedoch im Plenum erhebliche Widerstände von Teilnehmern, die vor allem auf eine Stärkung der Kooperation der nationalen Polizeibehörden und Staatsanwaltschaften setzten. Mit Recht verwiesen sie darauf dass die Begrifflichkeiten bei der grenzüberschreitenden Kriminalität noch kaum gemeinschaftlich sondern primär national definiert seien. Betrug, Drogen- und Menschenhandel mögen grenzüberschreitend organisiert sein, die juristischen Definitionen dafür seien es nicht. Daher gelte es zunächst, genauer zu formulieren, wie grenzüberschreitende Kriminalität definiert werden könne, die ein gemeinschaftliches europäisches Vorgehen notwendig mache. Ferner sollen die strafrechtlichen Vorschriften über das Strafmaß, das ein bestimmtes Delikt nach sich zieht, harmonisiert werden. Angesichts dieser voraussichtlich sehr langwierigen Prozedur forderten viele Redner die gegenseitige Anerkennung als schnellere und kostengünstigere Alternative.

In diesen Politikbereich fällt auch das sensible Feld der Asyl- und Einwanderungsproblematik, der im Konvent ebenso umstritten war wie zwischen den Mitgliedstaaten. Grundlage für eine breite Mehrheit war zwar die Anerkennung humanitärer Verpflichtungen, wie sie in der Genfer Menschenrechtskonvention niedergelegt sind, jedoch standen sich auch hier Integrationisten, die sich für eine weitere Harmonisierung der nationalen Vorschriften und eine gerechtere Lastenverteilung in Europa aussprachen, und Skeptiker gesamteuropäischer Regelungen gegenüber. Fragen gemeinsamer Verfahren bei der Anerkennung von Flüchtlingen, Vorschriften über sichere Drittstaaten, aus denen keine Flüchtlinge einreisen dürfen, Bedürfnisse der nationalen Arbeitsmärkte, die Behandlung illegaler Asylbewerber sowie die Einführung eines gemeinschaftlichen Außengrenzregimes, ergänzt durch ein gemeinsames Grenzschutzkorps, wurden kontrovers diskutiert. Auch wenn der Diskurs noch durch keinen Konsens gekrönt werden konnte, so wurden doch bereits in dieser ersten Phase der gemeinsamen Konventsarbeit zahlreiche Aspekte dieser die nationale Souveränität stark berührende Problematik offen diskutiert.

Dagegen wurde die Kernfrage aller zu behandelnden Themen, die Frage nach dem Verhältnis der europäischen Institutionen zueinander und zu den nationalen Organen vorwiegend außerhalb des Konvents diskutiert. Im Konvent wurde zunächst auf Nebenschauplätzen gekämpft. Von Anfang an standen natürlich die Ausgestaltung von Kommission und Rat der Europäischen Union und ihr Verhältnis zueinander im europäischen Entscheidungsgefüge im Mittelpunkt des Interesses. In dieser ersten Phase des Konvents waren die institutionellen Vorschläge noch undeutlich und besaßen eher den Charakter von schnell entworfenen Debattenbeiträgen. Bei der Rolle der einzelstaatlichen Parlamente im europäischen Machtgefüge wurden die Vorstellungen und Wünsche der Konventsteilnehmer dagegen viel konkreter

– Ausdruck der starken Repräsentanz nationaler Parlamentarier im Konvent. Viele Redner wünschten sich daher eine stärkere Einbindung der nationalstaatlichen Parlamente in den europäischen Entscheidungsprozess. Es wurde argumentiert, dass eine bessere Unterrichtung der nationalen Parlamente in europäischen Angelegenheiten eine verbesserte Kontrolle der nationalen Vertreter im Rat gewährleiste. Daher sprachen sich viele Konventsteilnehmer dafür aus, dass die entsprechenden Gesetzesvorschläge der Kommission nicht nur dem Rat und dem Europaparlament, sondern auch den nationalen Parlamenten zu übermitteln seien. Darüber hinaus sollten sie auch an der jährlichen Aussprache der Kommission über ihr Arbeitsprogramm beteiligt werden. Eine Teilnahme von Vertretern der nationalen Parlamente in den Delegationen der Mitgliedstaaten im Rat wurde dagegen eher skeptisch beurteilt.

Zwei Grundlinien zeichneten sich im Laufe der Diskussion ab. Zum einen unterstützte eine Mehrheit eine verstärkte Beteiligung der nationalen Parlamente an europäischen Angelegenheiten und eine verbesserte Kontrolle des Subsidiaritätsprinzips. Mehrere Redner knüpften hier an die Diskussion über die Aufgaben der Union und die Kompetenzabgrenzung zwischen Union und Mitgliedstaaten an. Zum anderen wurde die Bildung neuer Organe auf europäischer Ebene mit dem Hinweis auf die bereits kaum zu durchschauende Komplexität und Schwerfälligkeit des Systems abgelehnt. Damit wurden einer deutlichen Aufwertung der 1989 gegründeten Konferenz der auf Europafragen spezialisierten Ausschüsse in den nationalen Parlamenten, COSAC[159], im europäischen Entscheidungsgefüge als auch der Bildung einer zweiten oder gar dritten Kammer aus Vertretern der nationalen Parlamente eine Absage erteilt. Auch ein Kongress aus Vertretern nationaler Parlamente und des Europaparlaments mit der Aufgabe, den Kommissionspräsidenten zu wählen, stieß auf Ablehnung. Ebenso der Vorschlag, dass die Europaabgeordneten zugleich auch Angehörige ihres jeweiligen Nationalparlaments sein sollten. Vorsichtiges Interesse fand hingegen der Vorschlag der Eröffnung von eigenen Büros durch die nationalen Parlamente in Brüssel, um zukünftig schneller und umfassender informiert sowie näher am europäischen Entscheidungsprozess zu sein. Diese Vorschläge zeigen die enorme Aufwertung, die die europäische Ebene in den vergangenen Jahren erfahren hat und die die nationalstaatlichen Organe zunehmend zwingt, vor Ort präsent zu sein, wenn sie nicht marginalisiert werden wollen.

Wenn der Konvent auch die wichtige Frage des Verhältnisses der europäischen Organe in der ersten Arbeitsphase kaum direkt diskutierte, hatte er doch auf einem Nebenschauplatz schon einmal geprobt.

Die Plenartagung am 11./12. Juli 2002

In der Außen- und Sicherheitspolitik, die auf der letzten Sitzung vor der Sommerpause behandelt wurde, ging es in erster Linie um die Ansiedlung eines so ge-

---

[159] COSAC: Conférence des Organes spécialisés en Affaires communautaires. Sie setzt sich aus Delegierten der europapolitischen Fachausschüsse der nationalen Parlamente und des Ausschusses für konstitutionelle Fragen des Europaparlaments zusammen und tagt im halbjährlichen Turnus.

nannten „Doppelhutes". Der Doppelhut meint die Zusammenfassung der beiden Arbeitsbereiche des Hohen Repräsentanten (derzeit Javier Solana, angesiedelt im Europäischen Rat) und des Kommissars für Außenbeziehungen (derzeit Christopher Patten, Mitglied der Europäischen Kommission) in einer Person. Die Vorteile einer solchen Fusion sind unstrittig, aber die Institution, an der dieser Posten angesiedelt werden sollte, führte zu Kontroversen: Die intergouvernementalistisch orientierten Sprecher forderten deutlich eine Ansiedlung im Rat, wohingegen sich die Befürworter weiterer Vergemeinschaftungen in der Union klar für die Verortung dieser Person bei der Kommission aussprachen. Die „Machtfrage", so viel wurde allmählich deutlich, würde die Debatten der weiteren Sitzungen prägen und ein Kräftemessen nach sich ziehen, dessen Ausgang damals absolut ungewiss war. Einig war sich der Konvent in dem Wunsch, die Außen- und Sicherheitspolitik weiter zu fördern und in gemeinsamen Werten und Prinzipien zu fundieren. Die Charta der Vereinten Nationen, die Europäische Menschenrechtskonvention und die zahlreicheren anderen internationalen Übereinkünfte bildeten eine gute Grundlage, um die Integration in diesem Bereich zu forcieren. Zudem stelle die internationale Entwicklung neue Herausforderungen an eine flexible, dynamische Außenpolitik, denen möglichst einig entgegen getreten werden solle. Allerdings zeigten sich auch hier wieder Meinungsverschiedenheiten zwischen Integrationisten und Intergouvernementalisten. Die Integrationisten befürworteten eine Ausweitung der Gemeinschaftsmethode auf diesen Bereich und traten für erweiterte Zuständigkeiten der Kommission in diesem Bereich ein. Auch solle im Rat die Beschlussfassung mit qualifizierter Mehrheit erfolgen und fortan das Europäische Parlament mitentscheiden können. Damit wäre das Maastrichter Säulenmodell aufgehoben. Die Intergouvernementalisten hoben hingegen hervor, dass das Ziel nicht in einer Vereinheitlichung der Außenpolitik liege, sondern in einer möglichst engen Kooperation der Nationalstaaten. Sie sprachen sich daher für eine enge Verzahnung der nationalen Außenpolitiken und eine größere Motivierung der Mitgliedstaaten zur Durchführung einer abgestimmten Außenpolitik aus. Da die Außen- und Sicherheitspolitik ein besonders sensibles Feld nationaler Souveränität darstelle, müsse in diesem Bereich weiterhin die Einstimmigkeitsregel herrschen. Um die notwendige Einsatzfähigkeit und Flexibilität auch nach einem Anwachsen der Union auf 25 Mitglieder aufrecht zu erhalten, sollten vermehrt Möglichkeiten zur verstärkten Zusammenarbeit sowie zur konstruktiven Enthaltung eingesetzt werden. Die Intergouvernementalisten setzten damit auf ein lockeres System von Absprachen und Kooperationen, in dem die Nationalstaaten ihre Souveränität ungeteilt erhalten und das letzte Wort über entsprechende Maßnahmen auf diesem Gebiet behalten sollten. Die Integrationisten betonten dagegen die Übertragung in den Bereich der Gemeinschaftsorgane und der Gemeinschaftsmethode. Diese Auseinandersetzung sollte den Konvent noch weiter beherrschen und im Irak-Konflikt in der ersten Jahreshälfte 2003 den Kontinent an den Rand der Spaltung führen. Da der grundsätzliche Streitpunkt nicht ausdiskutiert und der Konvent zu keinem konsensualen Ergebnis kommen konnte, verlegte man sich schließlich auf konkretere Themen, wie Fragen der diplomatischen Vertretung sowie der europäischen Handels- und Entwicklungspolitik. Eine europäische Rüstungsagentur zur besseren Koordination im Beschaffungswesen, in Forschung und Entwicklung wurde gefordert und über ein Jahr später, im November 2003, vom zuständigen Verteidigungsrat schließlich auch beschlossen.

Zwischenbilanz zum Ende der ersten Arbeitsphase des Konvents

In seiner ersten Phase führte der Konvent eine ungewöhnlich breite inhaltliche Diskussion über wichtige Brennpunkte der europäischen Integration. Die Aufgabe des Konvents war, Lösungen zu finden, wie sich die Europäische Union – auch, aber nicht nur in Hinblick auf die bevorstehende Erweiterungsrunde – weiterentwickeln soll und kann, um handlungsfähiger, effektiver und durchschaubarer zu werden. Diesem Ziel blieb der Konvent prinzipiell treu. Zwar gab es Vertreter, wie David Heathcoat-Amory und Jens-Peter Bonde, die in starker Fixierung auf den Nationalstaat jegliche weitere Kompetenzübertragung auf die Gemeinschaft als utopisch und weltfremd ablehnten. Insgesamt jedoch waren die Beiträge der Mitglieder geprägt von gemäßigt pro-europäischen Einstellungen und ernsthaften Bemühungen, konstruktive Vorschläge zur Problemlösung zu entwickeln. Ziel der Mehrheit der Teilnehmer war, so zeichnete sich ab, weder die Schaffung eines „europäischen Superstaates" noch eines losen Staatenbundes, sondern die Einziehung einer neuen Ebene in das europäische Haus. Diese neue Ebene sollte die bisherigen Einheiten nicht dominieren und nicht unterminieren, sondern komplettieren.

Da die Arbeit im Plenum als zu unübersichtlich und wenig zielführend empfunden wurde, regte das Präsidium schließlich die Gründung von zunächst sechs Arbeitsgruppen an und verteilte die Aufgaben. Die Anzahl der Arbeitsgruppen wurde schließlich auf elf aufgestockt.[160] Dadurch ergab sich die Chance zur Diskussion im kleinen Rahmen, deren Ergebnisse in der zweiten Phase dem Plenum vorgestellt werden sollen. Als problematisch erwies sich zudem die starke juristische Inspiration der Mehrzahl der Beiträge, die für den Bürger wenig spannend ausgebreitet wurden. Daher erlahmte das Interesse der Medien und damit der europäischen Öffentlichkeit trotz der Konventssitzung zur Zivilgesellschaft und der Einrichtung eines Jugendkonvents rasch.[161] Nach der anfänglichen, ausgedehnten Berichterstattung über die Einsetzung und die Eröffnung des Konvents fanden sich zur Sommerpause nicht einmal in den regionalen Brüsseler Blättern Hinweise auf die Arbeit des Konvents. Dabei hatte sich der Konvent viel vorgenommen. Schon nach den ersten Sitzungen zeichnete sich ab, dass der Konvent ein einheitliches Papier erarbeiten wollte, das die Grundlage für die spätere Verfassung der Union sein solle. Die Vorlage von zwei oder mehr Papieren als Abschlussdokumente wurde von der Mehrzahl der Teilnehmer als nicht empfehlenswert angesehen, da ein Alternativenangebot die Gefahr der Polarisierung und somit der Aufspaltung des Konvents begünstige. Gelinge es dem Konvent aber nicht, sich als ein homogener, europäischer Akteur darzustellen, der von den Regierungschefs aufgrund dieser Geschlossenheit ernst genommen werden müsse, werde der Einfluss des Konvents auf eine nachfolgende Regierungskonferenz bereits jetzt minimal sein. Ein einheitliches Konsenspapier zu

---

[160] Vgl. zu den Ergebnissen der Arbeitsgruppen ausführlich Kapitel 10.
[161] Vgl. zur Beteiligung der Zivilgesellschaft und den Ergebnissen des Jugendkonvents Kapitel 13.

entwickeln, eine Verfassung zu schaffen, hieß zugleich, es gab für den Konvent eine konkrete Aufgabe, an der gemeinsam gearbeitet werden musste. Kein offener Diskurs im Sinne eines unverbindlichen Austausches von Standpunkten, an dessen Ende unverbindliche Empfehlungen stehen würden, sondern ein wirksamer Zwang zur Einigung auf ein gemeinsames Papier beherrschte den Konvent. Nun mussten die Konventsmitglieder kooperieren, wollten sie den Erfolg durch die Vorlage eines einheitlichen Entwurfs sicherstellen. Dieses konkret formulierte Ziel, verbunden mit einem straffen Zeitplan, motivierte den Konvent erheblich, in seiner Arbeit voran zu schreiten.

Laut Eurobarometer hatten zwar 20% der Deutschen bereits in der ersten Arbeitsphase vom „Konvent zur Zukunft der Europäischen Union" gehört. Verglichen mit der Wahrnehmung des Konvents zur Grundrechtscharta war das zwar deutlich mehr, aber dennoch kein solider Bekanntheitsgrad. Für einen Konvent, in dem die Zukunft der Union, womöglich die Errichtung eines qualitativ neuen Gemeinwesens verhandelt und damit direkt in das Leben der Bürger eingegriffen werden sollte, eine eher mäßige Aufmerksamkeit.

Auch die Einsetzung des Präsidiums litt unter einem demokratischen Manko, da das Präsidium nicht von den Konventsmitgliedern gewählt, sondern von den Staats- und Regierungschefs in Laeken benannt worden war. Das Konventspräsidium verfügte über weit reichende Vollmachten; es bestimmte über den Sitzungsplan, den Tagungsplan, die zu bearbeitenden Themen und die Länge der Redezeit (in Abhängigkeit von dem Angebot an angemeldeten Beiträgen) – ein Umstand, der zu Widerständen aus der Reihen des Plenums führte. Dabei stand das Präsidium immer wieder vor einem Dilemma: Sollten alle angemeldeten Redner zu Wort kommen, musste das Präsidium die Redezeit anpassen. Hielten sich die Redner dann nicht an die vorgegebenen zwei oder drei Minuten, musste der Vorsitzende Konsequenzen ziehen, also entweder die Rednerliste kürzen, oder aber das Themenspektrum einschränken – jede der Alternativen zog Kritik nach sich. Die Tagungszeiten konnten definitiv nicht verlängert werden, da die Dolmetscher ihre Arbeitszeiten nicht überschreiten durften oder konnten und somit die gleichberechtigte Partizipation aller Beteiligten nicht mehr gewährleistet worden wäre. Die Form der Kurzstatements im Plenum hatte außerdem nicht zu der erwarteten Belebung der Debatte geführt. Vielmehr neigten überraschend viele Teilnehmer zu Wiederholungen und höflichen Floskeln.

In der Konstituierungsphase des Konvents wurden auch andere, von den Mitgliedern als selbstherrlich empfundene Verfahrensweisen des Präsidiums im Plenum beharrlich moniert. Das Präsidium sollte beispielsweise ursprünglich ausschließlich mit Vertretern aus den Mitgliedstaaten der EU besetzt sein. Erst auf energisches Drängen des Plenums wurde ein Vertreter der Beitrittskandidaten als Gastteilnehmer ins Präsidium aufgenommen, der Slowene Alojz Peterle. Im Mai wurde schließlich der Einsatz von Arbeitsgruppen zu besonders komplexen Themenbereichen durchgesetzt. Dies zeigte, dass die Konventsmitglieder den Verfahrensbestimmungen des Präsidiums gegenüber durchaus nicht hilf- oder machtlos waren. Dennoch hätte das Präsidium zuvorkommender und souveräner handeln können. Auch der angeordnete Vorsitz der Arbeitsgruppen durch Präsidiumsmitglieder war ebenfalls kritikwürdig.

Die Bilanz der ersten „Phase des Zuhörens" muss durchaus zwiespältig ausfallen. Zu wenig greifbare Ergebnisse hatten sich bis dahin konkretisiert.

Auf der Positiv-Seite standen folgende Punkte: Die Wahl des ehemaligen französischen Präsidenten Valéry Giscard d'Estaing zum Vorsitzenden des Konvents, zunächst heftig kritisiert, erwies sich als eine kluge Personalentscheidung. Als überzeugter und ehrgeiziger Europäer arbeitete er intensiv dafür, zum zweiten Mal in die Geschichte Europas einzugehen.[162] Dies konnte für den weiteren Verlauf des Konvents nur förderlich sein. Als ehemaliger Staatspräsident und erfahrener Politiker kannte Giscard sowohl die Denk- als auch die Verfahrensstrukturen der Regierungschefs besser als viele andere Konventsmitglieder. Kommt der Konvent zu einem Ergebnis, so hofften damals viele Konventsteilnehmer, wird er es den Staats- und Regierungschefs dieses Papier schon „verkaufen". Die Form der Meinungsbildung innerhalb des Plenums war während dieser ersten Phase zwar langwierig und wenig ergebnisorientiert, die Debatten verdeutlichten aber frühzeitig das gesamte Spektrum aller vorhandenen Standpunkte, sodass sich allmählich Gemeinsamkeiten herausschälten, auf denen dann in der folgenden „Phase der Analyse" lösungsorientiert aufgebaut werden konnte.

Auf der Negativ-Seite standen dagegen folgende Punkte: Die Benennung und Besetzung des Präsidiums wurde vom Europäischen Rat in Laeken vorgegeben und im Konvent zunächst heftig kritisiert. Das Plenum durfte sein Präsidium nicht selbst wählen; zudem war es wenig repräsentativ, da es zu zwei Dritteln aus Regierungsvertretern bestand, während die nationalen Parlamente und das Europäische Parlament insgesamt mit nur vier Mitgliedern vertreten waren. Die Gast-Teilnahme eines Vertreters der Beitrittskandidaten musste vom Plenum erst hartnäckig erstritten werden. Darüber hinaus bestimmte das Präsidium nicht nur die Form der Diskussion, sondern durch rigide Themenvorgabe auch den Inhalt. Die Begrenzung der Redezeit auf höchsten drei (oft auch nur zwei) Minuten führte nicht automatisch zu prägnanten Kernaussagen, sondern zwang die Redner meist zu einer inhaltlichen Reduktion auf gängige Schlagworte oder aber zu einem Sprechtempo, dem Dolmetscher wie Zuhörer kaum folgen konnten. Die Plenarsitzungen waren insgesamt noch zu wenig diskursiv. Mit der Folge, dass auch die Medien weitgehend nicht für die Berichterstattung aus dem Konvent begeistert werden konnten.

Der Konvent wich in der ersten Phase seinen eigentlichen Kernaufgaben aus. Zwar wurden die spezifisch europarechtlichen Fragen zur Rolle des Subsidiaritätsprinzips, der nationalen Parlamente sowie zur Rechtspersönlichkeit der Union und die Einbeziehung der Grundrechtscharta ausführlich erörtert, aber die Behandlung der wirklich brisanten Themen wurde aufgeschoben. Die Demokratisierung der Union, die Reform der Institutionen, blieben ebenso unbehandelt, wie die weitere Vertiefung der Außen- und Sicherheitspolitik im Sinne eines einheitlichen Auftretens nach außen. Auch Forderungen einiger Teilnehmer nach dem Ausbau der EU zu einer Sozialunion wurden noch nicht thematisiert.

---

[162] Gemeinsam mit dem damaligen Bundeskanzler Helmut Schmidt hatte Giscard Ende der siebziger Jahre das Europäische Währungssystem auf den Weg gebracht, ein wichtiger Vorläufer auf dem Weg zur heutigen Währungsunion.

Zur Sommerpause wurde eine konkrete Vorlage des Vorsitzenden Giscard d'Estaing bereits schmerzlich vermisst, denn trotz monatelanger Arbeit lag noch immer kein Arbeitsdokument vor. Bis Oktober sollte Giscard sich jedoch noch Zeit lassen, um den Konventsteilnehmern einen ersten Vorentwurf zu präsentieren.

9 Die Phase der Erörterung - der Verlauf bis zum Jahresende 2002

Nach der Sommerpause setzte der Konvent in seiner zweiten Phase die Anhörung zunächst fort und begann mit dem Thema der Vereinfachung der Rechtsakte und der Rechtsetzungsverfahren (12./13. September 2002). In den folgenden Sitzungen wurden dann jeweils zwei Zwischenberichte und zwei Abschlussberichte von Arbeitsgruppen im Plenum diskutiert. Ihren Abschlussbericht stellten der Reihe nach die Gruppen „Rechtspersönlichkeit" und „Subsidiaritätsprinzip" (3./4. Oktober 2002), „Einzelstaatliche Parlamente" und „Charta" (28./29. Oktober 2002), „Ordnungspolitik" und „Ergänzende Zuständigkeiten" (7./8. November 2002), „Vereinfachung" und „Freiheit, Sicherheit und Recht" (5./6. Dezember 2002) sowie „Außenpolitisches Handeln" und „Verteidigung" (20. Dezember 2002) vor. Die Arbeitsgruppe „Soziales Europa", die sich erst Ende November konstituierte, reichte ihren Abschlussbericht im Februar 2003 nach. Mit dieser Agenda hatte sich der Konvent auch in dieser Phase ein breites Themenspektrum zu erarbeiten.

Höhepunkt dieser Phase war zweifellos die Vorstellung eines „Verfassungsskeletts" durch den Vorsitzenden Giscard d'Estaing. Bereits in der ersten Phase und im Laufe der anschließenden Sommerpause verdichteten sich die Hinweise darauf, dass das Abschlussdokument des Konvents der Entwurf eines europäischen Verfassungsvertrags sein würde. Ebenso klar war aber auch, dass ein erster Entwurf zu Struktur und äußerer Form dieses Dokuments vom Vorsitzenden und dem Präsidium erstellt werde sollte. So stieg allmählich die Spannung, welche Form das von Giscard d'Estaing angekündigte Avant-Projet annehmen würde. Mit dem Selbstbewusstsein desjenigen, der sich der historischen Tragweite seines Tuns bewusst war, öffnete der Vorsitzende in der Konvents-Sitzung am 28. Oktober 2002 einen Umschlag mit dem bis dato weitgehend geheim gehaltenen Erstentwurf.[163] Zweifellos handelte es sich dabei um eine, wie der Vorsitzende selbst anmerkte, „Wegmarke für ein neues Europa, in dem alle Bürger sich als Europäer verstehen".

---

[163] Dokument CONV 369/02 v. 28.10.2002.

> **Vorschlag Giscard d'Estaings für eine europäische Verfassung**
>
> *Präambel*
>
> *Teil 1: Struktur der Verfassung*
>
> Titel I: Definition und Ziele der Union
> Titel II: Unionsbürgerschaft und Grundrechte
> Titel III: Zuständigkeiten und Tätigkeitsbereiche der Union
> Titel IV: Institutionen der Union
> Titel V: Umsetzung der Zuständigkeiten und Maßnahmen der Union
> Titel VI: Das demokratische Leben der Union
> Titel VII: Die Finanzen der Union
> Titel VIII: Das Handeln der Union in der Welt
> Titel IX: Die Union und ihre Nachbarn
> Titel X: Die Zugehörigkeit zur Union
>
> *Teil 2: Die Politikbereiche und die Durchführung der Maßnahmen der Union*
>
> A. Interne Politikbereiche und Maßnahmen (Binnenmarkt, Wirtschafts- und Währungspolitik, Einzelbereiche, Innere Sicherheit, Bereiche für unterstützende Maßnahmen)
> B. Externe Politikbereiche
>   (Handel, Entwicklungspolitik, Gemeinsame Außen- und Sicherheitspolitik)
> C. Verteidigung
> D. Arbeitsweise der Union
>
> *Teil 3: Allgemeine und Schlussbestimmungen*

Das Konventspräsidium hat einen Vorentwurf für einen Verfassungsvertrag vorgelegt, der aus drei Teilen mit insgesamt 414 Artikeln bestand. Der Entwurf enthielt einen Vorschlag für eine Gliederung der Verfassung sowie Kurzbeschreibungen zu den einzelnen Artikelvorschlägen. Es handelte sich um einen Rohentwurf, der vorwiegend aus Überschriften bestand. In einem ersten Grundlagenteil waren die Verfassungsgrundlagen im engeren Sinne zusammengefasst. Untergliedert in 10 Titeln wurden die Kernaussagen zu Zielen und Werten der Union, Unionsbürgerschaft und Grundrechten, Zuständigkeiten, Institutionen, den Verfahren und Handlungsinstrumenten, der Finanzierung, dem Verhältnis der EU nach Außen und insbesondere zu seinen Nachbarn sowie zur Zugehörigkeit zur Union aufgenommen. Im zweiten Teil des Entwurfs wurden die einzelnen Politikbereiche und ihre Durchführung dargelegt. Die Gliederung folgte den bestehenden europäischen Verträgen. In den Erläuterungen wurde deutlich, dass hier die Einzelermächtigungen der bestehenden Verträge übernommen werden und mit den Kompetenzkategorien sowie den anwendbaren Rechtsakten und Verfahren des ersten Teils in Einklang gebracht werden sollten. Es sollten vornehmlich nur technische Änderungen an den vorhandenen Vertragstexten vorgenommen werden. Diese Aufteilung des Vertrages in einen allgemeinen und einen zweiten technischen Teil wurde wegen der verbesserten Lesbarkeit allgemein positiv aufgenommen. Der dritte Teil des Vorentwurfs umfasste eine Reihe von Schlussbestimmungen; neben den üblichen Regelungen zum Verhältnis der bestehenden Verträge, den Institutionen und dem Geltungsbereich auch das Verfahren zur Änderung des Verfassungsvertrages. Dabei wurde der Vorschlag erörtert, den ausführenden zweiten Teil vereinfacht abändern zu können. Allgemein sollte die Union eine einheitliche Rechtspersönlichkeit erhalten und die bisherige Säulenstruktur der Verträge aufgehoben werden.

Der Vorsitzende erläuterte die Struktur des Verfassungsentwurfs selbst vor dem Plenum und bezeichnete die Vorlage ausdrücklich als unverbindlich. Er wies mehrfach auf die Offenheit des Entwurfs für Ergänzungen und Veränderungen hin. Zudem seien noch viele Fragen unbeantwortet, wie beispielsweise die Einbindung der nationalen Parlamente, die Kompetenzen der Gemeinschaftsorgane und die Entscheidungsverfahren. Aufnahme neuer und Veränderung bestehender Artikel ergäben sich aus der Diskussion des Konvents in den kommenden Monaten. Der Entwurf des Präsidiums beantwortete eine Reihe von Fragen, die sich aus den Vorgaben der Laekener Erklärung ergaben, und steckte gleichzeitig den Raum für die weitere Diskussion ab. Er ließ die meisten inhaltlichen Fragen noch offen und deutete durch die Aufnahme bestimmter Punkte, ihre systematische Stellung sowie durch die Erläuterungen nur Tendenzen an. Dennoch durfte die normative Kraft des Faktischen nicht unterschätzt werden. Nun hatten die Delegierten einen wohlerwogenen Entwurf vorliegen, der die bisherigen Debatten und Konsenspunkte aufgriff, doch zugleich darüber hinausführte und ihnen neue Entscheidungspunkte vorlegte. Die Aufgabe des Konvents sollte nun darin bestehen, die Vertragstexte zu formulieren, die in diese „Architektur" des Vertrages eingepasst werden konnten.

Festzuhalten bleibt, dass mit der Vorlage der Rahmen für eine „echte" Verfassung geschaffen wurde. Und wenn der Entwurf rechtlich korrekt als „Vertrag" bezeichnet wurde, so wurde doch allgemein von einer „Verfassung" gesprochen. Damit wurde unmissverständlich deutlich, dass der Konvent im Zuge einer Selbstmandatierung eine vollgültige Verfassung als Ergebnis seiner Arbeit vorlegen wollte. Der Konvent beantwortete die Frage nach der Möglichkeit einer Verfassung für Europa mit einer Verfassung. Dagegen wurde die Chance, die Grundlagen einer Verfassung zu diskutieren, nicht ergriffen. Die brisanten Fragen, ob denn nun ein neuer Staat, gar ein Superstaat, geschaffen werde und ob es ein europäisches Kabinett mit einem mächtigen Präsidenten an der Spitze der Exekutive geben solle, wurden mit diesem Entwurf nicht auf die Tagesordnung gesetzt. Für die vage Definition Giscards, die Union sei kein Staat, sondern „ein Ganzes von Völkern, die sich organisieren wollen" wurde vom Plenum keine weitere Konkretisierung eingefordert. Und auch andere grundlegende Fragen kamen nicht zur Sprache: Wie sollte das

Regieren jenseits des Nationalstaats in Zukunft funktionieren und wie könnte europäisches „good governance" aussehen? Welchen Stellenwert sollen zukünftig die Mitgliedstaaten haben, weiterhin konstitutiven oder lediglich einen untergeordneten? Können die Nationalstaaten überhaupt noch weiterexistieren und welche Bedeutung kommt ihnen heute und in Zukunft zu? Gibt es bereits eine hinreichend belastbare und tragfähige europäische Gesellschaft, die eine gemeinsame politische Öffentlichkeit bildet als Fundament für einen europäischen Staat? Und zuletzt, wenn die Europäische Union kein Staat werden soll, warum braucht sie dann eigentlich eine Verfassung? Diese Fragen sollten undiskutiert bleiben. Der Konvent versuchte sich vielmehr an dem Kunststück, eine Verfassung zu formulieren, ohne einen europäischen Staat oder eine europäische Nation zu konstituieren. Die politischen, sozialen, rechtlichen und ökonomischen Implikationen einer Verfassungsgebung wurden dabei nicht thematisiert. Stattdessen wurde die Quadratur des Kreises versucht, die Finalität der Europäischen Union zu beschreiben, ohne die prinzipielle Offenheit der immer tieferen europäischen Integration für unterschiedliche Formen ihrer Staatlichkeit zu berücksichtigen.

Doch wenn auch die theoretischen Folgen einer Verfassung für Europa nicht vertieft wurden, so wurde im Konvent doch wenigstens eine Politik des Machbaren, des Erreichbaren und des Konsensfähigen betrieben. Der Entwurf des Präsidiums knüpfte an die vorangegangene Phase des Zuhörens an, griff die dort diskutierten Themen auf und ließ den Konventsteilnehmern dennoch genügend Spielraum, die vorgegebene Form mit eigenen Wünschen und Visionen zu füllen. Im Plenum stieß er daher auf große länder- und parteiübergreifende Zustimmung.

Gleich als erster Redner bezeichnete der Europaparlamentarier Klaus Hänsch den Entwurf als ein „Dokument eines mutigen Realismus", der zwar teilweise noch unausgegoren sei, aber doch deutlich Stellung beziehe. Als wichtige Kennzeichen hob er hervor, dass es sich bei dem Vertrag um einen Verfassungstext handle, der die bisherige Pfeilerstruktur auflöse und der Union eine einheitliche Textgrundlage verschaffe. Die neue, einfache und transparente Struktur werde die Union weiter voranbringen und verschaffe ihr die Chance, zu einem weltpolitischen Akteur zu werden. Auch Andrew Duff begrüßte den Entwurf. Allerdings fehle in Artikel 1 ein Hinweis auf die Völker Europas. Der Entwurf hebe einseitig auf die konstituierenden Staaten und die Staatensouveränität ab, dagegen fehle ein Verweis auf die Volkssouveränität. Diese Ansicht teilten auch der deutsche Europaparlamentarier Elmar Brok und der Luxemburger Ben Fayot. Alain Lamassoure sah Defizite insbesondere bei der Koordinierung der nationalen Politiken, die nach seiner Meinung wenig effizient sei. Ergänzend forderte die niederländische Europaparlamentarierin Maj-Weggen, dass die Gemeinschaftssystematik im Vordergrund stehen müsse. Für den Gaullisten Hubert Haenel, Mitglied der französischen Nationalversammlung, fehlte dagegen die Einbeziehung der nationalen Parlamente, während die griechische Vertreterin Giannakou meinte, die nationalen Parlamente sollten sich um ihre eigenen Regierungen kümmern. Mehrere Redner kritisierten die zu exponierte Stellung des Rates in dem Vorentwurf und wünschten sich eine stärkere Betonung der gemeinsamen Werte und der Grundrechtecharta. Eine große Überraschung bescherte dem Plenum der Vertreter der britischen Regierung, Peter Hain. Auch er begrüßte den Entwurf als Verfassung für zukünftige Generationen. Bereits am 26. August 2002 hatte sich der britische Außenminister Jack Straw auf einer Veranstaltung in Schottland für eine geschriebene Verfassung ausgesprochen und sich damit als erstes Mitglied der britischen Regierung zu einer europäischen Verfassung bekannt. Nun forderte der britische Konventsvertreter Hain einen kurzen und prägnanten Text, wünschte sich für die Außen- und Sicherheitspolitik jedoch nicht die Gemeinschaftsmethode, da in diesem Bereich das Europa souveräner Staaten erfolgreich gewesen sei. Damit präzisierte er die Reden des britischen Regierungschefs Tony Blair, der im Vorfeld des Konvents einen Schwerpunkt auf die Gemeinsame Außen- und Sicherheitspolitik gelegt hatte. Allerdings stand auch damals eine Vergemeinschaftung dieses Bereichs für die Briten nicht zur Debatte, sondern lediglich eine bessere und effizientere Koordinierung. Revolutionär war jedoch die Selbstverständlichkeit, mit der selbst die britischen Vertreter von einer Verfassung für die Europäische Union sprachen. Jahrzehntelange, teilweise erbittert geführte Diskussionen über Möglichkeiten und Grenzen einer europäischen Demokratie und Verfassung schienen zu Ende gegangen zu sein. Die Existenz einer langsam Konturen gewinnenden europäischen Verfassung galt den britischen Vertretern offensichtlich nicht länger als Bedrohung ihrer Souveränität.

So äußerte sich die überwiegende Mehrheit des Plenums grundsätzlich positiv zum Entwurf des Vorsitzenden. Fast alle Redner formulierten ihren Beitrag in einem gemäßigt pro-europäischen Ton, auch wenn viele Einzelkritikpunkte zur Sprache kamen. Die Atmosphäre im Konvent, die sich in den Beiträgen der Teilnehmer widerspiegelte, war deutlich weniger national gefärbt als zum Konventsauftakt. Allerdings war auffällig, dass sich die Mittel- und Osteuropäer in ihren Reaktionen deutlich zurückhielten. Die erste Debatte über Giscards Vorschlag wurde vor allem unter den Westeuropäern und Altmitgliedern geführt. Die Europagegner fanden zunehmend weniger Argumente für ihre Position und verzettelten sich mehr und mehr mit dem Präsidium in einen Kleinkrieg um Verfahren und Arbeitsweise des Konvents. Der vom Vorsitzenden zu Beginn gewünschte Korpsgeist hatte dagegen die breite Mehrheit Teilnehmer erfasst. Die Eigendynamik im Konvent nahm ihren Lauf.

Streitpunkte und Konfliktlinien

Mit der Vorlage des Verfassungsentwurfs nahmen die zukünftigen Streitpunkte und Konfliktlinien im Konvent Gestalt an. Der Konventsdiskurs wurde nun zunehmend strukturierter und zielorientierter. Mit einem großen Kraftakt war eine Vorlage durch das Präsidium auf den Tisch gelegt worden. Von nun an ging es um Detailarbeit, um die Auffüllung der vorgelegten Form mit Inhalt. Der europäische Geist musste in die Buchstaben einer europäischen Verfassung verwandelt werden, allerdings blieben noch zahlreiche Streitpunkte und Konfliktlinien übrig.[164]

---

[164] Vgl. zur zweiten Arbeitsphase auch Janna Wolff; Olaf Leiße: Der Konvent zur Zukunft der Europäischen Union – ein Bericht, in: Blätter für deutsche und internationale Politik, 3, 2003, S. 323-333.

1. Der Name der Gemeinschaft:
Vom Vorsitzenden Giscard d'Estaing selber wurde eine Diskussion über den Namen der Gemeinschaft entfacht. Dabei schlug er die Begriffe „Europäische Union", „Vereinigte Staaten von Europa" oder „Vereintes Europa" dem Konvent zur Auswahl vor. Der Konvent sollte sich auf einen gemeinsamen Namen für das europäische Gemeinwesen einigen. Die meisten Redner empfanden diese Debatte als überflüssig, da sich der Begriff der Europäischen Union bewährt habe und den Doppelcharakter aus Staaten- und Bürgerunion gelungen wiedergebe. Außerdem besitze diese Bezeichnung, für die die Föderalisten seit dem Haager Konvent kämpften, seit langer Zeit eine identitätsstiftende Wirkung bei den europäischen Bürgern. Dies sollte nicht leichtfertig verschenkt werden, wenn die neue Union auch bei den Bürgern akzeptiert werden soll.

2. Der Kongress der Völker Europas:
Obwohl im Konvent von Beginn an die allgemeine Meinung herrschte, dass die Struktur der Union vereinfacht und transparenter gestaltet werden müsse und daher keine neuen Organe auf europäischer Ebene geschaffen werden sollten, hatte der Vorsitzende doch ein eigenes Steckenpferd kreiert. In der Sommerpause 2002 veröffentlichte Giscard zwar nicht den bereits erwarteten und allseits geforderten Entwurf für einen Verfassungsvertrag, dafür jedoch einen eigenen Vorschlag zur Demokratisierung der Union. Ein „Kongress der Völker Europas", zusammengesetzt aus nationalen und europäischen Parlamentariern, solle einmal im Jahr tagen und sich mit Berichten des Rates oder der Kommission befassen.[165] Über eine eigene Gesetzgebungskompetenz sollte der Kongress jedoch nicht verfügen, vielmehr die demokratische Legitimation Europas vor allem symbolisch erhöhen. Außerhalb des Konventsrahmens veröffentlicht, wurde er in den Verfassungsentwurf vom Oktober als Artikel 19 unter Titel IV, Institutionen der Union, zwischen Kommission und Gerichtshof aufgenommen. Doch stieß der Vorschlag bei den Konventsteilnehmern auf ein geteiltes Echo. Verhaltene Zustimmung zu der neuen Institution wurde in Frankreich, Italien, Großbritannien und einigen Beitrittskandidaten geäußert, die die Bedeutung des Kongresses als gesamteuropäische demokratische Plattform hervorhoben, die zwanglos zur Kommunikation und Vertrauensbildung in Europa beitragen könne. Die Mehrzahl der Konventsteilnehmer lehnte diese Idee jedoch eindeutig ab, da der geplante Kongress nicht nur eine Aufhebung der Trennung der verschiedenen Ebenen zwischen den nationalen Parlamenten und dem Europäischen Parlament zur Folge hätte, sondern auch die Gründung eines neuen europäischen Organs bedeutet hätte, was den Bemühungen um Einfachheit, Klarheit und Transparenz zuwiderliefe. Zudem wurde die Befürchtung laut, dass ein solcher Kongress zu Lasten des Europäischen Parlaments ginge. Der luxemburgische Delegierte Fayot brachte es auf den Punkt, dass der Kongress entweder zur EU-Struktur gehören und dann auch ein Organ werden müsse, oder er nicht zur EU-Struktur gehöre, dann aber auch nicht notwendig sei.

Trotz all dieser Debatten und der Beharrlichkeit, mit der der Vorsitzende sein Vorhaben immer wieder erwähnte, drängte sich der Verdacht auf, dass es sich bei

---

[165] Erstmals öffentlich thematisiert in *Le Monde* vom 22.07.2002.

diesem *Kongress* um eine Art „Sollbruchstelle" handelte. Schließlich förderte ein derartiges Gremium ohne Entscheidungskompetenz weder die Vereinfachung, noch den demokratischen Gehalt der Union, es sei denn, es dürfte wählen oder entscheiden. Für den Erfahrungs- und Informationsaustausch zwischen den parlamentarischen Ebenen gibt es bereits die COSAC und inhaltliche Angelegenheiten, wie beispielsweise Diskussionen über die Jahrespläne der Kommission, können und sollten auch in den nationalen Parlamenten sowie im Europäischen Parlament geführt werden. Die recht massive Ablehnung zwang Giscard schließlich dazu, die Idee des Völkerkongresses fallen zu lassen und bei den folgenden Entwürfen ersatzlos zu streichen.

3. Die Charta der Grundrechte:
Ein weiteres Problem war der Integration der Grundrechtecharta in die neue Verfassung. Zwei Positionen standen sich gegenüber, die beide gute Gründe geltend machen konnten. Eine Position, zu der sich auch die Mehrheit bekannte, befürwortete eine Aufnahme der kompletten Charta in die Verfassung. Mit Recht wies der Vertreter des Bundestages im Konvent, Jürgen Meyer, darauf hin, dass nur eine Verfassung mit eingearbeitetem Grundrechtsteil diesen Namen auch verdient. Eine Aufnahme verbessere zweifellos die Bürgernähe der Verfassung und dokumentiere, dass die Union eine Wertegemeinschaft ist. Auf der anderen Seite war die Charta mit ihren 54 Artikeln in sieben Kapiteln sehr lang, um integraler Bestandteil einer kurzen, knappen, überschaubaren Verfassung werden zu können. Die Verfassung käme, so die Kritiker, durch die Aufnahme dieses Textes in eine unausgewogene Schieflage. Konsens beider Positionen war jedoch, dass die Europäische Union mit der Einbeziehung der Charta keine neuen Zuständigkeiten erhielte. Allerdings wünschten sich einige Politiker, beispielsweise die französischen Sozialisten, zusätzlich ein soziales Europa mit der Bildung einer europäischen Wirtschaftsregierung. Kurz vor seiner Abberufung im November legte der Vertreter der französischen Regierung im Konvent, Pierre Moscovici, einen Beitrag zu einem sozialen Europa vor, den er als eine essentielle Komponente des zukünftigen europäischen Verfassungsprojektes auffasste.

4. Die Säulenstruktur:
Ein weiterer Streitpunkt war die Überführung der intergouvernementalen zweiten und dritten Säule der Gemeinsamen Außen- und Sicherheitspolitik und der Zusammenarbeit im Bereich Justiz und Inneres in die vergemeinschaftete erste Säule. Konsens wurde bald darüber erzielt, dass die Pfeilerstruktur aufgelöst werden müsse zugunsten eines einheitlichen Vertragswerkes. Unklar war jedoch, in welcher Form dies geschehen könnte. Für die Innen- und Justizpolitik stand dabei eine Zuordnung des gesamten Bereichs in den Verantwortungsbereich der Kommission oder die Wahrnehmung dieser Materien durch einen gesonderten Vertreter zur Diskussion. Im November 2002 schlug Hubert Haenel vor, den Posten eines „Hohen Repräsentanten für Justiz und Innere Angelegenheiten" zu schaffen. Dieser Hohe Repräsentant sollte den Bereich koordinieren und Kohärenz, Effizienz und demokratische Legitimität sicherstellen. Haenel versprach sich von seiner Einführung zudem eine

größere Bürgernähe auf diesem sensiblen Feld. Hinsichtlich der Gemeinsamen Außen- und Sicherheitspolitik herrschte Konsens darüber, dass dieser Bereich künftig einheitlicher gestaltet und gestärkt werden solle. Ende November hatten Berlin und Paris sich darauf verständigt, den Ausbau einer eigenständigen europäischen Verteidigung voranzutreiben, was jedoch in Großbritannien und Skandinavien auf Widerspruch stieß. Dissens herrschte auch in der Frage, ob ein zukünftiger EU-Außenminister beim Europäischen Rat oder bei der Kommission angesiedelt sein solle. Allmählich zeichnete sich eine Einigung auf die so genannte Doppelhut-Lösung ab, wobei dem Kommissionspräsidenten ein „Außenminister" an die Seite gestellt würde, der vom Europäischen Rat ausgewählt und von Kommission und Parlament bestätigt werden müsste. Er wäre Mitglied beider Gremien, insofern er gleichzeitig als Kommissar und Vorsitzender des Allgemeinen Rates fungieren sollte.

5. Die Organe und die institutionelle Balance:
Trotz der Behandlung zahlreicher Einzelfragen, die in den entsprechenden Arbeitsgruppen des Konvents abgearbeitet wurden, blieb die wichtigste bislang offen: die Machtfrage. Die Neujustierung der Machtbalance zwischen den verschiedenen Organen auf der europäischen und den mitgliedstaatlichen Ebenen sollte, so zeichnete sich ab, zum Streitpunkt erst in der kommenden, letzten Sitzungsperiode werden und wurde von Präsident Giscard d'Estaing ausdrücklich nicht für die Arbeitsgruppen, sondern für die offenen Plenarsitzungen vorgesehen.

Insbesondere zwischen den intergouvernementalen und den föderalen Vorstellungen wurde der Dissens immer deutlicher spürbar. Großbritannien, Spanien und Frankreich hatten sich hier für eine Stärkung der Ratspräsidentschaft und damit für eine intergouvernementale Lösung ausgesprochen. Dies betraf auch den Bereich der Außenpolitik, der nach ihren Vorstellungen beim Rat verbleiben und mit einem eigenen administrativen Unterbau ausgestattet werden sollte. Dagegen hatten sich Deutschland, Finnland und die Benelux-Staaten für einen Ausbau der Kommission und eine Wahl des Kommissionspräsidenten durch das Europäische Parlament ausgesprochen. Dadurch würde zukünftig die Kommission stärker politisiert werden. Im Konvent hatte ein entsprechender Vorschlag Deutschlands zahlreiche Unterstützer gefunden. Ausgesprochene Föderalisten betonten, dass der Präsident der Kommission der einzige Exekutivpräsident der Europäischen Union ist. Die weitere Auseinandersetzung zwischen den Verfechtern dieser Maximal-Positionen versprach viel Zündstoff. Drei Lösungen sind besonders intensiv diskutiert worden. Erstens, der Kommissionspräsident wird vom Parlament gewählt, muss aber vom Europäischen Rat bestätigt werden. Hierbei war zu überlegen, ob die Kommission weiterhin technokratisch neutral bleiben oder als „Regierung" parteipolitisch gebildet werden solle. Dieser Vorschlag berücksichtigt mehr die Belange der Föderalisten. Zweitens: Chef der Union wird der Präsident des Europäischen Rates. Dieser kann durch nationale Parlamente oder den Kongress der Völker gewählt werden. Dieser Vorschlag berücksichtigte mehr die Belange der Intergouvernementalisten. Unabhängig von der Stärke der zukünftigen Ratspräsidentschaft ist darüber hinaus ihre Wahl umstritten. Große Länder bevorzugten eine Wahl durch bestimmte Gremien, während sich kleine Länder für das bisherige System der Rotation ausgesprochen hatten. Eine dritte mögliche Lösung sah einen Doppelhut auf höchster Ebene vor: Ratspräsidentschaft und Kommissionspräsidentschaft werden in Personalunion ausgeübt und vom europäischen Parlament oder vom Kongress der Völker gewählt. Anfang Dezember 2002 trat Bundesaußenminister Fischer mit einem Vorschlag an die Öffentlichkeit, einen *EU-Superpräsidenten* zu schaffen, der sowohl den Rat als auch die Kommission führen solle und für den nur ehemalige Staats- und Regierungschefs sowie Außen- und Finanzminister in Frage kommen. Für diesen Vorschlag suchte Fischer besonders die Zustimmung Frankreichs zu erhalten. Darüber hinaus gab es zahlreiche weitere Vorschläge. Unabhängig voneinander formulierten der Vertreter des Deutschen Bundestags, Jürgen Meyer, der britische Europaabgeordnete Earl of Stockton sowie Edmund Wittbrodt vom polnischen Parlament die Idee zu einer „Team-Troika-Präsidentschaft", bei der eine Dreier-Gruppe von Ländern unterschiedlicher Größe der Europäischen Union für 18 Monate vorstehen solle. Sämtliche Vorschläge sollten schließlich als Verhandlungsmasse in die großen Debatten der dritten Phase eingehen.[166]

6. Europaweite Referenden:
Ein letzter großer Streitpunkt, der eher im Umfeld des Konvents als im Plenum diskutiert wurde, bildete die Frage der Referenden. Auch hier gingen die Meinungen auseinander. Während eine Seite auf die gründliche Ausschöpfung bestehender Möglichkeiten der repräsentativen Demokratie verwies, verlangten andere weitergehende basisdemokratische Maßnahmen, wie europaweite Referenden. Sie argumentierten, dass europaweite Referenden den Demokratiegehalt des europäischen Politikprozesses erhöhen könnten, wenn im Vorfeld ein umfangreicher Informationsprozess eingesetzt habe. Da dieser Prozess vielfach auf der niedrigsten Ebene geleistet werden muss, käme auf diese Weise eine enge Verzahnung zwischen der regionalen und nationalen Ebene und der häufig als bürgerfern gescholtenen europäischen Ebene zustande. Der Einbau direktdemokratischer Elemente stärke die Lern- und Konsensfähigkeit des politischen Systems und führe zu einer erhöhten Bürgerbeteiligung. Für Europa hätten direktdemokratische Elemente noch einen zusätzlichen Sinn. Da es bislang kein europäisches Volk im juristisch hinreichenden Sinne gäbe und seine Entstehung in naher Zukunft eher ungewiss sei, könnten bei Plebisziten Europas Bürger durch gemeinsame Abstimmung zusammenwachsen. Somit bildete sich eine europäische Wählerschaft als Vorstufe zu einem gesamteuropäischen Bürgersouverän heraus. Allerdings, so wurde von den Gegnern eingeworfen, bleibe der Einbau plebiszitärer Elemente wirkungslos – und könnte sogar schädlich für den Integrationsprozess sein - wenn nicht gleichzeitig auch die anderen notwendigen, demokratischen Bedingungen wie Öffentlichkeit, Informationsangebot und Transparenz gegeben sind. Direktdemokratische Elemente in einen luftleeren Raum zu platzieren, ohne diesen Hintergrund eines gefestigten politischen Rahmens zu schaffen, wie er bislang nur in den Nationalstaaten gegeben sei, öffne Europagegnern und Demagogen das Feld. Die Diskussion über europaweite Referenden wurde zunächst nur sehr zögernd geführt. Erst kurz vor Abschluss des Konvents wurde ein Artikel in

---

[166] Vgl. auch Kapitel 14.

die Verfassung aufgenommen, der Volksbefragungen vorsieht (Artikel. I-47, Absatz 4 EVV). Allerdings ist der Artikel recht allgemein formuliert, die näheren Durchführungsbestimmungen werden der Sekundärgesetzgebung überlassen. Die Debatte über plebiszitäre Elemente gewann erst an europaweiter Bedeutung, als der britische Premierminister Blair im Frühjahr 2004, lange nach Abschluss des Konvents, überraschend entschied, die gesamte Verfassung der Bevölkerung des Vereinigten Königreichs zur Abstimmung vorzulegen. Nach der Annahme der Verfassung im Europäischen Rat im Juni 2004 entschlossen sich auch andere Mitgliedstaaten, über die Verfassung abstimmen zu lassen.

Bilanz zum Ende der zweiten Arbeitsphase (Winter 2002/2003)

Die Bilanz der zweiten Phase der Erörterung fällt überwiegend positiv aus. Die Arbeiten der eingesetzten Arbeitsgruppen entwickelten eine Eigendynamik, die in die Debatten des Plenums hineinreichte. In einem für politische Meinungsfindungsprozesse stürmischen Tempo wurde in diesen Gruppen diskutiert, wurden Experten angehört, detaillierte Vorschläge veröffentlicht und Kompromisse gefunden. Die Dynamik der Konventsarbeit forderte kurzfristig deutliche Stellungnahmen und Interessenformulierung bei betroffenen Gruppen heraus. Rund um den Konvent entstanden die ersten Lobbies. Darüber hinaus wurde der Konvent durch die Entsendung neuer Persönlichkeiten politisch deutlich aufgewertet. Im Oktober löste Außenminister Joschka Fischer seinen Vorgänger Peter Glotz ab und signalisierte damit die Bedeutung, die die Bundesregierung der Arbeit des Konvents beimaß. Im November zog die französische Seite nach und installierte Außenminister Dominique de Villepin als Nachfolger des früheren sozialistischen Europaministers Moscovici. Nach der Einigung im Streit über die künftige Einbeziehung der künftigen EU-Mitgliedstaaten in die Gemeinsame Agrarpolitik[167], der die Beziehungen zwischen beiden Ländern lange belastet hatte, wurde nun der deutsch-französische Motor wieder angeworfen, der in der kommenden Phase erste weit reichende Vorschläge produzieren sollte.[168] Die Türkei, Gegenstand hitziger Debatten am Rande des Konvents, ausgelöst von einem Interview Giscard d'Estaings als „Privatmann" in *Le Monde*, in welchem er sich klar gegen einen Beitritt dieses Landes aussprach, ließ sich seit Anfang Dezember ebenfalls durch ihren damaligen Außenminister Yasar Yakis vertreten. Schließlich folgten noch die Außenminister von Griechenland, Lettland, Slowenien und Spanien.

Der Konvent begann seine Arbeit zunächst als Experiment. Noch nie zuvor saßen Teilnehmer aus so vielen Staaten des Kontinents zusammen und berieten gemeinsam über die politische Zukunft. Doch nun gewann der Konvent allmählich an Struktur und Format. Die Einsetzung der Arbeitsgruppen beschleunigte diesen Prozess. In der zweiten Sitzungsperiode 2002 hatte sich der Konvent etabliert und arbeitete zielorientiert nach den Vorgaben Giscards auf eine Verfassung hin. Die Standpunkte und Positionen waren abgesteckt, die Mitglieder in kleinen Gruppen Gleich-

---

[167] Vgl. hierzu ausführlich Kapitel 12.
[168] Vgl. zu den deutsch-französischen Initiativen ausführlich Kapitel 14.

gesinnter organisiert. Da der Konvent mittlerweile so gut strukturiert und funktionsfähig war, war der Vorschlag aus den Reihen des Konventsplenums nur konsequent, den Konvent zu verlängern und in regelmäßiger Permanenz tagen zu lassen, entweder bis zur endgültigen Annahme der Ergebnisse durch den Gipfel der Staats- und Regierungschefs im Dezember 2003 in Rom oder sogar noch darüber hinaus, als Hüter der Verfassung.

Zu dieser Zeit kam auch Bewegung in die europäische Verfassungsdiskussion außerhalb des Konvents. Zahlreiche Verfassungsentwürfe wurden in immer dichterer Folge entwickelt. EVP und SPE, Liberale und Grüne, Gewerkschaften und Föderalisten legten eigene Vorschläge vor.[169] Zugleich wurden auch immer mehr Einzelforderungen in die Debatte eingebracht. Sie wurden in der folgenden Phase zur Verhandlungsmasse für die konfliktreiche endgültige Fertigstellung der Verfassung. Europa nahm als Kommunikationszusammenhang immer konkretere Formen an. Die Zahl der Interaktionen, die aufeinander Bezug nahmen, stieg exponentiell an. Das war zwar noch nicht die viel beschworene europäische Öffentlichkeit, aber eine wichtige Vorstufe dazu. Durch die nationalstaatliche und sprachliche Zersplitterung der europäischen Öffentlichkeit braucht Europa eine gemeinsame Arena, in der sich demokratische Aushandlungsprozesse kristallisieren. Die Breite des Teilnehmerkreises im Konvent eröffnete die einmalige Chance, ein „Öffentlichkeitssurrogat" zu kreieren, das den politischen Eliten erlaubte, in offenem Diskurs über die nächsten Schritte der Integration nachzudenken – und dabei en passant selber zu einer Gemeinschaft zusammenzufinden. Im Konvent wuchs Europa an seiner Spitze zusammen. Für die kommende, entscheidende Periode des Konvents lag die Agenda auf dem Tisch und auch die Konsens- und Dissensebenen zeichneten sich deutlich ab. Das Endprodukt des Konvents, so viel war mittlerweile sicher, würde der Entwurf einer Verfassung sein. Doch noch steckte der Konvent in den Niederungen der Details. In den kommenden Monaten würde er weiter arbeiten müssen, um zu einem ausgewogenen, für die Staaten akzeptablen und den Bürgern präsentablen Entwurf zu gelangen. Die wachsende Zahl der im Konvent vertretenen Außenminister und die informellen Treffen am Rande des Konvents ließen die Hoffnung steigen, dass das Endergebnis von den Staats- und Regierungschefs akzeptiert werden würde. Mit dieser Hoffnung stieg der Konvent nach dem Jahreswechsel 2002/2003 in seine dritte Arbeitsphase ein.

---

[169] Vgl. dazu ausführlich Kapitel 14.

10 Aufgaben und Ergebnisse der Arbeitsgruppen

Kurz vor Ende der ersten Arbeitsphase des Konvents, in der Sitzung des Plenums am 23./24. Mai 2002, hatte das Präsidium[170] mit der Einsetzung von zunächst sechs Arbeitsgruppen die zweite Arbeitsphase, die Phase der Erörterung, eingeleitet. Die Themen und Mandate der Arbeitsgruppen griffen die zum Teil kontrovers diskutierten Debattenschwerpunkte der Anhörungsphase auf. Das Präsidium verfolgte mit der Einsetzung der Arbeitsgruppen ein zweifaches Ziel – einerseits sollten bestimmte Einzelfragen vertieft und andererseits den Konventsmitgliedern die Möglichkeit zur detaillierten Sacharbeit eröffnet werden. Damit reagierte das Präsidium auf den wachsenden Unmut unter den Mitgliedern des Konvents über die langatmigen Grundsatzdebatten der Anhörungsphase und auf die zunehmend lauter werdenden Forderungen, nun endlich in die konkrete und vertiefte Textarbeit einzutreten. Kontrovers diskutiert und kritisiert wurde allerdings das Vorgehen des Präsidiums, die Themen und die Mandate der Arbeitsgruppen nicht an den sich abzeichnenden Elementen des Verfassungsvertrages zu orientieren.[171]

Schließlich setzte das Plenum in der Plenarsitzung am 12./13. September 2002 ein zweite Welle von wiederum vier Arbeitsgruppen[172] und am 3./4. Oktober 2002 eine elfte Arbeitgruppe „Soziales Europa" ein. In der Schlussphase des Konvents wurden zusätzlich drei spezifische Arbeitskreise einberufen, die sich mit der Rolle des Europäischen Gerichtshofs, der Reform des EU-Eigenmittelsystems und des Haushaltsverfahrens befassten.

Alle Arbeitsgruppen wurden von Mitgliedern des Präsidiums geleitet, um die Rückkoppelung der Arbeiten an das Präsidium und das Plenum zu wahren und die Kohärenz der Gruppenempfehlungen zu erhöhen. Das Präsidium schlug vor, die Größe der Arbeitsgruppen auf 20-25 Mitglieder zu begrenzen, wobei die verschiedenen Komponenten des Konvents in den Arbeitsgruppen vertreten sein sollten. Das ausschlaggebende Kriterium zur Zusammensetzung der Gruppen sollte jedoch der Sachverstand ihrer Mitglieder sein. Zusätzlich hörten die Gruppen eine Vielzahl von Experten anderer europäischer Organe und Institutionen, von Verbänden und gesellschaftlichen Gruppen sowie aus der Wissenschaft an. Die elf Arbeitsgruppen legten bis Ende 2002 ihre Abschlussberichte vor. Allerdings waren die Ergebnisse und die zum Teil sehr konkreten Vorschläge der Arbeitsgruppen für das Plenum des Konvents formell nicht verbindlich; jedoch zeichneten sich die Empfehlungen der Ar-

---

[170] Vermerk des Präsidiums für den Konvent, CONV 52/02 vom 17. Mai 2002.
[171] Vgl. hierzu insbesondere das Protokoll der Plenarsitzung am 23./24. Mai 2002. Kritisch auch Annette Heuser: Die Struktur des Konvents bestimmt das Ergebnis. Gliederung der Arbeitsgruppen, CAP-Konvent-Spotlight 03/2002.
[172] Siehe den Vermerk des Sekretariats des Konvents „Gruppen: Zweite Welle", CONV 206/02 vom 19. Juli 2002.

beitsgruppenberichte durch ein hohes Maß der Prädomination und Prägewirkung für die Positionierung des gesamten Konvents aus. Die Arbeitskreise nahmen ihre Arbeiten erst in der letzten Phase der Beratungen des Konvents auf. Die Komponenten des Konvents wurden vom Präsidium aufgefordert, für die eng begrenzten Arbeitsaufträge der Kreise einige wenige Fachleute zu benennen. Die Arbeitskreise sollten weniger Mitglieder umfassen als die Arbeitsgruppen und die benannten Mitglieder sollten sich durch spezifische Fachkenntnisse auszeichnen, damit die Arbeitskreise in der Schlussphase des Konvents schnell zu Ergebnissen kommen konnten.

Arbeitsgruppen	Vorsitz
AG I „Subsidiaritätsprinzip"	Íñigo Méndez de Vigo
AG II „Charta der Grundrechte"	António Vitorino
AG III „Rechtspersönlichkeit"	Giuliano Amato
AG IV „Einzelstaatliche Parlamente"	Gisela Stuart
AG V „Ergänzende Zuständigkeiten"	Henning Christophersen
AG VI „Ordnungspolitik"	Klaus Hänsch
AG VII „Außenpolitisches Handeln"	Jean-Luc Dehaene
AG VIII „Verteidigung"	Michel Barnier
AG IX „Vereinfachung"	Giuliano Amato
AG X „Freiheit, Sicherheit und Recht"	John Bruton
AG XI „Soziales Europa"	Giorgos Katiforis

Arbeitsgruppe I „Subsidiarität"
(Vorsitzender: Íñigo Méndez de Vigo)

Nach dem Subsidiaritätsprinzip wird die EU in den Bereichen, die nicht in ihre ausschließliche Kompetenz fallen, nur dann tätig, wenn eine Aufgabe auf nationaler, regionaler oder lokaler Ebene nicht erfüllt werden kann. Aufgabe der Arbeitsgruppe[173] war es, zu prüfen, wie die Einhaltung des Subsidiaritätsprinzips am effizientesten überwacht werden kann, ob ein Überwachungsmechanismus eingeführt werden soll und ob dieses Überwachungsverfahren gerichtlicher oder politischer Natur sein soll.

Die Arbeitsgruppe kam zu dem Ergebnis[174], dass das Subsidiaritätsprinzip weiter in Bezug auf die Anwendung und Überwachung verbessert werden sollte. Die Vorschläge der Gruppe lassen sich zu drei Komplexen zusammenfassen:

a) Die Verbesserung der Berücksichtigung und der Anwendung des Subsidiaritätsprinzips im Rechtsetzungsprozess

Nach Auffassung der Gruppe sollten Mechanismen zur frühzeitigen Beachtung des Subsidiaritätsprinzips im Verlauf des Rechtsetzungsprozesses für alle EU-Organe institutionalisiert werden. Vorgeschlagen wurde, dass die Kommission jedem Vorschlag für einen Rechtsakt einen „Subsidiaritätsbogen" mit detaillierten Angaben zu Notwendigkeit, Nutzen und insbesondere auch zu den finanziellen Auswirkungen eines Rechtsaktes beifügen müsse. Das jährliche Rechtsetzungsprogramm der Kommission sollte ausführlich und frühzeitig in den nationalen Parlamenten erörtert werden.

b) Die Schaffung eines „Frühwarnmechanismus" zur Überwachung der Achtung des Subsidiaritätsprinzips

Im Zentrum der Vorschläge stand ein Frühwarnmechanismus zur politischen ex-ante Kontrolle der Einhaltung des Subsidiaritätsprinzips, an dem die einzelstaatlichen Parlamente direkt beteiligt werden sollten. Dieser Mechanismus sah vier Verfahrensschritte vor: Danach soll die Kommission ihre Vorschläge für Rechtsakte zum gleichen Zeitpunkt wie dem Rat und dem Europäische Parlament auch direkt den nationalen Parlamenten übermitteln. Binnen sechs Wochen können die nationalen Parlamente dann eine begründete Stellungnahme zur Achtung des Subsidiaritätsprinzips an Rat, Europäisches Parlament und Kommission richten. Gehen bei der Kommission nur wenige Stellungnahmen ein, so kann die Kommission auf diese Stellungnahmen mit einer eigenen ausführlichen Begründung antworten, wenn sie an ihrem Gesetzgebungsvorhaben festhalten will. Liegt jedoch eine erhebliche Anzahl von Stellungnahmen der nationalen Parlamente vor (mindestens ein Drittel), so soll die Kommission verpflichtet werden, ihren Vorschlag zu überprüfen, zu überarbeiten oder zurückzuziehen. Eine erneute Einbindung der nationalen Parlamente in den Gesetzgebungsprozess auf europäischer Ebene soll nochmals am Ende des Verfahrens ermöglicht werden.

c) Die Lockerung der Voraussetzungen für die Erhebung einer Klage vor dem Europäischen Gerichtshof (EuGH)

Die Gruppe kam zu dem Ergebnis, dass die ex-post Überwachung der Anwendung des Subsidiaritätsprinzips Angelegenheit des EuGH sei. Hierzu sollten aber die Voraussetzungen für die Erhebung einer Klage gelockert werden. Den nationalen

---

[173] Mandat der AG I Subsidiarität, CONV 71/02 vom 30. Mai 2002.
[174] Schlussbericht der AG I Subsidiarität, CONV 286/02 vom 23. September 2002.

Parlamenten, die ihre Bedenken gegen ein Gesetzgebungsvorhaben im Rahmen des Frühwarnmechanismus geltend gemacht haben, sollte die Möglichkeit eröffnet werden, auf der Grundlage von Art. 230 EG-Vertrag Klage wegen Verstoßes gegen das Subsidiaritätsprinzip erheben zu können. Dieses Klagerecht soll beiden Kammern des nationalen Parlaments eröffnet werden, falls in einem Mitgliedstaat das Parlament aus zwei Kammern zusammengesetzt ist. Darüber hinaus schlug die Gruppe vor, dem Ausschuss der Regionen ein eigenes Klagerecht wegen Missachtung des Subsidiaritätsprinzips einzuräumen.

Abgelehnt wurden neue Instanzen und Institutionen zur Subsidiaritätskontrolle. So fanden sowohl der Vorschlag, einen „Mr. Subsidiarität" mit der Überwachung der Anwendung des Subsidiaritätsprinzips zu beauftragen, als auch der Vorschlag, beim EuGH eine Ad hoc-Kammer für Subsidiaritätsfragen einzurichten, keine Zustimmung. Auch die Forderung nach einem eigenständigen Klagerecht für Regionen mit Gesetzgebungsbefugnissen wurde von der Gruppe abgelehnt.

Arbeitsgruppe II „Charta der Grundrechte"
(Vorsitzender: António Vitorino)

Die Europäische Charta der Grundrechte wurde unter der Leitung des früheren Bundespräsidenten Roman Herzog von einem Konvent erarbeitet und am 7. Dezember 2000 angenommen.[175] Mit der Proklamation der Charta der Grundrechte wurde sie zwar politisch aber nicht rechtlich verbindlich. Die Arbeitsgruppe[176] sollte deshalb insbesondere zwei Fragen erörtern:

(a) Soll die Charta der Grundrechte in den künftigen Verfassungsvertrag aufgenommen werden und welche rechtlichen und politischen Modalitäten und Konsequenzen wären damit verbunden?

Konsens bestand in der Gruppe, die Charta „in einer Form, die ihr rechtsverbindlichen Charakter und Verfassungsrang verleihen würde", in einem Verfassungsvertrag zu verankern. Allerdings konnte in der Gruppe keine Einigung über die Modalitäten der Einbeziehung der Charta in den Verfassungsvertrag erzielt werden. Deshalb schlug die Gruppe in ihrem Abschlussbericht dem Konventsplenum vor, drei Optionen zu prüfen:
- Aufnahme des Charta-Textes am Anfang des Verfassungsvertrages;
- Aufnahme einer Bezugnahme auf die Charta in einem Artikel des Verfassungsvertrages, ergänzt durch die Aufnahme des Charta-Textes als Protokoll bzw. als Anhang zum Verfassungsvertrag;
- eine indirekte Bezugnahme im Verfassungsvertrag zur Charta, die deren Rechtsverbindlichkeit herstellt, ihr jedoch keinen Verfassungsrang zubilligt.

Das Konventsplenum sprach sich mehrheitlich für die erste Option aus, die Charta insgesamt an den Anfang der neuen Verfassung zu stellen. Eine starke Minderheit

---

[175] Vgl. hierzu im Einzelnen auch Kapitel 3.
[176] Mandat der AG II „Charta", CONV 72/02 vom 31. Mai 2002 und Schlussbericht der AG II „Charta", CONV 354/02 vom 22. Oktober 2002.

(insbesondere die Regierungsvertreter aus Großbritannien, Italien, Bulgarien und der Türkei) votierte hingegen für einen ebenfalls Rechtsverbindlichkeit erzeugenden Verweis auf die Charta. Dies wurde damit begründet, dass die Balance des EU-Vertrages ansonsten unausgewogen sei und die Vorschriften der Charta zumindest teilweise angetastet werden müssten. In der Plenardebatte des Konvents lehnte nur ein Mitglied den Verfassungsrang der Charta ab.

Die Arbeitsgruppe prüfte im Hinblick auf die Einbeziehung der Charta in den Verfassungsvertrag insbesondere auch eine Vielzahl von rechtlichen und technischen Aspekten. Mit breiter Mehrheit sprach sich die Gruppe dafür aus, dass die Charta aus Respekt vor dem Kompromiss des ersten Konvents inhaltlich nicht verändert werden solle. Eine Neu- oder Nachverhandlung der Charta oder von Teilen der Charta wurde abgelehnt; allenfalls seien redaktionelle Anpassungen notwendig. Die Gruppe schlug in diesem Zusammenhang eine Anpassung der horizontalen Klauseln zum Anwendungsbereich und Tragweite der Charta (Art. 51 und 52 der Grundrechtecharta) vor, um zu verdeutlichen, dass mit der Aufnahme der Charta in den Verfassungsvertrag die Kompetenzverteilung zwischen EU und Mitgliedstaaten nicht verändert werden solle.

(b) Soll die Europäische Union der Europäischen Menschenrechtskonvention (EMRK) beitreten und welche Modalitäten und Auswirkungen wären mit diesem Schritt verbunden?
Deutliche Unterstützung gab es in der Arbeitsgruppe für den Beitritt der EU zur EMRK. Für einen Beitritt sprechen insbesondere der umfassende Grundrechtsschutz der EU-Bürger, das politische Signal sowie die Synchronisierung der Rechtsprechung der Gerichtshöfe in Luxemburg und Straßburg.

(c) Weitere Empfehlungen:
Die Präambel der Charta, die im Grundrechtekonvent als entscheidendes Element im allgemeinen Konsens angenommen worden war, sollte unverändert in den künftigen Verfassungsvertrag übernommen werden. Die Gruppe betonte die besondere Bedeutung der „Erläuterungen", die für die Artikel der Grundrechtecharta vom Präsidium des Grundrechtekonvents ausgearbeitet worden waren. Auf diese Interpretationshilfen sollte auch nach einer Aufnahme der Charta in den Verfassungsvertrag in geeigneter Weise aufmerksam gemacht werden. Im Zusammenhang mit der Rechtsverbindlichkeit diskutierte die Arbeitsgruppe auch die Rechtsmittel des Einzelnen zum Schutz der in der Charta gewährten Grundrechte. Ein spezielles Verfahren vor dem EuGH im Sinne einer individuellen Verfassungsbeschwerde wurde mehrheitlich in der Arbeitsgruppe abgelehnt. Allerdings sollten die Bestimmungen für den direkten Zugang von Einzelpersonen zum Gerichtshof überprüft werden.

Arbeitsgruppe III „Rechtspersönlichkeit"
(Vorsitzender: Giuliano Amato)

In den Verträgen ist derzeit geregelt, dass nur die Europäische Gemeinschaft (EG) sowie die Europäische Atomgemeinschaft (Euratom) eigene Rechtspersönlichkeiten besitzen. Damit kann z.B. die EG in allen unter ihre Zuständigkeit fallenden Bereichen nach außen tätig werden und auf internationaler Ebene als Vertragspartner in Erscheinung treten. Demgegenüber fehlt aber der EU die ausdrückliche Anerkennung einer Rechtspersönlichkeit. Allgemein wurde festgestellt, dass diese Situation in mehrfacher Hinsicht unklar und unbefriedigend sei. Das Mandat der Arbeitsgruppe „Rechtspersönlichkeit"[177] umfasste deshalb insbesondere zwei Themenkomplexe:

(a) Die Folgen der Anerkennung der Rechtspersönlichkeit der EU bzw. der Verschmelzung mit der Rechtspersönlichkeit der EG.
Die Arbeitsgruppe kam zu dem weitgehenden Einvernehmen, der EU solle eine einzige Rechtspersönlichkeit zuerkannt werden, die an die Stelle der bestehenden Rechtspersönlichkeiten treten soll. Eine hinreichende Klarstellung und Vereinfachung sei nur durch eine Fusion der bestehenden Rechtspersönlichkeiten zu einer einzigen zu erreichen.

(b) Die Auswirkungen auf die Frage der Vereinfachung der Verträge.
Die Verschmelzung der Rechtspersönlichkeiten würde implizit auch zu einer Auflösung der bisherigen Säulenstruktur des europäischen Vertragswerks führen. Die vertragliche Grundlage der EU soll, so die Empfehlung der Gruppe, ein einheitlicher Vertragstext sein, in dem die Rechtspersönlichkeit in einem einzigen Vertragsartikel geregelt werden soll.

Arbeitsgruppe IV „Einzelstaatliche Parlamente"
(Vorsitzende: Gisela Stuart)

Die Erklärung zur Zukunft der EU von Laeken erteilte dem Konvent den Auftrag, die Rolle der einzelstaatlichen Parlamente in der EU zu prüfen. Die Arbeitsgruppe sollte diesen Auftrag aufgreifen und darüber hinaus Vorschläge entwickeln, mit welchen Instrumenten die Rolle der nationalen Parlamente im europäischen Gefüge gestärkt werden könnte.[178]

In ihrem Abschlussbericht betonte die Gruppe die besondere Bedeutung einer stärkeren Beteiligung der einzelstaatlichen Parlamente an den Tätigkeiten der Europäischen Union für die Stärkung der demokratischen Legitimation der EU. Kernaufgabe der nationalen Parlamente sei allerdings die Kontrolle ihrer Regierungen. Dies

---

[177] Mandat der AG III „Rechtspersönlichkeit", CONV 73/02 vom 31. Mai 2002 und Schlussbericht der AG III „Rechtspersönlichkeit", CONV 305/2002 vom 1. Oktober 2002.
[178] Mandat der AG IV „Einzelstaatliche Parlamente", CONV 74/02 vom 30. Mai 2002 und Schlussbericht der AG IV über die Rolle der einzelstaatlichen Parlamente, CONV 353/02 vom 22. Oktober 2002.

setze voraus, dass die nationalen Parlamente ihre Möglichkeiten umfassend nutzen sollten, um über ihre nationalen Regierungen Einfluss auf die Tätigkeit des Rates zu nehmen und dass der Rat öffentlich tagen müsse, wenn er als Gesetzgeber tätig werde. Gestärkt werden sollten auch der Erfahrungsaustausch und der Informationsfluss zwischen den Parlamenten sowie zwischen der europäischen und der nationalen Ebene. Hierzu könnte auch das Protokoll zur Rolle der nationalen Parlamente des Amsterdamer Vertrages ergänzt werden. Die von der Arbeitsgruppe Subsidiarität erarbeiteten Vorschläge, insbesondere zum Frühwarnsystem, wurden von der Arbeitsgruppe „Einzelstaatliche Parlamente" unterstützt; allerdings mit der Klarstellung, dass die Ausübung des Klagerechts im Rahmen des Frühwarnsystems nicht an eine vorherige Stellungnahme gekoppelt sein dürfe. Konsens bestand in der Gruppe darüber, dass die aktive Beteiligung und die herausgehobene Bedeutung der nationalen Parlamente im Verfassungsvertrag festgehalten werden sollte. Die nationalen Parlamente sollten die Möglichkeit haben, eigene Standpunkte zu allen vorgeschlagenen Rechtsakten und Maßnahmen der EU entwickeln zu können. Die Gewährleistung und Beachtung des Subsidiaritäts- und des Verhältnismäßigkeitsprinzips solle zu einer gemeinsamen Aufgabe von Europäischer Kommission, Europäischem Parlament und den nationalen Parlamenten werden. Dazu sollte auch die Konferenz der Europaausschüsse der nationalen Parlamente der Mitgliedstaaten der EU und des EP (COSAC) als Plattform eines regelmäßigen Informationsaustauschs gestärkt werden. Zur Vorbereitung künftiger Vertragsänderungen sollte die Konventsmethode förmlich in den Verfassungsvertrag aufgenommen werden.

Die Arbeitsgruppe sprach sich mehrheitlich gegen die Schaffung neuer und komplexer Organe oder Verfahren aus, die die Entscheidungsprozesse verlangsamen oder erschweren könnten. Dies war Anlass für eine kontroverse Diskussion im Plenum des Konvents über die Frage, ob ein „Kongress der Völker Europas" gebildet werden sollte. Die Kongressidee war von Präsident Valerie Giscard d'Estaing propagiert und vor allem von den französischen Konventsmitgliedern unterstützt worden. In der Arbeitsgruppe und im Plenum stieß diese Idee jedoch auf sehr breiten Widerspruch oder zumindest auf starke Skepsis.

Arbeitsgruppe V „Ergänzende Zuständigkeiten"
(Vorsitzender: Henning Christophersen)

Die Frage einer reformierten europäischen Kompetenzordnung war eine der wesentlichen Aufgaben, die der Europäische Rat in seiner Laekener Erklärung dem Konvent gestellt hatte. Die Definition und Abgrenzung der Zuständigkeiten war die zentrale Aufgabe der Arbeitsgruppe „Ergänzende Zuständigkeiten".[179] Grundsätzlich handelt es sich bei den ergänzenden Zuständigkeiten um Bereiche, in denen sich die Tätigkeiten der EU auf die Ergänzung, Unterstützung oder Koordinierung der Tätigkeiten der Mitgliedstaaten beschränken sollte (z.B. Förderprogramme). In Einzelfragen kommt es allerdings immer wieder zu schwierigen Abgrenzungsproblemen. Die Arbeitsgruppe hatte zunächst die Frage zu beantworten, wie das Konzept der „er-

---
[179] Mandat der AG V „Ergänzende Zuständigkeiten", CONV 75/02 vom 31. Mai 2002.

gänzenden Zuständigkeiten" deutlicher definiert werden kann. Darüber hinaus diskutierte die Gruppe auch grundsätzliche Fragen einer künftigen europäischen Kompetenzordnung und legte somit ihr vorgegebenes Mandat weit aus.

Für eine künftige europäische Kompetenzordnung legte die Gruppe einige grundsätzliche Überlegungen vor. Danach sollte in einen künftigen Europäischen Verfassungsvertrag ein separater Titel aufgenommen werden, in dem alle Fragen der Kompetenzabgrenzung von grundsätzlicher Bedeutung in kurzer, knapper und leicht verständlicher Weise geregelt werden sollen. Für jeden Politikbereich sollte lediglich eine grundlegende Abgrenzung der Zuständigkeit vorgenommen werden, die detaillierte Verteilung der Zuständigkeiten der bestehenden Verträge bliebe somit unangetastet. In einem gesonderten Artikel könnte dann deutlich gemacht werden, dass die Zuständigkeit für einzelne Politikbereiche im Einklang mit den spezifischen Bestimmungen für diesen Politikbereich auszuüben ist. In der Arbeitsgruppe war dieses Modell einer Differenzierung der Regelungen der Kompetenzordnung in einen ersten grundsätzlichen Teil und einen zweiten spezifischen Teil nicht unumstritten. Einige Mitglieder der Arbeitsgruppe hatten vorgeschlagen, die Kompetenzbestimmungen mit der Darstellung der Handlungsformen und -instrumente präzise und vollständig in einem Titel zusammen zu fassen.

Konsens bestand in der Gruppe, die europäischen Zuständigkeiten in drei Kategorien zu gliedern: in ausschließliche Zuständigkeiten, geteilte Kompetenzen und unterstützende Maßnahmen (zunächst ergänzende Zuständigkeiten benannt). Die unterstützenden Maßnahmen sollten in Politikbereichen möglich sein, in denen die Mitgliedstaaten ihre Rechtsetzungsbefugnisse noch nicht an die EU abgetreten haben, aber ein gemeinsames Interesse der Union und den Mitgliedstaaten besteht. Diese unterstützenden Maßnahmen könnten dann in Form von Empfehlungen, Entschließungen, Leitlinien und Programmen sowie bindenden und nicht bindenden Beschlüssen erfolgen. Ausschließliche Zuständigkeiten sollten die Sachbereiche sein, in denen die Mitgliedstaaten nur mit vorheriger Erlaubnis der Union tätig werden dürfen. Über die Kriterien zur Definition der ausschließlichen Zuständigkeit bestanden in der Arbeitsgruppe allerdings unterschiedliche Positionen, wobei insbesondere die Forderung umstritten war, die Zuordnung zur Kategorie der ausschließlichen Zuständigkeiten auf der Grundlage politischer Erwägungen zu ermöglichen, also auf der Grundlage der Zielvorstellungen der Artikel 3 und 4 des EG-Vertrages. Umstritten war auch die Frage, ob die Methode der offenen Koordinierung als Handlungsinstrument in einem europäischen Verfassungsvertrag verankert werden sollte. Die Arbeitsgruppe versuchte schließlich, einzelne Politikbereiche den zuvor definierten Kompetenzkategorien beispielhaft zuzuordnen, wobei insbesondere der Sachbereich Forschung und Entwicklung ausführlich diskutiert wurde. Danach sollten unter der Kategorie „Unterstützende Maßnahmen" die Bereiche Beschäftigung, allgemeine und berufliche Bildung, Kultur, öffentliche Gesundheit, Transeuropäische Netze, Industrie sowie Forschung und Entwicklung subsumiert werden.

Außerdem schlug die Arbeitsgruppe vor, verschiedene Grundsätze der Kompetenzordnung in dem allgemeinen Kompetenztitel des Verfassungsvertrags zu normieren. Genannt wurden die Prinzipien der Subsidiarität, der Verhältnismäßigkeit, des Vorrangs des Gemeinschaftsrechts, der grundsätzlichen Umsetzung und Durchführung durch die Mitgliedstaaten sowie das Prinzip des gemeinsamen Interesses und der Solidarität. Ausführlicher diskutiert wurden das Prinzip der begrenzten Einzelermächtigung und eine Klausel, in der die EU verpflichtet werden soll, bestimmte wesentliche Befugnisse der Mitgliedstaaten zu achten. Hierzu sollte Artikel 6 Absatz 3 EU-Vertrag, wonach die EU die nationale Identität ihrer Mitgliedstaaten achtet, durch die Benennung wesentlicher Bestandteile der nationalen Identität transparenter und präziser formuliert werden (sog. Christophersen-Klausel). Aufgeführt wurden dabei unter anderem die politische und verfassungsrechtliche Struktur, einschließlich regionaler und kommunaler Selbstverwaltung, die Regelungen zu Sprachen, Staatsbürgerschaft, Hoheitsgebiet und rechtlichem Status der Kirchen und Glaubensgemeinschaften sowie zu Landesverteidigung und der Organisation der Streitkräfte.

Besonders umstritten war in der Arbeitsgruppe die Rolle der Abrundungsklausel des Artikels 308 EG-Vertrag in einem künftigen Verfassungsvertrag. Mehrheitlich kam die Gruppe zu dem Ergebnis, dass zur Sicherung der Flexibilität des Vertragssystems auch weiterhin an dieser Vertragsklausel festgehalten werden sollte. Allerdings sollten die Bedingungen für die Anwendung des Artikels präzisiert und möglicherweise strenger gefasst werden. Der Artikel dürfe keine Grundlage bieten, um den Bereich der Unionsbefugnisse über den allgemeinen Kompetenzrahmen hinaus auszuweiten oder um Harmonisierungsmaßnahmen in Politikbereichen zu erlassen, in denen die EU keine Kompetenz für solche Maßnahmen habe. Zugleich wurde die Begrenzung des Anwendungsbereichs von Art. 308 auf Maßnahmen abgelehnt, die zur Errichtung und zum Funktionieren des Binnenmarktes erforderlich seien. Die Einstimmigkeit bei Entscheidungen solle weiterhin beibehalten werden, die Aufhebung dieser Entscheidungen hingegen könnte mit qualifizierter Mehrheit möglich sein.

Die Gruppe kam in ihrem Abschlussbericht darüber hinaus zu weiteren Empfehlungen:[180]

- Die Zielbestimmung in Artikel 1 des EU-Vertrags, in der von einer „immer engeren Union" die Rede ist, sollte präzisiert werden, um klar zu stellen, dass Ziele keine Zuständigkeiten begründen.
- Im Verfassungsvertrag sollten die Artikel zum Binnenmarkt (Artikel 94 und 95 EG-Vertrag) derart präzisiert werden, dass der unmittelbare Bezug zum europäischen Binnenmarkt bei Maßnahmen zur Harmonisierung von Rechtsvorschriften deutlich wird, d.h. die wichtigsten Ziele, Inhalte und Wirkungen einer Maßnahme sollten sich auf den Binnenmarkt beziehen.

In der kontroversen Debatte des Konventsplenums über den Abschlussbericht der Arbeitsgruppe kritisierten einige Konventsmitglieder die Empfehlungen der Arbeitsgruppe. Die Kritik richtete sich insbesondere gegen die Zuweisung bestimmter Zuständigkeiten in den Bereich der ergänzenden Zuständigkeiten und die Benennung der Bestandteile der nationalen Identität, durch die der Ansatz der Aufstellung von Kompetenzkatalogen wieder aufgegriffen werde. Der Vorsitzende der Arbeitsgruppe, Henning Christophersen, betonte dagegen, dass die Präzisierung des Schut-

---

[180] Schlussbericht der AG V „Ergänzende Zuständigkeiten", CONV 375/02 vom 4. November 2002.

zes der nationalen Identität der Mitgliedstaaten durch die aufgelisteten Bestandteile keineswegs als Negativliste zu verstehen sei.

Arbeitsgruppe VI „Ordnungspolitik"
(Vorsitzender: Klaus Hänsch)

Im Rahmen der Wirtschafts- und Währungsunion wird die Währungspolitik als eine ausschließliche Zuständigkeit der Gemeinschaft durch die Europäische Zentralbank wahrgenommen, während die Wirtschaftspolitik weiterhin im Wesentlichen in der Zuständigkeit der Mitgliedstaaten liegt. Ergänzend erfolgt in anderen Politikbereichen wie beispielsweise den Bereichen Beschäftigung, Sozialfragen und Bildung eine offene politische Koordinierung. Die Arbeitsgruppe „Ordnungspolitik" wurde mandatiert, Vorschläge über die künftige wirtschaftliche und finanzielle Zusammenarbeit in der EU zu entwickeln.[181] Dabei wurden sowohl die Institutionen (EZB, Euro-Gruppe), die Formen (z.B. der Euro-Stabilitätspakt und die Methode der offenen Koordinierung) und die Inhalte der wirtschafts- und währungspolitischen Abstimmung in der Arbeitsgruppe diskutiert.

Die Beratungen in der Arbeitsgruppe gestalteten sich überaus schwierig und kontrovers; es zeichnete sich bereits frühzeitig ab, dass eine Konsensfindung nur sehr eingeschränkt möglich sein würde. Die Diskussionen in der Gruppe fanden vor dem Hintergrund der offen gebliebenen Grundsatzfrage statt, ob die Wirtschafts- und Währungspolitik durch eine abgestimmte europäische Sozial- und Beschäftigungspolitik ergänzt werden soll. Kernpunkt war die Frage, welche Zielsetzung die Wirtschafts- und Währungspolitik haben solle - Stabilität der Währung und Wettbewerbsfähigkeit der Wirtschaft einerseits oder Vollbeschäftigung und soziale Sicherheit andererseits.

Dieser Grundsatzkonflikt verlief zwischen den politischen Parteifamilien: Die SPE-Vertreter forderten eine enger koordinierte europäische Wirtschafts- und Beschäftigungspolitik (einzelne sozialistische Repräsentanten forderten die Festschreibung des Ziels der Vollbeschäftigung, die französischen Vertreter gar eine europäische Wirtschaftsverfassung), während die EVP-Vertreter eine liberale Wirtschaftspolitik und eine begrenzte europäische Beschäftigungspolitik anstrebten.
Konsens erzielte die Gruppe zu folgenden Punkten:[182]
- Die wirtschafts- und sozialpolitischen Ziele der EU sollten in den Verfassungsvertrag aufgenommen werden, wobei aber die Gruppe über die Inhalte dieser Ziele keine Einigkeit herstellen konnte.
- Die Aufgaben und das Mandat der Europäischen Zentralbank (EZB) sollten unverändert bleiben, allerdings sah die Mehrheit der Arbeitsgruppe einen erhöhten Koordinierungsbedarf in den Bereichen Haushalt, Steuern, Soziales und Beschäftigung.
- Die Methode der offenen Koordinierung sollte in den Verfassungsvertrag aufgenommen und das Europäische Parlament systematisch einbezogen werden.

---
[181] Mandat der AG VI „Ordnungspolitik", CONV 76/02 vom 30. Mai 2002.
[182] Schlussbericht der AG VI „Ordnungspolitik", CONV 357/02 vom 21. Oktober 2002.

Arbeitsgruppe VII „Außenpolitisches Handeln"
(Vorsitzender: Jean-Luc Dehaene)

Als eine originäre Aufgabe der Europäischen Union wird immer wieder gefordert, dass die EU eine stärkere und aktive Rolle in der internationalen Politik spielen soll. Gegenwärtig agieren sowohl die Europäische Kommission, insbesondere bei Fragen des Außenhandels, als auch die Mitgliedstaaten im Rahmen der Abstimmung gemeinsamer Positionen im Bereich der Gemeinsamen Außen- und Sicherheitspolitik (GASP) in diesem Bereich. Die Arbeitsgruppe sollte deshalb prüfen, wie die Kohärenz des außenpolitischen Handelns der Union sichergestellt werden kann und wie hierfür der institutionelle Rahmen und der Beschlussfassungsprozess angepasst werden soll.[183]

Die überwiegende Mehrheit des Konvents sprach sich für eine deutliche Stärkung des Profils der EU im Bereich der Außen- und Sicherheitspolitik aus. Bei der Frage, wie diese Profilierung der Außenvertretung in die Praxis umgesetzt werden könnte, wurde der grundsätzliche Dissens zwischen den Anhängern der supranationalen Methode und den Vertretern der intergouvernementalen Zusammenarbeit deutlich. Während die Anhänger der ersten Option eine Stärkung der bestehenden EU-Institutionen befürworteten, sprachen sich die Anhänger der zweiten Option für einen Verbleib in rein nationaler Verantwortung aus. Folgende Empfehlungen wurden von der Arbeitsgruppe abgegeben:[184]

- Die Grundsätze und Ziele des außenpolitischen Handels der EU sollen klar definiert und inhaltlich präzisiert und im Verfassungsvertrag verankert werden. Zu diesen Grundsätzen und Zielen sollen die gemeinsamen Grundwerte wie Demokratie, Rechtsstaatlichkeit, Schutz der Menschenrechte sowie die Grundsätze der Charta der Vereinten Nationen zählen.
- Der Europäische Rat soll strategische Ziele und Interessen als Leitlinien für das Handeln der EU in spezifischen Fragen der internationalen Politik definieren. Dem Ministerrat käme die Aufgabe der Umsetzung dieser Leitlinien zu, während dem Europäischen Rat die regelmäßige Überprüfung der Realisierung seiner strategischen Vorgaben zustünde.
- Mehrheitlich sprach sich die Arbeitsgruppe zur Stärkung der Kohärenz des außenpolitischen Handels von Kommission und Ministerrat dafür aus, einen Verantwortlichen für die Außenpolitik zu bestellen. Dieser „Europäische Vertreter für Auswärtiges" würde demnach die Funktionen des Hohen Vertreters des Rates und des für Außenbeziehungen zuständigen Kommissionsmitglieds auf sich vereinen („Doppelhut–Modell").
- Zur Stärkung der Kohärenz und Effizienz der europäischen Außenpolitik empfahl die Arbeitsgruppe zudem eine neue Ratsformation „Außenpolitisches Handeln", in der mit qualifizierter Mehrheit abgestimmt und die von dem „Europäischen Vertreter für Auswärtiges" geleitet werden soll, dem allerdings kein Stimmrecht zustehen sollte.

---

[183] Mandat der AG VII „Außenpolitisches Handeln", CONV 252/02 vom 10. September 2002.
[184] Schlussbericht der AG VII „Außenpolitisches Handeln", CONV 454/02 vom 16. Dezember 2002.

- Der Anteil der Ausgaben für die Gemeinsame Außen- und Sicherheitspolitik am Haushalt der Union sei nicht ausreichend. Deshalb schlug die Gruppe vor, das Budget für die GASP zu erhöhen und ein geändertes Haushaltsverfahren mit der Möglichkeit einer „Ex-post-Genehmigung" von Ausgaben einzuführen, um auf Krisensituationen flexibel reagieren zu können.
- Die Außenstellen der Europäischen Kommission sollten zu wirklichen EU-Botschaften umgewandelt werden, besetzt durch einen eigenen diplomatischen Dienst, der in einer eigenen EU-Diplomatenschule ausgebildet werden sollte.

Arbeitsgruppe VIII „Verteidigung"
(Vorsitzender: Michel Barnier)

Der Europäische Rat von Köln hatte im Juni 1999 mit dem Beschluss zur Entwicklung eigener europäischer Fähigkeiten zur Krisenbewältigung die ersten Schritte zur Erweiterung der Union um eine verteidigungspolitischen Dimension aufgenommen. Allerdings bestanden in diesem sensiblen Bereich nationaler Souveränität sehr unterschiedliche Interessen und verteidigungspolitische Voraussetzungen der einzelnen Mitgliedstaaten. So ist zwar die Mehrzahl der EU-Mitgliedstaaten auch Mitglied der NATO; Irland, Österreich und Schweden hingegen legen besonderen Wert auf ihren Status als neutrale Länder.

Die Arbeitsgruppe „Verteidigung"[185] des Konvents stellte in ihrem Bericht umfassend sowohl den rechtlichen und politischen Rahmen der Europäischen Sicherheits- und Verteidigungspolitik (ESVP), die Vielfalt der unterschiedlichen verteidigungspolitischen Ausgangslagen der EU-Mitgliedstaaten, als auch die neuen Herausforderungen und Bedrohungen, denen sich die EU und ihre Mitgliedstaaten gegenübersehen, dar. Auf der Grundlage dieser Analyse kam die Arbeitsgruppe zu folgenden Empfehlungen:

- Erforderlich sei die Ergänzung der so genannten Petersberg-Aufgaben[186] im Bereich des Krisenmanagements durch die ausdrückliche Erwähnung weiterer Aufgaben, die den Einsatz militärischer Mittel erfordern (Konfliktverhütung, gemeinsame Abrüstungsmaßnahmen, militärische Beratung und Unterstützung, Stabilisierungsmaßnahmen nach Konflikten, Unterstützungsersuchen durch Drittländer bei der Terrorismusbekämpfung).
- Jede Krisenbewältigungsoperation müsse effizient und kohärent durchgeführt werden. Hierzu müsse unter anderem die Rolle des Hohen Vertreters gestärkt werden und die operativen Fragen dem sicherheitspolitischen Komitee übertragen werden, ohne die politische Verantwortlichkeit in Frage zu stellen. Einzelnen Mitgliedstaaten sollte die Möglichkeit der konstruktiven Enthaltung bei mi-

---

[185] Aufzeichnung von Herrn Barnier zum Mandat der Gruppe „Verteidigung", CONV 246/02 vom 10. September 2002 und Schlussbericht der AG VIII „Verteidigung", CONV 461/02 vom 16. Dezember 2002.

[186] Diese Aufgaben umfassen z.B. die Beteiligung an Blauhelmeinsätzen der UN, friedensschaffende Kampfeinsätze zur Krisenbewältigung, humanitäre Aufgaben und Rettungseinsätze.

litärischen Aktionen, aber zugleich auch die Möglichkeit zur Beteiligung an einer verstärkten Zusammenarbeit zugebilligt werden.
- Zur Verhütung terroristischer Bedrohungen auf dem Hoheitsgebiet eines Staates solle eine Solidaritätsklausel in den Verfassungsvertrag aufgenommen werden, die auch die Bereiche Polizei, Justiz, Zivilschutz, Katastrophen- und Grenzschutz enthalten solle.
- Nicht nur aus militärischen, sondern auch aus industriepolitischen und technologischen Gründen sei eine Bündelung der Rüstungsforschung und -kapazitäten in einer europäischen Rüstungsagentur auf zwischenstaatlicher Ebene sinnvoll.
- Um die Effizienz der europäischen Verteidigungspolitik zu gewährleisten, soll dem Hohen Vertreter für die GASP auch die Zuständigkeit für die europäische Verteidigungspolitik übertragen werden. Dabei sei eine angemessene parlamentarische Kontrolle durch das Europäische Parlament und die nationalen Parlamente sicher zu stellen.

Arbeitsgruppe IX „Vereinfachung"
(Vorsitzender: Giuliano Amato)

Im Hinblick auf die Rechtsetzung verfügt die EU derzeit über rund dreißig unterschiedliche Entscheidungsverfahren und fünfzehn Formen von Rechtsinstrumenten. Angesichts dieser Unübersichtlichkeit hatte der Europäische Rat von Laeken den Konvent mit der Aufgabe betraut, eine Vereinfachung des Vertragswerks sowie eine Verringerung der Anzahl der Verfahren zu prüfen. Dabei soll die Vereinfachung nicht nur zu mehr Handlungsfähigkeit, sondern auch zu mehr Transparenz und Bürgernähe und dadurch zu einer verbesserten Demokratisierung der Union führen. Ziel der Prüfung in der Arbeitsgruppe[187] sollte die Garantie sein, dass Rechtsakte mit der gleichen Rechtswirkung auch nach dem gleichen Verfahren erlassen werden.
In der Arbeitsgruppe wurde Konsens zu folgenden Punkten festgestellt:[188]
- *Verringerung der Rechtsakte:* Die Gruppe schlug vor, die Zahl der verbindlichen Rechtsakte auf drei zu begrenzen. An Stelle der bisherigen Verordnung solle künftig ein EU-Gesetz, an Stelle der bisherigen Richtlinie künftig ein EU-Rahmengesetz und die Entscheidung treten. Die rechtlich nicht-verbindlichen Rechtsakte sollten auf zwei Formen beschränkt werden – Empfehlungen und Stellungnahmen. Allerdings dürfe eine solche Reduzierung nicht zulasten der Flexibilität und der Effizienz der Rechtsakte gehen. Der Anwendungsbereich dieser Rechtsakte solle sich sowohl auf den derzeitigen Bereich des EG-Vertrages als auch auf den Bereich der polizeilichen und justiziellen Zusammenarbeit in Strafsachen erstrecken. Die Besonderheiten der Rechtsakte im Bereich der Gemeinsamen Außen- und Sicherheitspolitik sollen dagegen erhalten bleiben.

---

[187] Mandat der Gruppe IX „Vereinfachung des Rechtsetzungsverfahrens und der Verfahren", CONV 271 vom 17. September 2002.
[188] Schlussbericht der AG IX „Vereinfachung des Rechtsetzungsverfahrens und der Verfahren", CONV 424/02 vom 29. November 2002.

- *Hierarchisierung der Rechtsakte:* Die Gruppe empfahl, die Hierarchie der Rechtsnormen klarer zu gestalten und eine neue Kategorie der „delegierten Rechtsakte" einzuführen. Mit dieser neuen Kategorie solle es dem Gesetzgeber möglich werden, die eher technischen Aspekte eines Rechtsaktes auf die Exekutive zu delegieren. Im Ergebnis sollte sich so eine Differenzierung der Rechtsakte in drei Gruppen ergeben - in Gesetzgebungsakte, delegierte Rechtsakte und Durchführungsakte. Die Gesetzgebungsakte sollten generell nach dem Mitentscheidungsverfahren, d.h. mit der gleichberechtigten Mitwirkung des Europäischen Parlaments am Gesetzgebungsverfahren, erlassen werden. Die delegierten Rechtsakte sollten den eigentlichen Gesetzgebungsakt konkretisieren und im Regelfall durch die Kommission angenommen werden. Dabei müsse die Kontrolle der Ausübung dieser Befugnisse durch den Gesetzgeber, d.h. durch Rat und Parlament, weiterhin gewährleistet sein. Vorgeschlagen wurde hierfür ein Rückrufungsrecht (call back) oder eine Auflösungsklausel (sunset clause).
- *Methode der offenen Koordinierung:* Um der Union die erforderliche Flexibilität zu erhalten, solle auch das Verfahren der offenen Koordinierung in den Verfassungsvertrag aufgenommen werden. Diese Methode sei aber auf Bereiche außerhalb der Unionszuständigkeiten zu beschränken.
- *Vereinfachung der Entscheidungsverfahren:* Das Mitentscheidungsverfahren soll zum Regelverfahren im europäischen Gesetzgebungsverfahren werden, wobei die Gruppe einige Verbesserungen vorschlug. Das Verfahren der Zusammenarbeit (Art. 252 EG-Vertrag) sollte abgeschafft, das Anhörungsverfahren künftig nur noch bei internationalen Verträgen angewendet werden. Der Rat solle generell mit qualifizierter Mehrheit entscheiden. Die Arbeitsgruppe schlug vor, den Vermittlungsausschuss künftig paritätisch mit Mitgliedern des Rats und des Europäischen Parlaments zu besetzen. Die Kommission solle ihr Initiativmonopol behalten können, allerdings soll die Kommission die Aufforderungen des EP oder des Rats zur Unterbreitung von Vorschlägen (Art. 192 bzw. 208 EG-Vertrag) nur unter erschwerten Voraussetzungen ablehnen können.
- *Reform des Haushaltsverfahrens:* Die klassischen haushaltsrechtlichen Grundsätze (Art. 268-271 EG-Vertrag) sollten künftig in einem gesonderten Artikel im Verfassungsvertrag zusammengefasst werden. Das Haushaltsverfahren selbst sollte vereinfacht und aktualisiert werden. So wurde empfohlen, dass es nur noch ein Verfahren für obligatorische und nicht-obligatorische Ausgaben geben solle. Der Rat sollte die Führungsrolle über die Einnahmen übernehmen und das Parlament abschließend über die Ausgaben entscheiden. Eine neue Rechtsgrundlage wurde für ein System der mittelfristigen Finanzplanung vorgeschlagen.

Arbeitsgruppe X „Freiheit, Sicherheit und Recht"
(Vorsitzender John Bruton)

Das Mandat der Arbeitsgruppe[189] sah die Prüfung aller Fragen zur wirklichen Schaffung eines Raums der Sicherheit, der Freiheit und des Rechts in der EU vor. Im Zentrum standen dabei Vertragsänderungen, die Reform der Rechtsetzungsverfahren und der Rechtsakte sowie Möglichkeiten der weitergehenden Integration im Bereich des Strafrechts und bei Asyl- und Einwanderungsangelegenheiten.

Einigkeit bestand in der Arbeitsgruppe[190] über die Schaffung eines allgemeinen rechtlichen Rahmens durch die Aufhebung der Pfeilerstruktur, aber unter Berücksichtigung der Besonderheiten dieses Politikbereichs. Die Gruppe schlug hierfür ein kombiniertes Verfahren aus der Gemeinschaftsmethode der ersten Säule (EG-Vertrag) und den speziellen Regelungen der intergouvernementalen Zusammenarbeit der dritten Säule (Zusammenarbeit in Strafsachen) vor. Die nationalen Parlamente sollten in dieses kombinierte Verfahren eingebunden werden. Mit breiter Mehrheit billigte die Gruppe den Vorschlag, künftig generell zwischen legislativen und operativen Aufgaben zu unterscheiden.

Zu einzelnen Themenfeldern im Bereich der Innen- und Justizpolitik wurden folgende Reformen vorgeschlagen:

- *Asyl- und Flüchtlingspolitik:* Die Arbeitsgruppe empfahl, auch in diesem Politikfeld das Mitentscheidungsverfahren und damit die gleichberechtigte Mitwirkung des Europäischen Parlaments am Gesetzgebungsprozess einzuführen sowie künftig mit qualifizierter Mehrheit zu entscheiden. Die Europäische Union solle über eine Asyl- und Flüchtlingspolitik verfügen, die auf den Prinzipien der Solidarität und der Lastenteilung basiert.

- *Einwanderungs- und Visapolitik:* Es wurde vorgeschlagen, künftig Entscheidungen nach dem Mitentscheidungsverfahren und mit qualifizierter Mehrheit zu treffen. Die Mitgliedstaaten sollten weiterhin verantwortlich für den Zugang von Drittstaatsangehörigen bleiben; die Union solle aber verstärkt Anregungen und unterstützende Maßnahmen geben sowie die nationalen Maßnahmen enger koordinieren.

- *Zivilrecht:* In diesem Bereich solle an der Beschränkung der Harmonisierung auf Fragen von grenzüberschreitender Bedeutung und mit Auswirkungen auf den Binnenmarkt festgehalten werden.

- *Polizeiliche und rechtliche Zusammenarbeit:* Vor dem Hintergrund der neuen Herausforderungen durch den internationalen Terrorismus und die Organisierte Kriminalität sah die Arbeitsgruppe dringenden Reformbedarf bei den Rechtsinstrumenten des EU-Vertrags (3. Pfeiler; Art. 34 EUV). Die intergouvernementalen Formen der Zusammenarbeit sollten ebenso wie das Instrument der Rahmenentschließungen in die Gemeinschaftsmethode (als Richtlinien und Verordnungen) überführt werden; die Möglichkeit völkerrechtlicher Konventionen

---

[189] Mandat der AG X „Raum der Freiheit der Sicherheit und des Rechts", CONV 179/02 vom 9. Juli 2002.
[190] Schlussbericht der AG X „Raum der Freiheit der Sicherheit und des Rechts", CONV 426/02 vom 2. Dezember 2002.

sollte abgeschafft werden. Die rechtlichen Grundlagen sollen im Bereich der polizeilichen und strafrechtlichen Zusammenarbeit präzisiert und der Anwendungsbereich erweitert werden. Die Mehrheit der Mitglieder in der Arbeitsgruppe sprach sich dafür aus, auch in diesem Bereich das Verfahren der Mitentscheidung und Abstimmungen mit qualifizierter Mehrheit einzuführen (z.B. bei Minimalstandards für Straftaten und Strafmaß; bei gemeinsamen Standards für die Strafprozessordnung und bei Regeln der polizeilichen Zusammenarbeit und der Prävention). Einstimmige Beschlussfassungen sollten lediglich in Kernbereichen möglich sein (z.B. der Schaffung neuer Institutionen oder Organe). Die Mehrheit in der Arbeitsgruppe votierte zusätzlich auch für ein zwischen der EU-Kommission und den Mitgliedstaaten geteiltes Initiativrecht.

- *Europäischer Grenzschutz:* Einigkeit bestand in der Arbeitsgruppe darüber, schrittweise ein europäisches Grenzschutzregime aufzubauen. Auch beim Außengrenzschutz solle das Prinzip der Lastenteilung (Kostenausgleich) beachtet werden. Die Mehrheit in der Arbeitsgruppe forderte langfristig sogar die Schaffung einer europäischen Grenzpolizei.
- *Europol:* Die Arbeitsgruppe sprach sich für eine reformierte Rechtsgrundlage im Verfassungsvertrag aus. Künftig solle Europol nicht nur der Kontrolle der nationalen Parlamente unterliegen, sondern auch der parlamentarischen Kontrolle durch das Europäische Parlament sowie einer gerichtlichen Kontrolle durch den Europäischen Gerichtshof.
- *Eurojust:* Die Rechtsgrundlagen für diese gemeinsame Behörde sollen reformiert und erweitert werden. Für den Ausbau von Eurojust zu einer Europäischen Staatsanwaltschaft gab es allerdings keinen Konsens in der Arbeitsgruppe.

Arbeitsgruppe XI „Soziales Europa"
(Vorsitzender: Giorgos Katiforis)

Das Präsidium des Konvents hatte angesichts der sehr kontroversen Debatte des Plenums am 7. November 2002 und der dort erkennbaren deutlichen Unterstützung beschlossen, eine Arbeitsgruppe „Soziales Europa" einzusetzen. Das Mandat dieser Arbeitsgruppe[191] enthielt die Erarbeitung einer Definition der wesentlichen sozialen Grundwerte der EU, die Festlegung sozialer Ziele, die Prüfung einer möglichen Neuordnung der Gemeinschaftszuständigkeiten, die Anwendung der Methode der offenen Koordinierung im sozialen Bereich sowie die Aufnahme der Rolle der Sozialpartner in das Vertragswerk. Die Arbeitsgruppe stellte ihren Abschlussbericht in der Plenarsitzung am 6./7. Februar 2003 vor.[192] Sie kam dabei zu folgenden Empfehlungen:
- In Artikel 2 des Verfassungsvertrags sollten die Grundwerte der Union aufgeführt werden, zu denen neben der Achtung der Menschenwürde, der Grundrechte, der Demokratie und der Rechtsstaatlichkeit auch soziale Gerechtigkeit,

---
[191] Mandat der AG XI „Soziales Europa", CONV 421/02 vom 22. November 2002.
[192] Schlussbericht der AG XI „Soziales Europa", CONV 516/1/03 vom 4. Februar 2003.

Solidarität und Gleichheit, insbesondere zwischen Mann und Frau, gehören sollen.
- Als soziale Ziele der EU, die in Artikel 3 des Verfassungsvertrags aufgeführt werden sollten, schlug die Gruppe u.a. vor: Vollbeschäftigung, soziale Gerechtigkeit, nachhaltige Entwicklung, ökonomische, soziale und territoriale Kohäsion, soziale Marktwirtschaft, lebenslanges Lernen, ein hoher Grad an sozialer Sicherheit, Gleichheit von Mann und Frau, Rechte der Kinder, hoher Gesundheitsschutz sowie effiziente soziale Sicherungssysteme.
- Im Bereich der Zuständigkeitsverteilung sah die Gruppe die gegenwärtige Abgrenzung als ausreichend an, d.h. die Zuordnung des Politikbereichs Sozialpolitik in die Kategorie der geteilten Kompetenzen. Es sollte jedoch noch deutlicher herausgestellt werden, dass die Union sich ausschließlich auf soziale Fragen im Zusammenhang mit der Vollendung des Binnenmarkts und mit grenzüberschreitendem Charakter konzentrieren solle.
- Im Bereich der Gesundheitspolitik empfahl die Gruppe, die Zuständigkeiten der Union weiter auszuweiten, um ihr die Möglichkeit zu eröffnen, z.B. bei Fragen der grenzüberschreitenden Ausbreitung von Seuchen, Bioterrorismus, der Qualitätssicherung von Blutkonserven und bei Fragen der Organtransplantation handeln zu können.
- Im Bereich der Daseinsvorsorge kam die Gruppe nicht zu einer Einigung; jedoch plädierten einige Mitglieder dafür, der EU die Möglichkeit zu eröffnen, im Bereich der Daseinsvorsorge legislativ tätig werden zu können.
- Mit breiter Mehrheit unterstützte die Arbeitsgruppe den Vorschlag, die Methode der offenen Koordinierung in den Verfassungsvertrag aufzunehmen. Die Methode sollte als nicht-legislative Maßnahme überall dort Anwendung finden, wo die EU über keine Gesetzgebungskompetenz verfügt. Damit sollte es der Union ermöglicht werden, die Maßnahmen der Mitgliedstaaten zu unterstützen und zu ergänzen.
- Die Rolle der Sozialpartner und Interessengruppen der Zivilgesellschaft sollte durch eine ausdrückliche Erwähnung im Verfassungsvertrag gestärkt werden.

Arbeitskreis I „Europäischer Gerichtshof"
(Vorsitzender: António Vitorino)

Der Arbeitskreis kam nach vier Beratungsrunden[193] zu einem ersten Bericht, der im März 2003 vorgelegt wurde, und einem ergänzenden Bericht zur Frage der gerichtlichen Kontrolle im Bereich der Gemeinsamen Außen- und Sicherheitspolitik vom 16. April 2003. Der Arbeitskreis gab in seinen beiden Berichten folgende Empfehlungen:[194]

---

[193] Schema für die Beratungen des Arbeitskreises betreffend den Gerichtshof, CONV 543/03 vom 7. Februar 2003.
[194] Schlussbericht des Arbeitskreises über die Arbeitsweise des Gerichtshofs, CONV 636/03 vom 25. März 2003 und Ergänzender Bericht zur Frage der gerichtlichen Kontrolle über die Gemeinsame Außen- und Sicherheitspolitik, CONV 689/1/03 vom 16. April 2003.

(a) Ernennung, Zahl und Amtsdauer der Richter und Generalanwälte der europäischen Gerichte

Das Verfahren zur Ernennung der Richter und Generalanwälte der europäischen Gerichte, d.h. dem Europäischen Gerichtshof und dem Gericht erster Instanz, sowie die mit dem Vertrag von Nizza angehobene Zahl der Richter und Generalanwälte sollte in den Verfassungsvertrag unverändert übernommen werden. Der Arbeitskreis schlug die Einsetzung eines „Beratenden Ausschusses" vor, der die Mitgliedstaaten bei der Auswahl der Kandidaten unterstützen sollte. Eine Verlängerung der Amtszeit schloss der Arbeitskreis ebenso wenig wie unterschiedliche Amtszeitregelungen an den Gerichten aus. Der Europäische Gerichtshof und das Gericht erster Instanz sollten umbenannt werden in „Gerichtshof der Europäischen Union" und „Allgemeines Gericht der Europäischen Union".

(b) Änderung der Abstimmungsmodi im Verfassungsvertrag zur Reform des Gerichtssystems

Der Arbeitskreis hatte keine Einwände, künftig über die Fragen der Bildung neuer gerichtlicher Kammern oder Änderungen der Satzung des Gerichtshofs mit qualifizierter Mehrheit im Rat zu entscheiden.

(c) Verbesserung des Individualrechtsschutzes

Bei der Frage des wirksamen Zugangs für rechtsuchende Bürger zu den europäischen Gerichten kam der Arbeitskreis nicht zu einmütigen Empfehlungen. Es zeichneten sich zwei Gruppen ab: Eine erste Gruppe sah in der derzeitigen Regelung einen ausreichenden Rechtsschutz. Das dezentrale System sehe die Verantwortung für den Schutz der Rechte von Einzelpersonen insbesondere bei den einzelstaatlichen Gerichten, die auf dem Wege von Vorabentscheidungen die Gültigkeit eines europäischen Rechtsaktes durch den EuGH überprüfen lassen könnten. Eine zweite Gruppe argumentierte dagegen, dass die Zulässigkeitserfordernisse zur Eröffnung des Zugangs zu den europäischen Gerichten zu restriktiv sei und deshalb erweitert werden solle. Derzeit sind Klagen von Einzelpersonen nach Artikel 230 Absatz 4 EG-Vertrag nur zulässig, wenn sie unmittelbar und individuell betroffen sind. Die Gruppe schlug deshalb vor, dass jede natürliche und juristische Person unter den gleichen Voraussetzungen gegen einen Rechtsakt klagen könne. Dazu wurden verschiedene Lösungswege erörtert.

(d) Sanktionen im Fall der Nichtbefolgung eines Urteils des Gerichtshofs

Im Arbeitskreis bestand Einigkeit, dass die derzeit möglichen Sanktionierungsmöglichkeiten nicht wirksam genug seien. So könnten verurteilte Mitgliedstaaten Jahre warten, bis ihnen eine Geldbuße auferlegt werde. Vorgeschlagen wurden deshalb verbesserte Sanktionsmöglichkeiten der Kommission und straffere Sanktionsregelungen für den Gerichtshof.

(e) Gerichtliche Kontrolle im Bereich der Gemeinsamen Außen- und Sicherheitspolitik (GASP)

Der Arbeitskreis kam nur in einer Einzelfrage zu einer einheitlichen Empfehlung. Er sprach sich dafür aus, generell die Möglichkeit zu schaffen, wirtschaftliche Sanktionen gegen Einzelpersonen zu ermöglichen. Zu allen weiteren Fragen konnte der Arbeitskreis keinen Konsens erzielen. Einige Mitglieder sprachen sich für die generelle Zuständigkeit des Gerichtshofs zur Kontrolle der Rechtmäßigkeit der Rechtsakte im Bereich der GASP aus. Manche befürworteten darüber hinaus die Zuständigkeit des Gerichtshofs auch für Rechtsakte im Bereich der GASP, die eine Umsetzung auf nationaler Ebene erforderlich machen. Andere Mitglieder des Arbeitskreises lehnten eine Kontrollzuständigkeit des EuGH mit der Begründung ab, dies könne der Wirksamkeit oder sogar der Entwicklung der GASP insgesamt schaden.

Arbeitskreis II „Haushaltsverfahren"
(Vorsitzender: Henning Christophersen)

Dieser Arbeitskreis prüfte in erster Linie die Fragen, ob die Finanzielle Vorausschau, also der mehrjährige Finanzrahmen der EU, in die Verfassung aufgenommen werden sollte und wie ein vereinfachtes Haushaltsverfahren aussehen könnte.[195]

Der Arbeitskreis empfahl dem Konvent zunächst eine Änderung der Begrifflichkeit vorzunehmen und die bisherige „Finanzielle Vorausschau" im Verfassungsvertrag nunmehr „Mehrjähriger Finanzrahmen" zu bezeichnen. In Teil I der Verfassung solle dem „Mehrjährigen Finanzrahmen" ein gesonderter Artikel gewidmet werden, um so die verfassungsrechtliche Verankerung zu sichern. Dies diene einer stärkeren Beachtung der Haushaltsdisziplin, der Vereinfachung des Verfahrens sowie der Transparenz des gesamten Verfahrens. Die Mehrheit der Mitglieder des Arbeitskreises sprach sich gegen die Beibehaltung der Einstimmigkeit bei der Verabschiedung des mehrjährigen Finanzrahmens und für eine Stärkung der Rolle des Europäischen Parlaments aus. Das jährliche Haushaltsverfahren sollte vereinfacht werden und die Unterscheidung zwischen obligatorischen und nichtobligatorischen Ausgaben aufgehoben werden.

Arbeitskreis III „Eigenmittel"
(Vorsitzender: Íñigo Méndez de Vigo)

Das Mandat[196] stellte dem Arbeitskreis die beiden Aufgaben, das Eigenmittelsystem einer grundlegenden Überprüfung im Hinblick auf die Gerechtigkeit und die Transparenz des Systems zu unterziehen und das Verfahren, wie derzeit über die Eigenmittel und den mehrjährigen Finanzrahmen der EU entschieden wird, zu begutachten.

Der Arbeitskreis[197] schlug zunächst einen gesonderten Artikel über die Eigenmittel für den ersten Teil des Verfassungsvertrags vor, in dem auch das Beschlussfassungssystem festgelegt werden sollte. Um die Transparenz und die Nachvollziehbarkeit der Finanzierung der Union zu verbessern, solle das System der Billigung und Kontrolle durch das Europäische Parlament unterliegen. Das Finanzierungssys-

---
[195] Mandat des Arbeitskreises II „Haushaltsverfahren", CONV 612/03 vom 13. März 2003.
[196] Mandat des Arbeitskreises III „Eigenmittel", CONV 654/03 vom 31. März 2003.
[197] Abschlussbericht des Arbeitskreises „Eigenmittel", CONV 730/03 vom 3. Mai 2003.

tem solle auf der Beitragskraft der Mitgliedstaaten beruhen, d.h. auf dem relativen Wohlstand der Mitgliedstaaten. Das derzeitige einstimmige Beschlussfassungsverfahren sei sehr schwerfällig und solle reformiert werden. Die Mehrheit der Arbeitskreismitglieder schlug vor, über die Festlegung der Eigenmittelobergrenzen und damit des Haushaltsvolumens sowie die Schaffung neuer Eigenmittelquellen weiterhin einstimmig zu entscheiden. Die konkreten Modalitäten der Eigenmittel sollten künftig aber mit qualifizierter Mehrheit und mit Zustimmung des Europäischen Parlaments verabschiedet werden. Es solle auch eine Hierarchie zwischen dem System der Eigenmittel und dem mehrjährigen Finanzrahmen in der Verfassung fixiert werden. Die Frage einer grundlegenden Reform des Eigenmittelsystems, beispielsweise durch die Einführung einer europäischen Steuer, wurde in dem Arbeitskreis kontrovers diskutiert, allerdings ohne zu einer klaren Empfehlung zu kommen.

Die Gruppe der Rechtsexperten

Eine besondere Rolle kam der Gruppe der Rechtsexperten zu, die vom Präsidium des Konvents im Januar 2003 mit der Aufgabe betraut wurde, das europäische Vertragswerk zu prüfen sowie technische und sprachliche Anpassungen der in den Verfassungsvertrag aufzunehmenden Bestimmungen vorzuschlagen.[198] In diesem Teil des künftigen Verfassungsvertrags sollten die Bestimmungen der einzelnen Politikbereiche zusammengestellt werden.

Die Expertengruppe setze sich aus Sachverständigen der drei Juristischen Dienste des Europäischen Parlaments, des Rates und der Kommission zusammen. Diese Gruppe arbeitete parallel zum Konvent und ordnete zunächst alle Artikel des europäischen Vertragswerks in vier Kategorien:
- Bestimmungen, die unverändert übernommen werden sollten;
- Bestimmungen, die entsprechend dem sich im Konvent abzeichnenden Konsens abgeändert werden sollten;
- Bestimmungen, die gestrichen werden sollten;
- Bestimmungen, die umfassend überarbeitet werden sollten.

Nur so konnte der Konvent sein selbstgestecktes Ziel erfüllen, einen einheitlichen Verfassungsvertrag vorzulegen, in dem alle Verträge verschmolzen werden und zugleich den vom Europäischen Rat vorgegebenen Zeitrahmen einzuhalten. Die Gruppe legte am 17. März 2003 einen ersten Bericht[199] vor, der einen Textentwurf für die Politikbereiche umfasste und der als Grundlage weiterer Diskussionen im Präsidium und im Plenum des Konvents diente.

---

[198] Mandat für die Gruppe der von den Juristischen Diensten zu benennenden Sachverständigen, CONV 529/03 vom 6. Februar 2003.
[199] CONV 618/03 vom 17. März 2003.

11 Die Phase der Entscheidung – der Verlauf bis zum Abschluss der Arbeiten im Sommer 2003

Mit der Präsentation der ersten Artikelentwürfe des Verfassungsvertrags zu Beginn der 15. Plenartagung am 6./7. Februar 2003 begann die entscheidende, abschließende Phase des Konvents, die Phase der Formulierung. Sie sollte der Erstellung der Vertragstexte und der Synthese der unterschiedlichen und zum Teil gegensätzlichen Positionen und Meinungen gewidmet sein und war zudem von einem stetig anwachsenden Zeit- und Entscheidungsdruck gekennzeichnet. Angesichts der intensiven Debatten über die Formulierungen der einzelnen Verfassungsartikel und der wachsenden Zeitnot vereinbarte der Konvent auf Vorschlag des Präsidiums eine höhere Tagungsdichte und verkürzte die Redezeiten auf lediglich zwei Minuten je Wortmeldung. Alle Versuche von Konventspräsident Giscard d'Estaing, den Wünschen vieler Konventsmitglieder zu entsprechen und den vom Europäischen Rat vorgegebenen Zeitrahmen auszudehnen, blieben erfolglos.[200] Dies bedeutete, dass der Konvent seine Arbeiten bis zum Europäischen Rat von Thessaloniki im Juni 2003 abschließen musste. Um diese Frist einzuhalten und weiterhin an dem Ziel des Konvents festzuhalten, der Regierungskonferenz einen umfassenden Vertragsentwurf ohne Optionen vorzulegen, musste der Konvent sich auf die Formulierung des ersten Teils des Verfassungsvertrags konzentrieren; die Beratung des dritten Teils hingegen zurückstellen. Damit wuchs die Bedeutung der juristischen Expertengruppe zur Prüfung und Anpassung des europäischen Vertragswerks.

Zugleich überschattete die sich verschärfende Krise im Irak die Arbeiten im Konvent. Trotz des engen Zeitkorsetts bestand im Konvent Einigkeit darüber, die Situation im Irak und die Auswirkungen auf die Europäische Union zu diskutieren. Der Konvent versuchte, die in der Krise deutlich werdenden Differenzen zwischen den Mitgliedstaaten und die Unzulänglichkeiten der gemeinsamen europäischen Außenpolitik mit seinen Forderungen und Vorschlägen zu einer Stärkung der Europäischen Union im Bereich der Außen- und Sicherheitspolitik zu verbinden.

Die Plenartagung am 27./28. Februar 2003

Im Mittelpunkt der Konventssitzung am 27. und 28. Februar 2003 stand die Aussprache über die ersten sechzehn Artikelentwürfe, die der Vorsitzende bei der vorherigen Plenarsitzung des Konvents am 6./7. Februar den Mitgliedern des Konvents

---

[200] Klemens Fischer berichtet von einem letzten Ersuchen von Giscard bei der Aussprache mit dem Europäischen Rat am 16. April 2003 in Athen, den Zeithorizont auf Ende Oktober 2003 auszuweiten. Vgl. Klemens H. Fischer: Der Konvent zur Zukunft Europas, Baden-Baden 2003, S. 88.

vorgelegt hatte. Zu diesen ersten Artikelentwürfen für die Titel I „Definition und Ziele der Union", Titel II „Grundrechte und Unionsbürgerschaft" sowie Titel III „Zuständigkeiten der Union" hatten die Konventsmitglieder bis zum 17. Februar 2003 insgesamt 1187 Änderungsanträge vorgelegt. Das Präsidium des Konvents hatte zur Vorbereitung der Aussprache diese Änderungsanträge zusammengefasst und systematisch geordnet. Angesichts der unüberschaubaren Zahl der eingereichten Änderungsanträge sowie der Vielzahl der Wortmeldungen hatte sich das Präsidium für zusätzliche informelle Sitzungen des Konvents entschieden. Eine solche zusätzliche Sitzung am 5. März 2003 diente der Vertiefung der Diskussion zu den Artikeln 8 bis 16.

In seiner einführenden Erklärung zur Plenarsitzung nahm Präsident Giscard d'Estaing zu den Kernpunkten der Artikelvorschläge und den dazugehörigen Änderungsvorschlägen Stellung. Er stellte klar, dass die Zuständigkeiten der Union nur auf Grund von Einzelermächtigungen von den Mitgliedstaaten abgeleitet werden könnten, entsprechende Änderungsanträge zur Verdeutlichung würden aufgegriffen. Als weitere Brennpunkte nannte Giscard lediglich die Gegensatzpaare „soziale Marktwirtschaft – europäisches Sozialmodell", „Vollbeschäftigung – hohes Beschäftigungsniveau" und die Forderungen nach der Einbeziehung des territorialen Zusammenhalts und der sprachlichen Vielfalt.

In der anschließenden Debatte zeichnete sich eine weitgehende Übereinstimmung für eine vollständige Integration der Grundrechtecharta in den Verfassungsvertrag ab. Die Charakterisierung der Union in Artikel 1 des Verfassungsentwurfs als eine Union, die ihre Tätigkeit „in föderaler Weise" ausübe, führte zu einer lebhaften Debatte im Konvent, wobei ein leichtes Übergewicht für eine ausdrückliche Aufnahme des Begriffs sichtbar wurde. Diskutiert wurde ebenfalls über die Aufnahme des Passus „eine immer engere Union" sowie die Bezeichnung in den Artikelentwürfen als „Verfassung" statt „Verfassungsvertrag". Auch die Vollständigkeit der Auflistung der Werte in Artikel 2 des Entwurfs und die Abgrenzung von den in Artikel 3 aufgeführten Zielen der Union wurden erörtert. So wurden als ergänzende Werte unter anderem die Gleichstellung von Mann und Frau sowie die soziale Gerechtigkeit vorgeschlagen. Gefordert wurde auch die Erweiterung des Zielekatalogs um die soziale Marktwirtschaft, den Wettbewerb, die Vollbeschäftigung, den Umweltschutz und die Nachhaltigkeit, den territorialen und sozialen Zusammenhalt, die Verantwortung gegenüber der gesamten Welt, kulturelle und sprachliche Vielfalt sowie die Daseinsvorsorge. Eine sehr leidenschaftliche Diskussion entwickelte sich um die Frage der Erwähnung Gottes (invocatio dei) in der Präambel des Verfassungsvertrages. Die deutschen Vertreter im Konvent betonten dabei die Bedeutung des religiösen Erbes Europas und forderten entsprechend der Formulierung in der polnischen Verfassung den Bezug auf Gott als Quelle universeller Werte.

In der Diskussion zu den Artikeln 8 bis 16 des Entwurfs des Verfassungsvertrages, in denen die Kompetenzordnung der EU geregelt werden soll, wurde das vorgelegte Konzept der Aufteilung in drei Kompetenzkategorien überwiegend begrüßt. Intensiv wurde allerdings über die unter den Kategorien jeweils zu subsumierenden Politikbereiche diskutiert.

Der Konvent knüpfte mit seiner Debatte über die Grundlagen, die Motive und die Ziele der europäischen Integration an die ersten allgemeinen Aussprachen zu Beginn seiner Arbeiten an. Allerdings debattierten die Mitglieder nun über konkrete Formulierungen und Begrifflichkeiten. Wie bereits bei der Erarbeitung des Maastrichter Unionsvertrags 1991 bündelten sich in den Begriffen „föderal" und „Verfassung" die unterschiedlichen europapolitischen Leitbilder. Aber auch in dieser kontroversen Grundsatzdebatte zeigte sich der starke Wille im Konvent zu einem Konsens aller Mitglieder zu gelangen. Die nachfolgenden Sitzungen des Plenums – bis zur Plenarsitzung im April zu den institutionellen Fragen – waren den konkreten und zum Teil schwierigen technischen Fragen bei der Formulierung eines Verfassungstextes, der zugleich die reformierte vertragliche Basis für die Integration von 25 und mehr Mitgliedstaaten werden sollte, gewidmet. Gerade hier sollte sich zeigen, wie gut die Arbeitsgruppen vorgearbeitet und Lösungswege aufgezeigt hatten.

Die Plenartagung am 17./18. März 2003

Im Zentrum der Konventssitzung vom 17. und 18. März 2003 stand die Aussprache über die Entwürfe zu Titel V, Artikel 24 bis 33 „Ausübung der Zuständigkeiten der Union" sowie zu den Entwürfen der Protokolle über die Anwendung der Grundsätze der Subsidiarität und der Verhältnismäßigkeit bzw. über die Rolle der einzelstaatlichen Parlamente, die den Konventsmitgliedern in der Plenarsitzung am 28. Februar 2003 ausgehändigt worden waren.

Die Aussprache zu den Rechtsakten ergab weitgehende Zustimmung im Konvent zu den Entwürfen des Präsidiums; dies zeigte sich auch daran, dass im Gegensatz zu den weit über tausend Änderungsvorschlägen zu den Artikeln 1 bis 16 lediglich 237 Änderungsvorschläge vorgelegt wurden. Die konstruktive Debatte im Konvent drehte sich in erster Linie um Einzelfragen, wie die eines Rückholrechts für Rat und Europäisches Parlament bei delegierten Rechtsakten oder die Erweiterung der Rechtsakte um „Organgesetze". Mehrfach kritisiert wurde der Vorschlag, wonach der Rat ohne Parlamentsbeteiligung befugt sein soll, Gesetze und Rahmengesetze zu erlassen.

Die Diskussion über die beiden Protokolle zum Subsidiaritätsprinzip sowie zur Rolle der einzelstaatlichen Parlamente drehte sich weitgehend um die Forderung der deutschen Konventsmitglieder, beide Kammern eines nationalen Parlaments in das Frühwarnsystem einzubeziehen und auch die Klageberechtigung vor dem Europäischen Gerichtshof beiden Kammern zuzugestehen. Präsident Giscard schlug vor, durch die Übertragung von zwei Stimmen je Mitgliedstaat bei der Auslösung des Frühwarnsystems im Fall von Subsidiaritätsverstößen zwischen Ein- und Zweikammernsystemen differenzieren zu können. So würden Bundestag und Bundesrat über je eine Stimme verfügen, während zum Beispiel das niederländische Parlament (Einkammersystem) zwei Stimmen habe sollte. Abgelehnt wurde der Vorschlag der Konventsarbeitsgruppe „Nationale Parlamente", den nationalen Parlamenten die Möglichkeit zu eröffnen, ein Gesetzgebungsverfahren zu stoppen, wenn 2/3 der nationalen Parlamente sich gegen den Vorschlag der Kommission aussprechen sollten.

Die Plenartagung am 3./4. April 2003

Auf dieser Sitzung diskutierte der Konvent über die Entwürfe zu den Bereichen „Justiz und Inneres" sowie über die Entwürfe zu Titel VII „Finanzen der Union". In der Debatte zu den Vorschlägen zum Raum der Freiheit, der Sicherheit und des Rechts war strittig, ob dieser Bereich insgesamt aus der intergouvernementalen Zusammenarbeit in die Gemeinschaftsmethode überführt werden solle, wobei dann grundsätzlich Mehrheitsentscheidungen, das ausschließliche Initiativrecht der Kommission sowie die unbeschränkte Zuständigkeit des Europäischen Gerichtshofs anzuwenden wären, oder ob in einigen Bereichen nach wie vor Sonderregelungen, d.h. das Prinzip der Einstimmigkeit und ein Ko-Initiativrecht der Mitgliedstaaten, möglich sein sollten. Zu diesen Artikelvorschlägen wurden insgesamt über 730 Änderungsanträge eingereicht. Strittig blieben auch die vom Präsidium vorgeschlagene optionale Einrichtung einer Europäischen Staatsanwaltschaft und deren Verhältnis zu Eurojust und Europol. Es zeichnete sich im Konvent ab, dass eine Mehrheit zumindest langfristig eine Europäische Staatsanwaltschaft etablieren wollte, die aus der bestehenden Institution Eurojust heraus entwickelt werden sollte. Diese Überlegung stieß auf Widerstand insbesondere bei den Regierungsvertretern aus Großbritannien, Irland, Schweden und den Niederlanden. Die Harmonisierung bestimmter schwerer Straftatbestände verbunden mit dem Übergang zu Abstimmungen mit qualifizierter Mehrheit wünschten entsprechend der deutsch-französischen Initiative die Außenminister de Villepin und Fischer. Im Bereich der zivilrechtlichen Zusammenarbeit forderten einige Konventsmitglieder auch für das Familienrecht Abstimmungen mit qualifizierter Mehrheit vorzusehen. Auf breites Verständnis stieß die insbesondere von Vertretern der südlichen Mitgliedstaaten und der Beitrittsländer geäußerte Forderung nach einer gerechten Kostenverteilung und nach finanziellen Hilfestellungen bei der Sicherung der EU-Außengrenzen. Die in diesem Zusammenhang geforderte Schaffung einer neuen Rechtsgrundlage zur Errichtung einer europäischen Grenzschutzbehörde wurde kontrovers diskutiert. Ebenso wurde vereinzelt die Schaffung einer Rechtsgrundlage für den Katastrophenschutz vorgeschlagen.

Eine besonders intensive Diskussion fand zum Bereich Asyl- und Einwanderungspolitik statt. Hier wurden in erster Linie die beiden Fragen erörtert, ob der Rat auch weiterhin einstimmig oder künftig mit Mehrheit in diesem Politikbereich abstimmen sollte und, ob das Initiativmonopol der Kommission auch in diesem Politikbereich uneingeschränkt gelten soll oder ob den Mitgliedstaaten oder einer Gruppe von Mitgliedstaaten ebenfalls ein Initiativrecht zustehen sollte. Die Debatten im Konvent kreisten also um die fundamentale Frage, ob in diesem sensiblen Politikbereich die Gemeinschaftsmethode eingeführt werden sollte, mit der damit verbundenen Aufwertung der Rolle der Kommission und des Europäischen Parlaments, oder ob letztendlich die Regierungen der Mitgliedstaaten entscheiden können. Damit spiegelte sich auch in diesem gesonderten Thema die unterschiedlichen europapolitischen Grundvorstellungen der Konventsmitglieder wider, ohne dass sich während der Debatte im Konvent eine klare Mehrheitsmeinung abgezeichnet hätte.

Die Debatte zu den Artikelentwürfen im Bereich Finanzen konzentrierte sich insbesondere auf die Aufnahme der finanziellen Vorausschau in die Verfassung, die Aufhebung der Trennung von obligatorischen und nicht-obligatorischen Ausgaben, das anzuwendende Entscheidungsverfahren und der damit verbundene Abstimmungsmodus sowie die Frage, ob eine Rechtsgrundlage zur Einführung einer EU-Steuer vorgesehen werden sollte.

Während zu den ersten beiden Themen weitgehende Zustimmung im Konvent festzustellen war, herrschte Uneinigkeit bei der Frage der Einführung einer EU-Steuer und den Verfahrensfragen (Beibehaltung der Einstimmigkeit im Rat, Ratifizierung durch die Mitgliedstaaten, Mitentscheidungsverfahren und somit Ausweitung der Rechte des Europäischen Parlaments). In der Diskussion über die Einführung einer EU-Steuer bzw. der Schaffung einer Rechtsgrundlage für eine solche Steuer wurde von einigen Redner betont, dass eine solche EU-Steuer zu mehr Transparenz für die Unionsbürger führe könne; allerdings traten ihrer Einführung jedoch eine größere Zahl von Konventsmitgliedern ausdrücklich entgegen.

Die Plenartagung am 24./25. April 2003

Auf der Tagesordnung dieser Konventssitzung stand insbesondere die Aussprache über die Artikelentwürfe zu den Bereichen „Das demokratische Leben der Union", „Die Union und ihre Nachbarn", „Die Zugehörigkeit zur Union" sowie zum Teil „Allgemeine und Schlussbestimmungen". Das alles beherrschende Thema der Sitzung war jedoch die Vorlage der Artikelentwürfe zu den EU-Institutionen und zur Außenpolitik am ersten Tag dieser Plenardebatte durch Konventspräsident Giscard d'Estaing.

Bereits im Vorfeld der Plenardebatte hatten diese Entwürfe, die zunächst in mehreren Sitzungen des Präsidiums diskutiert worden waren, für ein hohes Medieninteresse und heftige Diskussionen gesorgt. Die Kritik bezog sich zunächst auf das Vorgehen des Präsidenten. Im Gegensatz zu dem bisherigen, betont streng beachteten Prinzip der Geheimhaltung vor der Übergabe neuer Artikelentwürfe an die Konventsmitglieder – bis zu dieser Sitzung wurden stets verschlossene Umschläge auf den Tischen der Konventsteilnehmer ausgelegt und auch über die Vorberatungen im Präsidium wurde strikte Geheimhaltung gewahrt – hatte Präsident Giscard seinen ursprünglichen Entwurf zuerst den Medien zukommen lassen. Diese ersten Vorschläge hatten bereits vor der Plenarsitzung zu ablehnenden Presseerklärungen der Europäischen Kommission und einzelner Mitglieder des Konvents geführt. Darüber hinaus wurde dem Konventspräsidenten vorgeworfen, er verhalte sich dem Gemeinschaftsprinzip gegenüber illoyal und stärke mit einem betont intergouvernementalen Ansatz einseitig die großen Mitgliedstaaten. Diese im Vorfeld vorgebrachte heftige Kritik aus den Reihen der Europaparlamentarier und den Vertretern der kleineren Mitgliedstaaten an den Überlegungen Giscards wurde schließlich durch einige teilweise vom Präsidium noch in allerletzter Minute vorgenommene Änderungen aufgefangen. Die Substanz der Vorschläge, wie der hauptamtliche Präsident des Europäischen Rates und die Verkleinerung der Kommission, blieben jedoch im endgültigen Präsidiumsentwurf enthalten. Bemängelt wurde auch, dass Präsident Giscard die Auffassung des Plenums und die Ergebnisse der Arbeitsgruppen nicht hinreichend beachtet habe. Erst nach der konzilianten Erläuterung der Schwierigkeiten und Interessenkonflikte im Präsidium durch Giscard ebbte die Kritik am Vorgehen des Präsidiums und insbesondere des Präsidenten selbst langsam ab. Dennoch blieb der Tenor gegenüber den Artikelentwürfen sehr skeptisch; nur die französischen Parlamentsvertreter lobten die Entwürfe uneingeschränkt.

Die von Giscard d'Estaing ausführlich erläuterten Artikelentwürfe sahen folgende Kernpunkte vor:

- Die Kommission sollte auf fünfzehn Mitglieder (einschließlich des Kommissionspräsidenten) verkleinert werden, wobei die Möglichkeit zusätzlicher delegierter Kommissare vorgeschlagen wurde. Zur Auswahl der Kommissare durch den Kommissionspräsidenten sollte eine Liste zusammengestellt werden, für die jeder Mitgliedstaat drei Kandidaten vorschlagen könne. Der Kommissionspräsident selbst sollte dann im Lichte der Ergebnisse der Europawahl und auf Vorschlag des Europäischen Rates vom Europäischen Parlament mit Mitgliedermehrheit gewählt werden.
- Das Europäische Parlament sollte gemeinsam und gleichberechtigt mit dem Rat die Gesetzgebungsfunktion ausüben und seine Mitgliederzahl in Zukunft auf 700 Abgeordnete begrenzt werden.
- Die Zusammensetzungen des Ministerrats sollten beschränkt werden und eine mehrjährige Vorsitzregelung die Rotation der Präsidentschaften ablösen.
- Das Amt des Ministers für auswärtige Angelegenheiten der Europäischen Union sollte neu geschaffen werden. Der Außenminister sollte zugleich Vorsitzender des Rates für auswärtige Angelegenheiten und Vizepräsident der Kommission sein.
- Um die Kontinuität im Europäischen Rat zu stärken, sollte ein auf zweieinhalb Jahre gewählter Präsident dem Europäischen Rat vorsitzen. Seine Aufgaben sollten in der Außenvertretung der Union sowie in der Leitung und der Vor- und Nachbereitung der Sitzungen des Europäischen Rates liegen.
- Der Ausschuss der Regionen und der Wirtschafts- und Sozialausschuss sollten weiterhin nur beratende Organe der Union bleiben.

Ergänzend zu den Artikelvorschlägen über die Reform der Institutionen präsentierte der Vizepräsident des Konvents, Jean-Luc Dehaene, auch die 73 Seiten umfassenden Vorschläge zur Gemeinsamen Außen-, Sicherheits- und Verteidigungspolitik, die im Wesentlichen die Ergebnisse der Arbeitsgruppen VII „Außenpolitisches Handeln" und VIII „Verteidigung" widerspiegelten. Besonders hob er das Initiativrecht für einen möglichen Außenminister, die geplante Rüstungsagentur, die Möglichkeiten der Flexibilisierung und die vorgesehene Solidaritätsklausel hervor.

In der Aussprache über die bereits vorliegenden Artikelentwürfe zeigte sich insgesamt große Zustimmung zu den Vorschlägen des Präsidiums zu Titel VI „Das demokratische Leben der Union". Insgesamt wurden nur 235 Änderungsvorschläge eingereicht, in denen häufig die Aufnahme weiterer Artikel vorgeschlagen wurde. Eine Mehrheit sprach sich in der Diskussion für die ausdrückliche Aufnahme des sozialen Dialogs bzw. des Dialogs der Sozialpartner in Teil I der Verfassung aus. Unbestritten blieb die von einigen Mitgliedern geforderte Ergänzung der demokratischen Grundsätze um den Grundsatz der innerparteilichen Demokratie bei europäischen Parteien sowie die Aufnahme des durch das Europäische Parlament gewählten Europäischen Bürgerbeauftragten in Teil I der Verfassung. Eine Mehrheit der Konventsmitglieder unterstützte auch den Vorschlag des Präsidiums, den Schutz des Status der Kirchen und der Religionsgemeinschaften nach Maßgabe der jeweiligen nationalen Rechtsordnung in einem gesonderten Artikel zu regeln. Insbesondere von skandinavischer Seite wurde darüber hinaus die Aufnahme des Grundsatzes der guten Verwaltung und der Offenen Methode der Koordinierung gefordert. Einige Delegierte sprachen sich auch für die Einführung eines unionsweiten Referendums aller Unionsbürger aus.

Im Zentrum der sehr lebhaften Debatte zu den Artikelentwürfen des Titels X „Die Zugehörigkeit zur Union" stand das in Artikel 46 des Präsidiumsentwurfs erstmals vorgesehene Austrittsrecht aus der Union. Der Vizepräsident des Konvents, Giuliano Amato, erläuterte, dass das Präsidium eine primärrechtlich verankerte Austrittsklausel vorschlage, um Rechtssicherheit in dieser Frage herbeizuführen und um ein geregeltes Austrittsverfahren zu gewährleisten. Während sich in der Debatte zahlreiche Vertreter kleinerer Staaten, insbesondere aus den Beitrittsländern, und der Vertreter Großbritanniens für die Aufnahme einer Austrittsklausel aussprachen, befürchteten die Kritiker des Austrittsrechts, eine solche Klausel könne innenpolitisch instrumentalisiert werden und drohe, zu ständigen Auseinandersetzungen in den nationalen Parlamenten zu führen. Im Ergebnis sprach sich eine Mehrheit der Konventsmitglieder für eine Austrittsklausel aus, wenn ein Austritt aus der Union an bestimmte Bedingungen geknüpft werde, die in dieser Klausel präzisiert werden müssten.

Die Debatte über die Schlussbestimmungen des Verfassungsvertrages wurde von der Fixierung der Konventsmethode im Verfassungsvertrag und der Ausgestaltung des Ratifikationsverfahrens über die Verfassung bestimmt. Aus dem Blickwinkel der Konventsmitglieder hatte sich die Methode, eine Reform des europäischen Vertragswerks von einem Konvent vorbereiten zu lassen, bewährt. Die Mehrheit der Konventsmitglieder sprach sich deshalb für die Einsetzung eines vom Rat einzuberufenden Konvents auch bei künftigen Änderungen des Verfassungsvertrages aus. Vorschläge, bei Änderungsverfahren zwischen Änderungen im konstitutionellen Teil und Änderungen im Teil zu den Politikbereichen zu differenzieren, fanden allerdings keine Mehrheit. Um die Annahme der Verfassung zu erleichtern, hatten einzelne Mitglieder des Konvents in Anlehnung an die „Penelope-Studie"[201], die im Auftrag des Präsidenten der Europäischen Kommission, Romano Prodi, erstellt wurde, vorgeschlagen, dass eine Mehrheit von beispielsweise 4/5 der Mitgliedstaaten ausreichend sein solle, um die Verfassung in Kraft treten zu lassen. Die Mehrheit im Konvent vertrat im Gegensatz dazu die Auffassung, dass für das In-

---

[201] Diese Machbarkeitsstudie wurde von Mitarbeitern der Europäischen Kommission erstellt und am 4. Dezember 2002 veröffentlicht. Zur Penelope-Studie ausführlich Kapitel 14.

krafttreten des künftigen Verfassungsvertrages wie auch für künftige Verfassungsänderungen grundsätzlich die derzeitigen Regeln gelten sollten, d.h. dass die Ratifikation durch alle Mitgliedstaaten erforderlich sei. Mehrheitlich abgelehnt wurde auch die Forderung, ein europaweites Referendum über den Verfassungsvertrag zeitgleich zur Ratifizierung durchzuführen.

Die Plenartagung am 15./16. Mai 2003

Nach der zum Teil sehr heftig geführten Diskussion unmittelbar nach der Vorlage der Artikelentwürfe zu den Organen und zum außenpolitischen Handeln der Union während der letzten Plenartagung im April 2003 wurde die eigentliche Aussprache über die Artikelentwürfe zu diesen beiden Themen zwar kontrovers, aber jederzeit ergebnis- und kompromissorientiert geführt. Insgesamt hatten die Mitglieder des Konvents 650 Änderungsanträge zu den Organen vorgelegt.

Die Debatte war gekennzeichnet von den gegensätzlichen Positionen der Vertreter aus den großen Mitgliedstaaten einerseits und den Repräsentanten der kleinen Mitgliedstaaten und der Beitrittsländer andererseits. Die vielfach gelobten Vorschläge der Benelux-Staaten vom 8. Mai 2003 zeichneten sich als mögliche Kompromissformel ab. In dem Benelux-Memorandum[202] wurde vorgeschlagen, am System der sechsmonatigen Rotation der Präsidentschaft festzuhalten, den Kommissionspräsidenten durch die Übertragung des Vorsitzes im Allgemeinen Rat aufzuwerten und zugleich die Zahl der Kommissare zu reduzieren, wobei eine gleichberechtigte Rotation sichergestellt sein müsse. Nahezu einhellige Zustimmung erfuhr die Schaffung des Amtes des Außenministers der EU und der „Doppelhut-Lösung", d.h. die Fusion von Außenkommissar und Hohem Vertreter des Ministerrats.

Die politisch umstrittensten Fragen und damit die Kernpunkte der Debatte über eine neue institutionelle Balance in der Europäischen Union waren:

1. Die Größe und Zusammensetzung der Kommission:
Die Mehrheit der Redner, insbesondere aus den kleinen Mitgliedstaaten und aus den Beitrittsländern, sprach sich für die Fortsetzung der gegenwärtig geltenden Regelung aus, wonach jeder Mitgliedstaat auch weiterhin einen Kommissar stellen soll. Einige Vertreter kleinerer Länder erklärten ihre Bereitschaft zur Reduzierung der Kommission, wenn im Gegenzug am Rotationsprinzip bei der Vorsitzregelung im Ministerrat und im Europäischen Rat festgehalten würde. Die Befürworter einer Verkleinerung der Kommission argumentierten, dass im Interesse der Effizienz der Arbeit und auch der Neutralität der Kommission die Zahl der Kommissare möglichst gering gehalten werden solle. Zur Umsetzung dieses Ziels wurde vorgeschlagen, eine Obergrenze festzulegen, verbunden mit einem erweiterten Spielraum des Kommissionspräsidenten bei der Auswahl der Kommissare.

---

[202] Beitrag der Benelux-Länder, vorgelegt von den Herren Gijs de Vries, Jacques Santer und Louis Michel „Die Organe der Union", CONV 732/03 vom 8. Mai 2003; ausführlich Kapitel 14.

2. Die Schaffung eines hauptamtlichen Präsidenten des Europäischen Rats:

Im Mittelpunkt der Diskussion über die Organe stand der Vorschlag des Präsidiums, das Rotationsprinzip für den Vorsitz des Europäischen Rates zugunsten eines für 2 ½ Jahre gewählten Präsidenten aufzugeben. In dieser Debatte traten die Gegensätze zwischen den großen und den kleineren Mitgliedstaaten sowie den Europaabgeordneten am deutlichsten zu Tage. Eine Lösung zeichnete sich jedoch nicht ab. Mehrfach und vermittelnd wurde zumindest eine präzisere Aufgabenbeschreibung für den Ratspräsidenten gefordert, um möglichen Reibungsverlusten mit dem Kommissionspräsidenten und dem künftigen Europäischen Außenminister vorzubeugen.

3. Die Abkehr vom System der halbjährlich rotierenden Präsidentschaft im Ministerrat:

Während die großen Mitgliedstaaten diesen Präsidiumsvorschlag grundsätzlich unterstützten, sprachen sich die Delegierten der kleineren Mitgliedstaaten und des Europäischen Parlaments für das Festhalten am System der sechsmonatigen Rotation im Ministerrat auch unter 25 Mitgliedern aus. Um ein höheres Maß der Kontinuität zu gewährleisten, wurden einige vermittelnde Vorschläge gemacht, zum Beispiel eine optimierte Mehrjahresplanung für die Arbeit in den Räten oder Formen von Teampräsidentschaften. Die Einführung eines Legislativrats wurde insbesondere von den britischen Vertretern im Konvent abgelehnt.

4. Die Rolle des Europäischen Parlaments bei der Wahl des Kommissionspräsidenten:

Vielfach kritisiert wurde, dass bei der Wahl des Kommissionspräsidenten das Europäische Parlament nur die Möglichkeit haben soll, einen vorgeschlagenen Kandidaten zu bestätigen oder abzulehnen. Insbesondere die Europaparlamentarier forderten die Umkehrung dieses Verfahrens, d.h. zunächst die Wahl des Kommissionspräsidenten durch das Parlament und danach die Bestätigung durch den Europäischen Rat.

Insgesamt war die Aussprache im Konvent über die Entwürfe zur Europäischen Außen-, Sicherheits- und Verteidigungspolitik von einem weitgehenden Konsens in den Grundsatzfragen bestimmt. So wurde sowohl der Schaffung eines Europäischen Außenministers, der Ergänzung der Europäischen Union um eine verteidigungspolitische Dimension als auch der Einrichtung einer Rüstungsagentur zugestimmt. Die Mehrzahl der Redner sprach sich auch für die Möglichkeit der verstärkten Zusammenarbeit aus, bei der eine Gruppe von Mitgliedstaaten weitergehende Integrationsschritte in dem Bereich der Sicherheits- und Verteidigungspolitik aufnehmen können, sowie für eine Solidaritätsklausel, die mit einer Beistandsverpflichtung verbunden werden sollte. Dieser breite Konsens im Konvent wurde allerdings nicht vom britischen Regierungsvertreter mitgetragen, der nur die Vorschläge zur Schaffung einer europäischen Rüstungsagentur, der Aktualisierung der Petersberg-Aufgaben und der Solidarität bei der Terrorismusbekämpfung mittragen wollte. Kein Konsens bestand in der Frage der Ausweitung der Abstimmungen mit qualifizierter Mehrheit und der Frage des Initiativrechts im Bereich Außenpolitik. In der Diskussion über die gemeinsame Außenhandelspolitik äußerte der französische Außenminister de

Villepin Vorbehalte gegen die Ausweitung der Handelspolitik auf den kulturellen und audiovisuellen Bereich.

Die Plenartagung am 30./31. Mai 2003

In dieser Sitzung beschäftigte sich der Konvent insbesondere mit den Bereichen „Verstärkte Zusammenarbeit" und „Ordnungspolitik, Eigenmittel und Haushaltsverfahren". Die Aussprache schloss mit der Debatte zu dem neuen Teil II des Verfassungsvertrags, die Grundrechte-Charta, und dem Entwurf von Teil III zu den Regelungen in den einzelnen Politikbereichen. Im Namen von dreizehn Konventsmitgliedern überreichten die europaskeptischen Mitglieder des Konvents Heathcoat-Amory, Jens-Peter Bonde und Jan Zahradil vor Beginn der Debatte Giscard d'Estaing einen Alternativvorschlag[203] zum Verfassungsentwurf, verbunden mit der Bitte, diesen als zusätzliche Option der Regierungskonferenz vorzustellen und in den Abschlussbericht aufzunehmen. Dies sagte Präsident Giscard d'Estaing zu und gab dann dem Plenum einen kurzen Überblick über die Änderungen an den nunmehr in einer überarbeiteten Fassung vom Präsidium vorgelegten Artikelentwürfen:
- Der Begriff „föderal" sei durch den Terminus „gemeinschaftlich" ersetzt worden.
- Zu den grundlegenden Werten der Union habe man den Grundsatz der Gleichheit hinzugefügt. Bei der Auflistung der Ziele der Union wurden nun die soziale Marktwirtschaft, der wirtschaftliche Wettbewerb sowie der Schutz der Umwelt und der kulturellen Vielfalt betont.
- Im Bereich der Kompetenzordnung habe man die Ausgangsstruktur beibehalten. Neu aufgenommen bzw. umformuliert wurden die Bestimmungen zur Koordinierung der Beschäftigungs- und Sozialpolitik. Die vier Grundfreiheiten des Binnenmarkts seien in einem gesonderten Artikel der Verfassung aufgeführt.
- Das Subsidiaritätsprotokoll sei um ein Klagerecht beider Kammern der nationalen Parlamente ergänzt worden.

Mit der Berichterstattung durch seinen Präsidenten wurde die „2. Lesung" des Verfassungsentwurfs eingeleitet. Zunächst nahm der Konvent jedoch die Aussprache zum Mechanismus der Verstärkten Zusammenarbeit auf. Dabei zeigte sich eine grundsätzliche Zustimmung zu diesem Mechanismus. Er sei für den Fortschritt in der Union notwendig, fördere die Flexibilität wie auch die Solidarität innerhalb der EU und verhindere, dass sich mehrere Mitgliedstaaten außerhalb der Verfassung zusammenschlössen. Die „Verstärkte Zusammenarbeit", so die vorherrschende Meinung, müsse allerdings allen Mitgliedsländern der EU auch nachträglich zu jedem Zeitpunkt offen stehen. Mit Blick auf die Anzahl der Teilnehmerländer in der Verstärkten Zusammenarbeit bestand tendenziell die Ansicht, dass ein Drittel der EU-

---

[203] Beitrag der Mitglieder des Konvents Herrn David Heathcoat-Amory, Frau Irene Belohorska, Herrn Jan Zahradil, Herrn Jens-Peter Bonde und Herrn Peter Skaarup zum Thema „Europa der Demokratien", CONV 773/03 vom 30. Mai 2003. Präsident Giscard d'Estaing übergab den Alternativvorschlag zusammen mit dem Entwurf der Teile I und II des Verfassungsvertrags am 20. Juni 2003 in Thessaloniki dem Europäischen Rat; s. hierzu auch den mündlichen Bericht an den Europäischen Rat in Thessaloniki, erstattet von V. Giscard d'Estaing, Vorsitzender des Europäischen Konvents.

Mitgliedstaaten als Mindestquorum zur Zusammenarbeit ausreichend sei. Eine Mehrheit sprach sich dafür aus, die nationale Verteidigungspolitik aus dem Mechanismus herauszunehmen. Zahlreiche Redner erinnerten aber auch daran, dass diese Methode bislang kaum praktische Anwendung erfahren habe.

Im Mittelpunkt der Diskussion über die Wirtschaftskoordinierung stand der Themenkomplex um die Einführung einer neuen EU-Steuer, die Angleichung der nationalen Steuersätze und die Harmonisierung der Steuerstrukturen. Dabei wurden im Wesentlichen die bereits bekannten Positionen aus den Arbeitsgruppen und -kreisen wiederholt. Mehrheitlich wurde die Auffassung vertreten, dass die EU keine unabhängige Steuer-Kompetenz erhalten solle.

Die kurze Debatte zu den neuen Teilen II (Grundrechtecharta) und III (Politiken der Union) des Verfassungsvertrages bestätigte, dass die überwiegende Mehrheit der Konventsmitglieder die Einfügung der Grundrechtecharta in die zukünftige Verfassung begrüßte. Gelobt wurde die Darstellung der kulturellen Wurzeln der europäischen Union in der Präambel; allerdings wurde zugleich von einigen Mitgliedern des Konvents erneut der fehlende Gottesbezug in der Präambel kritisiert. Weitestgehende Einigkeit bestand auch in der Frage der Ausdehnung der Abstimmungen mit qualifizierter Mehrheit im Rat. Zwar sei dies bereits die Regel, dennoch gebe es zu viele Ausnahmen. Dies gelte insbesondere für die Gemeinsame Außen- und Sicherheitspolitik.

Die Plenartagung am 5. Juni 2003

Die eigentliche Tagung im Plenum am 5. Juni 2003 war eingebettet in eine Vielzahl von Sitzungen der einzelnen Untergliederungen des Konvents und informellen Treffen einzelner Gesprächskreise am 4. und 6. Juni 2003. Im Mittelpunkt der formellen Plenartagung standen die abschließende Aussprache zur Präambel und die Bestätigung der Überarbeitungen zu Teil I des Verfassungsvertrags. Präsident Giscard konnte hierzu einen weitgehenden Konsens feststellen. Insgesamt war diese Konventssitzung gekennzeichnet von intensiven Bemühungen des Präsidenten und seiner beiden Stellvertreter, in parallelen Sitzungen mit den Komponenten des Konvents (nationale Parlamente, nationale Regierungen, Europäisches Parlament, Kommission) Kompromisslinien abzustimmen. Dabei wurde im Kreis der Europaparlamentarier zum Teil heftige Kritik an der Gruppe der Regierungsvertreter geäußert, denen vorgeworfen wurde, die Rituale der Regierungskonferenzen vorwegzunehmen und somit den Konvent selbst zu beschädigen. Nach mehreren kurzfristig anberaumten weiteren Sitzungen der Komponenten und der parteipolitischen Fraktionen sowie Sitzungen im Plenum und im Präsidium stellten Präsident Giscard und die beiden Vize-Präsidenten am 6. Juni 2003 das Ergebnis ihrer formellen und informellen Gespräche den Komponenten vor. Sie erläuterten in getrennten Sitzungen der Komponenten die geänderten Texte zum institutionellen Teil, auf den sich das Präsidium kurz zuvor in einer Nachtsitzung geeinigt hatte.

Präsident Giscard selbst besuchte stets die Gruppe der nationalen Parlamentarier. Zur Vorbereitung dieser Unterredungen mit Giscard und der Plenarsitzung am

5. Juni hatte der niederländische Parlamentarier van der Linden ein Positionspapier der Gruppe der nationalen Parlamentarier erstellt, das mehrheitlich unterstützt wurde. Die nationalen Parlamentarier sprachen sich in diesem Papier eindeutig für einen einzigen Verfassungsentwurf ohne Optionen aus und dokumentierten somit ihre grundsätzliche Kompromissbereitschaft. Darüber hinaus wurde vorgeschlagen, die Konventsmethode für künftige Änderungen der Verfassung vorzusehen und Abstimmungen mit qualifizierter Mehrheit zum Regelverfahren zu machen.

Das Kompromisspapier des Präsidiums vom 6. Juni 2003 enthielt folgende Kernelemente als Ergebnis der Abstimmungsgespräche:

1. Zur Europäischen Kommission:
Das Präsidium hielt am vorgeschlagenen Modus der Wahl des Kommissionspräsidenten durch das Europäische Parlament auf Vorschlag des Europäischen Rats fest. Als Zugeständnis an die Beitrittsstaaten sollte das gegenwärtige System, nach dem jeder Mitgliedstaat einen Kommissar in die Kommission entsendet, bis 2009 fortgeführt werden. Erst danach sollte die Kommission verkleinert und ein Rotationssystem mit gerechter und ausgeglichener Repräsentation aller Mitgliedstaaten eingeführt werden. Vorgeschlagen wurde, dass die Kommission ab dem 1. November 2009 aus 15 Mitgliedern (dem Präsidenten, dem Außenminister und 13 Kommissaren) bestehen sollte. Nach dieser Reduzierung sollten zusätzlich 15 beigeordnete Kommissare ohne Stimmrecht der Europäischen Kommission angehören, um für ihre Länder weiterhin eine gewisse Kontinuität sowohl im Informationsfluss als auch in der Repräsentanz sicherzustellen.

2. Zum Ministerrat:
Das Präsidium schlug vor, folgende Zusammensetzungen des Ministerrats im Verfassungsvertrag zu benennen: Einen Rat für Allgemeine Angelegenheiten mit jeweils einem stimmberechtigten Vertreter aus jedem Land, einen Gesetzgebungsrat sowie einen Rat für Auswärtige Angelegenheiten unter dem Vorsitz des Europäischen Außenministers. Der Europäische Rat könne die Schaffung weiterer Ratsformationen veranlassen. Ein „Rat für Wirtschaft und Finanzen" sowie für „Sicherheit und Inneres" sollten demnach nicht ausdrücklich vorgesehen werden, aber möglich sein. Die Sitzungen des Gesetzgebungsrates sollten öffentlich sein.

Der Außenminister der Union sollte die Gemeinsame Außen- und Sicherheitspolitik nach außen vertreten und die Leitlinien des Europäischen Rates umsetzen. Er sollte vom Europäischen Rat mit Zustimmung des Kommissionspräsidenten gewählt werden und könnte nach Auffassung Giscards schon im folgenden Jahr sein Amt antreten. Eine Rotation sollte es beim Außenministerrat nicht geben, wohl aber bei allen anderen Formationen.

3. Zum Europäischen Rat und seinem Präsidenten:
Der Europäische Rat sollte ausdrücklich in der Verfassung verankert werden und auf seine Rolle als politischer Impulsgeber beschränkt bleiben. Er sollte also keine allgemeinen Exekutivbefugnisse haben. Sein Präsident sollte mit qualifizierter Mehrheit für 2½ Jahre gewählt werden, mit der Möglichkeit einer einmaligen Wieder-

wahl. Der Vorschlag, den Präsidenten durch ein Präsidium mit Vizepräsidenten weiter zu stärken, wurde zurückgezogen.

4. Zum Europäischen Parlament:
Das Europäische Parlament sollte weiterhin nach dem Grundsatz der degressiven Proportionalität zusammengesetzt werden, mit mindestens 4 Abgeordneten pro Mitgliedstaat. Die Obergrenze sollte weiterhin bei 732 Abgeordneten liegen; jedoch wurde vorgeschlagen, dass für die Wahlen zum Europäischen Parlament im Jahr 2009 diese Zahl der Europaparlamentarier verringert werden soll.

5. Zum Abstimmungsmodus im Ministerrat:
Das Präsidium schlug vor, dass das System einer doppelte Mehrheit, die sich aus der einfachen Mehrheit der Mitgliedstaaten und 3/5 der EU-Bevölkerung zusammen setzen sollte, ab dem 1. November 2009 eingeführt werden sollte. Bis dahin sollte an dem Kompromiss der Regierungskonferenz von Nizza festgehalten werden. Zusätzlich wurde der Modus der superqualifizierten Mehrheit vorgeschlagen, nach dem 2/3 der Mitgliedstaaten und 4/5 der Bevölkerung für eine Beschlussfassung notwendig wären.

Die Plenartagung am 11., 12. und 13. Juni 2003

Auch diese Sitzungstage des Konvents waren gekennzeichnet von einer Vielzahl informeller Treffen und vertraulicher Sitzungen der einzelnen Komponenten des Konvents sowie der politischen Familien. In diesen Sitzungen wurden die entscheidenden Kompromisslinien abgesprochen. Entsprechend überraschend konnten dann auch Änderungen „in letzter Minute" in den Entwurf des Verfassungsvertrages eingebracht werden, wie zum Beispiel die Möglichkeit eines europäischen Bürgerbegehrens.

Relativ überraschend waren auch die Änderungen, die an der Europäischen Grundrechtecharta vorgenommen wurden. Die Präambel der Charta wurde als Auslegungshilfe für die Gerichte um eine Bezugnahme auf die Erläuterungen des Vorsitzes des ersten Konvents ergänzt, und der Unterschied zwischen Rechten und Grundsätzen wurde durch die Änderung einer Überschrift betont. Dies verursachte starken Protest vor allem derjenigen Konventsmitglieder, die auch im ersten Konvent mitgearbeitet hatten. Schließlich wurde aber akzeptiert, dass diese Ergänzungen notwendig waren, um die Aufnahme der Charta in Teil II der Verfassung gegenüber dem Vereinigten Königreich durchsetzen zu können.

Auf der Plenarsitzung am 12. Juni präsentierte Giscard die aufgrund der Konsultationen am Vortag vorgenommenen letzten Änderungen am Verfassungstext sozusagen einen 4. Formulierungsentwurf:
- *Die Präambel der Verfassung:* Vor dem Hintergrund des Streits über eine direkte Bezugnahme auf das Christentum wurde eine Formulierung vorgeschlagen, die auf die „kulturellen, religiösen und humanistischen Überlie-

ferungen Europas, deren Werte in seinem Erbe weiter lebendig sind", Bezug nahm.
- *Zusammensetzungen des Rates:* Hier wurde präzisiert, dass der Vorsitz der Ratsformationen nach dem Prinzip der gleichberechtigten Rotation wahrgenommen werden sollte.
- *Europäischer Präsident:* Dem Wunsch nach Klarstellung der Aufgaben des Europäischen Präsidenten sei man nachgekommen, so Giscard, und habe deshalb ausdrücklich festgehalten, dass dieser „keinerlei gesetzgeberische Aufgaben" erfüllen solle.
- *Europäischer Außenminister:* Zur Unterstützung des Außenministers der Union wurde die Bildung einer „Gemeinsamen europäischen Dienststelle für auswärtiges Handeln" vorgeschlagen.
- *Europäisches Bürgerbegehren:* Auf Wunsch der Gruppe der Europaparlamentarier und einiger nationaler Parlamentarier wurde in Artikel I-46 des Verfassungsentwurfs die Möglichkeit eines Bürgerbegehrens neu eingeführt. Danach sollte eine „erhebliche Anzahl von Bürgern" (mindestens eine Million) aus einer „erheblichen Anzahl von Mitgliedstaaten" die Kommission zur Unterbreitung von Vorschlägen zu Europäischen Gesetzen auffordern können. Genauere Einzelheiten sollten durch ein Europäisches Gesetz geregelt werden.
- *Passerelle-Klausel:* Bereits für die Sitzung am 11. Juni 2003 hatte das Präsidium die Bestimmungen über die qualifizierte Mehrheit um eine so genannte „Passerelle-Klausel" ergänzt. Diese Klausel sah den Übergang von der Einstimmigkeit zur qualifizierten Mehrheit vor, wenn der Europäische Rat dies einstimmig beschließt. Die Regelung wurde vor allem von Seiten der Vertreter der nationalen Parlamente als „Entmachtung der nationalen Parlamente" kritisiert.

Alle diese Änderungen, die das Präsidium dem Konvent vorlegte, waren im Plenum selbst Anlass weiterer Diskussionen und Änderungswünsche. Nach einer letzten Überarbeitung von Teil I und Teil II konnte in der Plenarsitzung am Abend des 12. Juni der entscheidende Durchbruch erreicht werden und Präsident Giscard d'Estaing eine breite Zustimmung zu dem Entwurf verbuchen. Giscard stellte fest, dass der Text dem Europäischen Rat in Thessaloniki vorgestellt werden könne, ohne jedoch formell von einem Konsens zu sprechen. Zu den Teilen III und IV werde er dem Europäischen Rat vorschlagen, weitere Sitzungen im Juli zu gestatten.

Am 13. Juni 2003 wurden dann die Ergebnisse des Konvents in feierlicher Form verabschiedet und Präsident Giscard d'Estaing beauftragt, den Entwurf den Europäischen Staats- und Regierungschefs in Thessaloniki zu übergeben. In dieser Sitzung wurde keine detaillierte inhaltliche Arbeit mehr geleistet, sondern vielmehr in durchaus feierlicher Atmosphäre von den Vertreter aller Komponenten und politischen Familien Zustimmung zu dem Gesamtkompromiss signalisiert und eine allgemeine Bewertung der vorläufigen Ergebnisse des Konvents vorgenommen.[204]

---

[204] Vgl. zum Konventsergebnis ausführlich Kapitel 15.

Der Europäische Rat von Thessaloniki

Die Beratungen der europäischen Staats- und Regierungschefs in Thessaloniki über die Reform des Europäischen Vertragswerks und das Ergebnis des Konvents standen bereits ganz im Zeichen der einzuberufenden Regierungskonferenz.[205] Zwar versuchte Giscard die vorliegenden Teile eines Verfassungsvertrags in seinem Bericht an den Europäischen Rat als Endergebnis der Arbeit des Konvents und als „bedeutenden Fortschritt im Hinblick auf die europäische Integration"[206] darzustellen. Er betonte, dass der Konvent einen einheitlichen, kohärenten Text ohne Optionen vorlege, der ein „harmonisches Bauwerk" darstelle, „weil er aus einem Guss" sei und es dem Konvent gelungen sei, „ein optimales Gleichgewicht zwischen der Rolle der Union und der Rolle der Mitgliedstaaten herzustellen und dabei gleichzeitig die Möglichkeiten einer späteren Weiterentwicklung offen zu halten...".[207]

Aber bereits zu diesem Zeitpunkt wurde der Text in einigen Hauptstädten kritisiert. In Madrid wurde der Vorschlag zur Änderung des Abstimmungsmodus im Rat, also der Übergang von einem dreistufigen Verfahren, wie es der Vertrag von Nizza vorsieht, zu einem System der „doppelten Mehrheit", abgelehnt. In London wurden die Vorschläge zu Mehrheitsentscheidungen in der Steuerpolitik kritisiert und in einigen kleineren Mitgliedstaaten wurde das Festhalten am Grundsatz „ein Kommissar je Mitgliedstaat" eingefordert. Angesichts dieser kritischen Stimmen wurde bereits in Thessaloniki deutlich, dass die Regierungskonferenz den Entwurf des Konvents nicht ohne Debatten und Verhandlungen übernehmen würde. In Thessaloniki wurden deshalb bereits die Ausgangspositionen für die Verhandlungen der Regierungskonferenz vorbereitet und eingenommen. Einige Regierungen nahmen auch ihre Forderung bei der Erstellung des Mandats von Laeken wieder auf und forderten eine angemessene Unterbrechung zwischen dem Abschluss der Arbeiten des Konvents und dem Beginn der Regierungskonferenz. Diese Pause sollte auch dazu genutzt werden, um den nationalen Parlamenten die Möglichkeit zu einer intensiven Prüfung und einer angemessenen Debatte des Konventsentwurfs zu bieten.[208]

Der Europäische Rat verständigte sich nicht auf die Inhalte oder ein förmliches Mandat für die Regierungskonferenz, sondern nur auf einige grundlegende organisatorische Fragen, wie die Festlegung der Sekretariatsaufgaben. Erst nach langwierigen Debatten und kontroversen Verhandlungen[209] verständigten sich die Staats- und Regierungschefs schließlich auf die Feststellung, „dass der Wortlaut des Entwurfs des Vertrags über die Verfassung eine gute Ausgangsbasis für den Beginn der Regierungskonferenz bildet."[210] Der Entwurf des Konvents sei ein historischer Schritt zur Förderung der Ziele der europäischen Integration, der die Union ihren Bürgern

---

[205] Vgl. hierzu ausführlich Kapitel 17.
[206] Mündlicher Bericht an den Europäischen Rat in Thessaloniki, erstattet von V. Giscard d'Estaing, Vorsitzender des Europäischen Konvents, Thessaloniki, 20. Juni 2003, S. 2.
[207] Ebenda., S. 19, 20.
[208] Andreas Maurer: Schließt sich der Kreis? Der Konvent, nationale Vorbehalte und die Regierungskonferenz, Diskussionspapier der Stiftung Wissenschaft und Politik, Berlin 2003, S. 5.
[209] Klemens H. Fischer berichtet von „teils sehr heftig geführten Debatten", a.a.O., S. 93.
[210] Schlussfolgerungen des Vorsitzes, Europäischer Rat (Thessaloniki) am 19. und 20. Juni 2003, Ziffer 4.

näher bringe, das demokratische Wesen der Union stärke, ihre Beschlussfassungsfähigkeit nach der Erweiterung fördere, die Fähigkeit der Union zu kohärentem und vereintem Handeln auf der internationalen Bühne fördere und so dazu beitrage, die Herausforderungen der Globalisierung und der Verflechtung zu bewältigen.[211] Damit wurde die Arbeit des Konvents gelobt, ohne über die Methode selbst zu urteilen. Der Konvent sei ein nützliches Forum für den demokratischen Dialog zwischen den Mitgliedern des Konvents und mit der Zivilgesellschaft.

Obwohl Konventspräsident Giscard vom Endergebnis des Konvents sprach, waren sich sowohl die Mitglieder des Konvents als auch die Staats- und Regierungschefs einig, dass der Konvent noch nacharbeiten musste. Der Europäische Rat beschränkte das Mandat des Konvents allerdings auf einige technische Arbeiten am Wortlaut von Teil III des Verfassungsvertrags, die bis zum 15. Juli 2003 abgeschlossen sein müssten. Damit hatte die Mitgliedstaaten sowohl die bisherige Arbeit des Konvents gewürdigt, als auch den Bitten aus dem Konvent entsprochen, das Mandat zu verlängern, um einen umfassenden und kohärenten Text vorlegen zu können, ohne dem Konvent einen Blankoscheck zu weiteren Sitzungen auszustellen. Dem erneuerten Auftrag an den Konvent wurden in Thessaloniki enge inhaltliche und zeitliche Grenzen gesetzt.

Die Plenartagungen am 4., 9. und 10. Juli 2003

Nachdem der Europäische Rat von Thessaloniki dem Vorschlag des Konvents entsprochen und einer Verlängerung der Arbeiten an Teil III zugestimmt hatte, trat das Plenum des Konvents bereits am 4. Juli 2003 wieder zusammen. Insgesamt wurden mehr als 1600 Änderungsanträge zu Teil III von den Konventsmitgliedern bis zu dieser Plenartagung vorgelegt. Der Europäische Rat hatte allerdings nur von „rein technischen Arbeiten" gesprochen. Diese Formulierung erforderte zunächst eine Grundsatzaussprache über die Frage, ob die Ausweitung der Abstimmungen mit qualifizierter Mehrheit über diese rein technischen Arbeiten hinausgeht. Vizepräsident Amato stellte schließlich eine Interpretation des Mandats von Thessaloniki vor, wonach der Übergang zu Abstimmungen mit qualifizierter Mehrheit grundsätzlich über das Mandat der rein technischen Anpassungen hinausgehe. Wenn allerdings die folgenden drei Voraussetzungen erfüllt seien, könnte der Übergang dem Auftrag des Europäischen Rats von Thessaloniki entsprechen. Zunächst müsse der Übergang zu Mehrheitsabstimmungen der Stärkung der in Teil I niedergelegten Prinzipien dienen, dann sollte diese Änderung des Abstimmungsmodus bereits in früheren Konventsdebatten gefordert worden sein und schließlich knüpfte Amato die Vorbedingung, dass bislang noch kein Konventsmitglied politische Vorbehalte geltend gemacht habe, an den Übergang zu Mehrheitsvoten.
In der Aussprache am 4. Juli 2003 wurde schließlich über folgende Themen ausführlich diskutiert:

---

[211] Ebenda, Ziffer 2.

1. Qualifizierte Mehrheitsentscheidungen:
Eine große Mehrheit im Konvent sprach sich für eine möglichst weitgehende Ausweitung der Abstimmungen mit qualifizierter Mehrheitsentscheidung aus. In einer erweiterten Union könnten nur so die Handlungsfähigkeit der Union und die Kompromissbereitschaft der Mitgliedstaaten gewährleistet werden. Die Einführung von Mehrheitsabstimmungen wurde insbesondere im Bereich der Gemeinsamen Außen- und Sicherheitspolitik, in den binnenmarktrelevanten Bereichen der Steuerpolitik (indirekte Steuern), im Bereich der Sozialpolitik und der Nichtdiskriminierung gefordert. Dagegen sprachen sich insbesondere die deutschen Vertreter im Konvent für die Beibehaltung der Einstimmigkeit in der Einwanderungspolitik aus. Ministerpräsident Teufel betonte, dass der Zugang zum nationalen Arbeitsmarkt und das Maß der Zuwanderung in der mitgliedstaatlichen Zuständigkeit verbleiben müssten. Nach Ansicht von Bundesaußenminister Fischer sollten vor der Einführung qualifizierter Mehrheitsentscheidungen zunächst die Grundlinien einer europäischen Einwanderungspolitik einstimmig festgelegt werden. Auch im Bereich der Kultur einschließlich der kulturpolitischen Handelsabkommen wurde insbesondere von den französischen Konventsmitgliedern das Festhalten am Einstimmigkeitsprinzip gefordert.

2. Schaffung eines Auswärtigen Dienstes:
Die vom deutschen und dem belgischen Außenminister vorgeschlagene Schaffung eines „Auswärtigen Dienstes" wurde grundsätzlich begrüßt. Allerdings wurde kritisiert, dass dieser Dienst außerhalb der Europäischen Kommission geschaffen werden solle. Dies führe zu einem neuen Verwaltungsapparat neben den Dienststellen der Kommission und des Generalsekretariats des Rates; es bestehe die Gefahr, dass das institutionelle Gleichgewicht im Bereich einer kohärenten europäischen Außenpolitik gefährdet werde.

3. Daseinsvorsorge:
Grundsätzlich gegensätzliche Auffassungen wurden in der Debatte zur Einführung einer Ermächtigungsgrundlage für europäisches Handeln im Bereich der Daseinsvorsorge deutlich. Während die Vertreter der Regierungen Schwedens, Irlands, Finnlands, Großbritanniens, Österreichs und Deutschlands diese Ergänzung des bisherigen Artikelentwurfs um eine neue Rechtsgrundlage grundsätzlich ablehnten, sprachen sich insbesondere die Repräsentanten aus Frankreich und Belgien dafür aus. Giscard wies in seiner Erwiderung auf die kritischen Anmerkungen darauf hin, dass die nationale Zuständigkeit im Bereich der Daseinsvorsorge nach dem Entwurf grundsätzlich erhalten bleiben solle. Jedoch sollte für die EU die Möglichkeit geschaffen werden, Maßnahmen ergreifen zu können, damit europäische Angebote gemacht und die Funktionsfähigkeit der Daseinsvorsorge sichergestellt werden könne.

4. Europäischer Staatsanwalt:
Auch zur Schaffung einer Europäischen Staatsanwaltschaft gab es erneut eine kontroverse Debatte, die von der Streichung des entsprechenden Artikels bis zur Forde-

rung reichte, mit qualifizierter Mehrheit über die Einrichtung dieses Amtes zu entscheiden.

5. Symbole der europäischen Einheit:
Zahlreiche Redner plädierten für die Aufnahme eines Artikels, in dem die Symbole der Union, Fahne, Hymne, Feiertag und Währung, aufgeführt werden sollten. Dieser Artikel sollte entgegen der gemeinsamen Absprache, keine Änderungen an den Teilen I und II vorzunehmen, aber angesichts der grundsätzlichen Bedeutung für die Identifizierung der Bürger mit der Union in Teil I des Verfassungsvertrags eingefügt werden. Von britischer Seite wurde darauf hingewiesen, dass das Symbol der gemeinsamen Währung nicht für alle Mitgliedstaaten gelte.

6. Offene Methode der Koordinierung:
Erneut wurde von einigen Europaparlamentariern die Aufnahme eines gesonderten Artikels in den Verfassungsvertrag gefordert, in dem die offene Koordinierungsmethode definiert werden sollte.

Für die letzte Plenarsitzung des Konvents am 9. und 10. Juli 2003 hatte das Präsidium einen im Lichte der Diskussion vom 4. Juli 2003 überarbeiteten Entwurf für Teil III vorgelegt. In diesem Entwurf war auch die von deutscher Seite geforderte Klarstellung enthalten, dass Regelungen über den Zugang zum Arbeitsmarkt für Drittstaatsangehörige und über das Ausmaß der Einwanderung alleinige Zuständigkeit der Mitgliedstaaten sei.

Die Befugnisse des Europäischen Gerichtshofs wurden auf die Überwachung des operativen Vorgehens der EU im Bereich der Gemeinsamen Außen- und Sicherheitspolitik ausgeweitet, die Konsultationspflicht und die Unterrichtung des Europäischen Parlaments in einigen Politikbereichen erweitert, und im Bereich der Europäischen Verteidigungspolitik wurde die Möglichkeit der verstärkten Zusammenarbeit eröffnet. Andererseits hielt das Präsidium an der Schaffung einer Rechtsgrundlage im Bereich der Daseinsvorsorge fest.

Die Plenardebatte am 9. Juli drehte sich nahezu um die gleichen Punkte, wie die vorherige Debatte. Im Anschluss an diese zum Teil sehr intensiv geführte Diskussion überarbeitete das Präsidium seinen Text für die letzte Sitzung des Konvents am 10. Juli 2003 erneut. Änderungen wurden insbesondere an folgenden Bereichen vorgenommen:

- Für die Offene Methode der Koordinierung wurde zwar keine allgemeine Bestimmung in den Verfassungsvertrag aufgenommen. Allerdings wurden wortgleiche Formulierungen in vier Artikeln in den Politikfeldern Sozialpolitik, Forschung, Gesundheitspolitik und Industrie eingefügt.
- Die französische Forderung der Beibehaltung der Einstimmigkeit im Bereich des Handels mit kulturellen und audiovisuellen Dienstleistungen (*exception culturelle*) wurde schließlich doch noch in den Verfassungsvertrag aufgenommen.

- Der geforderte Artikel zu den Symbolen der Union wurde in den Entwurf aufgenommen. Ergänzend zu den Symbolen Fahne, Hymne, Feiertag und Währung wurde auch ein Motto der Union aufgeführt: „In Vielfalt geeint".
- Eine Änderung wurde auch in Teil IV „Schlussbestimmungen" des Verfassungsvertrages eingefügt. Danach sollte der Europäische Rat nicht autonom darüber entscheiden können, ob ein Konvent zur Revision des Verfassungsvertrages einberufen werden kann, sondern nur nach Zustimmung des Europäischen Parlaments.
- Weitere Änderungen betrafen das Protokoll zum diplomatischen Dienst, die Regelungen zur Nicht-Diskriminierung und das Protokoll zum Euratom-Vertrag.

Diese letzte Sitzung des Konvents am 10. Juli 2003 wurde ähnlich feierlich wie die letzte Sitzung des Konvents vor dem Europäischen Rat von Thessaloniki am 13. Juni 2003 gestaltet. Die zuletzt überarbeitete Textfassung der Teile III und IV wurde in den Reden der Vertreter der politischen Familien und der Komponenten des Konvents gebilligt.

Erste Bilanz

Die Schlussphase der Arbeit des Konvents war von zwei zum Teil gegensätzlichen Prozessen charakterisiert:

Einerseits waren die Debatten über die Formulierung des Verfassungsvertrags öffentlich und damit so transparent und nachvollziehbar wie bei bislang keiner Regierungskonferenz. Das Präsidium legte die Entwürfe chronologisch geordnet nach den Kapiteln des Verfassungsvertrags dem Plenum des Konvents vor. Jedes Mitglied hatte dann die Möglichkeit, in einer zumeist auf eine Woche begrenzten Frist Änderungsvorschläge dem Konventssekretariat zuzuleiten. Das Sekretariat erstellte dann überarbeitete Entwürfe, die wiederum im Plenum erörtert wurden. Sowohl die Entwürfe des Präsidiums als auch die Änderungsanträge wurden auf den Internetseiten des Konvents veröffentlicht. Allerdings sorgten die schiere Menge der Änderungsanträge und der sich stetig verschärfende Zeitdruck dafür, dass die Überlegungen und die Ursprünge, auf denen die ersten Vorschläge des Präsidiums basierten, ebenso wenig nachvollziehbar und verständlich wurden wie die Kriterien, nach denen die Änderungsvorschläge in die überarbeiteten Entwürfe aufgenommen oder verworfen wurden.

Andererseits entwickelte der Konvent immer deutlichere informelle Abstimmungs- und Kompromissfindungsmechanismen, die die deliberative Debattenatmosphäre im Konvent überlagerten. „Aus der Art und Weise, wie die Akteure seit Mai 2003 ihre Konzepte – im Konvent sowie im Kreis des Rates für Allgemeine Angelegenheiten und Außenbeziehungen – verteidigten, wurde rasch deutlich, dass die Mehrheit der Konventsmitglieder und des diese umgebenden Umfelds faktisch längst zur informellen Abhaltung der Regierungskonferenz übergegangen war."[212] Im Konvent wurden spätestens mit der Vorlage der ersten konkreten Vorschläge zur

---

[212] Andreas Maurer, Schließt sich der Kreis?, a.a.O., S. 5.

künftigen institutionellen Gestalt der Union die entscheidenden Machtfragen diskutiert. Mit der im Präsidium des Konvents unabgestimmten Vorlage seiner Überlegungen war Präsident d'Estaing vorangeschritten und hatte den Konvent vor eine ernste Zerreißprobe gestellt. Die heftige Kritik vieler Mitglieder des Konvents und der Europäischen Kommission hatten die unterschiedlichen Grundverständnisse zur Zukunft der Europäischen Union im Konvent endgültig offen gelegt. Die Debatte über die institutionellen Fragen wurde im Konvent ebenso wie bereits bei den Verhandlungen in Nizza zur Arena für die grundsätzlich geführten Debatten zwischen den Verfechtern stärker intergouvernementaler Elemente in einem Verfassungsvertrag und den Anhängern eindeutig supranationaler Lösungen. „Sobald es um die von Amsterdam und Nizza ungelösten Machtfragen ging, nahmen die Verhandlungen immer mehr den Charakter einer Regierungskonferenz an. Dies umso mehr, da mittlerweile eine Reihe von Außen- und Europaministern die mitgliedstaatlichen Regierungen im Konvent vertraten", bilanzierte Claus Giering.[213]

Das Präsidium und auch der Präsident des Konvents konnten in dieser Phase vollends die Initiative und die Steuerung des Konvents übernehmen. Neben dem Präsidium wurde in dieser Phase die Rolle der Komponenten und der parteipolitischen Gruppen immer wichtiger. Der Konvent selbst, d.h. das Plenum, war insbesondere in den entscheidenden Sitzungen im Mai, Juni und Juli 2003 nicht mehr in der Lage, den Verhandlungsprozess zu steuern oder merklich zu beeinflussen. Immer häufiger wurden wichtige Grundsatzentscheidungen hinter den verschlossenen Türen des Präsidiums oder in informellen Gesprächsrunden zwischen den Sprechern der verschiedenen Komponenten des Konvents getroffen. Einige zunächst im Konvent umstrittene Formulierungen wurden nach solchen „Hinterzimmergesprächen" in den abschließenden Entwurf aufgenommen; in einigen Fällen wurden sogar Formulierungen wieder aufgenommen, die zuvor in den Plenardebatten auf weitgehende Ablehnung gestoßen waren. Dies galt für die deutsche Forderung nach Einstimmigkeit im Bereich der Einwanderungspolitik ebenso wie für das französische Anliegen, im Bereich der Außenhandelspolitik die französische Filmindustrie zu schützen, oder die Forderung aus den Reihen der Europaparlamentarier, in der Verfassung die Möglichkeit eines Bürgerbegehrens vorzusehen.

Die Wege der politischen Kompromissfindungen blieben Außenstehenden, aber selbst Insidern weitgehend verborgen. Gisela Stuart bemerkte rückblickend bissig: „Consensus was achieved among those who were deemed to matter and those deemed to matter made it plain that the rest would not be allowed to wreck the fragile agreement struck."[214] Nicht ohne Grund äußerte der luxemburgische Ministerpräsident Jean-Claude Juncker[215] herbe Kritik an der Rolle des Präsidiums und der mangelnden Transparenz der Entscheidungsfindung in der Endphase der Verhandlungen.

---

[213] Claus Gierung, Vom Vertrag zur Verfassung – Verlauf und Bilanz des EU-Reformkonvents in: ders. (Hrsg.): Der EU-Reformkonvent - Analyse und Dokumentation, Gütersloh, München 2003., S. 4-14, hier S. 9. Ähnlich Andreas Maurer: Der Endspurt des Konvents, SWP-Aktuell 24, Juni 2003.
[214] Gisela Stuart, The Making of Europe's Constitution, London 2003, S. 24.
[215] Vgl. Der Spiegel, Nr. 25, 2003, S. 46-48, sowie Kapitel 16.

TEIL IV

Im Umfeld des Konvents

12 Der Konvent im europapolitischen und internationalen Umfeld

Während der Konvent Ende Februar 2002 seine Arbeit aufnahm und sich schnell der Wille herauskristallisierte, der Union eine Verfassung zu geben und damit auch die Gemeinschaftsmethode zu stärken, ging der Kontinent in diesen Monaten durch die tiefsten Wechselbäder seiner neueren Geschichte. Neben dem Konvent bestimmten die transatlantischen Beziehungen und die intergouvernementale Zusammenarbeit der nationalen Regierungen die politische Lage in Europa in zunehmendem Maße. Auf internationaler Ebene führte der Irak-Krieg zu einer harten Belastungsprobe für die gemeinsame Arbeit an der Verfassung, auf der intergouvernementalen Ebene in Europa sorgte insbesondere die neue deutsch-französische Kooperation für beträchtliches Aufsehen. Außerdem mussten in Mittel-, Ost- und Südeuropa die Bevölkerungen in Referenden dem geplanten Beitritt ihres Landes zur Europäischen Union zustimmen. Nach anfänglicher siegesgewisser Euphorie war der Ausgang einiger Referenden zwischenzeitlich höchst ungewiss. Eine Ablehnung des Beitritts in einigen Ländern konnte unabsehbare Folgen für das weitere Einigungswerk haben und die Arbeit des Konvents, die auf der Teilnahme zahlreicher Staaten des Kontinents beruhte, obsolet machen. So bot die europäische Integration im Laufe der Konventstätigkeit ein höchst ambivalentes und fragiles Bild. Während Europa im Konvent über seine gemeinsame Zukunft beriet, gerieten die Beziehungen der Nationalstaaten auf dem Kontinent in Aufruhr. Im Folgenden sollen zwei Bereiche näher betrachtet werden, einerseits die transatlantischen Beziehungen und andererseits die europäischen, intergouvernementalen Beziehungen der Jahre 2002 und 2003, die den politischen Rahmen der Konventsarbeit bildeten.

Das Jahr 2002

Als der Gipfel von Laeken das Mandat zur Einsetzung des Konvents gab, lagen die brutalen Anschläge vom 11. September 2001 in New York und Washington erst wenige Monate zurück. Zu diesem Zeitpunkt war die US-Regierung bereits fieberhaft in erste Aktionen im „Kampf gegen den Terrorismus" verstrickt. Da die Operationen in Afghanistan, den Philippinen und anderen Orten des Nahen und Fernen Ostens zu keinem unmittelbar greifbaren Erfolg führten, verlagerte sich der Kampf gegen den internationalen Terrorismus allmählich zu einer Abrechnung mit feindlichen Potentaten. Am 29. Januar 2002 sprach US-Präsident Bush von einer „Achse des Bösen", die aus dem Irak, dem Iran und dem rigid-kommunistischen Nord-Korea gebildet werde. Diese Staaten standen seit langer Zeit auf der US-Agenda potentieller „Schurkenstaaten" und wurden nun, jedenfalls im Falle der beiden nah-

12 Der Konvent im europapolitischen und internationalen Umfeld

östlichen Staaten, in direkten Zusammenhang mit dem internationalen Terrorismus gebracht. Zudem wurde ihnen die Produktion von Massenvernichtungswaffen unterstellt. EU-Außenkommissar Chris Patten nannte die Äußerungen in einer ersten Stellungnahme „sehr gefährlich", „absolutierend" und „vereinfachend". Er verteidigte demgegenüber die Strategie der EU, die gemäßigten Kräfte in diesen Ländern zu unterstützen und somit einen eher schleichenden Wandel auszulösen. Noch waren die amerikanischen politischen und militärischen Kräfte im Kampf gegen den Terrorismus zu unkoordiniert, um die Ressourcen gegen einen einzigen Feind zu bündeln. Aber es zeichnete sich doch deutlich ab, dass die amerikanische Politik in den nächsten Monaten konzentrierter und aggressiver auftreten werde und dass Europa in irgendeiner Form darauf reagieren musste. Im Juli 2002 schrieb der belgische Ministerpräsident Guy Verhofstadt Briefe an den britischen Premierminister Tony Blair und den französischen Staatspräsidenten Chirac, in denen er eine stärkere militärische Zusammenarbeit der Europäischen Union im Rahmen der Gemeinsamen Sicherheits- und Verteidigungspolitik fordert. Zu diesem Zweck solle die Union zu einem Militärbündnis mit gegenseitiger Beistandsverpflichtung ausgebaut werden und damit innerhalb der Nato eine größere Rolle spielen. Die Bundesregierung wurde nicht angeschrieben. Die Regierungen in Paris und London nahmen die Pläne zunächst zurückhaltend auf, doch hatte Verhofstadt mit seinem Vorstoß eine Entwicklung in Gang gesetzt, die im Verlaufe dieses und des kommenden Jahres noch aktuell werden sollte.

So suchten die Europäer in ihrer unmittelbaren Reaktion auf die Herausforderung des internationalen Terrorismus den engen Schulterschluss mit den USA und die Betonung der gemeinsamen Werte. Im Verlauf des Jahres 2002 entwickelten sie dann eigenständige Vorstellungen, wie man auf diese neue Gefahr reagieren sollte, die sich stark von den militärisch dominierten Überlegungen Washingtons unterschieden. Die eher zivile Antwort der Europäer wurde ergänzt durch die Initiativen, autonome Strukturen einer Europäischen Verteidigungsunion aufzubauen und den Integrationsprozess insgesamt weiter zu vertiefen und zu verdichten. Allerdings sollte dieser Gemeinsamkeit keine lange Dauer beschieden sein. Die Vorboten des Streits über den richtigen Umgang mit der nahöstlichen und islamistischen Herausforderung kündigten sich bereits an.

Und auch in anderen Bereichen herrschte innerhalb der Europäischen Union keine Harmonie, sondern eher Dissonanz. Während der Konvent in Brüssel seine Arbeit aufnahm, konnte Deutschland einen „Blauen Brief" durch die EU-Kommission wegen zu hoher Verschuldung abwenden. Obwohl es die Vorgaben des Stabilitätspakts nicht erfüllen konnte, hatte Bundesfinanzminister Eichel eine so genannte „Frühwarnung" im Rat der Finanzminister verhindern können. Intensive Lobbyarbeit, zahlreiche Gespräche im Vorfeld der Tagung und die Zusage, zukünftig den Vorgaben des Stabilitätspakts genauer Rechnung zu tragen und die Neuverschuldung unter die Drei-Prozent-Grenze zu drücken, veranlasste eine Mehrheit der im Rat vertretenen Staaten, über die Empfehlung der Kommission zur Verwarnung Deutschlands nicht abzustimmen und somit des Verfahren abzuschließen. Die Kommission sah in diesem Verhalten bedenkliche Anzeichen für eine Abkehr Deutschlands von seiner europapolitischen Vorreiterrolle, die auch in anderen Bereichen, beispielsweise in der Industriepolitik, sichtbar werde und fühlte sich durch eine ad hoc im Finanzministerrat zusammengebrachte Mehrheit in der Wahrnehmung ihrer Aufgaben behindert. Hier hatte ein großer Mitgliedstaat seine Muskeln spielen lassen und eine Entscheidung unter Missachtung der gemeinsamen Regeln und Organe in seinem Sinne beeinflusst. Zudem lag der Verdacht nahe, dass manche Staaten dem regelwidrigen Verhalten Deutschlands nur deshalb nicht widersprachen, weil man sich für die Zukunft ein ähnlich kulantes Verhalten erhoffte. Die Signale von Seiten der Mitgliedstaaten an die Gemeinschaftsinstitutionen und an die internationalen Finanzmärkte – der Euro war gerade erst eingeführt – waren verheerend.

Den zweiten großen Konfliktpunkt bildeten die Agrarsubventionen. Auch hier spielte Deutschland eine zentrale Rolle. Im Zuge der Beitrittsverhandlungen mit den Staaten Mittel- und Osteuropas verschärfte sich zwischen Deutschland und Frankreich der Konflikt um die künftige Finanzierung der Gemeinsamen Agrarpolitik in einer erweiterten Union. Für den Fall, dass das System der Agrarsubventionen einfach auf alle neuen Mitgliedstaaten ausgeweitet werden sollte, fürchtete Berlin unkalkulierbare Kosten und eine weitere Verfestigung des unrentablen Systems der Gemeinsamen Agrarpolitik. Noch immer stellte die gemeinsame Agrarpolitik mit 44,5 Mrd. Euro rund 46% und damit den größten Posten im Haushalt der Union. Andererseits war eine Ausgrenzung der künftigen Mitglieder aus dem ältesten vergemeinschafteten Politikbereich der EU weder durchsetzbar noch wünschbar. So versuchte Berlin im Zuge der Erweiterungsverhandlungen einige strukturelle Reformen in der Agrarpolitik voranzubringen, ohne den Erweiterungsprozess in Frage zu stellen.

Die Kommission hatte am 30. Januar 2002 einen Informationsvermerk zur Finanzierung der Kosten der Erweiterung im Rahmen der Vorgaben der Agenda 2000, d.h. der Beschlüsse des Europäischen Rats von Berlin vom März 1999, sowie ein Positionspapier zur Integration der Beitrittsländer in die Gemeinsame Agrarpolitik vorgelegt. Danach sollten die Kosten insgesamt ca. 40 Mrd. € betragen. Bei der Frage der Integration der Beitrittsländer in das System der Direktzahlungen kam die Kommission den drängenden Forderungen der Beitrittsländer entgegen und schlug vor, Direktzahlungen in diesen Ländern bis zum Jahr 2006 in Höhe von 25 bis 35 % des Niveaus der gegenwärtigen Mitgliedstaaten einzuführen und diese bis zum Jahr 2013 auf 100% zu steigern. Diese Vorschläge der Kommission wurden von den Nettozahlern Großbritannien, Schweden, den Niederlanden und Deutschland strikt abgelehnt. Zudem waren zahlreiche Beitrittsländer, insbesondere Polen, selbst diese Frist viel zu lang und sie drohten mit negativen Abstimmungsergebnissen bei den bevorstehenden Referenden zum EU-Beitritt. Frankreich, das gemeinsam mit Spanien den größten Anteil an Direktbeihilfen erhielt, nahm eine konträre Maximalposition ein und lehnte selbst geringfügige Einschnitte bei den eigenen Bauern zumindest bis zu Jahr 2006 ab. Dagegen wollte Paris darüber hinaus den Staaten Mittel- und Osteuropas von Anfang an hohe Agrarsubventionen zugestehen. Damit drohte der Erweiterungsprozess im Sommer 2002 ins Stocken zu geraten.

Ende Juli 2002 trafen sich Chirac und Bundeskanzler Schröder zu deutsch-französischen Konsultationen in Schwerin, ohne nennenswerte Kompromisse in

12 Der Konvent im europapolitischen und internationalen Umfeld

dieser Streitfrage erzielen zu können. Es bestätigte sich zum wiederholten Male, dass das deutsch-französische Duo, lange Zeit der Motor für die immer engere Integration des Kontinents, sich in einer tiefen Krise befand. Es fehlte an kreativen Ideen, an einem Mindestmaß an gegenseitigem Vertrauen und Harmonie. Und, vor allem, es fehlten gemeinsame Projekte, die dem Duo eine neue Begründung für die Kooperation liefern konnten. Zu allem Überfluss verkündete auch noch die ehemalige britische Premierministerin Thatcher, Großbritannien solle sich aus wichtigen Verträgen der EU zurückziehen. Die Europäische Union sei reformunfähig und „vermutlich die größte Torheit der Moderne".

Nach diesem Tiefpunkt kam in der zweiten Jahreshälfte 2002 schließlich die Wende auch für die intergouvernementalen Beziehungen in Europa. Fast zeitgleich mit der Vorstellung des „Verfassungsskeletts" im Konvent durch Giscard d'Estaing einigten sich die Staats- und Regierungschefs im Oktober in Brüssel auf einen Kompromiss im Agrarstreit. Bereits im Vorfeld des Brüsseler Gipfels hatten sich der französische Staatspräsident Jacques Chirac und Bundeskanzler Gerhard Schröder darüber verständigt, die Ausgaben für die Direktzahlungen und die Preisstützung im Agrarbereich mit einem Inflationsausgleich von 1% von 2007 bis 2013 einzufrieren. Ferner war vorgesehen, den Beitrittskandidaten zunächst 25% der Subventionen der Altmitglieder einzuräumen und bis zum Jahr 2013 stufenweise auf 100% zu erhöhen. Dieser Kompromiss wurde in Brüssel von den restlichen Staats- und Regierungschefs mit Erleichterung aufgenommen und dann im Wesentlichen bestätigt. Entscheidend an dieser Einigung war das politische Signal, das von ihm ausging. Mit der Beilegung des Agrarstreites hatten Deutschland und Frankreich zum ersten Mal seit dem Regierungswechsel in Berlin 1998 gezeigt, dass sie wieder gemeinsam die Fortsetzung des europäischen Integrationsprozesses gestalten wollten. Zugleich wurde deutlich, welches politische Gewicht einer gemeinsamen deutsch-französischen Initiative in der EU zukommen kann.

Im Gegensatz zu diesen Fortschritten verschärfte sich in den transatlantischen Beziehungen allerdings der außenpolitische Druck auf die EU und ihre Mitgliedstaaten durch die Zuspitzung der Irak-Krise. Am 8. November 2002 verabschiedete der Sicherheitsrat die Resolution 1441, mit der der Irak gezwungen wurde, Rüstungskontrolleure der Vereinten Nationen ins Land zu lassen und ihnen gegenüber alle militärischen Pläne und vorhandenen Kapazitäten offen zu legen. Noch im gleichen Monat begannen die Kontrollen der UN-Kommission UNMOVIC sowie der internationalen Atomenergiebehörde IAEO. Als die irakische Seite im Dezember einen 12.000-seitigen Waffenbericht vorlegte, der offensichtliche Mängel enthielt, verschärfte sich die Tonlage zwischen der amerikanischen Regierung und dem irakischen Despoten Saddam Hussein weiter. Ein bewaffneter Konflikt schien immer unausweichlicher zu werden. Europa sollte im kommenden Jahr 2003 zwischen Integration und Desintegration förmlich zerrieben werden.

Das erste Halbjahr 2003

Bereits am 14. Januar trafen sich Staatspräsident Chirac und Bundeskanzler Schröder zu einem informellen Treffen und verständigten sich auf substanzielle Projekte, die dem erst wenige Monate zuvor wieder angesprungenen deutsch-französischen Motor neuen Schwung verleihen sollten. Die Initiativen gingen in drei Richtungen. Zum einen sollten die Arbeiten des Konvents, der bis dahin noch zu keinen konkreten Ergebnissen gelangt war, durch gemeinsame Vorstöße in den Bereichen Außen- und Sicherheitspolitik sowie Innen- und Justizpolitik vorangetrieben werden, zum anderen sollte auch auf internationaler Ebene angesichts des immer wahrscheinlicher werdenden Irak-Kriegs im Weltsicherheitsrat Gemeinsamkeit demonstriert werden, und schließlich sollte auch das bilaterale Verhältnis durch neue Kooperationsmöglichkeiten bereichert werden. Plötzlich lagen interessante Vorschläge auf dem Tisch, wie beispielsweise die Absicht, gemeinsame Kandidaten für internationale Sportverbände aufzustellen und langfristig eine doppelte Staatsbürgerschaft für die jeweils im Nachbarland lebenden Deutschen und Franzosen zu vergeben. Bereits am folgenden Tag, dem 15. Januar, veröffentlichten beide Seiten einen Vorschlag zur Schaffung eines EU-Außenministers und einer Doppelspitze aus Rats- und Kommissionspräsidentschaft, die jeweils für fünf Jahre gewählt werden und gemeinsam die Union führen sollten. Aus Brüssel signalisierte Konventspräsident Giscard d'Estaing seine Zustimmung zu diesem so genannten „Doppelkopf" und nahm ihn in die Agenda des Konvents auf. Höhepunkt der deutsch-französischen Annäherung waren zweifellos die Feierlichkeiten am 22. Januar aus Anlass des 40. Jahrestags des deutsch-französischen Freundschaftsvertrags, bei denen die Regierungen und Parlamente beider Länder im Prunkschloss von Versailles ihre Freundschaft zelebrierten.

Doch der demonstrative Schulterschluss führte nicht überall zu vorbehaltloser Zustimmung. Die Reaktionen bei den europäischen Partnern ließen nicht lange auf sich warten und schlugen dem freundschaftsseligen Duo auf dreifache Weise entgegen. Zunächst wandten sich die kleinen Mitgliedstaaten der EU zusammen mit den Beitrittskandidaten gegen eine Verlängerung der Ratspräsidentschaft und befürworteten stattdessen die Beibehaltung der turnusmäßigen halbjährlichen Rotation. Diese Auseinandersetzung sollte den Konvent bis zuletzt beschäftigen. Dann platzte in die Feierlichkeiten der beinahe legendär gewordene Ausspruch des amerikanischen Verteidigungsministers Rumsfeld, Deutschland und Frankreich bildeten das „alte Europa", das die Zeichen der Zeit nicht erkannt hätte. Sie seien ein „Problem" im Gegensatz zum „neuen Europa", das Amerikas geostrategische Interessen teile. Die Aufregung, die diesen Äußerungen folgte, versuchte der US-Botschafter in Berlin, Daniel Coats, zu beschwichtigen, indem er versicherte, Rumsfeld werde den Begriff „altes Europa" nicht noch einmal verwenden. Im „alten Europa" aber verursachten die Äußerungen beträchtliche Aufregung, auch und gerade unter den Intellektuellen. In ihrer Ablehnung waren sich europäische Intellektuelle, wie Jürgen Habermas, Joseph Rovan, Jorge Semprun und Robert Menasse, mit den Politikern einig.[216] Auch Hans Magnus Enzensberger und Eric Hobsbawm diskutierten öffentlich über die Wurzeln Europas, seine Zukunft und seine Grenzen. Europa, stilisierte Enzens-

---

[216] Vgl. Frankfurter Allgemeine Zeitung vom 24.01.2003.

berger dabei seinerseits den alten Kontinent, sei ein „way of life". So kam der Anstoß zur inneren Gemeinsamkeit durch ein unbedachtes Wort von außen.[217] Nachdem die Bush-Administration die Drohkulisse gegenüber dem Irak mit dem später fragwürdig gewordenen Vorwurf der Produktion von Massenvernichtungswaffen verstärkt und eine bewaffnete Auseinandersetzung kaum mehr zu verhindern war, schrieben acht europäische Staats- und Regierungschefs am 30. Januar einen offenen Unterstützungsbrief an den amerikanischen Präsidenten. Zu den Unterzeichnern dieses als „Brief der Acht" bekannt gewordenen Schreibens gehörten die EU-Staaten Großbritannien, Spanien, Italien, Portugal und Dänemark sowie aus der Reihe der Beitrittskandidaten Polen, Tschechien und Ungarn. Allesamt Länder, die die neue deutsch-französische Achse skeptisch beobachteten. Die Sympathie der übrigen osteuropäischen Staaten galt ebenfalls den USA, während Griechenland, das die Ratspräsidentschaft inne hatte, Luxemburg, Schweden und Österreich eher dem „alten Europa" zuzurechnen waren. Damit hatten sich bedrohliche Gräben im transatlantischen Verhältnis, innerhalb Europas und im Konvent aufgetan, die sich mit dem näher rückenden Irak-Krieg noch vertiefen sollten.

Während am 6. Februar Giscard d'Estaing scheinbar unberührt von den weltpolitische Ereignissen die ersten Artikel „seiner" Verfassung dem Konvent präsentierte, griff Chirac die Beitrittskandidaten wegen ihrer Haltung in der Irak-Krise scharf an. „Sie haben eine großartige Gelegenheit verpasst, den Mund zu halten", ließ Chirac verlauten. Und auch der Präsident der Europäischen Kommission, Romano Prodi, zeigte sich besorgt wegen der offen pro-amerikanischen Haltung der Beitrittsstaaten, die zeige, „dass sie noch nicht verstanden hätten, dass die EU mehr als eine Wirtschaftsgemeinschaft sei". Die betroffenen Länder wiesen die Schelte pikiert zurück, und Polen sagte eine Teilnahme an einem Gipfeltreffen von EU-Präsidentschaft und Beitrittsländern ab. Die Schärfe dieser verbalen Auseinandersetzung war insbesondere vor dem Hintergrund der anstehenden Volksabstimmungen in den Kandidatenländern über den EU-Beitritt bemerkenswert. Malta eröffnete den Reigen der EU-Referenden in den Beitrittsländern, die allesamt zugunsten eines Beitritts zur Union ausfallen sollten. Am 10. März stimmten die sonst eher kritischen Malteser mit dem knappen Ergebnis von 53,6% Ja-Stimmen in einem Referendum für den Beitritt zur EU. Am 16. April unterzeichneten die zehn Beitrittskandidaten aus Mittel- und Osteuropa sowie dem Mittelmeerraum die Verträge zum Beitritt zur Europäischen Union in Athen. Mehr als zwei Stunden dauerte die Unterzeichnungszeremonie vor laufenden Kameras, die die über 40-jährige Spaltung des Kontinents endgültig überwinden und Europa zum größten Wirtschaftsraum der Welt werden ließ. In Sichtweite der Akropolis, auf der die Säulen des Parthenontempels die anwesenden Staats- und Regierungschefs an die Geburt der Demokratie in Europa erinnern sollte, wurden die Staaten Europas allerdings darauf hingewiesen, dass es um die Verwirklichung einer europäischen, supranationalen Demokratie noch immer schlecht bestellt war.

Im Konvent machte sich in dieser Phase Unmut über den autoritären Führungsstil Giscard d'Estaings breit, und auch der Inhalt seiner Vorschläge löste Kritik

---

[217] Im Dezember wurde das „alte Europa" von der Gesellschaft für deutsche Sprache zum „Wort des Jahres 2003" gewählt.

aus. Viele Konventsmitglieder erteilten der vom Konventspräsidenten geplanten Stärkung der Regierungen gegenüber dem Europäischen Parlament und der Kommission eine deutliche Absage, das Wort vom „Zwergenaufstand" der kleinen Länder gegen eine nicht-rotierende Ratspräsidentschaft machte die Runde. Und auch Kommissionspräsident Prodi sprach sich gegen den geplanten „Doppelkopf" aus, da die Kompetenzverteilung nicht geklärt sei. Zudem machten die weiterhin geteilten Meinungen zum Irak-Krieg schmerzhaft deutlich, dass es der Union an einer kohärenten Außen- und Sicherheitspolitik fehlte.

Auch der transatlantische Streit über den Krieg im Irak hatte sich seit März spürbar verschärft. In permanenten Gesprächen mit Russlands Staatschef Putin bildete sich in der Frage des Irak-Konflikts und der Positionierung im UN-Sicherheitsrat eine kurzlebige Koalition zwischen Paris, Berlin und Moskau, später ergänzt um Peking. Eine „Achse der Feiglinge", wie Donald Rumsfeld verächtlich meinte, während er die „Koalition der Willigen" um sich scharte. Nach einer Rede Präsident Bushs an die Nation am 17. März begann am folgenden Tag offiziell der Irak-Krieg. Am gleichen Tag wollte der Verfassungskonvent in Brüssel über die Entwicklung diskutieren, doch wurde der Vorschlag vom Vorsitzenden abgeschmettert. Am 19. März wurde öffentlich, dass in den Telefonen der deutschen und französischen Delegation Abhörwanzen entdeckt worden waren, deren Urheber bis heute unbekannt blieben. Am 20. März, zu Beginn der Kampfhandlungen im Irak, gab der Europäische Rat eine Erklärung ab, die sich vor allem mit der Zeit nach dem Ende des Krieges und der als wahrscheinlich angesehenen Niederlage Husseins beschäftigte. Es war der kleinste gemeinsame Nenner, auf den sich die Staats- und Regierungschefs zu diesem Zeitpunkt verständigen konnten. Insbesondere das Verhältnis zwischen Jacques Chirac und Tony Blair war auf einem Tiefpunkt angelangt. Doch steckte dahinter nicht nur eine Meinungsverschiedenheit zwischen zwei Politikern, sondern eine Auseinandersetzung über unterschiedliche Modelle für Europa. Frankreich bevorzugte die gaullistische Variante eines von Frankreich geführten starken Europas als geopolitischem Gegengewicht zu den USA, während Großbritannien die Vision eines Markteuropas verfolgte, das in enger transatlantischer Partnerschaft zu den USA steht und gemeinsam auf die neuen Herausforderungen reagiert. Das Gipfeltreffen des Europäischen Rates brachte keine greifbaren Annäherungen. Noch am gleichen Tag regten Frankreich, Deutschland und Belgien die Aufstellung gemeinsamer Streitkräfte als Kern einer europäischen Armee an. Trotz aller internen Differenzen übernahm die Europäische Union am Ende des Monats mit der Friedensmission in Mazedonien erstmals in ihrer Geschichte ein militärisches Kommando. 350 Soldaten sollten die Waffenruhe zwischen Albanern und Mazedoniern sichern helfen.

Nur wenige Tage nach dem Einmarsch der Amerikaner in Bagdad am 9. April zelebrierten Frankreich, Deutschland und Russland am 11. und 12. April ihre neue Einigkeit beim Gipfel in St. Petersburg. Die drei Staaten appellierten an die internationale Gemeinschaft, die Vereinten Nationen zu stärken und zu den Grundwerten des Zusammenlebens zurückzukehren. Die Achse Paris – Berlin – Moskau sollte sich allerdings als ad hoc gezimmertes Bündnis, das außer dem Wunsch nach Mitsprache bei der sich abzeichnenden Nachkriegsordnung im Irak und der Sorge vor weiterer Marginalisierung wenig einte, erweisen.

Am 29. April trafen sich schließlich Vertreter aus Frankreich, Deutschland, Belgien und Luxemburg, um Möglichkeiten einer Bündelung der Verteidigungspolitik zu sondieren. Die Gespräche dieses so genannten „Pralinengipfels" gingen zurück auf die Initiative des belgischen Premierministers Verhofstadt vom Vorjahr. Im Ergebnis drückten alle Teilnehmer den Wunsch aus, Europas Verteidigung zu stärken. Zu diesem Zweck sollte einerseits eine entsprechende Initiative in den Verfassungskonvent eingebracht werden, die eine verstärkte Zusammenarbeit einzelner Staaten ermöglichen sollte, andererseits wurden schon konkrete Schritte auf dem Weg dorthin festgelegt. Der Wille zum Aufbau eines Generalstabes bis zum Sommer 2004 ohne Rückgriff auf Mittel und Fähigkeiten der Nato, die Einrichtung eines strategischen Lufttransportkommandos sowie die gemeinsame Abwehr von atomaren, biologischen und chemischen Waffen wiesen in die angestrebte Richtung. Belgiens Regierungschef Verhofstadt sprach dabei sogar von einem gemeinsamen EU-Hauptquartier und dem Aufbau einer EU-Interventionsarmee. Doch der Pralinengipfel erwies sich als erneuter Alleingang. Trotz des Angebots an andere Länder, sich an den konkret vereinbarten Maßnahmen zu beteiligen, reagierten diese zurückhaltend. Selbst die sonst so integrationsfreundlichen Niederländer fehlten. Italien wollte zusammen mit Spanien und Großbritannien einen eigenen Gipfel organisieren, während Tony Blair in London davor warnte, die Vormachtstellung der USA in Frage zu stellen.

Mit dem von Präsident Bush am 1. Mai auf dem Flugzeugträger Abraham Lincoln proklamierten offiziellen Ende des Irak-Feldzugs kam erneut Bewegung in die europäische Staatenwelt. Die Ereignisse kreuzten sich zunehmend auf supranationaler, multilateraler und transatlantischer Ebene. Am 2. und 3. Mai trafen sich die EU-Außenminister zu einem informellen Treffen in der Ägäis. Beflügelt von Sonne, Strand und Kreuzfahrtprogramm beauftragten sie den außenpolitischen Vertreter der EU, Javier Solana, eine neue globale Sicherheitsstrategie für die Gemeinschaft auszuarbeiten. Damit wollte Europa seine Sicherheitsinteressen definieren und Möglichkeiten zum Aufbau demokratischer Strukturen in der Welt ausloten. Mitten hinein in den Abschluss des Treffens platzte die Nachricht, dass Polen neben den Briten und Amerikanern einen Sektor im besetzten Irak zukünftig mitverwalten soll. Das Angebot der USA, die damit ihren langjährigen Partner in besonderer Weise auszeichneten, machte den „Alt-Europäern" bewusst, dass die Zeiten einer Achse Paris-Berlin, deren Entscheidungen, wie beim Agrarkompromiss, alle anderen EU-Mitgliedstaaten bedingungslos folgen müssen, vorbei waren. Polen als größter Beitrittsstaat wies das Führungsduo der Union darauf hin, seine Politik in der Union besser abzustimmen und mit allen Partnern auf gleicher Augenhöhe zu besprechen. Zu diesem Zweck machte Polen nur wenige Tage später das Angebot, deutsche und dänische Truppen des von den drei Staaten gemeinsam unterhaltenen „Multinationalen Korps Nordost" in Stettin zu beteiligen. Doch schlugen sowohl Deutsche als auch Dänen, die noch im Januar den Brief der Acht zur Unterstützung der USA mit unterzeichnet hatten, die Offerte aus. Das Gipfeltreffen am 9. Mai im Rahmen des Weimarer Dreiecks führte zu einer Annäherung von Frankreich, Deutschland und Polen, die verabredeten, künftig ihre Initiativen untereinander abzustimmen. Chirac, Schröder und Kwasniewski zeigten demonstrative Einmütigkeit und ließen Beobachter bereits von einer neuen Achse Paris – Berlin – Warschau munkeln. Bei einem Folgetreffen der Europaminister der drei Länder am 26. Mai in Breslau signalisierte die polnische Regierung Unterstützung für die deutsch-französischen Vorschläge zur Reform der EU. Die Schaffung eines ständigen Vorsitzes des Europäischen Rates, die Wahl des Kommissionspräsidenten durch das Europäische Parlament sowie die brisante Frage der Abstimmung über außen- und sicherheitspolitische Belange mit qualifizierter Mehrheit wurde von allen drei Ländern befürwortet.

Die europäischen und internationalen Konfliktfelder blieben nicht ohne Rückwirkungen auf die Debatten im Konvent. So diskutierte der Konvent trotz des damals schon spürbaren Zeitdrucks im Februar über den Irak-Konflikt und das stark belastete transatlantische Verhältnis. Die von allen Konventsmitgliedern konstatierte Schwäche der Europäer in den internationalen Beziehungen und im Verhältnis zu den USA sollte durch institutionelle Reformen, wie z.B. die Schaffung eines Europäischen Außenministers, überwunden werden. Präsident Giscard verstand es geschickt, den Irak-Konflikt als Katalysator zu weiteren Integrationsschritten im Bereich der Außen-, Sicherheits- und Verteidigungspolitik zu nutzen und suchte dafür auch die Bestätigung der europäischen Bevölkerung[218].

Die Debatte vom 16. Mai zur Außenpolitik wollte sich jedoch nicht so recht entfalten. Denn mit dem Ende des Irak-Krieges fehlte die Schärfe der Auseinandersetzung, und die Einführung eines EU-Außenministers schien beschlossene Sache zu sein. Die deutschen und französischen Redner favorisierten die Ausweitung der Beschlussfassung mit qualifizierter Mehrheit, die sich auch Vertreter zahlreicher anderer Staaten wünschten. Darüber hinaus kam die Einführung einer Solidaritätsklausel im Falle eines militärischen Konflikts oder terroristischen Anschlag in die Diskussion. Briten und Dänen blieben jedoch die schärfsten Kritiker einer echten gemeinsamen Außen- und Sicherheitspolitik. Beide Länder sprachen sich vehement für einen Verbleib dieses Bereichs bei den Nationalstaaten aus. Eine Position, der sich auch intergouvernemental orientierte Vertreter anderer Staaten anschlossen. Einig waren sich alle Redner, dass die Einheit der Europäischen Union nach außen gestärkt werden müsse, aber über den Weg dorthin waren und blieben sie weiterhin höchst unterschiedlicher Auffassung.

Am 11. Juni, der Konvent in Brüssel stand kurz vor dem Abschluss, erneuerte US-Außenminister Rumsfeld seine Unterscheidung zwischen dem alten und neuen Europa. Nun meinte er, dieser Unterschied sei keine Frage des Alters, der Größe oder der Geographie, vielmehr sei er eine Frage „der Haltung und der Visionen, die Länder den transatlantischen Beziehungen entgegenbringen". Dabei würdigte er zwar das Engagement Deutschlands in Afghanistan, lobte aber ausdrücklich das militärische Engagement der anderen Verbündeten im Irak. Daraufhin forderte die französische Verteidigungsministerin, Alliot-Marie, von Rumsfeld mehr „Respekt und Vertrauen". Nicht zuletzt diese Differenzen bewogen 17 ehemalige europäische Spitzenpolitiker, darunter Helmut Kohl und Helmut Schmidt, in einem offenen Brief

---

[218] Vgl. Sondage de l'opinion publique concernant la politique étrangère et de sécurité commune, CONV 712/03 vom 30. April 2003.

am 15. Juni zu einer raschen Verbesserung der europäisch-amerikanischen Beziehungen aufzurufen. Dieser Brief trug bezeichnender Weise die Überschrift „Niemals gegen Amerika".

Auch auf europäischer Ebene wurden die Differenzen zwischen Integration und Desintegration deutlich. Einerseits sprach sich die polnische Bevölkerung in einem Referendum am 7. und 8. Juni überraschend deutlich und zur Erleichterung der dortigen Politiker für einen EU-Beitritt aus. Andererseits erklärte Großbritannien am gleichen Tag, dass es sich nach sorgfältiger Prüfung noch immer nicht in der Lage sehe, den Euro als Landeswährung zu übernehmen. Am 13. Juni wurde schließlich im Brüsseler Konvent die Fertigstellung der europäischen Verfassung gefeiert. Am Folgetag, dem 14. Juni, stimmte auch das tschechische Volk, trotz der demonstrativen Zurückhaltung des neuen Staatspräsidenten, Vaclav Klaus, für einen Beitritt. Der Gipfel der Staats- und Regierungschefs am 19. und 20. Juni in der Nähe von Thessaloniki zeigte der Welt ein einträchtiges Zusammenwirken der politischen Eliten Europas. Der Verfassungsentwurf wurde als „gute Grundlage" für die Arbeit der Regierungskonferenz, die im Oktober beginnen sollte, bezeichnet. Zur gleichen Zeit gerieten Großbritannien und Spanien, die in der Irak-Krise so reibungslos zusammen gearbeitet hatten, erneut wegen der seit langem offenen Gibraltar-Frage aneinander. Spanien warf den Briten vor, die Verhandlungen unnötig hinauszuzögern. Am 25. Juni besuchte der russische Präsident Putin Großbritannien und unterzeichneten militärische Kooperationsvereinbarungen. „Unsere Differenzen über den Irak sind Geschichte", erklärte Tony Blair anschließend versöhnlich. Im Gegenzug äußerte Putin, dass es sich bei den irakischen Massenvernichtungswaffen nicht um „einen Witz" gehandelt habe. So lösten sich zumindest einige Konfliktlinien nach Beendigung der unmittelbaren Kampfhandlungen im Irak wieder auf.

Nach dem Konvent

Die italienische Ratspräsidentschaft in der zweiten Jahreshälfte 2003 begann nach nicht einmal 48 Stunden mit einem ersten Eklat. Vor dem Plenum des Europäischen Parlaments in Straßburg ließ sich Silvio Berlusconi im Streit mit dem deutschen Abgeordneten Schulz zu beleidigenden Äußerungen hinreißen. Da er sich in der Folge beharrlich weigerte, die Wogen der Empörung gegenüber dem Parlament und Deutschland zu glätten, schaukelte sich die Auseinandersetzung in den folgenden Wochen weiter auf. Die Angelegenheit, die zeitweise einer typischen Sommerloch-Posse glich, wäre nicht weiter erwähnenswert, wenn sie nicht zugleich ein Schlaglicht auf den Politikstil des seinerzeitigen Ratspräsidenten geworfen hätte. Damit aber stand die beginnende Regierungskonferenz über die Zukunft der Europäischen Union von Beginn an unter keinem guten Stern. Der italienische Regierungschef handelte selbstbezogen, egomanisch und polemisch und konnte so die widerstrebenden Interessen in Europa nicht ausgleichen, bündeln und zu einem für alle annehmbaren Konsens zusammenschmieden. Sein emotionaler Politikstil stand in offensichtlichem Widerspruch zu einer notwendigen vernunftgeleiteten Europapolitik.

In den transatlantischen Beziehungen führte die anhaltend unruhige Lage im Irak zu ersten versöhnlichen Signalen aus Washington. Die Bush-Administration hatte offensichtlich die Aufgabe unterschätzt, den Irak zu befrieden und eine funktionsfähige Verwaltung aufzubauen. Im September trafen Bush und Schröder zum ersten Mal wieder zu Gesprächen zusammen und beendeten damit eine 18-monatige Funkstille zwischen beiden Ländern. Dies erleichterte zugleich die Annäherung mit Großbritannien in der strittigen Frage, auch in dem sensiblen Bereich der europäischen Verteidigungspolitik weitere Integrationsschritte zu ermöglichen. Auf einem deutsch-französisch-britischen Gipfel im September 2003 in London konnten sich die drei Staats- und Regierungschefs auf die Grundzüge einer gemeinsamen Verteidigungspolitik einigen. Zwischen den Forderungen des „Pralinengipfels", eine enge rüstungs- und sicherheitspolitische Zusammenarbeit mit eigener Planungszelle oder sogar einem eigenen Hauptquartier zu schaffen, und der britischen Position, innerhalb des Nato-Hauptquartiers eine eigene Planungsgruppe einzusetzen, wurde ein Kompromiss gefunden, der auf dem Treffen der europäischen Außenminister in Neapel Ende November 2003 von allen EU-Partnern förmlich angenommen wurde. Demnach soll der bereits bestehende Militärstab der Europäischen Union aufgestockt werden und in Zukunft auch operative Aufgaben übernehmen. Gleichzeitig soll die bereits im Nato-Hauptquartier bestehende EU-Planungszelle gestärkt werden. Die „Pralinenstaaten" gaben ihre Forderung nach einem eigenständigen militärischen Hauptquartier auf, dafür wurde der europäische Pfeiler in der Nato gestärkt. Damit wurde der Streit zwischen „Atlantikern" und „Europäern" weitgehend mit einem Kompromiss entschärft, dem auch die USA zustimmen konnten. Die Zusammenarbeit soll zukünftig so aussehen, dass bei militärischen Konflikten die Nato ein „Erstentscheidungsrecht" darüber hat, ob sie eingreifen will oder nicht. Fällt diese Entscheidung negativ aus, kann die EU einspringen, wobei die Europäer auf die Planungs- und Verwaltungskapazitäten der Nato zurückgreifen können. Spätestens 2007 sollen die Europäer zu eigenständigen militärischen Operationen in der Lage sein. Auf dem Gipfel der Staats- und Regierungschefs in Brüssel im Dezember 2003, der als Regierungskonferenz die Verfassung im ersten Anlauf scheitern ließ, einigten sich die Europäer auf eine gemeinsame Verteidigungsstrategie, die von dem Hohen Repräsentanten für Außenpolitik, Javier Solana, ausgearbeitet wurde und die sich für eine stabile multilaterale internationale Ordnung einsetzt.

Auch bei ihrer Erweiterung konnte die Europäische Union im Jahr 2003 große Erfolge verzeichnen.

Als letzte Staaten stimmten in Estland und Lettland die Bevölkerungen einem Beitritt ihrer Länder zur Europäischen Union zu. Damit konnte in allen neun Beitrittsländern, in denen ein Referendum erforderlich war, die notwendige Zustimmung der Bevölkerung gewonnen werden. Die Erfolgsserie bestärkte den Konvent in seiner Haltung, die Beitrittskandidaten an der Ausarbeitung der Verfassung zu beteiligen. Einen nennenswerten Einfluss auf die eigentliche Konventsarbeit hatten die Ergebnisse der Volksabstimmungen zwar nicht, dennoch hätte eine Ablehnung in einem Land unabsehbare Folgen für das Verfassungsprojekt gehabt.

BEITRITTSSTAAT	DATUM	ERGEBNISSE
Malta	8. März 2003	53,60 %
Slowenien	23. März 2003	89,66 %
Ungarn	12. April 2003	83,76 %
Litauen	10./11. Mai 2003	90,00 %
Slowakei	16./17. Mai 2003	92,46 %
Polen	8. Juni 2003	77,45 %
Tschechische Republik	13./14. Juni 2003	77,30 %
Zypern	15. Juli 2003	Zustimmung des Parlaments
Estland	14. September 2003	66,90 %
Lettland	20. September 2003	67,00 %

Innerhalb der Europäischen Union sorgte die weitere deutsch-französische Annäherung für Aufsehen und Besorgnis. Ein Novum gab es beim EU-Gipfel der Staats- und Regierungschefs im Oktober 2003. Da Schröder und Fischer zu den namentlichen Abstimmungen im Bundestag über die innenpolitischen Reformprojekte in Berlin gebraucht wurden, ließen sie sich bei der Abschlusssitzung des Europäischen Rats durch den französischen Staatspräsidenten Chirac vertreten. Zum ersten Mal vertrat damit ein französischer Präsident deutsche Interessen auf der internationalen Bühne - ein Bild mit hoher Symbolkraft. Paris und Berlin bewiesen ihr gegenseitiges Vertrauen und ihre Einigkeit in aller Öffentlichkeit und demonstrierten der europäischen Politik zum wiederholten Male die Interessenkongruenz beider Länder. Kommissionspräsident Prodi meinte, dies sei „ein weiterer Schritt, um den engen Nationalismus zu überwinden". Allerdings stieß dieses Vorgehen auch auf unterschwellige Kritik von anderen Ländern, denen die Stärke der deutsch-französischen Achse Sorgen bereitete. Doch die Zusammenarbeit zwischen beiden Ländern sollte noch weiter intensiviert werden. Ende des gleichen Monats trafen sich in der südwestfranzösischen Stadt Poitiers Vertreter der deutschen Bundesländer mit Vertretern der 22 französischen Regionen. In Anwesenheit von Bundeskanzler Schröder und dem französischen Premierminister Raffarin wurde über eine verstärkte Kooperation auf regionaler Ebene diskutiert. Damit wurde der Anfang des Jahres auf nationaler Ebene begonnene Schulterschluss auf der regionalen Ebene fortgesetzt. Im November wurde diese Entwicklung schließlich noch einmal aufgegriffen und der Gedanke einer politischen Union beider Länder in der veröffentlichten Meinung lanciert. „Frankreich – Deutschland, bald ein vereintes Land?", schrieb „Le Parisien" und in „Le Monde" wurden „Szenarien für eine politische Union zwischen Frankreich und Deutschland" entwickelt. Möglichkeiten einer gemeinsamen Außen-

und Sicherheitspolitik, einschließlich einer gemeinsamen Armee, einer doppelten Staatsbürgerschaft und einheitlichen Richtlinien in der Haushalts- und Bildungspolitik wurden ausgelotet. Außenminister de Villepin bestätigte, dass beide Länder nach neuen, weiter reichenden Formen der Zusammenarbeit suchten. Dabei waren auch die Zusammenlegung von Botschaften im Ausland und die gemeinsame Budgetierung bestimmter Politikbereiche im Gespräch. Stärker als jemals zuvor seit den Gründungstagen der deutsch-französischen Kooperation war das Verhältnis beider Länder wieder von Visionen und Utopien geprägt.

Zugleich löste diese deutsch-französische Achse den letzten großen Eklat in der EU vor dem Gipfel in Brüssel zum Abschluss der Regierungskonferenz aus. Als die Bundesregierung für das Jahr 2004 erneut ankündigte, mehr Schulden als die im Europäischen Stabilitätspakt festgeschriebenen 3% des BIP aufnehmen zu müssen, wollte die Kommission die Bundesregierung zu strengeren Sparauflagen und einer strikten Politik der Haushaltskonsolidierung zwingen. Da sich die Bundesregierung weigerte, die Auflagen zu akzeptieren, entstand aus dem Streit um die Einhaltung vertraglich zugesicherter Verpflichtungen eine Machtprobe zwischen Deutschland, dem Rat und der Kommission. Deutschland gelang es am 25. November 2003 erneut, eine Mehrheit von acht der zwölf Mitglieder des Euro-Finanzministerrates zu überzeugen, dass es trotz des offensichtlichen Bruchs des Stabilitätspaktes keine Strafe zahlen muss. Nur die Niederlande, Österreich, Finnland und Spanien wandten sich dagegen. Damit wurde, wie bereits im Vorjahr, das Defizitverfahren der Kommission durch den Rat gestoppt.[219] Obwohl die wirtschaftlichen Auswirkungen dieses Beschlusses für die Gemeinschaftswährung gering waren, nahmen die politischen Beziehungen zwischen den Mitgliedstaaten erheblichen Schaden. Indem die großen Länder im Verein mit einigen möglicherweise auch bald betroffenen kleinen Ländern Verträge zu ihren Gunsten auslegten und die Kommission missachteten, schadeten sie dem Prinzip der Gleichbehandlung aller Mitgliedstaaten und schwächten die Rolle der Kommission. Das föderale Gemeinschaftsprinzip wurde zu Gunsten nationaler Interessen und nationaler Ziele zurückgestellt. Zudem sollte dieser Vorgang noch ein juristisches Nachspiel haben. Die Europäische Kommission sah ihre Befugnisse vom Rat bedroht, da die Finanzminister ohne Kommissionsvorlage entschieden hatten, und klagte gegen die Entscheidung Rates vor dem Europäischen Gerichtshof in Luxemburg. In ihrer Entscheidung vom 13. Juli 2004 gaben die Richter der Klage der Kommission weitgehend statt und widerriefen die Entscheidung der EU-Finanzminister. Völlig unnötig und mutwillig wurden auf diese Weise wenige Tage vor dem Abschluss der ersten Runde der Regierungskonferenz Ende 2003 durch einige Mitgliedstaaten politische Gräben aufgerissen, die das Vertrauen in eine gemeinsame Politik so weit unterminierten, dass der Brüsseler Gipfel erheblich vorbelastet war.

---

[219] Vgl. auch Kapitel 17.

Fazit

Der Überblick über die europapolitischen und internationalen Beziehungen im Umfeld des Konvents und der nachfolgenden Regierungskonferenz zeigt, wie nachdrücklich, teilweise sogar kompromisslos Auseinandersetzungen über einzelne Themen geführt wurden. Die Regierungen Europas schmiedeten zur Durchsetzung nationaler Interessen Bündnisse und Koalitionen, um sie nach kurzer die Zeit schon wieder obsolet werden zu lassen. In rascher Folge tat sich in Europa eine Vielzahl issuespezifischer Gräben auf; Koalitionen und „Achsen" bildeten sich je nach Politikfeld und Interessenkonstellation. In dieser Gemengelage schienen nur die Haltung zum Irak-Krieg und die neue deutsch-französische Zusammenarbeit, die von zahlreichen anderen Mitgliedstaaten als bedrohlich exklusiv aufgefasst wurde, eine Ausnahme zu bilden. In diesen beiden Punkten zeichnete sich eine dauerhafte Frontstellung ab. Bereits zu diesem Zeitpunkt zeichnete sich ab, dass die Bewertung der transatlantischen Beziehungen und die mit ihr verbundene Frage einer unabhängigen europäischen Außen- und Verteidigungspolitik sowie die weitere Ausgestaltung der Kooperation zwischen Deutschland und Frankreich, die zum Zentrum eines Kerneuropas werden könnten, die entscheidenden Themen der europäischen Integration in den kommenden Jahren würden.

Der Blick auf die intergouvernementalen Beziehungen in Europa und im transatlantischen Verhältnis lässt den Eindruck entstehen, dass sich Geschichte wiederholt. Zu Beginn des 21. Jahrhunderts agieren die Nationalstaaten frei und selbstbestimmt wie zum Ende des 19. Jahrhunderts. Dennoch gibt es einen bedeutenden Unterschied. Während damals ein Interessengegensatz sehr leicht in Feindschaft und dann in Krieg umschlagen konnte, geht heute die Zusammenarbeit auf den unteren Ebenen trotz aller Meinungsverschiedenheiten beständig weiter. Darin liegt das Faszinosum der europäischen Integration, dass die Staaten weiterhin zusammenarbeiten, auch wenn sich die politischen Spitzen, die Staats- und Regierungschefs, in tiefe Auseinandersetzungen verstricken. Zu weit fortgeschritten ist mittlerweile die Integration, zu stark sind die Gemeinschaftsorgane und die Verzahnung der nationalen Verwaltungen, als dass zeitweilige Meinungsverschiedenheiten das gemeinsame Projekt Europa ernsthaft gefährden können. Darüber hinaus gibt der Konvent ein gutes Beispiel dafür, wie die Arbeit an einem weiter integrierten Europa trotz aller Differenzen im außenpolitischen Bereich weitergeführt und zu einem erfolgreichen Ende geführt werden kann. Darin ist die Konventsmethode der Regierungskonferenz deutlich überlegen. Während im Konvent die Arbeit fast unbehelligt vom Tagesgeschehen weitergeführt worden ist, war die Regierungskonferenz von bestimmten Konstellationen zwischen den Mitgliedstaaten und den persönlichen Beziehungen der Staats- und Regierungschefs hochgradig abhängig. Die breite politische Basis, auf die der Konvent gestellt war, erwies sich nun als Vorteil. Im Konventsdiskurs näherten sich die Interessen einander an, in der Regierungskonferenz prallten sie unversöhnlich aufeinander.

13 Zivilgesellschaft und Öffentlichkeit

Bereits in der „Erklärung zur Zukunft der Union", mit der der Europäische Rat im Dezember 2000 in Nizza die Basis für einen umfassenden Reformprozess gelegt hatte, war eine „breit angelegte Debatte" über die Themen des Reformprozesses in der EU gefordert worden. Dieser Reformprozess sollte sich bewusst von dem intransparenten Format der Regierungskonferenz unterscheiden und die Debatte für eine europäische Öffentlichkeit öffnen. Der Austausch mit der Zivilgesellschaft sollte die in einer Vielzahl von Grundsatzreden der europäischen Staats- und Regierungschefs angestoßene und strukturierte Debatte ergänzen.[220]

Im „Bericht über die Debatte über die Zukunft der EU" vom 8. Juli 2001 wurde die Notwendigkeit dieser Debatte damit begründet, „dass die demokratische Legitimation und die Transparenz der Union und ihrer Organe verbessert und dauerhaft gesichert werden müsse, um diese den Bürgern der Mitgliedstaaten näher zu bringen, und [dass] gleichzeitig der Wunsch zum Ausdruck gebracht [wird], in der Europäischen Union eine eingehendere und breiter angelegte Diskussion über ihre künftige Entwicklung zu führen."[221] Am 7. März 2001 hatten der schwedische Premierminister Göran Persson, der belgische Premier Guy Verhofstadt sowie die Präsidenten der Europäischen Kommission, Romano Prodi, und des Europäischen Parlaments, Pat Cox, in einer gemeinsamen Erklärung die Debatte eröffnet und darin alle Teile der Gesellschaft aufgefordert, sich zu beteiligen. Diese Debatte, die von vielfältigen Aktionen in den einzelnen Mitgliedstaaten begleitet wurde, diente als Auftakt und Grundlage für die Einbeziehung der Zivilgesellschaft in die Arbeiten des Konvents. In der Erklärung von Laeken gab der Europäische Rat dann schließlich dem Konvent vor, diese Debatte unter Beteiligung der Bürger fortzusetzen. Der Konvent entwickelte verschiedene Instrumente, um diese Aufgabe zu erfüllen. „Die Stärkung der öffentlichen Debatte in und über Europa sollte Zielsetzung und Methode zugleich sein", kommentierte Annette Heuser[222] diese Vorgehensweise. Im Zentrum stand dabei das „Forum der Zivilgesellschaft", in dem die Diskussion im Konvent kontinuierlich begleitet wurde. Ergänzt wurde das Forum durch direkte Gespräche und Anhörungen mit den Vertretern der Verbände und Organisationen der Zivilgesellschaft. Diese Formen des Austauschs waren bereits im Grundrechtekonvent erfolgreich eingeübt worden. Gänzlich neu war allerdings der „Europäische Jugendkonvent", der auch eine eigene Stellungnahme verabschiedete.

---

[220] Vgl. hierzu die Darstellung in Kapitel 5.
[221] Bericht über die Debatte über die Zukunft der Europäischen Union, Brüssel, 8. Juni 2001, Seite 2, Ziffer 2.
[222] Annette Heuser: Der Konvent in der öffentlichen Wahrnehmung und die Rolle der Zivilgesellschaft, in: Claus Giering (Hrsg.): Der EU-Reformkonvent – Analyse und Dokumentation, Gütersloh, München 2003, S. 15-19, hier S. 15.

Das Forum der Zivilgesellschaft

Wie in der Erklärung von Laeken[223] vorgegeben, wurde ein Forum der Zivilgesellschaft eingerichtet, das allen Organisationen offen stehen sollte und durch den Vizepräsidenten des Konvents Jean-Luc Dehaene betreut und koordiniert wurde. Das Forum setzte sich aus beim Konvent akkreditierten europäischen und nationalen Institutionen und Organisationen zusammen und sollte eigene Grundsatzbeiträge in den Konvent einbringen. Dieses europaweite Netzwerk verfolgte dabei zwei Ziele: Einerseits eröffnete es den Mitgliedern des Konvents die Möglichkeit, aus den Beiträgen konkrete Anregungen für ihre Arbeiten im Konvent zu ziehen und andererseits ermöglichte es umgekehrt den akkreditierten Organisationen, sich unmittelbar in die Debatte zur Zukunft der EU einzubringen. Das Forum sollte als Ergänzung zu den Debatten im Konvent die Reformaufgaben diskutieren und neue, innovative Lösungsmöglichkeiten aufzeigen. Die Europäische Kommission hatte dazu auf dem Europa-Internetserver eine gesonderte Website eingerichtet[224], auf der die eingereichten Diskussionsbeiträge veröffentlicht wurden. Das Forum entwickelte sich mit Hilfe dieser Internetseite zu einem nicht-hierarchischen und offenen Informationsnetzwerk, für das sich mehr als 160 europaweit tätige Organisationen und Interessengruppen registrieren ließen. Diese Gruppen wurden vier Kategorien zugeordnet: Politik und öffentliche Körperschaften, Hochschulen und Think Tanks, Wirtschaft und Gesellschaft sowie sonstige Gruppen der Zivilgesellschaft.

Innerhalb kürzester Zeit legten diese Organisationen eine Vielzahl von Papieren und Stellungnahmen vor. Zur Vorbereitung der Anhörung des Konvents mit den Vertretern der Zivilgesellschaft am 24./25. Juni 2002 hatte das Konventssekretariat einen Zwischenbericht vorgelegt, in dem die bis zum 7. Juni 2002 dem Forum übermittelten Beiträge zusammengefasst worden waren.[225] Ohne eigene Schlussfolgerungen oder Bewertungen zu ziehen, stellte das Sekretariat vier übergreifende Anregungen zusammen:

- Die Handlungen der EU sollen bürgernäher gefasst werden, d.h. auf der am besten geeigneten Ebene und mit einer verbesserten Einbeziehung der Bürger.
- Die Organisationen der Zivilgesellschaft wollen stärker und kontinuierlich am europäischen Entscheidungsprozess beteiligt werden.
- Die EU soll die Grund- und Menschenrechte stärker achten. Um dieses Ziel erreichen zu können, sollte die Europäische Grundrechtecharta in den Vertrag aufgenommen werden.
- Der europäische Entscheidungsprozess soll effizienter und zugleich besser legitimiert werden. Dazu wurde zumeist der Übergang zu Mehrheits-

---

[223] Die Zukunft der Europäischen Union – Erklärung von Laeken (abgedruckt im Anhang). Dort heißt es: „Im Hinblick auf eine umfassende Debatte und die Beteiligung aller Bürger an dieser Debatte steht ein Forum allen Organisationen offen, welche die Zivilgesellschaft repräsentieren (Sozialpartner, Wirtschaftskreise, Nichtregierungsorganisationen, Hochschulen usw.). Es handelt sich um ein strukturiertes Netz von Organisationen, die regelmäßig über die Arbeiten des Konvents unterrichtet werden. Ihre Beiträge werden in die Debatte einfließen. Diese Organisationen können nach vom Präsidium festzulegenden Modalitäten zu besonderen Themen gehört und konsultiert werden."
[224] http://europa.eu.int/futurum/forum_convention/index_de.htm.
[225] Vgl. Zusammenfassung der Beiträge für das Forum, CONV 112/02 vom 17. Juni 2002.

entscheidungen in Verbindung mit der gleichberechtigten Mitwirkung des Europäischen Parlaments am Gesetzgebungsverfahren vorgeschlagen.

Europäischer Jugendkonvent

Bereits in seiner Eröffnungsrede am 28. Februar 2002 hatte der Präsident des Konvents, Valéry Giscard d'Estaing, vorgeschlagen, die Jugend Europas am Konventsprozess zu beteiligen. Indem er den Delegierten seine Vorstellungen von der künftigen Arbeit des Konvents entwickelte, betonte Giscard d'Estaing, dass man sehr breite und verschiedene Teile der Gesellschaft berücksichtigen wolle und hob in diesem Zusammenhang zwei Gruppen hervor, denen der Konvent besondere Aufmerksamkeit widmen sollte: Den Bürgern in den Beitrittsländern und den Jugendlichen. Giscard d'Estaing griff damit einen Gedanken auf, der bereits in der „Erklärung von Laeken zur Zukunft der Europäischen Union" enthalten war. Dort war die Einbeziehung der Jugend in die Diskussion zur Zukunft der EU erwähnt worden. Der Vorschlag, einen „Konvent der Jugend Europas" nach den gleichen Modalitäten des Konvents durchzuführen, wurde dann vom Konventspräsidium am 21./22. März 2002 gebilligt.

Parallel zur 7. Tagung des Europäischen Konvents tagte der Jugendkonvent vom 9. bis zum 12. Juli 2002 in den Räumen des Europäischen Parlaments in Brüssel. Zu diesem Treffen kamen insgesamt 210 Jugendliche zwischen 18 und 25 Jahren aus verschiedenen geographischen, sozialen, politischen und kulturellen Milieus aus den 15 Mitgliedsstaaten der EU und den 13 Beitrittsländern zusammen, um ihre Vorschläge und Vorstellungen zur Zukunft Europas zu erarbeiten. In seiner Zusammensetzung orientierte sich der Jugendkonvent an den Vorgaben, die die „Erklärung von Laeken" für den Konvent festgeschrieben hatte[226], auch wenn beim Jugendkonvent nicht zwischen ordentlichen und stellvertretenden Mitgliedern unterschieden wurde. Aus Deutschland nahmen insgesamt elf Jugendliche teil: Sechs Delegierte wurden von den nationalen Vertretern im Konvent ernannt, vier vom Europäischen Parlament und eine Teilnehmerin von der EU-Kommission. Die Jugendlichen wählten aus ihren Reihen ein achtköpfiges Präsidium, einschließlich eines Präsidenten und zweier Vizepräsidenten sowie die Vorsitzenden von drei Arbeitsgruppen, die für die Dauer des Konvents eingesetzt wurden.

Arbeitsgruppe 1 widmete sich den grundsätzlichen Herausforderungen und Vorstellungen für die zukünftige Europäische Union. Inhaltlicher Schwerpunkt der Diskussion war die Weiterentwicklung und Stärkung der EU als politische, soziale und kulturelle Gemeinschaft, die sich durch einen Zuwachs an Demokratie, Bürgernähe, Transparenz, Effizienz und insbesondere durch Nachhaltigkeit auszeichnen sollte. Arbeitsgruppe 2 widmete sich der Frage der Verbesserung der demokratischen Legitimation und Partizipation in der EU. Die Gruppe forderte eine grundlegende Reform der institutionellen Struktur und der Entscheidungsverfahren sowie die Erarbeitung einer Europäischen Verfassung, in der auch die EU-Grundrechtecharta aufgenommen werden sollte. Die Jugend müsse so früh wie mög-

---

[226] Vgl. Informatorischer Vermerk des Sekretariats des Konvents, CONV 15/02 vom 28. März 2002.

lich in die Beschlussfassungsverfahren der europäischen Organe einbezogen werden. Darüber hinaus solle die EU auf der Grundlage einer vom Konvent formulierten Strategie neue Möglichkeiten für die Information und politische Bildung junger Menschen über Europa erarbeiten. Die Arbeitsgruppe 3 beschäftigte sich mit dem Thema „Europa in einer globalisierten Welt", wobei die künftige Gestaltung der Außen- und Sicherheitspolitik der EU einen besonderen Schwerpunkt der Überlegungen bildete. Die europäische Außen- und Sicherheitspolitik sollte zu den ausschließlichen Zuständigkeiten der EU gehören und der parlamentarischen Kontrolle des Europäischen Parlaments unterliegen. Die Arbeitsgruppe schlug darüber hinaus die Bildung einer europäischen Armee vor.

Die Ergebnisse der Arbeitsgruppen wurden zu einem Gesamtpapier zusammengefasst, das der Präsident des Jugendkonvents, der Italiener Giacomo Filibeck, im Rahmen der Plenartagung am 12. Juli 2002 dem Europäischen Konvent präsentieren konnte.[227] Darin forderte der Jugendkonvent auch künftig regelmäßige Anhörungen und eine direkte Einbeziehung von Jugendlichen in die laufenden Arbeiten des Konvents. Zwar folgte auch der Jugendkonvent den eingespielten Formen und den bekannten Vorschlägen der europapolitischen Reformdebatte, aber er fand eine frische und klare Sprache für seine Forderungen. Die verabschiedete Entschließung hielt sich nicht lange mit europapolitischen Allgemeinplätzen auf, sondern kam sehr schnell zu den Punkten Bürgernähe, Vielfalt der Kulturen, Handlungsfähigkeit und Demokratie.

Anhörungen der Zivilgesellschaft

Ähnlich wie der Grundrechtekonvent beschloss auch der Verfassungskonvent, frühzeitig eine öffentliche Anhörung mit Vertretern der Zivilgesellschaft durchzuführen. Dieser direkte Kontakt mit der Zivilgesellschaft sollte in der ersten Phase der Konventsarbeit, d.h. in der Phase der Anhörung erfolgen, um einen offenen Meinungsaustausch mit den Vertretern der Zivilgesellschaft und eine intensive Prüfung und Diskussion der Anregungen aus der Zivilgesellschaft im Konvent zu ermöglichen. Umgekehrt war dies für die europäischen Dachverbände von Gewerkschaften, Arbeitgeberverbänden, Kirchen und Umweltgruppen eine gute Gelegenheit, direkt die Agenda und die Themenschwerpunkte des Konvents und seinen Arbeitsgruppen zu beeinflussen.[228]

Zur Strukturierung dieser Anhörung entwickelte das Präsidium des Konvents ein abgestuftes Verfahren. Zunächst sah der „strukturierte Dialog mit der Zivilgesellschaft" die Konstituierung von acht Kontaktgruppen – Sozialer Sektor, Umwelt, Akademische Kreise und Think Tanks, Bürger und Institutionen, Gebietskörperschaften, Menschenrechte, Entwicklung, Kultur – und ein vorbereitendes Treffen dieser Gruppen vor. Diese Zielgruppen, jeweils unter dem Vorsitz eines Präsidiumsmitglieds, sollten eine möglichst breite Auswahl von interessierten Organisatio-

---

[227] Schlussdokument des Europäischen Jugendkonvents vom 19. Juli 2002, CONV 205/02.
[228] Vgl. Andreas Maurer: Die Methode des Konvents – ein Modell deliberativer Demokratie?, in: integration, 2/2003, S. 131-140, besonders S. 133.

nen, Interessenverbänden und Institutionen die Gelegenheit bieten, ihre Vorstellungen und Anregungen dem Konvent vorzulegen. Zugleich übernahmen die Gruppen auch eine Art „Filterfunktion". So mussten sich die Einzelorganisationen in ihren Kontaktgruppen sowohl auf Sprecher verständigen, die die gemeinsamen Positionen der Organisationen vortragen sollten, als auch die inhaltlichen Schwerpunkte abstimmen, die während der eigentlichen Anhörung vertieft werden sollten.[229]

Zur eigentlichen Anhörung während der sechsten Plenarsitzung des Konvents am 24. und 25. Juni 2002 hatte jede der acht Gruppen nach einer kurzen Einführung durch das jeweils verantwortliche Präsidiumsmitglied eine Stunde Zeit, um ihre Positionen vorzutragen. Die Kontaktgruppe ‚Sozialer Sektor' sprach sich vor allem für die Aufnahme der Charta der Grundrechte sowie die Verankerung des Prinzips der offenen Koordinierung in den Verfassungsvertrag aus. Zugleich wurde eine verbesserte Rechtsgrundlage für den sozialen Dialog sowie eine intensivierte europäische Sozial- und Beschäftigungspolitik gefordert. Im Themenbereich ‚Umwelt' verständigte sich die Kontaktgruppe auf eine verbesserte Beachtung des Prinzips der Nachhaltigkeit sowie des Natur-, Landschafts- und Tierschutzes durch die EU. Auch diese Gruppe forderte die Aufnahme der um Umweltrechte ergänzten EU-Grundrechtecharta in den Verfassungsvertrag. Die Kontaktgruppe ‚Akademische Kreise und Think Tanks' konzentrierte sich insbesondere auf institutionelle Fragen. So sollte die Europäische Kommission demokratischer legitimiert und der Kommissionspräsident durch das Europäische Parlament gewählt werden sowie den nationalen Parlamenten eine größere Rolle zu Teil werden. Durch ein europaweites Referendum über den neuen Verfassungsvertrag sollte die Legitimität des Vertrags und die Identifikation mit und das Interesse der Bürger an dem Text gesteigert werden. Beanstandet wurde, dass der Konvent nach mehreren Sitzungen noch immer nicht mit der Textarbeit begonnen habe. Die in der Gruppe ‚Regionen und Gebietskörperschaften' versammelten europäischen Dachverbände von Regionen und Kommunen forderten die stärkere Achtung und die verbesserte Mitwirkung der regionalen und kommunalen Ebene in den europäischen Entscheidungsprozessen; das künftige Europa müsse föderativ und subsidiär aufgebaut werden. Zentraler Bezugspunkt der Kontaktgruppe Menschenrechte war die Einbeziehung der Grundrechtecharta in das Vertragswerk, die von nahezu allen Rednern gefordert wurde. Die Europäische Union müsse als Wertegemeinschaft auch über ihre Grenzen hinaus für die Geltung der elementaren Grundrechte einstehen. In der Kontaktgruppe ‚Bürger und Institutionen' kamen neben Vertretern von Bürgerorganisationen auch die Glaubens- und Religionsgemeinschaften zu Wort. Die Redner forderten einmütig ebenfalls die Aufnahme der Grundrechtecharta als Kern der neuen Verfassung. Die EU benötige einfachere Entscheidungsstrukturen und eine Stärkung der demokratischen Legitimation durch die Ausweitung der Rechte des Europäischen Parlamentes. Kontrovers diskutiert wurde die Frage, ob Bestimmungen zur Rolle der Kirche und Glaubensgemeinschaften in das Vertragswerk aufgenommen werden soll. Bei der Anhörung der Kontaktgruppen ‚Entwicklung' und ‚Kultur' wurde die besondere Verant-

---

[229] Eine Zusammenstellung der Ergebnisse dieser Vorabsprachen in den Kontaktgruppen liefert der Vermerk des Konventssekretariats vom 19. Juni 2002, Sitzungen der Kontaktgruppen mit Vertretern der Zivilgesellschaft, CONV 120/02.

wortung der EU in der Entwicklungspolitik genannt. Die Armutsbekämpfung solle als vordringliches Ziel ebenso wie der Schutz der Vielfalt der Kulturen und Sprachen im Verfassungsvertrag festgeschrieben werden.

Zusammengefasst ergaben die Anhörungen:
- Die EU sollte durch verbesserte Beteiligungsmöglichkeiten der Bürger und der Anerkennung der organisierten Zivilgesellschaft insgesamt bürgernäher und ihre Entscheidungsverfahren transparenter werden.
- Durch die Aufnahme der EU-Grundrechtecharta in den Verfassungsvertrag sollte die EU ein sichtbares Wertfundament erhalten.
- Zugleich sollten die Zuständigkeiten und die Ziele der Union insbesondere in den Bereichen der Sozial-, Umwelt- und Entwicklungspolitik erweitert werden.
- Die besondere Berücksichtigung und Achtung der regionalen und kommunalen Ebene solle dem Grundsatz der Subsidiarität und der Bürgernähe dienen.

Der Konvent in der öffentlichen Wahrnehmung

Um die Debatte über den Kreis der europapolitischen Experten hinaus auf einen breiten Interessentenkreis von Bürgerinnen und Bürgern auszudehnen, wurde im Konvent eine ergänzende Initiative verabschiedet. Mehrere Konventsmitglieder[230] hatten mit der Aktion „Europäischer Frühling" versucht, Lehrer und Schüler in die Debatte über die Zukunft Europas einzubinden. Schließlich beteiligten sich über 5000 Schulen in allen Mitgliedstaaten mit Diskussionsveranstaltungen und themenbezogenen ‚Events' an dem europaweiten Aktionstag am 21. März 2003.[231]

Die europaweite Debatte über die Zukunft der EU wurde durch Maßnahmen in den Mitgliedstaaten ergänzt.[232] Alle Mitgliedstaaten hatten auf nationaler Ebene eigene Maßnahmen zur Einbindung der Öffentlichkeit und der Zivilgesellschaft und teilweise nationale Foren zur Bürgerbeteiligung eingerichtet. Die Vertreter der nationalen Regierungen im Konvent erstatteten dem Plenum Bericht über diese Debatten in ihren Mitgliedstaaten.[233] Höhepunkt der Debatte in Deutschland war eine gemeinsam von Bundesrat und Bundestag am 26. Juni 2002 in Berlin durchgeführte Anhörung.

Im Ergebnis belegte die Vielzahl der Aktivitäten auf europäischer, nationaler und regionaler Ebene die Anstrengungen aller Beteiligten, sowohl die interessierten und organisierten Interessenverbände als auch die Bürgerinnen und Bürger in die Diskussionen des Konvents einzubeziehen. Die Ergebnisse des Dialogs und der Anhörungen war alles in allem jedoch wenig überraschend; sie fanden auch nur zum Teil Eingang

---

[230] Zu den Organisatoren der Aktion Europäischer Frühling gehörten die Konventsmitglieder Ana Palacio, Michel Barnier, Henning Christophersen, Olivier Duhamel und Georgis Katiforis.

[231] Weitere Informationen auf der eigens eingerichteten und fortgeschriebenen Internetseite: http://europa.eu.int/futurum/index_de.htm.

[232] Auch andere EU-Institutionen führten eigene Anhörungen und Informationsveranstaltungen durch, wie z.B. der Wirtschafts- und Sozialausschuss am 27. Mai 2002. Die Europäische Kommission organisierte darüber hinaus eine Vielzahl von Veranstaltungen, in Deutschland beispielsweise die Diskussionsreihe „Mitreden in Europa".

[233] Siehe für Deutschland den Beitrag von Peter Glotz: Nationale Debatte über die Zukunft Europas: Deutschland, CONV 108/02 vom 18. Juni 2002.

in die spätere Textarbeit des Konvents. Dennoch hatte der Konvent mit der Form der Konsultation von Kontaktgruppen einen guten Weg gefunden, um die Anhörung der Zivilgesellschaft thematisch zu strukturieren und die Interessen zu bündeln.

Trotz dieser unbestreitbaren Anstrengungen und der Vielzahl der Aktivitäten war die Resonanz in den Medien[234] und in der öffentlichen Meinung begrenzt.

Haben Sie von dem Konvent zur Zukunft Europas gehört?		
	Juni 2003	Oktober 2003
Belgien	56%	46%
Dänemark	57%	63%
Deutschland	46%	39%
Finnland	65%	63%
Frankreich	61%	53%
Griechenland	81%	49%
Großbritannien	25%	17%
Italien	33%	30%
Irland	36%	30%
Luxemburg	66%	63%
Niederlande	42%	34%
Österreich	51%	38%
Portugal	35%	36%
Spanien	39%	34%
Schweden	31%	31%
EU-15	**45%**	**38%**
Estland	50%	37%
Lettland	28%	24%
Litauen	40%	42%
Malta	44%	36%
Polen	46%	54%
Slowakei	42%	28%
Slowenien	47%	46%
Tschechien	50%	47%
Ungarn	29%	29%
Zypern	54%	34%
Beitrittsländer	**43%**	**46%**
Total	**45%**	**39%**

---

[234] Zur Medienberichterstattung Andreas Maurer: Mass Media Publidized Discourses on the Post-Nice Process, Forschungsstelle für institutionellen Wandel und Europäische Integration Wien, IWE-Working Paper No. 40, Juni 2003.

13 Zivilgesellschaft und Öffentlichkeit

Zwei Eurobarometer-Umfragen, die erste im Juni 2003 unmittelbar nach der Vorstellung des Konventsergebnisses vor dem Europäischen Rat von Thessaloniki und die zweite Umfrage im September/Oktober 2003 zu Beginn der Regierungskonferenz durchgeführt, zeigten die Einstellungen und das Wissen der Bürger Europas hinsichtlich der zukünftigen Verfassung.[235] Die Ergebnisse machen deutlich, dass trotz der vielfältigen Bemühungen des Konvents, der europäischen Organe und der Mithilfe nationaler Stellen eine Mehrheit der Bürger in den Mitglieds- und Beitrittsstaaten kaum über den Konvent informiert noch an seiner Arbeit interessiert waren. 55% der Unionsbürger und 57% der Bürger in den Beitrittsländern hatten nicht einmal zum Zeitpunkt der Fertigstellung der Verfassung etwas über den Konvent gehört. Dabei berichteten die Medien zu diesem Zeitpunkt vergleichsweise intensiv über den Verfassungsgebungsprozess. Recht gut informiert waren die griechischen Bürger, deren Regierung die Ratspräsidentschaft innehatte und Gastgeber des Gipfels von Thessaloniki war. Unter den Mitgliedstaaten zeigten sich besonders Luxemburger, Finnen, Franzosen, Dänen und Belgier informiert. Deutschland rangierte hier im mittleren Bereich, während die Briten das Schlusslicht bildeten. Hier hatte drei Viertel der Bevölkerung selbst nach Fertigstellung der Verfassung noch nichts über den Konvent gehört. Unter den Beitrittsländern erreichten nur Estland und Tschechien einen Wert von 50%, in allen anderen Ländern wurde nicht einmal die Hälfte der Bevölkerung erreicht. Interessanterweise folgt der Kenntnisstand nicht dem bekannten Muster von Europafreunden und Europaskeptikern. Während in vergleichbaren Umfragen zur Kenntnis der EU-Organe die Bürger aus grundsätzlich europaskeptischen Ländern meistens weniger gut informiert waren, bestätigte sich hier dieses Muster nicht. So waren die Dänen besser informiert als die Belgier, deren Hauptstadt den Konvent beherbergte. Und Esten und Polen waren besser informiert als die Ungarn. Offensichtlich hing der Kenntnisstand mehr von der Öffentlichkeitsarbeit der jeweiligen Regierung und den nationalen Medien ab, als vom europapolitischen Grundverständnis der politischen Eliten.

Die sozialen und demographischen Variablen geben weitere interessante Hinweise. Sowohl in den Mitgliedsländern als auch in den Beitrittsstaaten hatten mehr Männer als Frauen vom Konvent gehört. 52% der Unionsbürger, aber nur 38% der Unionsbürgerinnen und 47% der Männer, aber nur 40% der Frauen in den Beitrittsländern zeigten sich informiert. Das Wissen nahm außerdem mit dem Alter zu. Nur 19% der unter 25-Jährigen, 34% der unter 40-Jährigen, 52% der unter 55-Jährigen, aber 60% der über 55-Jährigen in den Mitgliedstaaten hatten etwas über den Konvent gehört. Unter den Jugendlichen waren die Befragten in den Beitrittsländern mit 35% deutlich besser informiert als ihre Altersgenossen in den Mitgliedstaaten. Für die Jugend in Mittel- und Osteuropa ist die EU ein Hoffnungsträger, der Chancen für die eigene Zukunft einräumt und über den man deshalb besser informiert ist. Wenig überraschend korrespondiert das Wissen auch mit der Schulbildung. Je höher die Schulbildung und je länger der Schulbesuch, desto besser waren die Befragten informiert. 39% derjenigen, die bis zu ihrem zwanzigsten Lebensjahr eine (Aus-) Bildung genossen, hatten schon einmal vom Konvent gehört gegenüber 59% der

---

[235] Vgl. Flash Eurobarometer 142: Convention on the Future of Europe, Juli 2003, sowie Flash Eurobarometer 142/2: Convention on the Future of Europe – Wave 2, November 2003.

besser Ausgebildeten. Auffällig ist, dass die teilweise kurzen Ausbildungszeiten in den Beitrittsländern zu einem schlechten Informationsgrad in der betreffenden Gruppe von nur 29% führten. Aufgeschlüsselt nach Berufen waren 31% der Arbeiter, 48% der Angestellten und 51% der Selbständigen in den Mitgliedstaaten über den Konvent informiert.

Die Ergebnisse änderten sich bei der zweiten Eurobarometer-Befragung kaum. Bemerkenswert ist, dass das Wissen über die Arbeit des Konvents in den Mitgliedstaaten von Juni bis Oktober 2003 abgenommen hat. Dort zeigten sich nunmehr 62% der Befragten uninformiert. Besonders dramatisch war der Rückgang in Griechenland. Hier waren nur noch 49% gegenüber zuvor 81% über die Konventsarbeit informiert. Dieser starke Rückgang innerhalb von drei bis vier Monaten zeigt, wie kurz offensichtlich das „kollektive Gedächtnis" ist, wenn die Medien nicht permanent über ein Ereignis berichten. Ein ähnlicher Trend, wenn auch nicht in diesem Ausmaß, ist in allen anderen alten Mitgliedstaaten zu verzeichnen. In den Beitrittsländern stieg die Quote dagegen leicht an auf 46%. Im Zuge des herannahenden Beitritts wollten offensichtlich viele Bürger wissen, was auf sie zukommt. Auffällig ist hier die Zunahme des Wissens in Polen von zuvor 46% auf nunmehr 54%. Hier deutet sich bereits die innenpolitisch aufmerksam beobachtete eigenwillige Verhandlungsführung auf der Regierungskonferenz an.

Welchen schwierigen Spagat jede Politik, die auf Beteiligung und Akzeptanz der Bürger setzt, machen muss, mögen abschließend folgende Zahlen belegen.[236] 68% der Bürgerinnen und Bürger Europas befürworteten Mitte 2003 grundsätzlich eine Europäische Verfassung, nur 19% sprachen sich dagegen aus. In den Mitgliedstaaten lag die Zustimmung sogar bei 70%, während in den Beitrittsländern 58% eine Verfassung wollten. Doch wie dargestellt, fühlte sich trotz dieser Zustimmung eine deutliche Mehrheit der Bürger Europas über die Arbeit und die Ergebnisse des Konvents uninformiert. Im Durchschnitt waren daher 20% der Befragten mit dem Konventsergebnis unzufrieden, während 30% zufrieden waren und 50% keine Antwort wussten. Allerdings stieg die Zufriedenheit mit der Kenntnis. Von denjenigen, die schon einmal etwas über den Konvent gehört hatten, waren 43% zufrieden, 24% unzufrieden und 33% unentschieden. Allerdings wusste selbst in dieser Gruppe nur rund die Hälfte der Befragten, dass das Konventsergebnis ein Verfassungsentwurf - und keine Deklaration, Verordnung oder Charta - ist. Europaweit wollten zudem nur 11% der Bürger den Verfassungsentwurf im Detail lesen, 38% würden sich mit einer Zusammenfassung begnügen und 40% keinen Blick in den Entwurf werfen. Diese Zahlen sind für ein Grundlagendokument gering und geben keinen Anlass für einen europäischen „Verfassungspatriotismus". Doch auch wenn sich nur eine Minderheit mit dem vorgelegten Text auseinandersetzen möchte - über 80% der Befragten hielten eine Volksabstimmung über die künftige Verfassung für „unerlässlich" oder „sinnvoll".

Jede bürgerorientierte Politik in Europa, das zeigen die genannten Zahlen, steht vor einem immensen Kommunikationsproblem. Zwar sind die Bürgerinnen und Bürger grundsätzlich integrationsfreundlich und integrationswillig, jedoch ist ihr Enthusiasmus, sich genauer mit europapolitischen Belangen oder gar technischen

---

[236] Zahlen nach Flash Eurobarometer 142: Convention on the Future of Europe, Juli 2003.

Details zu befassen, deutlich begrenzt. Dennoch wollen viele Bürger per Referendum mitreden. Sie wollen gefragt und einbezogen werden, aber nicht zu sehr, sondern gerade so, dass sie die weitere Gestaltung der europäischen Integration überwachen können. Angesichts der Ferne von Europapolitik, den vielen hochkomplexen technischen Sachfragen wollen die Bürgerinnen und Bürger weniger partizipieren als vielmehr kontrollieren. Die Weiterentwicklung der europäischen Integration sollte daher darauf abgestellt sein, den „permissive consensus", die diffuse Zustimmung der Bürgerinnen und Bürger nicht zu zerstören. Dabei steht sie vor einem weiteren Problem: Europapolitik muss auf dem freien Informationsmarkt mit vielen anderen Themen konkurrieren. Wirtschafts-Arbeitsmarkt- und Sozialpolitik berühren aber die Bürger viel mehr als eine abstrakte Europadebatte. Der Konvent betonte immer wieder die Bürgernähe und Transparenz, die das europäische politische System zukünftig verstärkt prägen sollen. Dennoch wird das Wissen, die tatsächlich verfügbare Information in der Bevölkerung stets begrenzt sein. Die Europäische Union wird daher auf lange Sicht nur dann zu einer echten Gemeinschaft zusammenwachsen, wenn sie nicht nur die kognitive sondern auch die emotionale Ebene anzusprechen vermag. Eine Verfassung ist dafür eine gute Voraussetzung, auch wenn ihre detaillierte Kenntnis Spezialisten und Interessierten vorbehalten bleibt.

14 Der Konvent zwischen supranationalen und intergouvernementalen Vorstellungen

Nahezu alle Diskussionen des Konvents waren von zwei gegensätzlichen europapolitischen Leitbildern geprägt. Einerseits wurde insbesondere von den Vertretern der Europäischen Kommission und des Europäischen Parlaments und auch von den deutschen Mitgliedern im Konvent ein betont supranationaler Ansatz vertreten. Andererseits betonten die Repräsentanten Großbritanniens, Spaniens, der nordischen Staaten und in einigen Einzelfragen auch Frankreichs im Konvent den Charakter der Europäischen Union als Zusammenschluss von Nationalstaaten und damit die intergouvernementalen Attribute des europäischen Integrationsprozesses. In Einzelfällen wurden auch deutlich europaskeptische oder gar ablehnende Positionen vertreten. Dieser Gegensatz im europapolitischen Grundverständnis war auch die tiefere Ursache für eine zweite Konfliktlinie, die für die Arbeit des Konvents prägend wurde. Viele Diskussionen waren von deutlichen Meinungsverschiedenheiten zwischen den Vertretern aus großen und aus kleinen Mitgliedstaaten gekennzeichnet. Die Vertreter aus den kleinen und mittleren Mitgliedstaaten trafen sich regelmäßig am Rande der Plenarsitzungen, um ihre Positionen abzustimmen. Diese beiden Gegensätze gewannen sowohl für die Debatten zur institutionellen Reform der Union und ihrer Organe als auch für die in den Konvent eingebrachten Verfassungsentwürfe eine besondere Bedeutung.

Zu Beginn der zweiten Phase der Konventsarbeiten, der Phase der Erörterung, wurden erste Textentwürfe für einen Europäischen Verfassungsvertrag vorgelegt, nicht zuletzt auch, um mit der Vorlage von Referenzdokumenten zu einem frühen Zeitpunkt die weitere Diskussion im Konvent zu bestimmen. Den Anfang machte der britische Liberale Andrew Duff[237] (MdEP), gefolgt von Elmar Brok[238] (MdEP), der im Auftrag der EVP-Gruppe dem Konvent einen Gesamtentwurf vorlegte, sowie von Entwürfen der Vertreter der SPE im Konvent, Robert Badinter[239] und Elena Paciotti[240]. Schließlich entwickelte sich bis zum Jahresende 2002 fast ein Wettlauf der Verfassungsentwürfe, an der sich zuletzt auch die Europäische Kommission mit ihrer „Machbarkeitsstudie" beteiligte. Von deutscher Seite brachte der damalige Staatssekretär im Auswärtigen Amt, Gunter Pleuger, am 5. September 2002 in der Arbeitsgruppe ‚Rechtspersönlichkeit' des Konvents die Überlegungen der Bundesregierung zur Gliederung eines Verfassungsvertrages ein. Insgesamt lagen dem Konvent schließlich mehr als 35 Verfassungsentwürfe vor. Alle Entwürfe waren

---

[237] Ein Verfassungsmodell für eine föderale Europäische Union, CONV 234/02 vom 3. September 2002.
[238] Verfassung der Europäischen Union, CONV 325/02 vom 8. Oktober 2002.
[239] Eine Europäische Verfassung, CONV 317/02 vom 30. September 2002.
[240] Entwurf einer Verfassung der Europäischen Union, CONV 335/02 vom 10. Oktober 2002.

durch einen weitgehenden Konsens über die Struktur der Verfassung und die Schwerpunkte der Vertragskapitel des konstitutionellen Teils gekennzeichnet.[241] Allerdings wurden zwei unterschiedliche Herangehensweisen erkennbar:
a. Die Erstellung eines Gesamtvertrages, mit dem das bisherige EU-Vertragswerk (EG-Vertrag, EU-Vertrag, EGKS-Vertrag, EURATOM-Vertrag und die diversen Protokolle und Erklärungen) fusioniert werden sollten.
b. Die Erarbeitung eines kurzen Basisvertrags, in dem die entscheidenden konstitutionellen Regelungen zusammengestellt und der durch einen Ausführungsvertrag oder ein „Verfassungsgesetz" ergänzt werden sollte.

Die Entscheidung für den einen oder den anderen Ansatz bedeutete zugleich, dass die Autoren bereits bei der Erstellung ihrer Verfassungsentwürfe eine Grundentscheidung getroffen hatten, ob ein kurzer oder ein umfassender Vertrag erarbeitet werden sollte. Die von einigen vorgeschlagene Teilung des Verfassungsvertrags in einen Grund- und einen Ausführungsvertrag warf zwei grundsätzliche Folgefragen auf:
1. Die Frage nach der Abgrenzung und Hierarchisierung zwischen Grund- und Ausführungsvertrag und
2. die Frage nach den Modalitäten der Vertragsrevision.

Im Ergebnis hatten das Präsidium und die Mehrheit der Mitglieder des Konvents versucht, beide Optionen miteinander zu verbinden. Der Gliederungsentwurf des Präsidiums vom 28. Oktober 2002 sah eine Unterteilung in einen ersten konstitutionellen Teil und einen zweiten Teil mit den Regelungen für die Politikbereiche vor. In einem hiervon abgetrennten dritten Teil sollten die Schlussbestimmungen, Protokolle und auch die Regelungen der Vertragsänderung enthalten sein, sozusagen als Klammer für alle Teile. Mit dieser Gliederung versuchte das Präsidium die Vorteile eines Basisvertrags - Lesbarkeit für die Bürger, Überwindung der Säulenstruktur der EU, Verankerung der Grundrechtecharta - mit den Ratifizierungs- und den Mitwirkungsrechten der Mitgliedstaaten bei Vertragsänderungen zu verbinden. Duff, Badinter und Pleuger gingen mit ihren Vorstellungen in die gleiche Richtung.

Der Entwurf des Briten Andrew Duff konzentrierte sich in starkem Maße auf die Formulierung der institutionellen Kernbestimmungen der EU und umfasste daher nur 19 Artikel. Hinsichtlich einer reformierten europäischen Kompetenzordnung blieb er weitgehend beim Status quo und schlug verschiedene Ordnungskategorien zur Einordnung der Zuständigkeiten vor. Er unterschied zwischen 'principal competencies', 'common policies', 'joint capabilities', einfachen 'competencies' und ‚contributes'. Neu hingegen war eine abschließende Aufzählung der Rechtsakte, mit denen die Union künftig handeln sollte. Neben Organgesetzen, Verordnungen, Richtlinien, Gemeinsamen Aktionen, Entscheidungen und Stellungnahmen führte Duff auch „Codes of Conduct" und Interinstitutionelle Abkommen zwischen dem

---

[241] Vgl. hierzu auch Peter Häberle: Die Herausforderungen des europäischen Juristen vor den Aufgaben unserer Verfassungs-Zukunft: 16 Entwürfe auf dem Prüfstand, in: Die öffentliche Verwaltung (DÖV), 56. Jg., Heft 11, 2003, S. 429-443; Claus Giering: Verschiedene Wege – ein Ziel. Konventmitglieder präsentieren erste Verfassungsentwürfe, Konvent-Spotlight, 8/2002, CAP und Bertelsmann Stiftung 2002 sowie Martin Große Hüttmann: Der Konvent und die Neuordnung der Europäischen Union: Eine Bilanz verschiedener Verfassungsvorschläge aus Sicht der Länder und Regionen, in: Europäisches Zentrum für Föderalismus-Forschung (Hrsg.): Jahrbuch des Föderalismus 2003, S. 432-443.

Europäischen Parlament, der Europäischen Kommission und dem Rat auf. Als institutionelle Neuerung sprach sich Duff für die Einberufung eines Kongresses aus Vertretern des Europäischen Parlaments und der nationalen Parlamente aus. Aufgabe dieses Kongresses sollte die Wahl und die Abberufung des Kommissionspräsidenten sein. Zur Änderung der Verfassung sollte das Konventsverfahren institutionalisiert und somit der Konvent zu einer verfassungsgebenden und änderungsberechtigten Versammlung aufgewertet werden. Die neue europäische Verfassung sollte nach einem dreistufigen Verfahren in Kraft treten. Zunächst sollte sie der Europäische Rat verabschieden, dann entweder vom Europäischen Parlament mit einer Zweidrittelmehrheit angenommen und durch ein unionsweites Referendum bestätigt werden oder von allen Mitgliedstaaten gemäß ihren verfassungsmäßigen Bestimmungen und nach Zustimmung des Europäischen Parlaments ratifiziert werden. Nach dem gleichen Verfahren sollen auch Unionsbeitritt und -austritt geregelt werden.

Der frühere Präsident des französischen Verfassungsgerichts, Robert Badinter (SPE), legte ebenfalls einen kurzen, nur 84 Artikel umfassenden Entwurf vor. Badinter knüpfte mit seinen Überlegungen an das System der V. Französischen Republik an und sprach sich für einen Föderation der Nationalstaaten aus. Vier Institutionen sollten die EU regieren:

- Der Europäische Rat, der die Richtlinien der Politik bestimmen sollte, mit einem gewählten EU-Präsidenten an der Spitze, der jedoch vornehmlich repräsentative Aufgaben übernehmen sollte.
- Ein neuer europäischer Regierungschef, der vom Europäischen Rat gewählt und durch das Europäische Parlament bestätigt werden sollte. Dieser Regierungschef sollte an die Stelle des Kommissionspräsidenten treten und zugleich dem Rat vorsitzen. Die Kommission sollte zu einem reinen Exekutivorgan werden, während Rat und Parlament zu Kammern der Legislative werden sollten.
- Ein Konsultativorgan, das sich aus Repräsentanten der nationalen Parlamente zusammensetzen sollte.
- Der Europäische Gerichtshof.

Auch der Vorschlag des deutschen Staatssekretärs Gunter Pleuger zielte auf die Ausarbeitung einer europäischen Verfassung im Sinne eines Basisvertrages. Der Europäische Verfassungsvertrag sollte demnach aus zwei Teilen bestehen: Einem Verfassungsvertrag, in dem die wesentlichen Elemente der Werte-, Organisations-, und Verfahrensordnung der Union niedergelegt wären, und einem zweiten Rechtsakt, in dem die Einzelregelungen zusammengestellt würden und für den ein erleichtertes Änderungsverfahren vorgesehen werden sollte. Somit befürwortete die Bundesregierung eine Unionsverfassung, die aus einem Verfassungsvertrag und einem Verfassungsgesetz bestehen sollte.

Der Vorschlag von Elmar Brok für die EVP sah dagegen eine Vollfusion der EU-, EG- und EURATOM-Verträge in eine Verfassung mit rund 200 Artikeln vor. Der Verfassungsentwurf integrierte zusätzlich die Charta der Grundrechte in der vom Grundrechte-Konvent formulierten Fassung. Kernelemente des Entwurfs waren die Einführung einer einheitlichen Rechtspersönlichkeit, die Unterscheidung von Kompetenzkategorien und die Umbenennung der Rechtsakte in Unionsgesetze (anstelle von Verordnungen), Unionsrahmengesetze (anstelle von Richtlinien) und Unionsverordnungen (anstelle von Kommissionsverordnungen). Die EU sollte über ein Zwei-Kammer-Parlament verfügen, mit einer Kammer der Völker (EP) und einer Staatenkammer (Rat). Der Europäischen Kommission käme auch in diesem Entwurf die Rolle der Exekutive zu, die die Union auch nach außen vertreten würde.

In der Folgezeit wurden weitere Verfassungsentwürfe[242] vorgelegt, die allerdings nach der Vorlage des Vorentwurfs durch das Konventspräsidium und den themenbezogenen Debatten und Vorarbeiten in den Arbeitsgruppen die Meinung des Konvents nicht mehr in dem Ausmaß beeinflussen konnten, wie die vorgestellten früheren Entwürfe einzelner Konventsmitglieder. Eine Ausnahme bildete die „Machbarkeitsstudie", die eine kleine Gruppe von Mitarbeitern der Europäischen Kommission im Auftrag von Kommissionspräsident Romano Prodi erstellt hatte. Sie bildete zugleich den Abschluss dieses Reigens von Entwürfen für eine europäische Verfassung. Zeitgleich zur zweiten Kommissionsmitteilung an den Konvent wurde von einer Gruppe juristischer Sachverständiger ein 164 Seiten umfassender Verfassungsentwurf vorgestellt, für den das Kollegium der Kommission allerdings keine Verantwortung übernahm. Kommissionspräsident Prodi hatte diese Studie offensichtlich persönlich angeregt, ohne das Kollegium in die Erarbeitung einzubeziehen. Dieser Vorschlag für einen Verfassungsvertrag der Europäischen Union wurde unter dem Arbeitstitel „Penelope-Studie" veröffentlicht.[243] Er gliedert sich in drei Teile: Der erste Teil („Grundsätze") beschäftigt sich mit den Aufgaben, Zuständigkeiten, Organen und Instrumenten der Union. Bereits dort ist ein Artikel den Grundrechten gewidmet. Danach achtet die Union die Grundrechte, die in der am 7. Dezember 2000 in Nizza proklamierten und als integraler Bestandteil in diese Verfassung aufgenommenen Charta und in der Europäischen Konvention zum Schutze der Menschenrechte und Grundfreiheiten verankert sind. Ein gesonderter Artikel soll den Austritt aus der Union regeln. Der zweite Teil widmet sich den Grundrechten in der Union. Dort wird der Inhalt der EU-Grundrechtecharta vollständig, allerdings mit kleinen redaktionellen Änderungen bei den horizontalen Klauseln wiedergegeben. Im dritten Teil werden in Anlehnung an den EG-Vertrag die einzelnen Politikbereiche ausführlich behandelt. Auch wenn diese Studie keine politische Verbindlichkeit für die Europäische Kommission insgesamt und für ihre Vertreter im Konvent entfalten konnte und sogar von einigen Kommissaren heftig kritisiert worden war,

---

[242] Zu nennen wären hier beispielhaft der „Berliner Entwurf" der beiden SPD-Bundestagsabgeordneten Günter Gloser und Michael Roth vom 20. November 2002; der Freiburger Entwurf für einen Europäischen Verfassungsvertrag einer deutsch-französischen Studiengruppe unter Leitung von Professor Jürgen Schwarze vom 12. November 2002, CONV 495/03; der Verfassungsentwurf des SPD-Europaabgeordneten Jo Leinen vom 23. Oktober 2002; Josep Borrell, Carlos Carnero, Diego López Garrido, Eine europäische Verfassung für Frieden, Solidarität und Menschenrechte, CONV 455/02 vom 11. Dezember 2002; der Entwurf für einen Verfassungsvertrag von Alan Dashwood, Michael Dougan, Christophe Hillion, Angus Johnston, Eleanor Spavent vom 16. Oktober 2002 und „Die Verfassung der Europäischen Union" von Rupert Scholz in der Zeitschrift für Gesetzgebung, Sonderheft 2002.

[243] Die Machbarkeitsstudie wurde im Auftrag von Kommissionspräsident Romano Prodi und den beiden Kommissaren im Konvent Michel Barnier und António Vitorino erstellt. Sie sollte ausdrücklich kein offizielles und damit bindendes Dokument der Kommission sein und wurde unter dem Titel „Feasibility-Study. Contribution to a preliminary draft. Constitution of the European Union. Working document" am 4. Dezember 2002 vorgelegt.

stärkte dieser konsequent föderale Vorschlag die supranationalen Kräfte im Konvent.

Am deutlichsten wurde der zentrale Gegensatz in den Vorstellungen über den künftigen Charakter der erweiterten Europäischen Union in der Auseinandersetzung über die Reform der institutionellen Balance in der Union. Bereits im März 2002 hatte der französische Staatspräsident Chirac[244] mit seinem Vorschlag, einen Europäischen Präsidenten, der dem Europäischen Rat vorsitzen und von den Regierungen ernannt werden sollte, die Debatte über die institutionelle Architektur angestoßen. Im Mai 2002 hatte die britische Regierung diese Idee aufgegriffen und präzisiert. Sie schlug vor, das Rotationsprinzip der Präsidentschaft im Europäischen Rat durch die direkte Wahl eines mächtigen Präsidenten mit fünfjähriger Amtszeit zu ersetzen. Diese Präzisierung wurde von Spanien und Frankreich unterstützt. Ziel war es, durch die Festigung der Präsidentenposition auf mehrere Jahre der Union ein Gesicht zu geben, das identifikationsstiftend wirken sollte. Mit diesem Vorschlag sollte das intergouvernementale Profil der Union gestärkt und die Vormachtstellung der Mitgliedstaten auf Dauer festgeschrieben werden. Während die Vertreter einer verstärkten Regierungszusammenarbeit im Konvent diesen nach ihren Urhebern Aznar, Blair und Chirac benannten „ABC-Vorschlag" unterstützten, lehnten die Anhänger der Gemeinschaftsmethode die Überlegungen vehement ab. Der Charakter der EU als „Staatenverbund", der auf eine immer tiefere Integration der Völker Europas angelegt sei, ginge durch die Umsetzung dieses Vorschlags verloren. Stattdessen mutiere die Union zu einem lockeren Verbund von Mitgliedern, die sich wechselseitig den Vorsitz überlassen. Außerdem wurde kritisiert, dieser Vorschlag berge die Gefahr des Aufbaus eines parallelen Verwaltungs- und Entscheidungsapparates in sich. Letztlich handele es sich um einen wenig getarnten Versuch, die Entscheidungskompetenz der Staats- und Regierungschefs auch in einem reformierten politischen System zu sichern und den föderalen Organen so wenig Macht und Gestaltungsspielraum wie möglich zu belassen.

Eine weitere Dynamik erfuhr diese Diskussion außerhalb des Konvents durch eine Einladung des italienischen Ministerpräsidenten Silvio Berlusconi an konservative Staats- und Regierungschefs der EU-15 zu einem informellen Treffen am 9. September 2002 auf Sardinien, um über die Wahl des Kommissionspräsidenten und eine Reform der rotierenden Präsidentschaft im Ministerrat zu diskutieren. Die Mehrheit der Regierungschefs favorisierte die Wahl eines EU-Präsidenten, der über ein längeres Mandat verfügen und damit für ein höheres Maß an Kontinuität sorgen sollte, während die Regierungschefs aus Luxemburg, Österreich und die deutschen EVP-Repräsentanten diese Idee ablehnten. Der offiziell im Namen der EVP-Gruppe im Konvent eingebrachte Vorschlag des deutschen Europaparlamentariers Elmar Brok sah im Gegensatz zu diesen Überlegungen die Wahl des Kommissionspräsidenten durch das Europäische Parlament vor. Die konservativen Regierungschefs aus Frankreich, Spanien und Italien wollten aber zumindest am gegenwärtigen Status quo festhalten, d.h. an der Ernennung des Kommissionspräsidenten durch den Europäischen Rat und eine nachträgliche Bestätigung durch das Europäische Parla-

---

[244] Vgl. Jacques Chirac: Une Europe forte, une Europe humaine et dynamique, une Europe démocratique et efficiace, Rede vom 6. März 2002 in Straßburg.

ment. So zeigte sich an dieser Frage auch innerhalb einer Parteifamilie die mit den institutionellen Vorschlägen verwobene Frage des Ausgleichs zwischen großen und kleinen Mitgliedstaaten.

Die Benelux-Staaten[245] hatten im Dezember 2002 sozusagen als Gegenentwurf zu den Überlegungen der französischen, spanischen, britischen und der italienischen Regierungen ein gemeinsames Positionspapier in den Konvent eingebracht. Dieses Papier verfolgte einen deutlich supranationalen Ansatz und lehnte die Schaffung eines EU-Präsidentenamtes ab. Es sollten keine neuen Institutionen geschaffen werden, sondern die bestehenden Organe deutlich gestärkt werden. Die Kommission sollte verkleinert werden, wobei die Gleichheit der Mitgliedstaaten zu beachten sei, und zugleich durch die Wahl des Kommissionspräsidenten durch das Europäische Parlament gestärkt werden. Der Europäische Rat wiederum sollte in seiner strategischen Rolle als Initiator europäischer Leitlinien bestätigt werden. Auch das System der rotierenden Präsidentschaften sollte effektiver werden, wobei auch hier die Gleichheit der Mitgliedstaaten zu beachten sei. Die Rolle der nationalen Parlamente bei der Überwachung der Regierungen im Ministerrat sollte weiter aufgewertet werden. Ein Kongress der nationalen Parlamente sei aber ebenso unnötig, wie ein Europäischer Präsident.

Diese föderale Gegenposition der Benelux-Staaten, die von der Mehrzahl der kleinen EU-Mitglied- und Beitrittsstaaten geteilt wurde, wurde auch von der Europäischen Kommission unterstützt. Die Kommission machte sich so zu einem informellen Anwalt der kleinen Mitgliedstaaten und bestätigte ihre klassische Rolle als Mentor der supranational-föderalen Integrationsidee. Romano Prodi stellte schließlich am 5. Dezember 2002 im Plenum des Europäischen Parlaments und im Konvent die Vorstellungen der Kommission[246] zur institutionellen Architektur der Union vor. Dabei hob er folgende Punkte hervor:

- *Einbindung der Regionen und nationalen Parlamente:* Die künftige Verfassung sollte Grundsätze für die Konsultierung nationaler Verwaltungen sowie regionaler und kommunaler Behörden enthalten. Außerdem sollte sie der Unterschiedlichkeit lokaler Gegebenheiten stärker Rechnung tragen sowie die Rolle der nationalen Parlamente bei der Kontrolle der Einhaltung des Subsidiaritätsprinzips stärken.
- *Außenvertretung der Union:* Die Funktion der für die Außenpolitik zuständigen Vertreter von Kommission und Rat sollten in einer Person, eines „Sekretärs der Union", zusammengeführt werden. Dieser Sekretär könnte gleichzeitig auch Vizepräsident der Kommission werden. Er wäre sowohl dem Europäischen Rat, von dem er ernannt werden sollte, als auch dem Kommissionspräsidenten rechenschaftspflichtig und stünde somit in einer doppelten Verantwortung.
- *Ernennung der Kommission:* Der Kommissionspräsident sollte durch das Europäische Parlament gewählt und vom Europäischen Rat bestätigt werden. Die Kommissionsmitglieder wären durch den Rat mit qualifizierter Mehrheit und

---

[245] Benelux-Memorandum: Ein ausgewogener institutioneller Rahmen für eine effizientere und transparentere erweiterte Union, CONV 457/02 vom 11. Dezember 2002.
[246] Mitteilung der Kommission „Für die Europäische Union Frieden, Freiheit, Solidarität - Mitteilung der Kommission zur institutionellen Architektur" vom 05. Dezember 2002 (CONV 48/02).

im Einvernehmen mit dem Kommissionspräsidenten zu benennen und sollten anschließend durch das Parlament bestätigt werden.
- *Gesetzgebungsverfahren:* Die Kommission sollte ihr ausschließliches Initiativrecht behalten. Alle europäischen Rechtsvorschriften sollten im Mitentscheidungsverfahren und mit qualifizierter Mehrheit erlassen werden. Dabei schlug die Kommission als Regelfall eine „doppelte einfache Mehrheit" der Mitgliedstaaten und der Bevölkerung vor. Für bestimmte Einzelfälle allerdings sei auch eine „verstärkte Mehrheit" von 3/4 der Regierungen und entsprechend 2/3 der Gesamtbevölkerung der Union denkbar.

Im Gegensatz dazu lösten die deutsch-französischen Gemeinschaftsinitiativen, insbesondere die Initiative zur Reform der institutionellen Architektur der EU[247], bei zahlreichen Konventsmitgliedern aus den kleinen und mittleren Mitglied- und Beitrittstaaten Skepsis aus. Zwar waren diese Initiativen als Versuch gedacht, eine Brücke zwischen den gegensätzlichen Positionen zu bauen, dennoch befürchteten die Kritiker eine Stärkung des intergouvernementalen Ansatzes. Der im direkten Gespräch zwischen Bundeskanzler Schröder und dem französischen Staatspräsidenten Chirac abgestimmte Beitrag zur institutionellen Architektur vom 15. Januar 2003 definierte die Union als eine „Föderation der Nationalstaaten". Die Europäische Union der Völker und Staaten sollte sich stets auf eine doppelte Legitimationsgrundlage berufen können. In dem Papier griffen Deutschland und Frankreich den bereits intensiv diskutierten Vorschlag auf, das Amt eines hauptamtlichen Präsidenten des Europäischen Rates zu schaffen. Darüber hinaus schlugen sie eine deutliche Politisierung der Europäischen Kommission vor. Der Kommissionspräsident sollte in Zukunft durch das Europäische Parlament gewählt und vom Europäischen Rat bestätigt werden, sein Kollegium selbst zusammenstellen und eine Richtlinienkompetenz innehaben. Den Kommissaren sollte ein Weisungsrecht gegenüber den Generaldirektionen eingeräumt werden. Das Amt eines „Europäischen Außenministers" sollte neu geschaffen werden. Er sollte sowohl dem Rat als auch der Kommission angehören („Doppelhut"), den Vorsitz im Rat Auswärtige Angelegenheiten führen und dort ein Initiativrecht erhalten. Im Bereich der Gemeinsamen Außen- und Sicherheitspolitik sollte generell das Prinzip der qualifizierten Mehrheit gelten, mit Ausnahme von militärischen Fragen. Administrativ würde der europäische Außenminister über einen eigenen diplomatischen Dienst verfügen können. Im Hinblick auf das Gesetzgebungsverfahren sollte die Mitentscheidung zwischen Rat und Parlament zum Regelfall werden. Der Rat sollte bei Gesetzesbeschlüssen öffentlich tagen. Für die diversen Ministerräte wurden unterschiedliche Vorsitzregelungen vorgeschlagen, wobei in allen Fällen die halbjährliche Rotation abgeschafft werden sollte.

---

[247] Vgl. Gerhard Schröder; Jacques Chirac: Deutsch-französischer Beitrag zum Europäischen Konvent über die institutionelle Architektur der Union, Berlin/Paris 15. Januar 2003 und als Dokument des Konvents, CONV 489/93. Erläuternd auch Mathias Jopp; Saskia Matl: Perspektiven der deutsch-französischen Konventsvorschläge für die institutionelle Architektur der Europäischen Union, in: integration, 2/2003, S. 99-110.

14 Der Konvent zwischen supranationalen und intergouvernementalen Vorstellungen

Auf diese deutsch-französische Initiative reagierten die britische und die spanische Regierung ebenfalls mit einem gemeinsamen Positionspapier.[248] Dabei betonten beide Regierungen, die bestehenden Organe sollten gestärkt werden und effizienter arbeiten. Ebenso wie die Kommission solle auch die Rolle des Europäischen Parlaments aufgewertet werden. Um zugleich die Rolle des Europäischen Rats deutlicher im institutionellen Gefüge zu verankern, schlugen beide Regierungen die Einsetzung eines hauptamtlichen Vorsitzenden des Europäischen Rats vor. Dieser Vorsitzende sollte die Sitzungen des Europäischen Rates vorbereiten und leiten. Zugleich sollte das System der rotierenden Präsidentschaften durch ein System von Teampräsidentschaften und festen Vorsitzenden für bestimmte Ratsformationen abgelöst werden.

Diese Initiativen wurden im Konvent während der Plenartagung am 20./21. Januar 2003 kontrovers diskutiert. Insbesondere die Idee eine „Doppelspitze", d.h. einen Vollzeitpräsidenten neben dem Präsidenten der EU-Kommission zu etablieren, wurde von den Vertretern des Europäischen Parlaments, der Kommission und der kleineren Mitgliedstaaten abgelehnt. Die institutionelle Debatte im Konvent, die mit der Vorlage der Positionspapiere eine neue Dynamik bekam, konzentrierte sich neben der Einführung eines Europäischen Präsidenten auch auf die Größe und Zusammensetzung der Europäischen Kommission, die Modalitäten zur Wahl des Kommissionspräsidenten, die Einführung und die Definition eines Europäischen Außenministers, die Stärkung der Bedeutung des Europäischen Parlaments im europäischen Gesetzgebungsprozess, die Reform des Systems der rotierenden Ratspräsidentschaften und die Aufwertung der Rolle der nationalen Parlamente.

Zu Beginn des Jahres 2003 lagen dem Konvent damit eine Vielzahl umfassender Verfassungsentwürfe und Vorschläge zur Reform der Institutionen vor, die von konsequent supranational-föderalen Vorstellungen bis hin zu intergouvernemental oder gar europaskeptischen Überlegungen reichten. Zugleich waren die Positionen und das europapolitische Grundverständnis der Mitgliedstaaten und einzelner Vertreter im Konvent hinreichend deutlich geworden. Das Konventspräsidium stand vor der schwierigen Aufgabe, aus diesem Pool an Vorschlägen und unter Berücksichtigung der unterschiedlichen Zielvorstellungen sowie den sichtbar gewordenen Konfliktlinien Textentwürfe vorlegen zu müssen, die für alle Seiten tragbar sein würden.

---

[248] Vgl. Beitrag der Mitglieder des Konvents Ana Palacio und Peter Hain: „Die Organe der Union", CONV 591/03 vom 28. Februar 2003.

TEIL V

Abschluss des Konvents

15 Das Ergebnis des Konvents

Nach 16 Monaten und insgesamt 26 Plenarsitzungen hatte der Europäische Konvent seine Arbeiten mit der Vorlage eines umfassenden Entwurfs für einen Europäischen Vertrag über eine Verfassung für Europa abgeschlossen. Insgesamt hatten sich die Mitglieder des Konvents seit März 2002 mit 1.812 Beiträgen und 5.995 Änderungsanträgen zu den Artikelentwürfen an der Erarbeitung des Entwurfs beteiligt. Dieser Entwurf gliedert sich in vier Teile mit insgesamt 460 Artikeln.

Mit der Einberufung des Europäischen Konvents hatte die Europäische Union das erstmals zur Erarbeitung der Europäischen Grundrechtecharta erfolgreich erprobte Modell eines Konvents erneut angewandt. Die Arbeit des Konvents war grundsätzlich durch ein hohes Maß an Transparenz gekennzeichnet. Er wurde insbesondere in den letzten Wochen seiner Arbeit in der interessierten Öffentlichkeit als eigenständiger und forcierender Akteur wahrgenommen. Damit hat er ein hohes Maß an Aufmerksamkeit für den europäischen Integrationsprozess im Allgemeinen sowie für die Debatte über eine europäische Verfassung im Besonderen erzielt. Alle Konventsmitglieder - ausgenommen nur einige wenige grundsätzlich europaskeptische oder gar ablehnende Mitglieder des Konvents – akzeptierten das Ziel, einen kohärenten Verfassungsentwurf zu erarbeiten und somit eine Gesamtrevision des europäischen Vertragswerks vorzunehmen. Dieses gemeinsame Ziel setzte den Willen aller Konventsmitglieder zur offenen Diskussion, zu konsensualen Lösungen und die Bereitschaft zu Kompromissen voraus. Der Konvent hatte mit dieser Bereitschaft seiner Mitglieder, nationale Sonderinteressen dem Gesamtziel unterzuordnen, im Gegensatz zu den bisherigen Vertragsrevisionen in den klassischen Regierungskonferenzen nicht nur einen Kompromiss auf der Basis des kleinsten gemeinsamen Nenners erzielt, sondern eine grundsätzliche Weiterentwicklung des europäischen Vertragswerks zu einem Europäischen Verfassungsvertrag vorgelegt.

Schon die Tatsache, dass der Konvent einen einheitlichen Gesamtentwurf ohne Optionen oder Alternativformulierungen vorlegen konnte, war ein großer Erfolg, der zu Beginn der Arbeiten im Konvent kaum vorstellbar war. Im Ergebnis hat sich die Konventsmethode erneut bewährt; sie stellt einen qualitativen Sprung gegenüber dem bisherigen Format der Regierungskonferenzen dar. Gleichwohl konnte auch dieser Konvent nur die Vorarbeiten für die nachfolgende zwischenstaatliche Regierungskonferenz leisten.

Grundlegende Aufgabe und vorrangiges Ziel des Konvents war es, die Europäische Union demokratischer, transparenter und effizienter zu machen. Damit können drei Bewertungsmaßstäbe an das Ergebnis des Konvents angelegt werden:
- Transparenz und Legitimität;
- Handlungsfähigkeit und Effizienz;
- Subsidiarität und Bürgernähe.

15 Das Ergebnis des Konvents

> **Gliederung des Verfassungsentwurfs**
>
> *Präambel*
>
> *Teil I:*
> - Titel I: Definition und Ziele der Union
> - Titel II: Grundrechte und Unionsbürgerschaft
> - Titel III: Die Zuständigkeiten der Union
> - Titel IV: Die Organe der Union
> - Titel V: Ausübung der Zuständigkeiten der Union
> - Titel VI: Das demokratische Leben der Union
> - Titel VII: Die Finanzen der Union
> - Titel VIII: Das Handeln der Union in der Welt
> - Titel IX: Die Union und ihre Nachbarn
> - Titel X: Zugehörigkeit zur Union
>
> *Teil II: Die Charta der Grundrechte der Union*
>
> *Teil III: Die Politikbereiche und die Arbeitsweise der Union*
> - Titel I: Allgemein anwendbare Bestimmungen
> - Titel II: Nichtdiskriminierung und Unionsbürgerschaft
> - Titel III: Interne Politikbereiche und Maßnahmen
> - Titel IV: Die Assoziierung der überseeischen Länder und Hoheitsgebiete
> - Titel V: Auswärtiges Handeln der Union
> - Titel VI: Arbeitsweise der Union
> - Titel VII: Gemeinsame Bestimmungen
>
> *Teil IV: Allgemeine und Schlussbestimmungen*

Transparenz und Legitimität

Nach den Vorstellungen des Konvents soll sich die Europäische Union künftig als eine Union der Staaten und Bürger definieren[249]. Damit sollte die doppelte Legitimationsgrundlage der Union festgeschrieben werden. Zugleich wird deutlich, dass der

---

[249] So beginnt der erste Satz von Artikel 1 „Gründung der Union" mit den Worten „Geleitet von dem Willen der Bürgerinnen und Bürger und der Staaten Europas, ihre Zukunft gemeinsam zu gestalten, begründet diese Verfassung die Europäische Union, ...".

europäische Integrationsprozess weder darauf abzielt, die Union zu einem reinen Staatenbund noch zu einem Bundesstaat weiter zu entwickeln. Für die erweiterte Union von 25 und mehr Mitgliedstaaten wurde eine gemeinsame Wertegrundlage formuliert, die sich sowohl in der Präambel des Verfassungsvertrages als auch in der Definition der Werte und Ziele der Union in den Artikeln 2 und 3 in Teil I manifestiert. Die grundlegenden Werte und Prinzipien der Europäischen Union sollten demnach die Würde des Menschen, Freiheit, Gleichheit, Rechtsstaatlichkeit, die Grund- und Menschenrechte sowie Pluralismus, Toleranz, Gerechtigkeit, Solidarität und Nichtdiskriminierung sein. Als Ziele wurden die Förderung von Frieden und Wohlstand sowie eines Raums der Freiheit, der Sicherheit und des Rechts ohne Binnengrenzen proklamiert. Zudem soll die Union das Prinzip der nachhaltigen Entwicklung beachten und eine wettbewerbsfähige, soziale Marktwirtschaft sichern, „die auf Vollbeschäftigung und sozialen Fortschritt abzielt" sowie „ein hohes Maß an Umweltschutz und Verbesserung der Umweltqualität" gewährleistet. In der Präambel wurde darüber hinaus auf die kulturellen, religiösen und humanistischen Werte Europas rekurriert. Ein ausdrücklicher Hinweis auf christliche Werte oder eine Anrufung Gottes (invocatio dei) in der Präambel waren allerdings nicht konsensfähig.

Mit der Aufnahme der Europäischen Grundrechtecharta als Teil II in den Verfassungsvertrag sollte dieses gemeinsame europäische Wertefundament konkretisiert und für die Bürgerinnen und Bürger in der Union sichtbar werden. Die Charta soll rechtsverbindlich und primärrechtlich verankert werden. Die Rechte der Bürgerinnen und Bürger gegenüber den Handlungen der europäischen Institutionen würden so weiter gestärkt.

Die Transparenz der Arbeitsweise der Union und des Vertragswerks wurden mit dem Entwurf des Konvents deutlich verbessert. So schlug der Konvent eine Neustrukturierung des Vertragswerks und die Zusammenführung der bisherigen Verträge zu einem Gesamtdokument vor. Dies erhöhe die Lesbarkeit des gesamten Vertragswerks. Die Auflösung der kaum verständlichen Pfeilerstruktur, d.h. der Unterscheidung zwischen Europäischer Union, Europäischer Gemeinschaft und der Zusammenarbeit im Bereich der Innen- und Rechtspolitik, sollte das Verständnis für das komplizierte Zusammenspiel der europäischen Institutionen erhöhen. Dem gleichen Ziel diente die Ausstattung der Union mit einer eigenen Rechtspersönlichkeit.[250]

Die Einführung von drei Kompetenzkategorien (ausschließliche, geteilte und unterstützende Zuständigkeiten) in einem eigenen Kompetenzkapitel[251] sollte mehr Klarheit und Transparenz über die Arbeitsteilung zwischen der Union und ihren Mitgliedstaaten schaffen. In diesem Kapitel wurden die Grundprinzipien der Kompetenzausübung, wie das Prinzip der begrenzten Einzelermächtigung, die Grundsätze der Subsidiarität und der Verhältnismäßigkeit sowie der Vorrang des Unionsrechts vor dem Recht der Mitgliedstaaten fixiert.[252] Zugleich wurden die Kompe-

---

[250] Diese Rechtspersönlichkeit gilt nicht für den Euratom-Vertrag, der weiterhin Gültigkeit behalten soll.
[251] Teil I, Titel III „Die Zuständigkeiten der Union".
[252] In Artikel I-9 und I-10.

tenzkategorien benannt und einzelne Politikbereiche den Kategorien zugeordnet.[253] Der Umfang der Zuständigkeiten und die Einzelheiten der Kompetenzausübung in den einzelnen Bereichen wurden in Teil III des Verfassungsentwurfs weiter differenziert. Eine herausgehobene Rolle wurde der Koordinierung der Wirtschafts- und Beschäftigungspolitik in Artikel I-14 und der Gemeinsamen Außen- und Sicherheitspolitik in Artikel I-15 zugewiesen. Ergänzt wurde diese Darstellung der Zuständigkeitsverteilung zwischen europäischer und mitgliedstaatlicher Ebene durch Titel V des 1. Teils zur „Ausübung der Zuständigkeiten der Union". Dort wurde in Artikel I-32 die Anzahl der Rechtsakte auf Europäische Gesetze, Europäisches Rahmengesetze, Europäische Verordnungen und Europäische Beschlüsse begrenzt, die in den nachfolgenden Artikel weiter definiert wurden. Diese Neubenennung der europäischen in Anlehnung an die Bezeichnungen nationaler Rechtsakte sollte ebenfalls zu einem höheren Maß an Verständlichkeit und Nachvollziehbarkeit führen.

Neben der Transparenz europäischen Handelns sollte auch die Identifizierung der Bürger mit der Union durch verschiedene Veränderungen gestärkt werden. Jeder Staatsangehörige eines EU-Mitgliedstaates sollte künftig zugleich auch Bürger der Union sein. Er sollte eine doppelte Staatsbürgerschaft besitzen, die nationale und die Unionsbürgerschaft.[254] Auch die Symbole der Europäischen Union[255], die in der Schlussphase der Beratungen des Konvents in den Verfassungsentwurf aufgenommen worden waren, sollten dem Ziel dienen, die Identifikation der Bürger mit der Europäischen Union zu verstärken. Dazu zählten die Flagge, die Hymne, die gemeinsame Währung, der einheitliche Europatag am 9. Mai sowie die Devise der Union „In Vielfalt geeint".

Der Konvent versuchte, die unmittelbare Mitwirkung der Bürger an der europäischen Gesetzgebung mit der Einführung eines europäischen Bürgerbegehrens[256] zu ermöglichen und damit zugleich das Interesse der Bürger an und die Identifikation mit Europa zu verbessern. Mit einem solchen Bürgerbegehren sollte die Europäische Kommission zum Vorschlag eines Rechtsaktes zu Themen aufgefordert werden können, für die nach Ansicht der Unionsbürger ein Rechtsakt der Union erforderlich sei. Auch die Einführung einer Solidaritätsklausel[257] zur gegenseitigen Unterstützung, z.B. bei Terroranschlägen oder Naturkatastrophen, sollte in erster Linie der Ausbildung eines europäischen Solidaritätsgedankens dienen.

---

[253] In den Artikel I-11 ff.
[254] Vgl. Artikel I-8 Absatz 1 „Die Unionsbürgerschaft tritt zur nationalen Staatsbürgerschaft hinzu, ohne diese zu ersetzen."
[255] Diese Symbole wurden mit der Empfehlung, den Artikel in Teil I des Verfassungsvertrags aufzunehmen, in Teil IV Artikel 1 aufgeführt.
[256] In Titel VI „Das demokratische Leben der Union" wurde in Artikel I-46 Absatz 4 die Möglichkeit aufgenommen, dass mindestens „eine Million Bürgerinnen und Bürger aus einer erheblichen Zahl von Mitgliedstaaten" eine „Bürgerinitiative" auslösen könnten. Die weiteren Bestimmungen und Verfahrensregeln sollten in einem Europäischen Gesetz geregelt werden.
[257] Die Solidaritätsklausel ist in Artikel I-42 und die Modalitäten ihrer Anwendung ist in Artikel III-231 geregelt.

Handlungsfähigkeit und Effizienz

Das institutionelle Gleichgewicht zwischen der Europäischen Kommission, dem Europäischen Parlament und dem Rat bzw. dem Europäischen Rat wurde im Hinblick auf die Stärkung der Handlungsfähigkeit der Union neu austariert. Dabei versuchte der Konvent die in den letzten Regierungskonferenzen zu den Verträgen von Amsterdam und Nizza unlösbaren institutionellen Fragen mit neuen, innovativen Vorschlägen zu beantworten. So wurden einerseits die vorhandenen Organe der EU gestärkt und andererseits neue Institutionen, wie zum Beispiel der Außenminister der Union, vorgeschlagen.

Das Europäische Parlament wurde in seinen Rechten durch die Ausweitung der Anwendung des Mitentscheidungsverfahrens als Regelverfahren der europäischen Rechtsetzung deutlich gestärkt. Es sollte zum gleichberechtigten Mitgesetzgeber werden – erstmals auch im Bereich der Gemeinsamen Agrarpolitik.[258] Damit einher ging die umfassende Mitsprache des Parlaments bei allen Haushaltsfragen. Das Europäische Parlament würde als das Organ, das den Haushalt der Union verabschiedet, durch die Abschaffung der Unterscheidung in obligatorische und nichtobligatorische Ausgaben in seinen haushaltsrechtlichen Kontrollrechen deutlich gestärkt.[259] Die Wahl des Präsidenten der Europäischen Kommission durch das Europäische Parlament würde sowohl den Präsidenten, der über eine eigene Legitimationsbasis verfügen würde, als auch das Europäische Parlament, dessen Zustimmung mit Mehrheit erforderlich wäre, stärken.[260] Zwar wurde vorgeschlagen, dass der Kommissionspräsident auf Vorschlag des Europäischen Rats gewählt wird, jedoch hat der Europäische Rat bei seinem Vorschlag das Ergebnis der Parlamentswahlen zu berücksichtigen. Die politische Kräfteverteilung im Europäischen Parlament würde somit erstmals bestimmend für eine wichtige europäische Personalfrage.

Die Rolle der Europäischen Kommission im Institutionendreieck der EU sollte durch die Wahl des Kommissionspräsidenten durch das Europäische Parlament unabhängiger von den Einflüssen der Europäischen Staats- und Regierungschefs bzw. der Regierungen der Mitgliedstaaten werden. Das Festhalten am Initiativmonopol der Kommission bekräftigte darüber hinaus die starke Rolle der Kommission im Gesetzgebungsprozess gegenüber dem Rat und dem Europäischen Parlament. Die Rolle des Präsidenten der Kommission[261] gegenüber dem Kollegium sollte deutlich aufgewertet werden – durch eine beschränkte Richtlinienkompetenz für die Arbeiten der Kommission, eine weitgehende Autonomie bei der Auswahl der Kommissare, dem Zuschnitt der Portefeuilles und bei der Führung sowie der Entlassung der Kommissare. Die Handlungsfähigkeit der Kommission in der erweiterten Union sollte durch die nach 2009 vorgesehene Verkleinerung der Kommission weiter verbessert werden. Der Konvent schlug vor, die Kommission auf 15 stimmberechtigte Mitglieder zu verkleinern, die nach einem noch zu bestimmenden Rotationssystem

---

[258] Grundsätzlich heißt es in Artikel I-19 Absatz 1: „Das Europäische Parlament wird gemeinsam mit dem Ministerrat als Gesetzgeber tätig und übt gemeinsam mit ihm die Haushaltsbefugnisse aus...".
[259] Das Haushaltsverfahren ist in den Artikeln III-309ff. des Konventsentwurfs geregelt.
[260] Nach Artikel I-19 Absatz 1 Satz 2 in Verbindung mit Artikel I-26 Absatz 1.
[261] Mit Artikel I-26 schlug der Konvent einen gesonderten Artikel zur Definition der Rolle des Kommissionspräsidenten vor.

ausgewählt werden sollten.[262] Dieses System sollte die Gleichbehandlung der Mitgliedstaaten sowie demografische und geografische Aspekte berücksichtigen. Die Kommission würde sich dann aus dem Kommissionspräsidenten, dem Außenminister und Vizepräsidenten sowie 13 „Europäischen Kommissaren" zusammensetzen; dazu würden weitere nicht-stimmberechtigte „Kommissare" aus den anderen Mitgliedstaaten ernannt. Bis diese Regelung in Kraft treten könnte, so der Entwurf des Konvents, würde weiterhin jeder Mitgliedstaat einen Kommissar nach Brüssel entsenden.

Auch die Arbeit des Ministerrats in seiner Funktion als Ko-Gesetzgeber neben dem Europäischen Parlament sollte deutlich effektiviert werden. Es wurde eine neue Ratsformation „Allgemeine Angelegenheiten und Gesetzgebung"[263] vorgeschlagen, mit dem die Kohärenz der europäischen Gesetzgebung verbessert und gegensätzliche Entscheidungen in unterschiedlichen Ratsformationen vermieden werden sollten. Vorgesehen war, dass dieser „Legislativrat" in seiner Funktion als Gesetzgeber öffentlich tagen sollte.[264] Um eine stärkere Kontinuität der Arbeiten in den einzelnen Ratsformationen gewährleisten zu können, sollte der Vorsitz nicht mehr von einer halbjährlich wechselnden Ratspräsidentschaft wahrgenommen werden, sondern von einem für mindestens ein Jahr zu benennenden Vorsitzenden. Auch hierzu sollten die politischen und geografischen Unterschiede zwischen den Mitgliedstaaten durch ein gleichberechtigtes Rotationssystem ausgeglichen werden.[265]

In einem gesonderten Protokoll[266] wurde die gegenwärtig informell tagende Gruppe der Finanzminister der Euro-Länder als eigenständiges Gremium anerkannt. Diese „Euro-Gruppe" sollte für die Dauer von zweieinhalb Jahren einen eigenen Präsidenten wählen, der als „Mr. Euro" die Währungspolitik der Staaten des Euro-Währungsgebietes in Zusammenarbeit mit der EZB lenken sollte.

Auch die Arbeit des Europäischen Rats der Staats- und Regierungschefs sollte durch die Einführung des Amtes eines für zweieinhalb Jahre gewählten hauptamtlichen Präsidenten des Europäischen Rats[267] ein höheres Maß an Kontinuität und Effizienz erhalten. Zugleich würde die Kohärenz und Sichtbarkeit der Union nach innen und außen erhöht werden. Der Präsident sollte die Sitzungen des Europäischen Rats vorbereiten, leiten und auch dem Europäische Parlament Bericht erstatten. Er würde zugleich auf der Ebene der Staats- und Regierungschefs die EU nach außen vertreten. Allerdings waren die Zuständigkeiten des hauptamtlichen Ratspräsidenten und des Europäischen Außenministers im Bereich der Gemeinsamen Außen- und Sicherheitspolitik nicht deutlich voneinander abgegrenzt, so dass Kompetenzstreitigkeiten nicht ausgeschlossen wären. Mit der Schaffung eines „Außenministers der Union"[268], der über weitgehende Befugnisse im Bereich der Gemeinsamen Außen-

---

[262] Vgl. Artikel I-25 Absatz 3.
[263] Vgl. Artikel I-23 Absatz 1.
[264] Dies wird in Artikel I-49 Absatz 2 unter der Überschrift „Transparenz der Arbeit der Organe der Union" geregelt.
[265] Vgl. Artikel I-23 Absatz 4.
[266] Vgl. Protokoll betreffend die Euro-Gruppe.
[267] Vgl. Artikel I-21.
[268] Der Außenminister wird in Artikel I-23 Absatz 2 genannt; seine Aufgaben und Befugnisse werden in Artikel III-194 Absatz 2, Artikel III-197, Artikel III-200 und Artikel III-205ff. näher erläutert.

und Sicherheitspolitik verfügen sollte, würde auch das außenpolitische Profil der Europäischen Union gestärkt; die Union bekäme Gesicht und Stimme. Der Außenminister sollte mit Zustimmung des Kommissionspräsidenten vom Rat ernannt sowie Mitglied und Vizepräsident der Kommission werden. Die Ratsformation „Auswärtige Angelegenheiten" sollte künftig nicht von der Präsidentschaft, sondern vom Europäischen Außenminister geleitet werden. Zur Unterstützung schlug der Konvent einen „Europäischen Auswärtigen Dienst" vor, der sich aus Beamten der einschlägigen Dienststellen des Generalsekretariats des Rates und der Kommission sowie aus abgestellten Beamten der diplomatischen Dienste der Mitgliedstaaten zusammensetzen sollte.

Das normale europäische Gesetzgebungsverfahren wäre nach den Überlegungen des Konvents das Verfahren der Mitentscheidung, verbunden mit Abstimmungen mit qualifizierter Mehrheit im Legislativrat. Insbesondere in den Einzelermächtigungen des Teils III des Verfassungsvertrages wurden die Abstimmungen mit qualifizierter Mehrheit erheblich ausgeweitet, so z.B. auch im Bereich des Raumes der Freiheit, der Sicherheit und des Rechts. Zugleich wurde die Möglichkeit, künftig durch einen einstimmigen Beschluss des Europäischen Rats den im Verfassungsvertrag festgeschriebenen Abstimmungsmodus abändern zu können (so genannte Passerelle-Klausel), aufgenommen.[269] Das bedeutet, dass in spezifischen Politikbereichen, in denen gegenwärtig einstimmig Entscheidungen getroffen werden, dann Abstimmungen mit qualifizierter Mehrheit möglich werden können, ohne dass es einer Vertragsänderung bedürfen würde. Diese Form der Abänderung des Abstimmungsmodus im Verfassungsvertrag diente einerseits der Verbesserung der Entscheidungs- und Handlungsfähigkeit der erweiterten EU; andererseits wurden die Mitwirkungs- und Kontrollrechte der nationalen Parlamente eingeschränkt.[270]

Ab 2009 sollte zudem das von der letzten Regierungskonferenz in Nizza vereinbarte, sehr komplizierte Verfahren der Einbeziehung des Bevölkerungsanteils in der EU bei Abstimmungen mit qualifizierter Mehrheit durch die Einführung einer so genannten „doppelten Mehrheit" abgelöst werden.[271] Der Vorschlag des Konvents sah vor, dass ein Beschluss des Rates nur mit der Mehrheit der Mitgliedstaaten, die mindestens drei Fünftel der EU-Bevölkerung repräsentieren, zustande kommen kann.

Die Handlungsfähigkeit und Entscheidungsfähigkeit der Union wurde nicht nur durch neue Institutionen und verbesserte Verfahren gestärkt. Der Union wurden auch zusätzliche Kompetenzen und Aufgaben in den Bereichen der Sicherheits- und Verteidigungspolitik sowie zur Verwirklichung des Raums der Freiheit, der Sicherheit und des Rechts übertragen. Erstmals wurde die Europäische Sicherheits- und Verteidigungspolitik (ESVP) zu einem integralen Bestandteil der Union.[272] Ziel des Konvents war es, schrittweise zu einer gemeinsamen Verteidigungspolitik und zu einer gemeinsamen Verteidigung der Union zu kommen. Dazu wurde die Möglich-

---

[269] Diese Klausel wurde in Artikel I-24 Absatz 4 des Konventsentwurfs aufgenommen.
[270] Die nationalen Parlamente sollten über allerdings frühzeitig über das Vorhaben des Rates unterrichtet werden.
[271] Vgl. Artikel I-24 Absätze 1-3 des Konventsentwurfs.
[272] Vgl. Artikel I-15 und Artikel III-210ff des Konventsentwurfs.

keit eröffnet, multinationale Streitkräfte zu schaffen und diese der Union zur Verfügung zu stellen. Im Rahmen einer verstärkten bzw. strukturierten Zusammenarbeit sollte einer Gruppe von Mitgliedstaaten eine militärische Beistandsklausel eröffnet werden. Darüber hinaus wurden die so genannten Petersberg-Aufgaben der WEU, d.h. die Beteiligung an Blauhelmeinsätzen, an friedensschaffenden Kampfeinsätzen zur Krisenbewältigung sowie an humanitären Aufgaben und Rettungseinsätzen, ausgeweitet und konkretisiert. Es sollte eine europäische Rüstungsagentur geschaffen werden, deren Aufgabe die Forschung, Entwicklung, Harmonisierung und Koordinierung im Bereich der Rüstungs- und Verteidigungspolitik sein sollte.

Zur Verwirklichung des Raums der Freiheit, der Sicherheit und des Rechts sollten im Bereich des Strafrechts die Koordination und die operative Zusammenarbeit der zuständigen Behörden der Mitgliedstaaten intensiviert und erforderlichenfalls die strafrechtlichen Bestimmungen angeglichen werden.[273] Zur Bekämpfung besonders schwerer Kriminalität mit grenzüberschreitender Dimension (z.B. Terrorismus, Menschenhandel und sexuelle Ausbeutung von Frauen und Kindern, illegaler Drogen- und Waffenhandel, Geldwäsche, Korruption, Fälschung von Zahlungsmitteln, Computerkriminalität) sollten in europäischen Rahmengesetzen Mindestvorschriften für Straftaten und Strafen festgelegt werden. Durch einen einstimmigen Beschluss des Ministerrats könnte ausgehend von Eurojust, der bereits vorhandenen Einrichtung zur Verbesserung der grenzüberschreitenden Zusammenarbeit der Strafverfolgungsbehörden, eine Europäische Staatsanwaltschaft geschaffen werden, deren Aufgabe die strafrechtliche Untersuchung, Verfolgung und Anklageerhebung gegen Personen, die schwere, mehrere Mitgliedstaaten betreffende Straftaten oder Straftaten zum Nachteil der finanziellen Interessen der Union begangen haben, wäre. Im Bereich des Zivilrechts schlug der Konvent den Ausbau der justizielle Zusammenarbeit in der Union vor, die auf dem Grundsatz der gegenseitigen Anerkennung gerichtlicher und außergerichtlicher Entscheidungen basieren sollte.[274]

Subsidiarität und Bürgernähe

Als wichtigste Aufgabe hatte der Europäische Rat von Laeken dem Konvent aufgetragen, die klare Abgrenzung der Kompetenzen zwischen der EU und den Mitgliedstaaten zu diskutieren und Reformvorschläge vorzulegen. Bei diesem im Konvent lange Zeit heftig umstrittenen Thema wurde zunächst die Einordnung der Zuständigkeiten in abgegrenzte Kategorien und damit eine Verbesserung der Transparenz der Kompetenzordnung vorgeschlagen. Es war insofern ein bedeutender Fortschritt, dass der Entwurf des Konvents für einen Verfassungsvertrag ein eigenes Kompetenzkapitel enthielt, in dem zwischen ausschließlichen, geteilten und unterstützenden Zuständigkeiten der EU unterschieden wurde.[275] Für die Bürgerinnen und Bürger in

---

[273] Vgl. grundsätzlich zum Raum der Freiheit, der Sicherheit und des Rechts, Teil III, Kapitel IV, Artikel III-158ff und zur justiziellen Zusammenarbeit in Strafsachen dort Abschnitt 4 Artikel III-171ff des Konventsentwurfs.
[274] Vgl. Artikel III-170ff des Konventsentwurfs.
[275] Teil I Titel III Artikel I-9-17 des Konventsentwurfs.

der Europäischen Union sollte es möglich werden, in der Europäischen Verfassung nachzulesen, wer wofür zuständig ist und die Verantwortung trägt und wer für welche Entscheidungen auch zur Verantwortung gezogen werden kann.

Allerdings wurde vereinzelt angemerkt, dass diese Einordnung der Zuständigkeiten in Kompetenzkategorien zu Abgrenzungsproblemen führen könne. Die Union sollte nicht nur bei den ausschließlichen Zuständigkeiten, sondern auch bei der geteilten Zuständigkeit eine Art erstes Zugriffsrecht der Union erhalten. Die Zuordnung einzelner Politikbereiche des Teils III, wie Energie- und Sozialpolitik, wirtschaftlicher, sozialer und territorialer Zusammenhalt, in die Kategorie der geteilten Zuständigkeiten hätte ebenfalls zu schwierigen Abgrenzungsfragen führen können. Die vom Konvent vorgeschlagene abschließende Liste der ausschließlichen EU-Zuständigkeiten war sehr kurz gehalten.[276] Damit stellte der Konvent klar, dass in allen übrigen Bereichen das Subsidiaritätsprinzip gelten sollte. Dies war insbesondere wichtig für den lange Zeit umstrittenen Bereich des Binnenmarkts, der nun eindeutig zur geteilten Zuständigkeit gehören sollte, so dass künftig Europäische Gesetze in diesem Bereich auch dem Subsidiaritätsprinzip unterliegen sollten. Die in der Erklärung von Laeken eingeräumte Möglichkeit, Zuständigkeiten der EU auf die Mitgliedstaaten zurück zu verlagern, wurde vom Konvent nicht aufgegriffen. Vielmehr wurden zusätzliche Zuständigkeiten auf die EU übertragen, wie z.B. in den Bereichen Energie, Sport, Zivilschutz, geistiges Eigentum und Raumfahrt. Die den „wirtschaftlichen und sozialen Zusammenhalt"[277] betreffenden Vorschriften werden weitgehend übernommen; auf das Einstimmigkeitsprinzip für spezifische Maßnahmen außerhalb der Fonds wurde verzichtet. Bis zum 1. Januar 2007 wurde am Einstimmigkeitserfordernis für die Strukturfondsverordnungen festgehalten und damit auch für die Entscheidung über die Strukturpolitik nach 2006. Neu war, dass der bisherige Begriff des „wirtschaftlichen und sozialen Zusammenhalts" durch das Adjektiv „territorial" ergänzt werden sollte.

Die Offene Methode der Koordinierung, d.h. die Festsetzung von Leitlinien und qualitativen Indikatoren, die erstmals vom Europäischen Rat von Lissabon eingeführt worden war, wurde nicht explizit in den Verfassungsvertrag aufgenommen. Jedoch wurde sie de facto in Teil III der Verfassung für die Bereiche Sozialpolitik, Forschung, Gesundheit und Industrie in den Verfassungsvertrag eingefügt.[278] Darüber hinaus wurde in Teil I der Union die Möglichkeit für erweiterte Maßnahmen zur Koordinierung der Wirtschafts-, Sozial- und Beschäftigungspolitik übertragen. Diese Formulierung reichte weiter als die gegenwärtig den Mitgliedstaaten vorbehaltene Koordinierung ihrer Wirtschaftspolitiken.[279]

Die Prinzipien der Kompetenzausübung sollten deutlicher als bisher formuliert werden. Das galt für das fundamentale Prinzip der begrenzten Einzelermächtigung

---

[276] In der Auflistung von Artikel I-12 wurden lediglich die Politikbereiche Währungspolitik für die Euro-Mitgliedstaaten, gemeinsame Handelspolitik, Zollunion und die Erhaltung der biologischen Meeresschätze im Rahmen der gemeinsamen Fischereipolitik genannt.

[277] Vgl. Teil III Kapitel III Abschnitt 3 „Wirtschaftlicher, sozialer und territorialer Zusammenhalt" Artikel III-116-III-120 des Konventsentwurfs.

[278] Für die Sozialpolitik Art. III-107 und für das Gesundheitswesen Artikel III-179, für die Industriepolitik Artikel III-180 und für Forschung Artikel III-148.

[279] Vgl. Artikel I-14 des Konventsentwurfs.

und für die Grundsätze der Subsidiarität und der Verhältnismäßigkeit. Das Subsidiaritätsprinzip konnte eindeutiger formuliert werden.[280] Die Kommission sollte künftig in ihren Gesetzesinitiativen detailliert erläutern, warum eine Regelung auf der europäischen Ebene einer mitgliedstaatlichen Regelung vorzuziehen sei, bzw. warum mit einem europäischen Gesetz ein bestimmtes Ziel besser erreicht werden könne. Nachdem von vielen Mitgliedstaaten kritisiert worden war, dass in der Vergangenheit die Unionsziele oft als Begründung für Kompetenzübertragungen herangezogen worden waren, konnte im Entwurf des Verfassungsvertrags die Klarstellung erreicht werden, dass die Ziele nur „entsprechend dem Umfang der Zuständigkeiten"[281] von der Union verfolgt werden können.

Das Prinzip der Unionstreue[282] wurde im Entwurf des Konvents als beiderseitiges Prinzip formuliert. Damit sollte die bisher einseitige Loyalitätsverpflichtung der Mitgliedstaaten gegenüber der EU um die Verpflichtung der Union ergänzt werden, umgekehrt auch die Mitgliedstaaten bei der Erfüllung der Aufgaben zu unterstützen. Für einige Politikbereiche, wie z.B. Bildung und Kultur, wurde ein ausdrückliches Harmonisierungsverbot im Verfassungsvertrag verankert.[283]

In der Einwanderungspolitik konnten die deutschen Vertreter im Konvent durchsetzen, dass die Mitgliedstaaten weiterhin für die Regelung des Zugangs von Drittstaatsangehörigen zu ihrem Arbeitsmarkt zuständig bleiben sollten. Damit wurde eine substanzielle Beschränkung der Zuständigkeit der Europäischen Union im Bereich der Einwanderungspolitik festgeschrieben. Die Mitgliedstaaten sollten festlegen, „wie viele Drittstaatsangehörige in ihr Hoheitsgebiet einreisen dürfen, um dort als Arbeitnehmer oder Selbstständiger Arbeit zu suchen."[284]

Ein bedeutender Erfolg der deutschen und österreichischen Länder und der belgischen Regionen war die ausdrückliche Achtung der regionalen und kommunalen Selbstverwaltung durch die Union.[285] Danach sollte die grundlegende politische und verfassungsrechtliche Struktur einschließlich der regionalen und kommunalen Selbstverwaltung Bestandteil der nationalen Identität der Mitgliedstaaten werden. Der Ausschuss der Regionen sollte durch die Möglichkeit eines eigenen Klagerechts zur Wahrung seiner Rechte sowie bei Verletzungen des Subsidiaritätsprinzips gestärkt werden.[286] Ein wichtiger Fortschritt für eine verbesserte Kompetenzordnung war auch das Klagerecht der nationalen Parlamente bzw. jeder ihrer Kammern vor dem Europäischen Gerichtshof gegen die Verletzung des Subsidiaritätsprinzips.[287] Die Einflussmöglichkeiten der nationalen Parlamente würden durch einen Frühwarnmechanismus gestärkt. Somit sollten künftig Bundestag und Bundesrat bereits

---

[280] Vgl. Protokoll über die Anwendung der Grundsätze der Subsidiarität und der Verhältnismäßigkeit.
[281] Vgl. Artikel I-3 Absatz 5 des Konventsentwurfs.
[282] Vgl. Artikel I-5 Absatz 2 des Konventsentwurfs.
[283] Vgl. für den Bereich Kultur Artikel III-181 Absatz 5a), für den Bereich Bildung Artikel III-182 Absatz 4a) und den Bereich berufliche Bildung Artikel III-183 Absatz 4.
[284] Vgl. hierzu Artikel III-168 Absatz 5.
[285] Artikel I-5 Absatz 1.
[286] Vgl. hierzu Artikel III-270 Absatz 3 und das Protokoll über die Anwendung der Grundsätze der Subsidiarität und der Verhältnismäßigkeit Ziffer 7.
[287] Dieses Klagerecht wird im Protokoll über die Anwendung der Grundsätze der Subsidiarität und der Verhältnismäßigkeit Ziffer 7 gemäß der jeweiligen innerstaatlichen Rechtsordnung eingeräumt.

vor dem Erlass eines europäischen Gesetzes ihre Bedenken vorbringen können, wenn sie ihre Rechte in Gefahr sehen.

Zusammengefasst ist festzuhalten, dass der Konvent zweifellos deutliche Fortschritte in den drei Aufgabenfeldern Transparenz und Legitimität, Handlungsfähigkeit und Effizienz sowie Subsidiarität und Bürgernähe erreichen konnte. Der Verfassungsentwurf zeichnete sich durch einige innovative Vorschläge aus, die im Rahmen der klassischen Regierungskonferenzen nicht möglich waren. So wurden beachtliche institutionelle Veränderungen vorgeschlagen, wie die Verankerung des Europäischen Rats im institutionellen Gefüge der Union, die Stärkung der Kontinuität der Arbeiten im Europäischen Rat und im Ministerrat durch die Einführung eines Präsidenten des Europäischen Rats und die Abschaffung der halbjährlich wechselnden Präsidentschaften, die Einführung der „doppelten Mehrheit" bei Abstimmungen im Rat und die Schaffung des Amtes eines europäischen Außenministers. Die parlamentarischen Komponenten im Verfassungsentwurf wurden gestärkt, die Legislativkompetenzen des Europäischen Parlaments und die Mitwirkung im Budgetverfahren ausgeweitet. Auch die europapolitischen Mitwirkungs- und Kontrollrechte der nationalen Parlamente wurden merklich gestärkt.

Der Vorsitzende des Konvents, Valéry Giscard d'Estaing sprach selbstbewusst in seiner Erklärung von Rom anlässlich der Übergabe des Verfassungsentwurfs am 18. Juli 2003 an die italienische Ratspräsidentschaft von einem Erfolg. Der Verfassungsvertrag schaffe „das nötige Gleichgewicht zwischen den Völkern, den Staaten, den alten wie den neuen, zwischen den Organen, zwischen Traum und Wirklichkeit".[288]

Ob allerdings der Vorschlag des Konvents eine angemessene und dauerhafte Antwort auf die Herausforderung der Erweiterung und des sich rasant verändernden internationalen Umfelds sein würde, wurde nach Abschluss der Konventsarbeiten bezweifelt. So wurde bereits von einer sich abzeichnenden „nächsten Reformrunde" zur Überarbeitung des Verfassungsvertrags in der Fassung des Konvents und den „'Left-overs' des Konvents"[289] gesprochen, als die Regierungskonferenz ihre schwierigen Verhandlungen noch gar nicht aufgenommen hatte. Und Gisela Stuart, selbst Mitglied des Konvents und Vertreterin der nationalen Parlamente im Präsidium, kritisierte, dass der Konvent sich nicht mit der Frage befasst habe, ob die Bürgerinnen und Bürger in der Union überhaupt eine Vertiefung des europäischen Integrationsprozesses wollen. Sie kam zu dem Ergebnis: „The enlarged European Union must be made to work better, but I am not convinced the proposed Constitution, as it stands, will meet the needs of an expanding Europe".[290] Im Gegensatz dazu meinte der Vertreter des Deutschen Bundesrats im Konvent, der baden-württembergische Ministerpräsident Erwin Teufel: „Wir haben mit dem Konventsentwurf grundsätzlich ein konzentriertes, tragfähiges Konzept für das neue Europa."[291] Und der Repräsentant des Deutschen Bundestags im Konvent, Jürgen Meyer, kam zu der Schluss-

---

[288] Valéry Giscard d'Estaing: Erklärung von Rom, Rom, 18.7.2003, S. 5.
[289] So Janis A. Emmanouilidis; Claus Giering: Lücken und Lücken. Der EU-Verfassungsentwurf auf dem Prüfstand, in: Internationale Politik, Heft 8/2003, S. 27- 32, hier S. 32.
[290] Gisela Stuart: The Making of Europe's Constitution, a.a.O., S. 2.
[291] Erwin Teufel: Warum Europa endlich eine Verfassung braucht, in: ‚Die Welt' vom 2. Februar 2004.

bewertung: „Im Großen ist Großes gelungen, im Kleinen hätte Größeres gelingen könne."[292]

Aber Jürgen Meyer wies auch auf die deutlichen und unübersehbaren Inkonsistenzen zwischen den vier Teilen des Gesamtentwurfs hin. So enthält der Verfassungsentwurf aufgrund der Entscheidung, die Grundrechtecharta unverändert aufzunehmen, zwei unterschiedliche Präambeln: Eine Präambel für den Gesamtentwurf sowie die Präambel der Grundrechtecharta, die dem zweiten Teil vorangestellt ist. Auch der gesonderte Titel II des ersten Teils, in dem die Union in Artikel I-7 Absatz 1 grundsätzlich auf die Einhaltung der Rechte, Freiheiten und Grundsätze der Grundrechtecharta verpflichtet wird, erscheint angesichts der Aufnahme der Charta verzichtbar. Zugleich erscheinen einige Artikel der Grundrechtecharta, zum Beispiel im Bereich der sozialen Grundrechte, vor dem Hintergrund der spezifischen Regelungen des dritten Teils zu den Politikbereichen entbehrlich. Die weitgehende Übernahme der Regelungen des EG-Vertrages in den dritten Teil des Verfassungsvertrags zu den Politikbereichen belegt, dass der Konvent in der Schlussphase seiner Arbeiten unter hohem Zeitdruck arbeitete. In diesem Teil wären weitergehende Überarbeitungen wünschenswert und notwendig gewesen. Zumindest wären intensivere Debatten im Konventsplenum gerade in der Schlussphase zu einzelnen Artikelformulierungen und Vorschlägen wünschenswert gewesen.

Gerade die Dopplungen, Ungenauigkeiten und sprachlichen Defizite können nicht nur aus dem Blickwinkel der juristischen Umsetzung der Verfassung zu schwierigen Abgrenzungsproblemen und gegensätzlichen Interpretationen führen.[293] Eine redaktionelle und rechtstechnische Überarbeitung des Entwurfs schien vielen Beobachtern deshalb geboten. Eine solche Überarbeitung könnte auch zu einer stärkeren Verdichtung, Kohärenz und damit Lesbarkeit einer Europäischen Verfassung führen.[294] Diese Arbeit sollte der nachfolgenden Regierungskonferenz vorbehalten bleiben.

---

[292] Jürgen Meyer; Sven Hölscheidt: Die Europäische Verfassung des Europäischen Konvents, in: EuZW, Heft 20, 2003, S. 613- 621, hier S. 621.
[293] Ebenda S. 620.
[294] Vgl. Andreas Maurer; Simon Schlunz: Von Brüssel nach Rom. Der Entwurf einer Europäischen Verfassung zwischen Konvent und Regierungskonferenz, SWP-Diskussionspapier, Berlin, Oktober 2003.

16 Bewertungen der Konventsergebnisse aus deutscher Sicht

Die Ergebnisse des Konvents, die der europäischen Integration die weitere Richtung vorgaben, waren sogleich Gegenstand politischer Bewertungen und kontroverser wissenschaftlicher Debatten. Hat der Konvent erfolgreich gearbeitet und ein womöglich herausragendes, mindestens aber zufriedenstellendes Ergebnis seiner monatelangen Arbeit vorgelegt? Ist die neue europäische Verfassung tatsächlich ein historischer Meilenstein, der „einen Raum eröffnet, in dem sich die Hoffnung der Menschen entfalten kann", wie die Präambel der Verfassung behauptet? Und gibt es einen „Mehrwert" des Konvents gegenüber den klassischen Regierungskonferenzen und worin besteht er? Das nachfolgende Tableau gibt einen ersten Überblick über die Spannbreite von Äußerungen und Bewertungen aus Politik und Wissenschaft.

Bewertungen der deutschen Politik

Im Laufe der Konventsberatungen hat der Bundestag vier Mal über die entstehende Verfassung debattiert und zwei Beschlüsse gefasst. Der Europaausschuss des Bundestages ist in diesem Zeitraum zu 25 Sitzungen mit dieser Thematik zusammengekommen und hat seine Stellungnahmen gegenüber der Bundesregierung abgegeben. Auch die übrigen Ausschüsse des Bundestages haben sich mit dem Konvent beschäftigt sowie die Arbeitsgruppen der Fraktionen.[295] Forderungen des Bundestages waren unter anderem die Integration der Grundrechtecharta in den Verfassungsvertrag, die gleichberechtigte Mitwirkung des Europäischen Parlaments an einem vereinfachten und übersichtlicheren Gesetzgebungsverfahren, die Wahl des Kommissionspräsidenten durch das Europäische Parlament verbunden mit einer Stärkung seiner Position, die Begrenzung der Mitglieder der Kommission, die Ausbildung einer eigenständigen außen- und sicherheitspolitischen Identität der EU, der Ausbau des Raumes der Freiheit, der Sicherheit und des Rechts, eine klarere Kompetenzordnung und die Aufwertung des Subsidiaritätsprinzips. Zudem hat sich der Bundestag für eine deutlich verbesserte politische Kontrolle dieses Prinzips stark gemacht.[296] Bis auf wenige Details wurden alle grundsätzlichen Forderungen des Bundestages erfüllt. Für den Deutschen Bundestag hat sein Vertreter im Konvent, Jürgen Meyer, daher eine insgesamt positive Bilanz gezogen. Bislang sei im Zuge der fortschreitenden Integration die Stellung der nationalen Parlamente immer schwächer gewor-

---

[295] Vgl. Jürgen Meyer; Sven Hölscheidt: Die Europäische Verfassung aus Sicht des Deutschen Bundestags, in: integration, 4/2003, S. 345-350, S. 349.
[296] Vgl. Bundestagsdrucksachen 15/950, 07.05.2003, sowie 15/548, 12.03.2003.

den. Dagegen sei mit dem Konventsentwurf „für die nationalen Parlamente eine Parlamentarisierung durch Europäisierung festzustellen, denn sie werden durch die Europäische Verfassung stark aufgewertet. Dies sollte zu einem neuen schlagkräftigen innerstaatlichen Instrumentarium führen. Wenn die nationalen Parlamente ihre rechtlichen Möglichkeiten effektiv nutzen, werden sie in Zukunft eine angemessene Rolle im Integrationsprozess spielen".[297]

Dieser positiven Einschätzung schlossen sich zahlreiche Parlamentarier an, wie auf der Sitzung des Deutschen Bundestages am 11. Dezember 2003, kurz vor dem Gipfel von Brüssel, deutlich wurde.[298] Für die CDU/CSU-Opposition begrüßte Wolfgang Schäuble das Konventsergebnis. Mit dem Entwurf für eine europäische Verfassung werde die Spaltung des Kontinents endgültig überwunden und die Union institutionell auf die Erweiterung vorbereitet. Die Blockademöglichkeiten werden überwunden zugunsten eines Mehrheitssystems, das Gestaltungschancen einräume. Zudem werden neue Perspektiven für eine vertiefte Gemeinsame Außen- und Sicherheitspolitik eröffnet. Damit sei die Verfassung geeignet, den von der CDU/CSU stets kritisierten Vertrag von Nizza zu ersetzen. Allerdings erkannte Schäuble in seiner Rede auch die offene Flanke der Regierungskonferenz. „Wir kommen in Europa nicht voran, wenn zwischen den beteiligten Regierungen kein grundlegendes Vertrauen besteht. Wir kommen in Europa nicht voran, wenn die Bevölkerung dieses europäische Projekt nicht mehr will und unterstützt, weil sie es nicht mehr versteht und der Geist der Zusammenarbeit systematisch zerstört wird." Damit nannte Schäuble einen Tag vor dem Gipfel von Brüssel den wichtigsten Grund für sein Scheitern. Fehlendes Vertrauen zwischen den Nationalstaaten, zwischen den Regierungen und vielleicht auch zwischen den Völkern stoppte den Fortgang des Integrationsprozesses zwischenzeitlich.

Peter Hintze, europapolitischer Sprecher der CDU/CSU-Fraktion, nannte darüber hinaus noch weitere Punkte, die der Opposition am Verfassungsentwurf missfielen, ohne ihn deshalb jedoch grundsätzlich abzulehnen. Er bemängelte, dass inflationsfreies Wachstum nicht mehr als anzustrebendes EU-Ziel genannt werde, während es noch im EG-Vertrag als ein zentrales Ziel formuliert sei (Art. 2 EGV). Darüber hinaus sei auch die Europäische Zentralbank nicht als gleichwertige und unabhängige Institution verankert. Die Bundesbank hatte in einem Papier am Vortag der Debatte darauf aufmerksam gemacht, dass diese beiden Punkte die Durchführung einer stabilitätsorientierten Geldpolitik erschweren. Ein weiterer Punkt, den Hintze ansprach, war der fehlende Gottesbezug in der Verfassung. Eine Gesellschaft sei nur dann stark, „wenn sie sich auch einer klaren Wertegrundlage bewusst ist und wenn sie diese klare Wertegrundlage auch in ihren Verfassungsdokumenten benennt. Deswegen sind wir für klare Verweise auf die Bedeutung des Christentums für unsere Wertüberzeugungen und auf die Verantwortung des Menschen vor Gott in seinem politischen Handeln". Hintze beschwor die gemeinsamen kulturellen und religiösen Grundlagen als Voraussetzung für den erfolgreichen Fortgang des Integrationsprozesses. Da sich Europa von einer Wirtschafts- zu einer politischen Gemeinschaft

---

[297] Jürgen Meyer; Sven Hölscheidt, a.a.O., S. 350.
[298] Protokoll der Sitzung vom 11. Dezember einsehbar unter www.bundestag.de/plenargeschehen/ plenarprotokolle/15082.html.

entwickele, sei dieses Fundament für den sozialen Zusammenhalt unerlässlich. In diesem Zusammenhang verwies er erneut auf die ambivalente Stellung der Türkei, die zwar ein Nato-Partner sei, im Rechts- und Menschenverständnis aber andere, EU-inkompatible Wertmaßstäbe habe. Er forderte daher ein in der Verfassung verbrieftes Recht für das Europäische Parlament und die nationalen Parlamente, über die Aufnahme von Beitrittsverhandlungen mit zu entscheiden und somit im Vorfeld eines möglichen Beitritts tätig zu werden. Intergouvernementalistisch inspirierte Vorstellungen kamen von der CSU. Für sie erklärte der Abgeordnete Gerd Müller, dass der Europäischen Union im Verfassungsentwurf zu viele Kompetenzen zugestanden werden. Dagegen hatte er sich eher eine Rückübertragung auf die nationale Ebene erhofft. „Wir wollen mehr Föderalismus und weniger Zentralismus", erklärte Müller seine Enttäuschung über die Verlagerung von weiteren Politikfeldern auf die europäische Ebene. Auch fürchtete er für die Zukunft eine autonome Kompetenzerweiterung durch die europäischen Organe. „Damit verlieren wir die Kompetenz. Wir sind nicht mehr Herren der Verträge. Damit wird Europa zum Staat und begründet eine neue Staatlichkeit". Müller wiederholte die Befürchtungen der Intergouvernementalisten vor einem europäischen Staat und drohte mit entsprechenden Konsequenzen: „Es liegt an uns, klar zu machen, dass eine solche Regelung grundgesetzwidrig wäre und dazu führen müsste, (...) dass der Deutsche Bundestag die Ratifizierung des Vertrags ablehnt."

Für die SPD-Fraktion verwies Angelica Schwall-Düren darauf, dass der Konventsentwurf „ein wirklich gelungener Wurf, ein Meilenstein in der Geschichte der europäischen Integration und zugleich ein großer politischer Erfolg der deutschen Sozialdemokratie" sei. Auch für sie ist die Europäische Union zu einer Wertegemeinschaft geworden, die sich auf die Unterstützung der Bürgerinnen und Bürger verlassen kann. Zugleich wies sie den Vorwurf der Opposition zurück, die intensive deutsch-französische Zusammenarbeit habe andere Länder bevormundet und sie von weiterer Kooperation abgehalten. Vielmehr seien die von Deutschland und Frankreich eingebrachten Vorschläge wichtige Impulse für den Konvent gewesen. Sein Ergebnis sei „ein austarierter Kompromiss, der das für Europa Wünschenswerte mit dem Möglichen verbindet, selbst wenn nicht alle Blütenträume gereift sind". Nur der Konvent sei in der Lage gewesen, eine europäische Verfassung mit einem hohen Maß an parlamentarischer Beteiligung, demokratischer Kontrolle, Transparenz und Bürgerbeteiligung auf den Weg zu bringen. Dieser Bewertung schlossen sich auch Vertreter von Bündnis 90/Die Grünen an, die in der Vorgehensweise der Regierungskonferenz, noch vor ihrem Scheitern, den Beweis dafür sahen, wie nötig Europa einen Konvent und eine Verfassung habe. Der Schatten des Scheiterns der Regierungskonferenz lag bereits über manchen Reden. So äußerte Anna Lührmann, „wer diese Regierungskonferenz und damit die Verfassung mutwillig zum Scheitern bringen will, der verspielt fahrlässig eine historische Chance und gleichzeitig die Zukunft Europas. Das ist in der Tat eine große Verantwortung, derer sich einige Staaten wohl noch nicht bewusst sind". Für die Grünen brachte sie dennoch einige Kritikpunkte an dem Verfassungsentwurf vor. Mehr qualifizierte Mehrheit in der Außenpolitik, eine noch stärkere Mitbestimmung des Europäischen Parlaments und seine Fortentwicklung zu einer Bürgerkammer wären ihrer Meinung nach wünschenswert gewesen. Immerhin sei verhindert worden, dass der Euratom-Vertrag, der „hoffentlich so bald wie möglich abgewickelt wird", in die Verfassung aufgenommen wurde. Im Übrigen aber sei die Verfassung so gelungen, dass es auf dem bevorstehenden Gipfel der Staats- und Regierungschefs darauf ankomme, sie nicht durch substanzielle Änderungen zerstören zu lassen.

Für die FDP schloss sich auch Wolfgang Gerhardt dieser Position an, verwies allerdings erneut darauf, dass die Bundesregierung handwerkliche Fehler gemacht habe, indem sie die mittel- und osteuropäischen Kandidatenländer mit der engen deutsch-französischen Kooperation verschreckt habe, die dort als rücksichtslose Durchsetzung nationaler Interessen verstanden worden sei. Gerhardts Vorwurf lautete daher, die Bundesregierung habe die europäische Dimension aus den Augen verloren. Eine dezidiert ablehnende Haltung gegenüber dem Konventsentwurf nahmen nur die beiden Abgeordneten der PDS ein. In Übereinstimmung mit einem vorangegangenen Parteitagsbeschluss lehnte Gesine Lötzsch die Verfassung aus drei Gründen ab. Erstens, die Europäische Union werde im Gegensatz zu offiziellen Reden nicht demokratischer und transparenter, sondern nehme eine gegenteilige Entwicklung. Gesetzgebung finde in Europa weiter hinter verschlossenen Türen statt. Zweitens führe die Verfassung dazu, die EU zu einer Militärmacht weiter zu entwickeln, die der Doktrin der militärischen Intervention und der Unterordnung unter die Nato verpflichtet sei. Und drittens seien soziale Marktwirtschaft und Vollbeschäftigung zwar im ersten Teil als allgemeine Ziele genannt, fehlten aber in den konkreten Ausführungsbestimmungen des dritten Teils. Die Verfassung führe langfristig zu einer unsozialen Union. Für die PDS könne daher die vorliegende Verfassung nicht Grundlage für die Weiterentwicklung der Union sein.

Der Konventsentwurf wurde im Bundestag durchaus kontrovers diskutiert. Insgesamt zogen aber alle Fraktionen, mit Ausnahme der PDS, eine positive Bilanz. Jenseits rein politisch motivierter Kritik wurde deutlich, dass eine breite Mehrheit der Abgeordneten des Deutschen Bundestages hinter dem Entwurf des Konvents stand. Zwar gab es einzelne Punkte, die nach Meinung einiger Abgeordneter noch in die Verfassung aufgenommen werden sollten, doch zeigte die Debatte, dass die Abgeordneten eine Billigung der Verfassung durch die Regierungskonferenz befürworteten, auch wenn einzelne Punkte nicht berücksichtigt werden sollten. Nachdem der Pulverdampf der unmittelbaren politischen Auseinandersetzung verzogen war, kam die latent vorhandene Sorge vor einem Scheitern der Regierungskonferenz zum Vorschein, die, wie sich nur zwei Tage später herausstellte, nur allzu berechtigt sein sollte.

Während sich der Deutsche Bundestag bei der Bewertung des Konventsentwurfs naturgemäß in die politischen Lager aufteilte und daher auch manche Kritik, insbesondere aus den Reihen der Opposition, zu vernehmen war, fiel die Bilanz der Bundesregierung vollständig positiv aus. Bundesaußenminister Fischer, selbst Konventsmitglied, betonte in seinen Ausführungen am 11. Dezember 2003 vor dem Bundestag mehrfach, der vom Konvent vorgelegte Entwurf sei „ehrgeizig", „alles andere als minimalistisch" und ein „ausgezeichneter Vorschlag für die innere Reform der Europäischen Union". Die Bundesregierung unterstütze daher „diesen historischen Gesamtkompromiss" vorbehaltlos und setze sich auf der nachfolgenden

Regierungskonferenz dafür ein, dass er nicht wieder aufgeschnürt werde. Einige wegweisende Punkte hob Fischer besonders hervor. Zum einen verleihe die im Entwurf vorgesehene doppelte Mehrheit der Union die notwendige Handlungsfähigkeit, da sie die Möglichkeit zur Blockade von Entscheidungen mindere. Zudem gewährleiste sie einen fairen Interessenausgleich zwischen den Staaten und spiegele die zweifache Natur der Union als Gemeinschaft von Staaten und Bürgern in angemessener Weise wider. Fischer sah in dieser Regelung insbesondere einen „Zwang zum Kompromiss bei maximaler Transparenz und Verständlichkeit dieser Abstimmung für die Bürger". Als zweiten Punkt nannte Fischer die Verkleinerung der Kommission, die in einer Union von 25 und mehr Mitgliedern notwendig sei, um dieses Gremium effizient und durchsetzungsfähig zu halten. Einige Mitgliedstaaten bestünden zwar auf einem eigenen Kommissar in Brüssel, um die Legitimität der Unionspolitik in ihrem Land zu stärken, aber Fischer wies darauf hin, dass die Kommission im Verfassungsentwurf ihre Legitimität zukünftig vermehrt durch die Bürgerinnen und Bürger über die Wahlen zum Europäischen Parlament beziehen werde. In seiner Rede hob Fischer schließlich noch die Bedeutung des Mitentscheidungsverfahrens, bei dem Europäisches Parlament und Rat gleichberechtigt beschließen, als künftig wichtigstes Rechtsetzungsverfahren hervor und betonte zudem, dass mit einer klareren Kompetenzordnung, Subsidiaritätskontrolle und Klagemöglichkeit der nationalen Parlamente und des Bundesrats vor dem Europäischen Gerichtshof die Verfassung den Interessen der Bundesländer entgegen gekommen sei.

Eckart Cuntz, Leiter der Europaabteilung im Auswärtigen Amt, nannte darüber hinaus noch eine Reihe deutscher Anliegen, die im Konventsentwurf berücksichtigt worden seien.[299] Die Zuständigkeit für die Zuwanderung aus Drittstaaten zum Arbeitsmarkt soll auch zukünftig bei den Mitgliedstaaten verbleiben, ebenso die Wirtschafts- und Beschäftigungspolitik. Der Einstieg in den gemeinsamen Grenzschutz an den Außengrenzen sei gelungen, der Ausbau von Eurojust als Grundlage für die Schaffung einer europäischen Staatsanwaltschaft beschlossen und die umfassende Zuständigkeit des Europäischen Gerichtshofs im Bereich Justiz und Inneres festgeschrieben. Zudem wurde die Euro-Gruppe durch eine größere Eigenständigkeit innerhalb des gegebenen institutionellen Rahmens aufgewertet und das Mandat der Europäischen Zentralbank auf andere Zielsetzungen als die Preisstabilität ausgeweitet. Trotz der engen deutsch-französischen Kooperation und ihrer starken Durchsetzungsmacht konnten jedoch andere Anliegen, wie bei jedem Kompromiss, nicht erreicht werden. „So fehlt in erster Linie die deutliche Ausweitung der qualifizierten Mehrheit im Bereich der Steuerpolitik und der Gemeinsamen Außen- und Sicherheitspolitik. Eine Mehrheit im Konvent hat zudem durchgesetzt, im Haushaltsverfahren ein Letztentscheidungsrecht für das Europäische Parlament zu verankern (die Bundesregierung war für die Gleichberechtigung von Rat und Europäischem Parlament eingetreten) sowie eine Rechtsgrundlage für die Daseinsvorsorge vorzusehen. Ebenso hatte es die Bundesregierung abgelehnt, der Europäischen Kommission im Defizitverfahren ein Vorschlagsrecht einzuräumen und einen neuen Energieartikel in

---

[299] Eckart Cuntz: Ein ausgewogener Kompromiss: Die Ergebnisse des Konvents aus Sicht der Bundesregierung, in: integration, 4/2003, S. 351-356.

der Verfassung zu verankern."[300] Obwohl diese Anliegen nicht durchgesetzt werden konnten, wurde der Verfassungsentwurf von Seiten der Bundesregierung uneingeschränkt positiv bewertet. „Das Hauptziel der Bundesregierung, mit der Konventsarbeit zu einer demokratischeren, transparenteren und effizienteren Union beizutragen, wurde mit dem vorgelegten Verfassungsentwurf erreicht. Aus Sicht der Bundesregierung ist der vom Verfassungskonvent erarbeitete Entwurf ein ausgewogener Gesamtkompromiss, der den Interessen aller beteiligten Akteure Rechnung trägt und die Handlungsfähigkeit der Union, insbesondere auch nach der Erweiterung, sicherstellt."[301]

Dieser Position schlossen sich auch die deutschen Bundesländer an. Sie hatten die Arbeiten des Konvents im Rahmen der Ministerpräsidenten- und Europaministerkonferenz begleitet und dort ihre Positionen abgestimmt. Zudem hatten sie im Bundesrat am 12. Juli 2002 in einer Entschließung zu wichtigen Konventsthemen ihre Grundsatzpositionen definiert.[302] Mit dieser Entschließung positionierten sich die Länder ausführlich zu allen sie berührenden Themen. Hinsichtlich einzelner Politikfelder nannte der Beschluss eine lange Liste von Bereichen, in denen die Länder ihre politischen Gestaltungsmöglichkeiten vollständig oder substanziell sichern wollten: Agrarpolitik, Asyl- und Einwanderungspolitik, Wettbewerbspolitik, Bildungs- und Jugendpolitik, Gesundheitspolitik, Umweltpolitik, Tourismus und Sport sowie den weiten Bereich der Daseinsvorsorge. Der Beschluss sah aber nicht nur die Sicherung der Zuständigkeiten der Bundesländer vor, sondern forderte auch die Weiterentwicklung der Union. So solle der Konvent einen Verfassungsvertrag ausarbeiten, der die konstitutiven Grundsätze, Institutionen, Entscheidungsverfahren und Zuständigkeiten der Union zusammenführt. Betont wurden die „gegenseitige Treue und Rücksichtnahme von Mitgliedstaaten und Europäischer Union, Achtung der nationalen Identität der Mitgliedstaaten, Solidarität, Bewahrung der kulturellen Vielfalt, der begrenzten Einzelermächtigung, der Subsidiarität und Verhältnismäßigkeit des Handelns". In der Abschlussphase des Konvents begrüßte die Europaministerkonferenz in einer „ersten politischen Bewertung des Verfassungsentwurfs" die Berücksichtigung zentraler Anliegen der deutschen Länder in der Verfassung.[303] Hervorgehoben wurde die Eingliederung der Charta der Grundrechte in die Verfassung als sichtbarer Grundrechtekatalog, der die gemeinsamen europäischen Werte widerspiegelt, sowie die einheitliche Rechtspersönlichkeit der Union und der durch die Verfassung gewährleistete einheitliche Rahmen. Darüber hinaus würdigten die Länder die Bestimmungen der Verfassung, die auf ihre Forderungen zurückgingen. Dies waren unter anderem:
- die Festlegung von drei Kompetenzkategorien (ausschließlich, geteilt, ergänzend) und die Fixierung der Reichweite der Kompetenzen ausschließlich durch Einzelermächtigungen;

---

[300] Ebenda S. 354, 355.
[301] Ebenda, S. 355, 356.
[302] Entschließung des Bundesrates zu den Themen des Konvents zur Zukunft der Europäischen Union, 12.07.2002, Bundesrat-Drucksache 586/02.
[303] Vgl. 36. Europaministerkonferenz der Länder, 18.06.2003, Berlin (www.europaminister.de).

- die Methode der offenen Koordinierung soll nicht als allgemeines Handlungsinstrument im Verfassungsvertrag verankert werden;
- alle Teile des Verfassungsvertrags sollen die gleiche Rechtsqualität behalten, wodurch Vertragsänderungen auch weiterhin ratifikationsbedürftig bleiben;
- der Schutz der regionalen und lokalen Ordnung als Bestandteil der nationalen Identität der Mitgliedstaaten;
- das Klagerecht beider Kammern der nationalen Parlamente bei Verletzungen des Subsidiaritätsprinzips;
- das Frühwarnsystem zur Subsidiaritätskontrolle, das es den nationalen Parlamenten erlaubt, sich gegen konkrete Kompetenzübergriffe der europäischen Ebene zur Wehr zu setzen und
- die Stärkung des Ausschusses der Regionen.

Offen blieben aus Sicht der Länder die Koordinierungszuständigkeit der EU im Bereich der Wirtschaftspolitik, die Sicherung der Mitwirkung von Länderministern im Rat und die eindeutige Ablehnung einer EU-Steuer. Zudem monierten sie den fehlenden Gottesbezug in der Präambel des Verfassungsvertrags. Die Europaminister und nachfolgend, am 26.06.2003, auch die Ministerpräsidenten bestätigten den Erfolg des Konvents, dessen Ergebnis sie als „sehr ausgewogenen Kompromiss" bezeichneten. Dennoch gab es unter den Ländern weiterhin eine kontroverse Diskussion über die Bewertung der Verfassung, die sich in der langen Reihe von Sondervoten einzelner Länder widerspiegelte. Die Europaministerkonferenz konnte sich daher unmittelbar vor Beginn der Regierungskonferenz bei ihrer Konferenz am 2.10.2003 nicht auf eine abschließende Bewertung des Konventsergebnisses verständigen. Stattdessen beschloss der Bundesrat am 17.10.2003, die Bundesregierung aufzufordern, sich auf der Regierungskonferenz für spezifische Anliegen der Länder einzusetzen und zusätzliche Beratungsgegenstände in die Verhandlungen der Regierungskonferenz einzubringen.[304] Dies hatte die Bundesregierung, im Gegensatz zu anderen Regierungen der EU-Mitgliedstaaten, bis zum Ende der Regierungskonferenz stets abgelehnt, um ausdrücklich am Ergebnis des Konvents festzuhalten. Dennoch wollten die Länder das Gesamtprojekt Verfassung nicht durch Nachverhandlungen gefährden. Auf diese Weise pendelten sie zwischen Eigennutz und gesamteuropäischer Verantwortung, ohne sich auf eine gemeinsame Position verständigen zu können. Dennoch, „die deutschen Länder bleiben im Konstitutionalisierungsprozess der Europäischen Union (...) engagierte Mitspieler."[305]

Stellungnahmen deutscher Verbände

Ebenso wie die Verfassungsorgane zogen auch die großen politischen Verbände in Deutschland eine überwiegend positive Bilanz der Konventsarbeit. Der Bundesverband der Deutschen Industrie (BDI) und die Bundesvereinigung der Deutschen Arbeitgeberverbände (BDA) haben den Konvent mit zahlreichen Positionspa-

---

[304] Bundesrat-Drucksache 744/03.
[305] Rudolf Hrbek: Die deutschen Länder und der Verfassungsentwurf des Konvents, in: integration, 4/2003, S. 357-370, hier S. 368.

pieren begleitet und über den europäischen Industrie- und Arbeitgeberverband (UNICE) sowie über den Wirtschafts- und Sozialausschuss (WSA) an seiner Arbeit mitgewirkt. Die deutsche Wirtschaft begrüßte die Einsetzung des Konvents als einen „mutigen und richtigen Schritt", denn mit ihm bestehe „die Chance, ausgewogene und tragfähige Reformvorschläge zu erarbeiten, die über den kleinsten gemeinsamen Nenner nationaler Interessen hinausgehen".[306] Im Vorfeld des Konvents formulierten die beiden Spitzenverbände Erwartungen an den Konvent, die die Bereiche Kompetenzordnung, Mehrheitsentscheidungen, europäische Sozialpolitik, Handlungsfähigkeit der Institutionen, die Struktur des Vertragswerks sowie den Status der Grundrechtecharta betrafen.[307] Die deutsche Wirtschaft setzte sich insbesondere dafür ein, die Rechtsunsicherheiten und Unübersichtlichkeit der europäischen Verträge, die durch die schrittweise Entwicklung der vergangenen Jahrzehnte entstanden sind, zu beseitigen. Dabei müsse es vor allem darauf ankommen, einer schleichenden Kompetenzverlagerung auf die europäische Ebene entgegen zu wirken und die Harmonisierung außerhalb des Kerns des Binnenmarkts zu beenden. Die Spitzenverbände wandten sich gegen „Überregulierung" und „überflüssige Bürokratie" auf europäischer Ebene und einen starren Kompetenzkatalog. In diesem Zusammenhang wurden auch Bedenken dagegen vorgebracht, die Grundrechtecharta ohne Abstriche in das Vertragswerk aufzunehmen, da dadurch Ansprüche begründet werden könnten, die über den eigentlichen Kompetenzbereich der Gemeinschaft hinausgehen. Allgemein sprach sich die Wirtschaft dafür aus, durch notwendige Reformen der Institutionen, beispielsweise durch die Ausweitung von Mehrheitsentscheidungen im Rat, und Beschleunigung der europäischen Gesetzgebung die „Lissabon-Strategie" weiter umzusetzen, durch die die Union bis 2010 zum wettbewerbsfähigsten und dynamischsten Wirtschaftsraum der Welt werden soll. Die Arbeit im Konvent, insbesondere die wirtschaftsrelevanten Arbeitsgruppen, haben BDA und BDI intensiv mit der Vorlage detaillierter weiterer Positionspapiere begleitet. Obwohl nicht alle Forderungen der deutschen Wirtschaft erfüllt wurden, war ihre Bilanz zum Abschluss des Konvents dennoch grundsätzlich positiv. Mit Sorge wurde allerdings die Verlagerung von Kompetenzen in den Bereichen Daseinsvorsorge, Gesundheitspolitik und Energie gesehen. Auch die neu eingeführte Methode der offenen Koordinierung in der Sozialpolitik wurde mit Hinweis auf eine Verletzung des Subsidiaritätsgrundsatzes abgelehnt. Die Bundesregierung wurde daher von den Spitzenverbänden aufgefordert, einige Beschlüsse des Konvents auf der nachfolgenden Regierungskonferenz zu überprüfen.

Auch der Deutsche Gewerkschaftsbund (DGB) begrüßte die Einsetzung des Konvents, für den er im Vorfeld weit reichende Kompetenzen gefordert hatte.[308] So sollte der Konvent selbst über seine Tagesordnung und die Themen, mit denen er sich befassen will, entscheiden. Zudem sollten im Konvent nur die gewählten Abgeordneten der Parlamente Stimmrecht haben, während den Vertretern der nationalen

---

[306] BDA, BDI: Konzepte für die Zukunft Europas. Beitrag der deutschen Wirtschaft zur Reformdebatte in der EU, Berlin, Juni 2002.
[307] BDA, BDI: Kernforderungen der deutschen Wirtschaft für eine handlungs- und wettbewerbsfähige Europäische Union. Positionspapier zur Debatte über die Zukunft Europas, Dezember 2001.
[308] DGB: Zur Organisation der Debatte über die Zukunft Europas. Vorschläge für den EU-Ratsgipfel von Laeken im Dezember 2001, Beschluss des Bundesvorstandes vom 2. Oktober 2001.

Regierungen, der Kommission, des Ausschusses der Regionen sowie des Wirtschafts- und Sozialausschusses und der Sozialpartner nur beobachtende und beratende Funktionen zugestanden werden sollten. Inhaltlich forderte der DGB einen „europäischen Sozialstaat, in dem die Grundrechte seiner Bürgerinnen und Bürger und die sozialen Rechte der Arbeitnehmerinnen und Arbeitnehmer geschützt und der sozialstaatliche Charakter der Mitgliedstaaten bewahrt werden". Nach Beginn der Konventstätigkeit stellte der DGB seine inhaltlichen Forderungen vor.[309] Der DGB begrüßte die Ausarbeitung einer europäischen Verfassung, sprach sich aber gegen die von verschiedenen Instituten ausgearbeitete und von BDA und BDI unterstützte Zweiteilung der Verträge in einen Grundlagenteil und einen Teil mit Einzelbestimmungen. Der DGB befürchtete durch unterschiedliche Änderungs- und Ratifikationsverfahren ein „Europa der unterschiedlichen Geschwindigkeiten" mit der Folge einer Verhinderung der angestrebten wirtschaftlichen und sozialen Kohäsion. In Bezug auf die Grundrechtecharta sprach er sich für eine vollständige Übernahme in die Verfassung ohne weitere Nachverhandlungen aus. Zudem soll das europäische Sozialmodell weiter gestärkt und ausgebaut werden. Dafür sollen Mindestvorschriften zur Angleichung der Arbeits- und Lebensbedingungen ausgearbeitet sowie Arbeitnehmerrechte abgesichert werden. Außerdem sollen soziale Dienstleistungen als Politikziel aufgenommen werden. Hinsichtlich der europäischen Organe orientierte sich der DGB an einer demokratischen und föderalen Union, das über ein Zwei-Kammer-System verfügen sollte. Während die Papiere von BDA und BDI das Europäische Parlament kaum erwähnten und stattdessen auf eine Stärkung der Kontrollmöglichkeiten der nationalen Parlamente setzten, bevorzugte der DGB die Umwandlung des Europäischen Parlaments in eine Bürgerkammer mit Budgethoheit, vollem Mitentscheidungsrecht und das Recht zur Wahl des Kommissionspräsidenten.

In einer ersten Bilanz bewertete der DGB den Konventsentwurf positiv und sprach sich für die Verabschiedung des Konventsentwurfs durch die Regierungskonferenz aus.[310] „Angesichts der zum Teil gravierenden Unterschiede in den Positionen der Mitgliedstaaten ist der Entwurf gelungen und trotz der notwendigen Kompromisse ein Text aus einem Guss." Hervorgehoben wurde insbesondere, dass das Ziel der Vollbeschäftigung, das Bekenntnis zur sozialen Marktwirtschaft und die Charta der Grundrechte aufgenommen worden seien. In der Charta, die Verfassungsrang bekommen wird, sind für den DGB wichtige soziale Rechte, wie beispielsweise das Recht auf Gründung von Gewerkschaften, auf Aushandlung von Tarifverträgen sowie zur Durchführung von Streiks enthalten. Auch die Verankerung der Rolle der Sozialpartner in dem Verfassungsentwurf und die Förderung des sozialen Dialogs unter Achtung der Autonomie der Sozialpartner wurden von den Gewerkschaften begrüßt. Bemängelt wurde, dass den Sozialpartnern kein eigenständiges Klagerecht beim Europäischen Gerichtshof eingeräumt und der Wirtschafts- und Sozialausschuss nicht gestärkt wurde. Zudem wurde eine Aushebelung des Gemeinschaftsrechts und des Initiativrechts der Kommission durch eine verstärkte Anwendung der Methode der Offenen Koordinierung im Bereich der Sozialpolitik befürchtet. Die

---

[309] DGB: Erstes Arbeitspapier des DGB zur Verfassungsdebatte in Europa, 22.04.2002.
[310] DGB: Für eine Europäische Verfassung. Stellungnahme des DGB zur EU-Regierungskonferenz, Beschluss des Geschäftsführenden Bundesvorstandes vom 29.09.2003.

Gewerkschaften setzten hier eher auf die Gemeinschaftsmethode unter Beteiligung des Europäischen Parlaments. Insgesamt zeigte sich der Deutsche Gewerkschaftsbund sehr zufrieden mit dem im Konvent ausgehandelten Ergebnis. Die in der Regierungskonferenz agierenden Staats- und Regierungschefs wurden daher aufgefordert, auf Änderungen am Entwurf zu verzichten, da sie seine „Errungenschaften" in Frage stellten.

Für die deutschen Kommunen äußerte sich der Deutsche Städte- und Gemeindebund (DStGB).[311] Er wies darauf hin, dass die Kommunen gegenüber den Nationalstaaten die ältere Organisationsform in Europa darstellen. Gleichzeitig gewährleisteten sie aufgrund ihrer Bürgernähe die Identifizierung und Partizipation mit dem Staat. Ein „Europa der Bürger" müsse daher die Kommunen mit einbeziehen und ihre Rechte sichern. Der Städte- und Gemeindebund forderte vom Konvent eine Aufnahme des Rechtes der kommunalen Selbstverwaltung in den Verfassungsentwurf in vergleichbarer Weise, wie es die „Charta der kommunalen Selbstverwaltung" des Europarates festgeschrieben hat. Dazu müsse ein eigenes Kapitel formuliert werden, in dem Autonomie und Kompetenzen der Regionen und lokalen Gebietskörperschaften Erwähnung finden. In dieses Kapitel solle auch hinein geschrieben werden, dass die Europäische Union eine Gesetzesfolgenabschätzung vornimmt und die finanzielle Belastung und den entstehenden Verwaltungsaufwand aufgrund ihrer Maßnahmen für die regionale und kommunale Ebene möglichst gering und angemessen hält. Darüber hinaus solle der Ausschuss der Regionen aufgewertet werden, indem ihm organschaftliche Rechte verliehen werden. Der Ausschuss wäre dann an allen Maßnahmen der Union zu beteiligen, die legislative, administrative oder finanzielle Auswirkungen auf die Regionen und Gebietskörperschaften haben, und verfügte über ein eigenes Klagerechts vor dem Europäischen Gerichtshof. Ganz allgemein gelte es zudem, das Subsidiaritätsprinzip weiter zu stärken.

Die kommunalen Spitzenverbände zeigten sich nach Abschluss der Arbeiten im Konvent zufrieden, dass es gelungen ist, erstmals den Begriff der kommunalen Selbstverwaltung in einem EU-Vertrag zu verankern (Art. I-5, Abs. 1). In der Präambel wurde die Achtung der Identität auch auf regionaler und lokaler Ebene festgeschrieben. Darüber hinaus wurden die regionale und kommunale Ebene insofern in die Formulierung des Subsidiaritätsprinzips aufgenommen, als dass die Union nur dann tätig werden soll, wenn das Ziel einer Maßnahme nicht besser auf mitgliedstaatlicher, regionaler oder kommunaler Ebene erreicht werden kann (Art. I-9, Abs. 3). Bei der Gesetzgebung im Rahmen der Union soll ein Gesetzesfolgenabschätzungsverfahren im Hinblick auf die regionale und kommunale Ebene durchgeführt werden. Zudem wurde der Ausschuss der Regionen gestärkt und, wie gefordert, mit einem Klagerecht bei vermuteter Verletzung des Subsidiaritätsprinzips ausgestattet. Somit wurden die wichtigsten Anliegen der kommunalen Spitzenverbände in Deutschland im Konventsentwurf berücksichtigt, die sich sehr befriedigt über die Arbeit des Konvents äußerten. „Insgesamt sind die Kommunen und Regionen schon aus der bloßen Konventsdebatte im Konvent als Gewinner hervorgegan-

---

[311] Vgl. die Papiere „Positionen der deutschen und kommunalen Spitzenverbände zu einem europäischen Verfassungsvertrag" und „Starke Gemeinden als Fundament eines gemeinsamen Europas", abrufbar unter der Homepage des Deutschen Städte- und Gemeindebundes (www.dstgb.de).

gen. (...) Niemals zuvor hatten sich die Kommunen und die kommunalen Spitzenverbände derart intensiv und erfolgreich an einer grundlegenden Diskussion in Brüssel und der Europäischen Union beteiligt. Und niemals zuvor waren die Sensibilität und das Bewusstsein um die kommunalen Belange in den europäischen Organen (...) so groß wie heute."[312]

Der Konvent als deliberatives Modell

Die Ergebnisse des Konvents wurden sowohl von politischer Seite als auch von den Verbänden in Deutschland überwiegend positiv beurteilt. Doch wie sieht es mit der Bewertung der Konventsmethode aus? Welchen „Mehrwert" bringt die Konventsmethode für die europäische Integration und die Unionsbürger? Hat sich der Aufwand der Einsetzung eines Konvents gelohnt? Hier fallen die Antworten differenzierter aus. Europafreundliche Einschätzungen vermuten im Konvent die Entstehung von Deliberationsprozessen.[313] Als Deliberation werden allgemein Interaktions- und Kommunikationsprozesse in demokratischen Gesellschaften bezeichnet, bei denen es um freie öffentliche Meinungs- und Willensbildung aller über Fragen des öffentlichen Interesses geht. Demokratie ist dabei „als eine Organisationsform kollektiver und öffentlicher Machtausübung in den wichtigsten Institutionen einer Gesellschaft zu verstehen, und zwar auf der Grundlage des Prinzips, dass Entscheidungen, die das Wohlergehen einer Gemeinschaft betreffen, als das Ergebnis einer freien und vernünftigen Abwägung unter Individuen gesehen werden können, die als moralisch und politisch Gleiche betrachtet werden."[314] Voraussetzungen für Deliberation im öffentlichen Raum sind die moralische und politische, nicht jedoch soziale Gleichheit der Bürger, ein gemeinsames Fundament an Werten, Normen und Grundüberzeugungen sowie die Anerkennung von kollektiven Regeln, Verfahren und Praktiken, die die „Spielregeln" öffentlicher Auseinandersetzung bilden. Auf Grund dieser strukturellen Rahmenbedingungen sollte sich Deliberation einstellen. „Legitimität und Rationalität können dem deliberativen Modell zufolge in Bezug auf einen kollektiven Entscheidungsfindungsprozess dann und nur dann erreicht werden, wenn die Institutionen dieses Gemeinwesens und ihre ineinandergreifenden Beziehungen so angeordnet sind, dass das, was als Gemeinwohl aufgefasst wird, sich aus einem rational und fair geführten Prozess der kollektiven Deliberation unter freien und gleichen Individuen ergibt."[315] Resultat des Deliberationsprozesses ist eine allgemein akzeptierte Definition des Gemeinwohls sowie die Legitimation im Sinne einer Unterstützung der demokratischen, Deliberation ermöglichenden Institutionen sowie des Deliberationsergebnisses selbst.

---

[312] Gerd Landsberg; Uwe Zimmermann: Eine Verfassung für Europa. Entwicklung der Europäischen Union an einem Wendepunkt, in: Stadt und Gemeinde Magazin, Nr. 1-2, 2004, S. 3.
[313] Vgl. Andreas Maurer: Die Methode des Konvents – ein Modell deliberativer Demokratie?, in: integration, 2/2003, S. 130-140.
[314] Seyla Benhabib: Ein deliberatives Modell demokratischer Legitimität, in: Deutsche Zeitschrift für Philosophie, 43, 1995, S. 3-39.
[315] Ebenda, S. 9.

16 Bewertungen der Konventsergebnisse aus deutscher Sicht

Unterstellt wurde nun, dass Deliberation auch unter den Teilnehmern im Konvent, und hier insbesondere in den Arbeitsgruppen der zweiten Phase, stattgefunden hat.[316] Hier lagen der Entscheidungsfindung allgemein akzeptierte, nachvollziehbare und rationale Kriterien zugrunde; die Argumente waren sachlich fundiert und inhaltlich konsistent. Das Ergebnis der Beratungen wurde vor allem von der größeren Überzeugungskraft der Argumente beeinflusst und nicht durch die Machtstellung des Argumentierenden; die zwanglose Kraft des besseren Arguments wog mehr als die aus der jeweiligen Position hergeleitete Macht. Hier wurden echte Kompromisse ausgehandelt, die von allen aktiv mitgetragen und nicht nur passiv akzeptiert wurden. Aus dieser Diagnose wurde abgeleitet, dass im Konvent insgesamt ein freier, fairer und vernünftiger Abwägungsprozess stattgefunden habe, der wichtige Kriterien des idealtypischen Modells der Deliberation erfüllt. Allerdings können zwei Einwände gegen diese Ansicht vorgebracht werden, ein inhaltlicher und ein formaler Einwand. Inhaltlich sollen laut Theorie am Ende des Deliberationsprozesses eine allgemein akzeptierte Definition des Gemeinwohls stehen sowie verbindliche Handlungsoptionen aufgezeigt werden. Konkrete Handlungsalternativen für die Zukunft zeigt der vom Konvent vorgelegte Entwurf zweifellos auf, aber es erscheint fraglich, ob das Konventsergebnis tatsächlich allgemein akzeptiert ist. Die fehlende Schlussabstimmung im Plenum sowie die Ablehnung in einigen Mitgliedstaaten machen deutlich, dass bis zuletzt Kontroversen über den Entwurf bestanden. Wenn es aber nicht zu einem allgemein akzeptierten Ergebnis durch die Konventsarbeit gekommen ist, dann heißt dies, dass der Aushandlungsprozess unterbrochen wurde, um unter dem Druck der knappen Zeitvorgabe überhaupt ein Ergebnis vorlegen zu können. Dieser Entwurf ist vor allem Ausdruck dessen, was politisch machbar war in Europa und was die besten Chancen versprach, von den Mitgliedstaaten akzeptiert zu werden. Zudem ist zweifelhaft, ob dieser Entwurf dem „europäischen Gemeinwohl" näher kommt, als die vorangegangenen, intergouvernemental ausgehandelten Entwürfe. Der Verfassungsentwurf ist, wie alle anderen europäischen Texte auch, letztlich ein Kompromiss, der nicht nur weniger an Rationalität und Sinnhaftigkeit, sondern vor allem anderen an dem durch die noch immer maßgeblichen Nationalstaaten Zugestandenen orientiert ist.

Der formale Einwand lautet, dass der vorangegangene Diskussions- und Aushandlungsprozess nicht ohne Mängel war, da die unterstellte Gleichheit der Konventsteilnehmer fiktiv war. So waren die Beitrittskandidaten nicht stimmberechtigt und zunächst auch nicht im wichtigen Präsidium vertreten. Auch politische Macht, kristallisiert in der Position des Redners, verlieh bestimmten Äußerungen mehr Aufmerksamkeit, Durchsetzungsfähigkeit und Einfluss gegenüber „machtloseren" Teilnehmern. So bestimmten vor allem die „Großen" in der Union die Richtung des Konvents, assistiert von einigen kleinen Mitgliedstaaten. Die deutsch-französischen Vorschläge erwiesen sich als einflussreich für den Fortgang der Verhandlungen, und auch die britischen Vorstellungen wurden viel beachtet. Darüber hinaus fühlten sich viele Teilnehmer nicht frei in ihren Äußerungen, sondern waren gebunden an Vorgaben ihrer Regierung, ihrer Partei oder ihrer Klientel. So begannen viele Redner im

---

[316] Vgl. Daniel Göler; Hartmut Marhold: Die Konventsmethode, in: integration, 4/2003, S. 317-330. Vgl. auch Kapitel 10: Die Ergebnisse der Arbeitsgruppen.

Plenum ihren Beitrag mit den Worten „Meine Regierung ist der Auffassung, dass..."; und als der Vertreter des Deutschen Bundesrats, Ministerpräsident Erwin Teufel, auf einer der ersten Konventssitzungen einen Kompetenzkatalog für die EU forderte, löste diese mit den übrigen Bundesländern nicht im Vorhinein abgestimmte Forderung nicht unbeträchtliche Aufregung in den Staatskanzleien der Länder aus. Auch die überaus starke Stellung des Präsidiums war für freie Deliberation ungeeignet. Berichte aus dem Inneren des Präsidiums zeigen, dass es sich keinesfalls als Sekretariat und Vermittlungsinstanz für das Plenum verstand, sondern vielmehr als eigenständig agierender Akteur zwischen Konvent und Europäischem Rat.[317] In dieser Rolle machte er dem Konventsplenum strikte Arbeitsvorgaben und wies auch vereinzelt Forderungen und Eingaben des Plenums zurück, auch wenn diese dort eine Mehrheit gefunden hatten. Offene Deliberation mag es in den Arbeitsgruppen und vielleicht noch während einiger Plenumssitzungen gegeben haben, ihre Ergebnisse wurden jedoch vom Präsidium bewertet und erst nach dieser Prüfung übernommen oder abgelehnt. Dieses Vorgehen des Präsidiums war jedenfalls kein Beweis einer methodisch reinen Umsetzung der Deliberationstheorie in die Praxis.

Der keinesfalls europaskeptische, aber stets aufmerksame und kritische Premierminister Luxemburgs, Jean-Claude Juncker, machte seinem Ärger über die Verfahrensweise des Präsidiums gerade in der Schlussphase des Konvents kurz nach der Fertigstellung der Verfassung Luft. Noch nie habe er „eine derartige Untransparenz, eine völlig undurchsichtige, sich dem demokratischen Wettbewerb der Ideen im Vorfeld der Formulierung entziehende Veranstaltung erlebt". Angekündigt als „große Demokratie-Show", habe es noch keine „dunklere Dunkelkammer" gegeben. Er zeigte sich „tief enttäuscht über die Arbeitsweise des Konvents" und das Verhalten des Präsidiums, das in letzter Minute vor Abschluss der Arbeiten noch Artikel und Formulierungen in den Entwurf aufnahm, die mit niemandem mehr abgesprochen, geschweige denn ausführlich diskutiert werden konnten. Der Vorsitzende Giscard d'Estaing habe, anstatt Konsensfähiges vorzuschlagen, den Dissens provoziert und dürfe sich daher „nicht für seine große Staatskunst feiern lassen".[318]

Als gravierendstes Problem aber sollte sich die gesamte „Konventsmethode" erweisen. Diese bestand nicht nur aus dem Konvent selber, sondern war eingebettet in eine Serie von Verhandlungen der Staats- und Regierungschefs im Europäischen Rat. Der Rat gab das Mandat für den Konvent, legte Zusammensetzung und Arbeitsweise fest und behielt sich vor, auf einer anschließenden Regierungskonferenz über den vom Konvent vorgelegten Entwurf zu urteilen. Das Scheitern der Regierungskonferenz im ersten Anlauf war ein Affront gegen die Arbeit der Konventsteilnehmer, die sich in monatelangen Diskussionen auch persönlich eingebracht und den Konvent zu einem erfolgreichen Abschluss gebracht haben. Zwar sehen die bestehenden Verträge vor, dass auf europäischer Ebene nur die Staats- und Regierungschefs die Verfassung ratifizieren können (Art. 48 EUV), aber womöglich wäre ein „wirklicher Verfassungskonvent", dessen Ergebnis dann vom Europäischen Rat ohne Änderungen übernommen worden wäre, erfolgreicher gewesen. Die Arbeiten im Konvent hätten sich dann durchaus über einige Jahre hinziehen können. Europa

---

[317] Vgl. Klaus Hänsch: Der Konvent – unkonventionell, in: integration, 4/2003, S. 331-337.
[318] Jean-Claude Juncker, in: Der Spiegel, Nr. 25, 2003, S. 46-48.

hat für seine Integration immer schon viel Zeit gebraucht, daher war es eigentlich unnötig, dem Konvent, wenn man ihn als wirkliche verfassungsgebende Versammlung verstehen wollte, einen so knapp bemessenen Zeitrahmen vorzugeben. So wurde er schließlich genötigt, den Europäischen Rat um eine Verlängerung zu bitten. Ob längere Beratungen jedoch zu einem besseren oder zu einem für die Staats- und Regierungschefs akzeptableren Ergebnis geführt hätten, muss dahin gestellt bleiben. Aber wenn der Entwurf, wie der Vorsitzende selbst sagte, eigentlich 50 Jahre halten solle, dann hätte es bei der Ausarbeitung dieses Langzeitprojekts keine Eile geben müssen. Dennoch, bei aller Kritik, ist die Arbeit des Konvents letztlich von einem unerwarteten, zu Beginn nicht absehbaren Erfolg gekrönt worden. Es ist ihm gelungen, einen kohärenten Text für die Neuorganisation der Union im 21. Jahrhundert vorzulegen, der die größten Hindernisse beseitigt und die Gemeinschaft auf die weitere Aufnahme neuer Länder vorbereitet. Dieses Ergebnis war keine Selbstverständlichkeit und Beweis für die noch immer vitale, schöpferische Kraft des alten Kontinents.

TEIL VI

Nach dem Konvent

17 Die Regierungskonferenz – der erste Anlauf

Die Teile I und II des Verfassungsvertrags wurden vom Konvent bereits am 13. Juni 2003 verabschiedet und am 20. Juni 2003 von Valéry Giscard d'Estaing dem Europäischen Rat in Thessaloniki übergeben. Der Europäische Rat bezeichnete den Entwurf als „eine gute Ausgangsbasis für den Beginn der Regierungskonferenz", die im Oktober 2003 einberufen werden sollte. Zugleich beauftragten die Staats- und Regierungschefs den Konvent, die Arbeiten zu Teil III, der noch einiger rein technischer Arbeiten bedürfe, bis zum 15. Juli 2003 abzuschließen. Präsident Giscard d'Estaing übergab diese Teile des Entwurfs am 18. Juli 2003 dem italienischen Ratspräsidenten Silvio Berlusconi. Damit hatte der Konvent seine Arbeit endgültig abgeschlossen und das weitere Schicksal der Europäischen Verfassung in die Hände der Regierungen der Mitgliedstaaten gelegt.

Die Vorbereitung

Bereits in Thessaloniki und damit bereits vor dem endgültigen Abschluss der Konventsarbeit begann die Phase der Vorbereitung der Regierungskonferenz. Die Staats- und Regierungschefs vereinbarten, dass die Regierungskonferenz im Oktober 2003 einberufen werden und so bald wie möglich ihre Arbeiten abschließen solle, „so dass genügend Zeit bleibt, damit sich die europäischen Bürger vor den Wahlen zum Europäischen Parlament im Juni 2004 mit der Verfassung vertraut machen können."[319] Es wurde also eine Unterzeichnung des Vertrages im Mai 2004 angestrebt und damit implizit festgelegt, dass die Verhandlungen im Dezember 2003 oder spätestens im Januar/Februar 2004 abgeschlossen werden sollten. Erstmals sollte eine Regierungskonferenz alleine auf der Ebene der Staats- und Regierungschefs mit Unterstützung der Mitglieder des Rats Allgemeine Angelegenheiten und Außenbeziehungen durchgeführt werden.

Die Bundesregierung hatte sich bereits vor dem Gipfel von Thessaloniki für diesen veränderten Modus der Regierungskonferenz eingesetzt und gefordert, die Teilnehmer auf die Regierungschefs und die Außenminister zu beschränken. Eine Vorbereitung der Verhandlungen der Regierungskonferenz durch die Arbeitsgremien des Ministerrats sollte ausgeschlossen bleiben, um den Gesamtkompromiss des Konvents nicht in kleinteiligen Fachdebatten zu zerreden. Mit dieser Forderung konnte sich die Bundesregierung in Thessaloniki durchsetzen. Allerdings wurden bereits bei dem Treffen des Rats Allgemeine Angelegenheiten am 21. Juli 2003 erneut Forderungen derjenigen Mitgliedstaaten, die auch eine vertiefte Prüfung des

---

[319] Schlussfolgerungen des Europäischen Rats von Thessaloniki, 19./20. Juni 2003, Ziffer 4.

Konventsergebnisses gefordert hatten, laut, zur Vorbereitung der Treffen der Regierungschefs eine Arbeits- oder Expertengruppe einzuberufen.

In Thessaloniki wurde darüber hinaus bereits erste grundlegende Weichenstellungen zu Mandat, Zusammensetzung und Zeitplan der Regierungskonferenz vorgenommen. Eigentlicher Hintergrund dieser Debatte war die grundlegende Frage, ob die Regierungskonferenz das Konventsergebnis umfassend und en détail prüfen und gegebenenfalls nachverhandeln sollte, d.h. ob das Kompromisspaket des Konvents wieder aufgeschnürt werden konnte. Bei diesen Verhandlungen über das weitere Verfahren und den Rahmen, in dem die Regierungskonferenz verlaufen sollte, wurde also der Bindungsgrad des Konventsergebnisses zur entscheidenden Frage. Um die politische Bewertung der Teile I und II des Konventsentwurfs durch den Europäischen Rat war bereits im Vorfeld des Treffens von Thessaloniki heftig gerungen worden, wurde doch mit dieser Formulierung bereits eine Vorfestlegung zur politischen Bindungswirkung des Konventsergebnisses getroffen. Die Europäische Kommission sowie einzelne Mitgliedstaaten (Österreich, Spanien, Irland, Finnland, Schweden, Großbritannien, Estland und Portugal) sprachen sich dafür aus, der Regierungskonferenz zumindest die Möglichkeit zu geben, Teile des Konventsvorschlages zu überarbeiten, und hatten angekündigt, eigene Forderungen vorzulegen. Diese Debatte wurde auch nach dem endgültigen Abschluss der Arbeiten im Konvent, zunächst beim informellen Treffen der Außenminister Anfang September in Riva del Garda am Gardasee, fortgesetzt. So wurden schon unmittelbar nach Abschluss des Konvents und vor Beginn der Regierungskonferenz umfangreiche Positionspapiere und zum Teil konkrete Forderungskataloge von einigen Regierungen vorgelegt.[320] Im Gegensatz dazu hatte insbesondere die Bundesregierung frühzeitig erklärt, dass ein „Aufschnüren" des Konventsergebnisses vermieden werden solle.

Auch der Zeitplan der Regierungskonferenz war bereits vor dem Gipfel von Thessaloniki heftig umstritten. Diejenigen Staaten, die eine inhaltliche Korrektur einzelner Punkte des Konventsergebnisses anstrebten, sprachen sich dafür aus, nicht dem Zeitplan, sondern der Qualität der Arbeiten den Vorrang einzuräumen. Heftige Kritik wurde auch an den Überlegungen des italienischen Vorsitzes laut, den in Thessaloniki vereinbarten Beginn der Regierungskonferenz vom 15. Oktober 2003 auf den 4. Oktober 2003 vorzuziehen. Bereits vor dem endgültigen Abschluss der Arbeiten im Konvent versuchten also die Regierungen ihre Ausgangspositionen für die Verhandlungen abzustecken.

Im Konvent selbst wurde mit Blick auf diese Debatte zwischen den Regierungen der Mitgliedstaaten noch während der letzten Plenartagungen im Juli 2003 gefordert, genau zu beobachten, wie die Regierungskonferenz mit dem Ergebnis des Konvents umgehe. Insbesondere aus der Gruppe der nationalen Parlamentarier wurde die fehlende direkte Beteiligung der nationalen Parlamente in der Regierungskonferenz kritisiert. Auch aus der Gruppe der Europaparlamentarier wurde gefordert, dass der Konvent die Regierungskonferenz begleiten solle. Präsident Giscard nahm in seiner abschließenden Rede vor dem Konvent diese Anregung auf und schlug

---

[320] So zum Beispiel das Weißbuch der britischen Regierung „A Constitutional Treaty for the EU" vom 9. September 2003.

monatliche informelle Treffen der Konventsmitglieder vor. Dieser Vorschlag wurde schließlich nicht aufgenommen, dennoch brachte sich der Vorsitzende und seine beiden Stellvertreter mit eigenen Positionspapieren in die Verhandlungen der Regierungskonferenz ein. Und unmittelbar vor dem entscheidenden Gipfel der Staats- und Regierungschefs am 12./13. Dezember 2003 in Brüssel trafen sich die Mitglieder des Konvents am 5. Dezember nochmals, um der Regierungskonferenz ein Signal zu geben, das Konventsergebnis nicht zu ignorieren.

Der Verlauf der Regierungskonferenz

Nach der formellen Einleitung des Verfahrens zur Einberufung einer Regierungskonferenz[321] am 1. Juli 2003 gemäß Artikel 48 EU-Vertrag, hatten die Europäische Kommission am 17. September, der Rat am 22. September, das Europäische Parlament am 24. September und die Europäische Zentralbank am 19. September ihre obligatorischen Stellungnahmen zur Einberufung einer Regierungskonferenz vorgelegt.[322]

Insbesondere die Stellungnahme der Europäischen Kommission sorgte für Verwunderung und Aufmerksamkeit. Die Kommission begrüßte das Ergebnis des Konvents grundsätzlich; zugleich mahnte sie aber Nachbesserungen durch die Regierungskonferenz an, „ohne das Gesamtgleichgewicht des Verfassungsentwurfs in Frage [zu] stellen und nicht erneut über Fragen [zu] diskutieren, die der Konvent bereits eingehend geprüft und zu denen er einen Konsens erzielt hat." Insbesondere sprach sich die Kommission gegen eine Verkleinerung des Kollegiums aus. Zur Stärkung ihrer Legitimität und Effizienz müsse am Grundsatz «Ein Kommissar je Mitgliedstaat» festgehalten werden. Weitere Forderungen der Kommission waren die Ausweitung der Abstimmungen mit qualifizierter Mehrheit, zusätzliche Rechte für die Kommission im Bereich der Wirtschaftspolitik, ein Verfahren zur erleichterten Vertragsänderungen und eine redaktionelle Überarbeitung von Teil III des Verfassungsentwurfs. In ihrer Stellungnahme sprachen sich die Abgeordneten des Europäischen Parlaments mit großer Mehrheit grundsätzlich für die Übernahme des Verfassungsentwurfs aus. Ausdrücklich begrüßt wurde die Aufnahme der Charta der Grundrechte als integraler und rechtsverbindlicher Bestandteil der Verfassung. Kei-

---

[321] Wie von der italienischen Präsidentschaft zugesagt, sollte diese Regierungskonferenz ebenso wie der Konvent für die Bürgerinnen und Bürger transparent und nachvollziehbar sein. Deshalb wurde eine eigene Internet-Seite [http://ue.eu.int/igc] eingerichtet, auf der alle Dokumente der Regierungskonferenz eingestellt wurden, wenn auch für einzelne Dokumente mit Zeitverzug.

[322] Mitteilung der Kommission. Eine Verfassung für die Union. Stellungnahme der Kommission gemäß Artikel 48 des Vertrages über die Europäische Union zum Zusammentritt einer Konferenz von Vertretern der Regierungen der Mitgliedstaaten im Hinblick auf eine Änderung der Verträge. KOM (2003)548, vom 17. September 2003; Entschließung des Europäischen Parlaments zu dem Entwurf eines Vertrags über eine Verfassung für Europa und Stellungnahme des Europäischen Parlaments zur Einberufung der Regierungskonferenz vom 24. September 2003; Stellungnahme der Europäischen Zentralbank vom 19. September 2003 auf Ersuchen des Rates der Europäischen Union zum Entwurf eines Vertrags über eine Verfassung, Amtsblatt 2003/C 229/04; Stellungnahme des Rates zugunsten des Zusammentritts einer Regierungskonferenz nach Artikel 48 EUV vom 26. September 2003. Diese Mitteilungen wurden auch auf der eigens eingerichteten Web-Site der Regierungskonferenz eingestellt.

ne Mehrheit fand ein Änderungsantrag der EVP-Fraktion, wonach ein Bezug auf jüdisch-christliche Wurzeln der EU in die Präambel aufgenommen werden sollte.

Nach langen und zähen Verhandlungen konnten sich die Regierungen schließlich im September 2003 auf einen sehr dicht gedrängten Zeitplan für die Regierungskonferenz verständigen. Der italienische Staatspräsidenten Berlusconi eröffnete die Konferenz am 4. Oktober 2003 in Rom. Insgesamt sah die italienische Präsidentschaft drei Treffen der Staats- und Regierungschefs vor: am 4. Oktober zur Eröffnung, am 16./17. Oktober am Rande des Treffens des Europäischen Rats und am 12./13. Dezember zum Abschluss der Regierungskonferenz. Diese Begegnungen wurden von drei formellen sowie zwei informelle Sitzungen der Außenminister vorbereitet, von denen insbesondere das so genannte „Konklave" der Außenminister am 28./29. November 2003 in Neapel von besonderer Bedeutung war. Die Regierungskonferenz sollte zwar nicht über eine eigene Arbeitsebene verfügen und die Verhandlungen sollten nur auf der politischen Ebene der Staats- und Regierungschefs sowie der Außenminister stattfinden. Dennoch wurden in allen Hauptstädten so genannte „focal points" benannt, die als Ansprechpartner und Koordinatoren die Verhandlungsrunden vorbereiteten. Die beitretenden Staaten wurden gleichberechtigt mit den Mitgliedstaaten und ohne Einschränkungen in die Regierungskonferenz einbezogen.

Eine besondere Rolle kam der „Gruppe der Rechtsexperten" zur rechtsförmlichen Überprüfung des Verfassungsentwurfs zu. Diese Gruppe tagte auf der Grundlage eines Mandats unter dem Vorsitz des Generaldirektors des Juristischen Dienstes des Rates, Jean-Claude Piris, insgesamt 15 Mal, um rechtliche Aspekte des Entwurfs zu prüfen. Piris versuchte ebenso wie der italienische Vorsitz politische Fragen aus den rechtstechnischen Verhandlungen dieser Gruppe konsequent auszuklammern. Die Expertengruppe diskutierte rechtliche Verbesserungen des Konventsentwurfs, wie die vom Konvent nicht gelöste Frage der Fortgeltung der den europäischen Verträgen beigefügten Protokolle und Erklärungen. Einzelne Änderungen, die über rein technische Anpassungen hinausgingen, aber die Zustimmung aller Delegationen fanden, betrafen z.B. die Regelungen zur Zusammensetzung des Rates (Art. I-23 des Konventsentwurfs) sowie einzelnen Bestimmungen zur Kommission und dem Europäischen Außenminister und der Gemeinsamen Sicherheits- und Verteidigungspolitik. Die Gruppe legte der Regierungskonferenz am 25. November 2003 einen Bericht vor, in dem die vorgeschlagenen Abänderungen am Entwurf des Konvents kenntlich gemacht wurden.

Die EU-Außenminister hatten bereits Anfang September in Riva del Garda beschlossen, die politischen Fragen, über die die Regierungskonferenz beraten sollte zu verdichten und sich auf eine Liste von acht Themenbereichen verständigt. Diese Liste umfasste die Bereiche:
1. Rolle des Legislativrats,
2. Frage der rotierenden Präsidentschaften des Rats,
3. Aufgabenbeschreibung des Europäischen Außenministers,
4. Ausgestaltung der europäischen Verteidigungspolitik und der strukturierten Zusammenarbeit,
5. Größe und Zusammensetzung der Europäischen Kommission,

6. Ausweitung von Abstimmungen mit qualifizierter Mehrheit,
7. Einführung eines Systems der doppelten Mehrheit sowie
8. Erleichterung von Vertragsänderungsmöglichkeiten und sonstige Themen.

Diese Themenliste entsprach dem Diskussionsstand, der sich bereits in der letzten Phase der Verhandlungen im Konvent und vor Beginn der Regierungskonferenz abgezeichnet hatte und der von einem großen Unbehagen der kleineren Mitgliedstaaten gekennzeichnet war. So hatten sich die Außenminister von 17 zumeist kleinen Mitgliedstaaten bereits im Spätsommer 2003 mehrmals getroffen und gemeinsam gefordert, die Regierungskonferenz solle inhaltlich über wichtige Punkte verhandeln. Sie anerkannten zwar den Konventstext als gute Arbeitsgrundlage, sie wollen aber nicht „bloß abnicken", was dort für gut befunden worden war. Diese Gruppe, die auch als „like-minded"-Gruppe bezeichnet wurde, positionierte sich bei ihrem Treffen am 1. September in Prag insbesondere zu institutionellen Fragen. Dabei vertraten die zumeist kleinen Mitgliedstaaten ausgesprochen integrationsfreundliche Positionen. Insgesamt 17 Mitgliedstaaten und die Kommission lehnten schließlich den Vorschlag des Konvents ab, die Kommission zu verkleinern und ab 2009 zwischen stimmberechtigten und nicht-stimmberechtigten Kommissaren zu unterscheiden (Artikel I-25, 3 des Verfassungsentwurfs). Diese klare Mehrheit der Mitgliedstaaten wollte an dem Prinzip „ein Kommissar je Mitgliedstaat" festhalten. Österreich, als ein Wortführer der Gruppe, forderte darüber hinaus, einzelne Fragen von besonderer Bedeutung aus Teil III des Verfassungsvertrags anzusprechen und die Regierungskonferenz nicht alleine auf institutionelle Fragen zu begrenzen. Eine pointierte Haltung nahm Spanien gemeinsam mit Polen zu einer Einzelfrage ein. Beide hatten sich frühzeitig gegen das neue System der doppelten Mehrheit bei Abstimmungen mit qualifizierter Mehrheit im Rat - 50% der Mitgliedstaaten und 60 % der Bevölkerung - ausgesprochen und forderten stattdessen die Rückkehr zur Stimmengewichtung von Nizza ein. Dort hatten Spanien und Polen mit jeweils 27 Stimmen im Rat fast genauso viele Stimmen, wie der größte Mitgliedstaat Deutschland mit 29 Stimmen bei doppelter Einwohnerzahl.

Zu den definierten Themenblöcken leitete die italienische Präsidentschaft den Mitgliedstaaten sukzessive Fragebögen zu, die die Diskussion strukturieren sollten und deren Beantwortung es dem Vorsitz erleichterte, mögliche Kompromisslinien zu erkennen. Nicht zuletzt auf starken Druck der österreichischen und finnischen Delegationen räumte der Vorsitz dann auch allen Mitgliedstaaten die Möglichkeit ein, bis zum 20. Oktober 2003 der italienischen Präsidentschaft weitere Fragen vorzulegen, über die die Regierungskonferenz verhandeln sollte. Diese Themen sollten nicht die EU-Institutionen betreffen, sondern nur Fragen aus Teil III des Verfassungsvertrags enthalten. So rückten neben den institutionellen Fragen, wie die Größe und Zusammensetzung der Kommission, der Abstimmungsmodus im Rat, die Sitzverteilung im Europäischen Parlament, im Verlauf der Verhandlungen auch zunehmend andere Themen in den Vordergrund. So zum Beispiel

- die Ausweitung von Abstimmungen mit qualifizierter Mehrheit auf weitere Politikfelder, wie die Steuerpolitik, die Außen- und Sicherheitspolitik oder die Innen- und Justizpolitik,
- die Aufgabe und Bezeichnung des EU-Außenministers,

- die weiteren Integrationsschritte im Bereich der europäischen Verteidigungspolitik und die Möglichkeiten einer Gruppe von Staaten, in diesem Bereich voranzuschreiten (strukturierte Zusammenarbeit),
- der Gottesbezug in der Präambel der Verfassung und
- die Integration der EU-Grundrechtecharta in die Verfassung.

1. Verhandlungsrunde am 4. Oktober 2003 – Auftakt und Eröffnung

Die EU-Mitgliedstaaten hatten am 4. Oktober 2003 mit der Eröffnung der Regierungskonferenz die entscheidende Phase in den Verhandlungen über eine europäische Verfassung eingeleitet. Beim ersten Treffen der Staats- und Regierungschefs konnten die Differenzen zwischen den Mitgliedstaaten, die sich unmittelbar nach Abschluss der Arbeiten im Konvent und vor Beginn der Regierungskonferenz abgezeichnet hatten, nicht ausgeräumt werden. Die Regierungschefs verabschiedeten deshalb nur eine sehr allgemein gehaltene „Erklärung von Rom", in der sie den Entwurf des Konvents „als eine gute Basis für die Aufnahme der Arbeit der Regierungskonferenz" bewerteten. Die ersten Verhandlungsschritte überließen die Staats- und Regierungschefs ihren Außenministern. In einer ersten Verhandlungsrunde am Nachmittag des 4. Oktober trafen die Außenminister auch bereits eine erste vom Konventsvorschlag abweichende Entscheidung. Der Vorschlag des Konvents, einen gesonderten, öffentlich tagenden Legislativrat zu schaffen (Art. I-23 des Verfassungsentwurfs zum Rat „Allgemeine Angelegenheiten und Gesetzgebung"), sollte nicht weiter verfolgt werden. Die einzelnen Fachräte sollten - wenn legislativ entschieden werde – allerdings öffentlich tagen.

Bereits mit dieser Entscheidung wurde das Kompromisspaket des Konvents, wenn auch im Konsens aller 28 Verhandlungspartner, de facto aufgeschnürt. Entgegen den Zielen und Forderungen insbesondere der Bundesregierung zeichnete sich bereits in der ersten Verhandlungsrunde ab, dass auch diese Regierungskonferenz den bekannten Formen und Ritualen europäischer Verhandlungsdiplomatie folgen würde. Danach galt der Grundsatz, nichts gilt als vereinbart, bis nicht über alle Punkte Konsens erzielt wurde. Für die Regierungskonferenz bedeutete dies, dass das Verhandlungspaket ausreichend Verhandlungsmaterial als Manövriermasse zur Konsensbildung beinhalten musste und dass eine endgültige Verständigung erst bei dem abschließenden Gipfeltreffen im Dezember zu erwarten sein würde.

2. Verhandlungsrunde der Außenminister am 13. Oktober 2003

Im Mittelpunkt der 2. Verhandlungsrunde standen die Größe und die Zusammensetzung der Kommission sowie die Ausgestaltung des Amtes des Europäischen Außenministers. Die Vertreter von insgesamt 17 Mitgliedstaaten und der Kommission hielten dabei an ihrer bekannten Position fest, dass auch weiterhin jeder Mitgliedstaat einen Kommissar mit gleichem Status in die Kommission entsenden solle. Auch der Vorschlag des Konvents die Kommissare aus einer Dreierkandidatenliste durch den gewählten Kommissionspräsidenten auswählen zu lassen (Art. I-26,2 des Verfassungsentwurfs), fand nur wenig Unterstützung bei den Delegationen. Für die Bundesregierung plädierte Außenminister Fischer dafür, generell nur das in der Verfassung zu regeln, was verfassungswürdig sei, und Fragen der Ausgestaltung im Sekundärrecht oder in Geschäftsordnungen zu regeln. Dies gelte insbesondere in Bezug auf Stimmrecht und Stellung der Kommissare. Fischer sprach sich wie der Konvent für eine verkleinerte Kommission aus. Er wies auf den Kompromiss von Nizza hin, bei dem die großen Mitgliedstaaten als Vorleistung auf ihren zweiten Kommissar verzichtet hatten, um eine kleinere und effizientere Kommission zu erhalten. Wenn nun dennoch an einer großen Kommission festgehalten werde, stelle sich die Frage, warum dann nicht die großen Mitgliedstaaten weiterhin ihren zweiten Kommissar behalten sollten. Im Zusammenhang mit der Schaffung des Europäischen Außenministers wurden insbesondere Einzelfragen, wie zum Beispiel das Stimmrecht in der Kommission oder die Bezeichnung des Europäischen Außenministers, kontrovers diskutiert.

3. Verhandlungsrunde des Europäischen Rats am 16./17. Oktober 2003

Diese Verhandlungsrunde fand am Rande der regulären Tagung des Europäischen Rats am 16. Oktober 2003 in Brüssel statt. Die Regierungschefs konzentrierten sich dabei auf die institutionellen Fragen, wobei sich folgende Verhandlungskonstellationen abzeichneten:

- *Europäischer Ratspräsident:* Die Mehrheit der Delegationen vertrat die Auffassung, dass der Konventstext unverändert bleiben sollte. Allerdings sollten einige Verbesserungen am Text vorgenommen werden, um die Rolle des neu geschaffenen Präsidenten des Europäischen Rats genauer zu definieren. Eine Wettbewerbs- oder Konkurrenzposition zum Kommissionspräsidenten sollte in jedem Fall vermieden und das Verhältnis zu den Präsidentschaften in den Ministerräten eindeutiger formuliert werden.
- *Zusammensetzung der Kommission:* Die unterschiedlichen Positionen zwischen großen und kleinen Mitgliedstaaten, den Vertretern des Europäischen Parlaments und der Kommission bestanden fort. Als Grundtenor war allerdings festzustellen, dass Richtschnur für einen abschließenden Kompromiss die Effektivität und Handlungsfähigkeit der Kommission sein solle und nicht nur die gleichberechtigte Vertretung in der Kommission.
- *Qualifizierte Mehrheitsabstimmungen und „doppelte Mehrheit":* Auch hier blieben die unterschiedlichen Positionen bestehen. Einige Delegationen forderten die Ausweitung der Abstimmungen mit qualifizierter Mehrheit, andere lehnten dies ab. Mehrere Delegationen lehnten die „doppelte Mehrheit" ab, während andere Delegationen dieses Konventsergebnis unbedingt sichern wollten.
- *Zusammensetzung des Europäischen Parlaments*: Auch hier zeigte sich das Festhalten an den bekannten Positionen – während die kleinsten Mitgliedstaaten (Malta und Luxemburg) mehr Vertreter im Parlament als die vom Kon-

vent festgelegte Mindestzahl von vier Abgeordneten forderten, hielten die großen Mitgliedstaaten an der Beachtung der degressiven Repräsentativität fest.
- *Status des Europäischen Außenministers:* Grundsätzlich unterstützten alle Delegationen den „Doppelhut"-Vorschlag des Konvents, d.h. der Europäische Außenminister solle als Vizepräsident der Kommission zugleich auch Mitglied des Rats sein. Allerdings wurden deutliche Unterschiede bei den Positionen zur weiteren Ausgestaltung des Amts sichtbar, ohne dass sich zu diesem Zeitpunkt eine Verständigung abzeichnete.

4. Verhandlungsrunde der Außenminister am 27. Oktober 2003

Um die fehlende Verhandlungsdynamik auszugleichen und die unterschiedlichen Positionen der Delegationen anzunähern, versuchte die italienische Präsidentschaft durch die Vorlage von Diskussionspapieren zu den spezifischen Verhandlungsschwerpunkten und die Konzentration auf Einzelfragen, die Verhandlungsrunden besser vorzubereiten. Weitgehende Einigkeit herrschte darüber, dass der Bereich Tourismus, der vom Konvent gestrichen worden war, wieder in den Vertrag aufgenommen werden sollte. Darüber hinaus herrschte breites Einvernehmen, dass die peripheren Gebiete der Union, insbesondere die Überseeinseln, im Konventsentwurf nicht ausreichend berücksichtigt worden seien.

Zugleich hatte der italienische Vorsitz eine Zusammenstellung der nicht-institutionellen Fragen vorgelegt, die die Mitgliedstaaten zum weiteren Beratungsbedarf in der Regierungskonferenz bis zum 20. Oktober angemeldet hatten. Diese Liste war durch eine im Rat der europäischen Finanzminister erstellte Aufstellung zusätzlicher Verhandlungspunkte auf rund einhundert nicht-institutionelle Verhandlungsthemen angeschwollen. Das eigenmächtige und unaufgeforderte Vorgehen der Finanzminister hatte bei den mit den Verhandlungen beauftragten Außenministern zum Teil heftige Kritik hervorgerufen. Es widerspräche dem Wortlaut der Schlussfolgerungen des Europäischen Rats von Thessaloniki und damit dem Mandat der Regierungskonferenz; darüber hinaus enthalte die Liste einige Punkte, die noch nicht einmal von allen Finanzministern mit getragen worden sei. Der italienische Finanzminister Tremonti hatte als Vorsitzender des ECOFIN-Rats die Stellungnahme der Finanzminister offiziell an den italienischen Vorsitz der Regierungskonferenz weitergeleitet. Diese Punkte bezogen sich vornehmlich auf die Bereiche Finanzen und Haushalt der EU sowie auf die Wirtschafts- und Finanzpolitik. Danach forderten die Finanzminister eine Beschränkung der Befugnisse des Europäischen Parlaments im Haushaltsverfahren. Das Parlament sollte nicht mehr den Haushalt ablehnen können, stattdessen sollte er durch den Ministerrat verabschiedet werden. Der mehrjährige Finanzrahmen sollte nach Ansicht einiger Delegationen nicht mit qualifizierter Mehrheit und Zustimmung des Europäischen Parlaments, sondern nur einstimmig und nach Anhörung des Europäischen Parlaments angenommen werden können; darüber hinaus sollte die Rolle der Kommission im Verfahren des Stabilitätspakts eingeschränkt werden. Im Hinblick auf die Wirtschafts- und Finanzpolitik bestanden Meinungsverschiedenheiten zwischen den Delegationen über die Frage der Zuständigkeit der EU bei Förderung und Koordinierung im Bereich der Wirtschaft- und Beschäftigungspolitik. Während Großbritannien diesen Vorschlag des Konvents ganz streichen wollte, versuchte Frankreich alle neuen Instrumente weiter zu stärken, die Formen der europäischen Koordinierung für ein hohes Wachstum und einen verstärkten sozialen Zusammenhang ermöglichen könnten.

Angesichts der umfangreichen Auflistung und der Kritik am Vorgehen der Finanzminister sagte der italienische Vorsitz zu, aus der Masse der angemeldeten Beratungspunkte nur diejenigen Themen aufzugreifen, die von mehreren Delegationen genannt worden seien.

Weitere Punkte der Verhandlungsrunde der Außenminister waren:

- *Rotation der Präsidentschaft:* Es zeichnete sich in den Beratungen der Außenminister eine Entscheidung für so genannte „Teampräsidentschaften" ab, wobei sich drei oder vier Mitgliedstaaten in den verschiedenen Ratsformationen den Vorsitz untereinander teilen sollten.
- *Anwendungsbereich der Abstimmungen mit qualifizierter Mehrheit:* Die Delegationen wiederholten ihre unterschiedlichen Positionen, die vom Festhalten am Konventsergebnis, so Frankreich, Italien und Deutschland, bis zu mehr Entscheidungen mit qualifizierter Mehrheit, so die Europäische Kommission und das Europäische Parlament, bis zu weniger Entscheidungen mit qualifizierter Mehrheit, d.h. zur Rückführung in Einstimmigkeit reichten, so z.B. Großbritannien, Irland, Schweden, Estland und Slowenien.
- *Vertragsänderungsverfahren:* Im Gegensatz zur deutlichen Mehrheit der Delegationen wollte der italienische Vorsitz diese Frage erneut in der Regierungskonferenz mit dem Ziel diskutieren, ein erleichtertes Vertragsänderungsverfahren für Teil III des Verfassungsvertrags zu erreichen. Auch dies würde eine Abkehr vom Konventskompromiss bedeuten. Dagegen wurde von mehreren Delegationen deutliche Skepsis und sogar Ablehnung gegenüber dem Vorschlag des Konvents geäußert, eine so genannte Passerelle-Regelung vorzusehen, nach der der Übergang von der Einstimmigkeit in die Mehrheitsentscheidung durch einen einstimmigen Beschluss des Europäischen Rates möglich werden sollte.
- *Gottesbezug:* Es zeichnet sich eine Mehrheit für die Aufnahme einer eindeutigeren Formulierung in die Präambel ab. Frankreich, Belgien und die Türkei lehnten dies aber eindeutig ab.

5. Verhandlungsrunde der Außenminister am 18. November 2003

Die Außenminister behandelten weitere Einzelfragen, die von der italienischen Präsidentschaft mit Hintergrundpapieren vorbereitet worden waren. Diese Beratungsrunde der Außenminister fand nur wenige Tage vor dem zweitägigen Konklave der Außenminister am 28./29. November in Neapel statt, von dem sich alle Delegationen substantielle Verhandlungsfortschritte erhofften. Die Präsidentschaft hatte frühzeitig angekündigt, hierfür auf der Grundlage des Diskussionsstandes zu den Einzelthemen einen Gesamtentwurf für das Konklave vorzulegen. Damit waren keine

entscheidenden Bewegungen bei diesem Treffen zu erwarten; vielmehr bereiteten die Delegationen ihre Positionen für das Konklave vor.
- *Stellung des europäischen Außenministers:* Einige Delegationen legten Präzisierungen und Klarstellungen für den Text des Konvents vor. Diese betrafen stärker rechtstechnische Fragen, wie z.B. die Frage, ob das Ratsmandat des Außenministers bei einem Rücktritt der Kommission weiter bestehen bleibe könne. Angesprochen wurden auch politische Fragen, wie die Vorsitzregelung im Rat der Außenminister oder die offizielle Bezeichnung des Außenministers. Die deutliche Zurückhaltung Großbritanniens und der baltischen Staaten gegenüber einer Aufwertung und Stärkung des neuen Amtes bzw. gegenüber jeglicher Symbolik bestätigte sich erneut in dieser Verhandlungsrunde.
- *Möglichkeiten zur Revision des Verfassungsvertrages:* Auf der Grundlage eines vom italienischen Vorsitz vorgelegten Hintergrundpapiers diskutierten die Minister verschiedene Optionen zur Abänderung des Verfassungsvertrags. So die Möglichkeiten der Anwendung spezifischer Übergangsregelungen (Passerelle-Klauseln) oder allgemeine Übergangsklauseln, in die die nationalen Parlamente stärker einbezogen werden sollten, sowie die Option einer allgemeinen Revisionsklausel in Artikel IV-7 des Konventsentwurfs, mit der ein erleichtertes Vertragsänderungsverfahren für Teil III des Verfassungsentwurfs ermöglicht werden könnte. Allerdings zeichneten sich in den Verhandlungen keinerlei Präferenzen ab.

6. Verhandlungsrunde – das Konklave der Außenminister am 28./29. November 2003

Wie angekündigt, hatte die italienische Präsidentschaft am 25. November 2003 kurz vor dem Konklave der EU-Außenminister ein umfassendes Kompromisspapier für einen Europäischen Verfassungsvertrag vorgelegt. Dieser Gesamtentwurf wurde zur Grundlage der Verhandlungen in Neapel. Er stützte sich auf bilaterale Gespräche der Präsidentschaft im Vorfeld des Konklaves, die Ergebnisse der bisherigen Verhandlungsrunden der Regierungskonferenz sowie auf die Ergebnisse der Gruppe der Rechtsexperten, die den Entwurf des Konvents sowohl redaktionell als auch rechtstechnisch überarbeitet hatte. Mit dem Konklavepaket in Neapel wurde erstmals in der Regierungskonferenz ein Gesamtentwurf für einen europäischen Verfassungsvertrag diskutiert und verhandelt. Das Paket enthielt drei Teile[323]:
- Ein Hintergrund- bzw. Diskussionspapier, in dem die Präsidentschaft den Stand der Verhandlungen in der Regierungskonferenz und die Ergebnisse der bilateralen Abstimmungsgespräche zusammengefasst hatte;
- insgesamt 38 Anlagen, in denen die Präsidentschaft Formulierungsvorschläge zu einzelnen Vertragsartikeln vorlegte;
- und schließlich den Gesamtentwurf nach den redaktionellen und juristischen Anpassungen durch die Gruppe der Rechtsexperten sowie die ebenfalls überarbeiteten Vertragsprotokolle des Verfassungsvertrags.

---

[323] Dokument der Regierungskonferenz CIG 52/03 vom 25. 11. 2003.

Der Entwurf wurde in Neapel von allen Außenministern als qualifizierte Grundlage weiterer Verhandlungen anerkannt. In den Verhandlungen zeichneten sich in einigen Einzelfragen jedoch neue Kompromiss- bzw. Lösungslinien ab. Die Außenminister konnten bei ihren Bemühungen, zu möglichst vielen Konsenslösungen zu kommen, einer Einigung über die zentralen und höchst umstrittenen institutionellen Fragen ihren Staats- und Regierungschefs nicht vorgreifen. Deshalb wurden für das Konklave diese schwierigen institutionellen Fragen, wie Größe und Zusammensetzung der Kommission und die Einführung des Systems der doppelten Mehrheit, ausdrücklich ausgeklammert. Erst die abschließende Verhandlungsrunde der Staats- und Regierungschefs am 12/13. Dezember 2003 in Brüssel sollte hierüber verhandeln und damit einen Konsens zu dem Gesamtentwurf erreichen.

Mit der Erstellung des Präsidentschaftspakets war die Regierungskonferenz nun Mitte November in ihre entscheidende Phase eingetreten. Das Paket und das Konklave sollten die Basis für die entscheidende Verhandlungsrunde bilden. Die italienische Präsidentschaft hatte erstmals konkrete Kompromissvorschläge zur Lösung der vielen Einzelfragen vorgelegt, an denen sie auch bei den abschließenden Verhandlungen der Staats- und Regierungschefs weitgehend festhalten wollte. Damit lagen Formulierungen vor, auf deren Grundlage die endgültige Konsensfindung zum Gesamtpaket erfolgen konnte.

Überschattet wurde das Treffen in Neapel allerdings von der Entscheidung des ECOFIN-Rates zum Stabilitäts- und Wachstumspakt vom 25. November 2003, trotz der hohen Haushaltsdefizite und der Verletzung des Paktes, kein Verfahren gegen Deutschland und Frankreich einzuleiten. Die beiden großen Mitgliedstaaten hatten in langen und zähen Verhandlungen eine große Mehrheit für ihre Position gewonnen und dabei einige kleinere Mitgliedstaaten und insbesondere EU-Finanzkommissar Pedro Solbes gegen sich aufgebracht. Zwar stimmten nur die Finanzminister aus den Niederlanden, Spanien, Finnland und Österreich gegen den Kompromiss, der die Aussetzung des Budget-Verfahrens der Europäischen Kommission bei gleichzeitiger Zusage zu verstärkten Anstrengungen zur Haushaltskonsolidierung in Berlin und Paris vorsah. Insbesondere aus Spanien, den Niederlanden und Österreich war daraufhin dieses abgestimmte deutsch-französische Vorgehen massiv kritisiert worden. Daran zeige sich die unterschiedliche Behandlung von Großen und Kleinen in der EU, so der Vorwurf. In Madrid beharrte Ministerpräsident Aznar auf der Einhaltung der europäischen Verträge, die für alle Staaten gleich verbindlich seien und in Wien wurden Rückwirkungen auf die Verhandlungen in der Regierungskonferenz nicht ausgeschlossen. Nicht zuletzt auf Grund dieses offenkundig abgestimmten deutsch-französischen Vorgehens zur Durchsetzung nationaler Interessenpolitik im Rat wuchs bei vielen kleineren Mitgliedstaaten einerseits das Misstrauen gegenüber einer stärkeren Beachtung der Repräsentativität bei der Zusammensetzung der europäischen Organe und andererseits der Wille, an den politisch und symbolisch wichtigen Formen der gleichberechtigten Mitwirkung aller Mitgliedstaaten festzuhalten. Gerade die Art und Weise, wie Berlin und Paris ihre Mehrheit im Rat gegen Kommissar Solbes organisiert hatten, löste europaweit Besorgnis gegenüber einer Dominanz des deutsch-französischen Tandems und gegenüber deren Vorstellungen zur institutionellen Ausgestaltung der künftigen Union aus. Die Vorbehalte der kleineren Mitgliedstaaten gegen die Stärkung der intergouvernementalen Elemente und die Schwächung der klassischen Gemeinschaftsmethode schienen sich zu bestätigen. Auch die unmittelbar vor dem Treffen in Neapel erzielte Verständigung der drei großen Mitgliedstaaten Deutschland, Frankreich und Großbritannien auf die Grundzüge einer Europäischen Sicherheits- und Verteidigungspolitik wurde zwar von allen Delegationen als wertvolle Initiative und wichtiger Kompromiss begrüßt, aber dennoch förderte auch dieses Vorgehen die Bedenken gegen eine weitere Stärkung der großen Mitgliedstaaten.

Die Verhandlungen in Neapel brachten in vielen Einzelfragen wichtige Fortschritte. So wurde die deutsch-französisch-britische Initiative zur Sicherheits- und Verteidigungspolitik von allen Delegationen unterstützt und damit die monatelang andauernden Verhandlungen über das Verhältnis der militärischen Fähigkeiten der EU zur transatlantischen Allianz abgeschlossen. Diese trilaterale Verständigung sah vor, dass die „strukturierte Zusammenarbeit" im Bereich der Verteidigung nur in den Fällen angewandt werden sollte, in denen die NATO nicht involviert ist. Ziel der europäischen Verteidigungspolitik sei es nicht, in eine Konkurrenzsituation zur NATO kommen, sondern die europäische Komponente in der NATO weiter zu stärken und zugleich die Europäische Union in die Lage zu versetzen, unabhängig aber in Abstimmung mit der NATO auf Bedrohungen reagieren zu können. Die Voraussetzungen zur Auslösung des Mechanismus der strukturierten Zusammenarbeit wurden weiter präzisiert, um den Vorbehalten einiger Delegationen entgegen zu kommen. Diese neue Form der Zusammenarbeit soll prinzipiell allen EU-Mitgliedstaaten offen stehen. Es soll eine Planungseinheit geschaffen werden, wobei der umstrittene Begriff Hauptquartier vermieden wurde. Für internationale Kriseneinsätze der EU sollten militärische Kapazitäten auf der Basis nationaler Einheiten vorgesehen werden. In der Verfassung sollte die vom Konvent vorgeschlagene Beistandsklausel enthalten bleiben, wenn auch in abgeschwächter Form. Auch das Amt des Europäischen Außenministers wurde nun weitgehend akzeptiert.

Allerdings konnten auch während des Konklaves der Außenminister in einigen kontroversen Fragen keine Annäherungen der Positionen erreicht werden:
- *Gottesbezug:* Ohne einen Formulierungsvorschlag vorzulegen, schlug der italienische Vorsitz vor, sowohl einen deutlicheren Hinweis auf das christliche Erbe Europas als auch den säkularen Charakter der EU-Institutionen in die Präambel aufzunehmen. Der türkische Außenminister hatte als Kompromiss die Aufnahme des christlichen, jüdischen und islamischen Erbes vorgeschlagen. Es zeichnete sich jedoch keine Einigung ab.
- *Steuerfragen:* Im Konklavepaket wurde vorgeschlagen, Abstimmungen mit qualifizierter Mehrheit im Bereich des Steuersystems bei den Fragen einzuführen, bei denen die wesentliche Bestandteile der Steuerregelungen der Mitgliedstaaten nicht betroffen würden. Damit hatte der Vorsitz bereits den Vorschlag des Konvents weiter eingegrenzt. Dennoch lehnt die Mehrheit der Mitgliedstaaten weiterhin jeglichen Übergang zu Mehrheitsabstimmungen in Steuerfragen ab.
- *Gleichstellung der Mitgliedstaaten:* Bereits während der Vorbereitungsphase der Regierungskonferenz und verstärkt durch die Debatte über den Stabili-

tätspakt zeichneten sich Konflikte im Verhältnis von großen und kleinen Mitgliedstaaten ab. Der Vorsitz schlug deshalb einen neuen Vertragsartikel vor, in dem die umfassende Gleichstellung aller Mitgliedstaaten festgeschrieben werden sollte.
- *Werte der Union:* Der Vorschlag des Konvents (Art. I-2) sollte auf Antrag Ungarns um die Minderheitenrechte und um die Gleichstellung von Mann und Frau ergänzt werden. Darüber hatte zwar bereits der Konvent diskutiert und diese Forderung abgelehnt, weil die Gleichstellung bereits als Zielvorgabe in Art. I-3, Abs. 3 aufgenommen worden war, aber dennoch zeichnete sich eine Zustimmung zu diesem Vorschlag ab.
- *Grundrechtecharta:* Der Vorsitz hatte vorgeschlagen, dem Verfassungsvertrag eine Erklärung anzuhängen, in der auf die Erläuterungen des Grundrechtekonvents zur Interpretation der Artikel der Charta hingewiesen werden soll. Damit würden die Erläuterungen durch einen Verweis in das Vertragswerk aufgenommen und im Amtsblatt der EU veröffentlicht, ohne allerdings rechtlich verbindlicher Bestandteil der Verfassung zu werden. Großbritannien lehnte diesen Vorschlag jedoch als nicht weitgehend genug ab und forderte die Aufnahme der Erläuterungen in den Verfassungstext und damit deren eindeutige Rechtsverbindlichkeit.
- *Sozialpolitik:* Die Einführung der Methode der offenen Koordinierung durch den Konvent sollte auf Vorschlag Deutschlands durch eine interpretierende Erklärung der Mitgliedstaaten eingeschränkt werden. In der Erklärung sollte festgehalten werden, dass die Maßnahmen der EU in diesem Bereich nur der Stärkung der Zusammenarbeit zwischen den Mitgliedstaten und nicht der Harmonisierung unterschiedlicher Regelungen dienen solle. Das Konklavepaket sah darüber hinaus weitere Einschränkungen im Bereich der sozialen Sicherheit (Art. III-21 u. Art. III-168) vor.
- *Territoriale Kohäsion:* Der Vorsitz hatte den Wunsch einiger Mitgliedstaaten in sein Konklavepaket aufgenommen und eine Sonderstellung für bestimmte Regionen (Bergregionen, Regionen mit geringer Bevölkerungsdichte, nordische Regionen) vorgeschlagen. Ergänzt werden sollte diese Sonderstellung durch die Einfügung eines Ausnahmetatbestandes im EU-Beihilferecht, wonach Beihilfen zur Förderung der Entwicklung gewisser Wirtschaftszweige und Wirtschaftsregionen, insbesondere derjenigen mit schweren und dauerhaften natürlichen oder demographischen Nachteilen, mit dem Binnenmarkt vereinbar sein könnten. Die Mehrheit der Mitgliedstaaten, die sich finanzielle Vorteile erhofften, sprach sich für diesen Vorschlag aus, während die Bundesregierung diese Überlegungen vehement ablehnte.

Im Ergebnis brachte das von der italienischen Präsidentschaft mit vielen Erwartungen versehene Konklave nicht den erhofften Durchbruch. Die Positionen der Mitgliedstaaten waren sowohl in den fundamentalen institutionellen Fragen als auch in einer Vielzahl von Einzelfragen noch sehr weit auseinander, angefangen bei der Einbeziehung des Europäischen Parlaments in das Haushaltsverfahren, der Ausweitung von Abstimmungen mit qualifizierter Mehrheit auf weitere Politikfelder bis hin zur Frage des Gottesbezugs in der Präambel. Keinerlei Bewegung gab es in der umstrittenen Frage der doppelten Mehrheit. Eine von einigen Delegationen vorgeschlagene „Rendez-vous-Klausel", wonach über eine Änderung der in Nizza vereinbarten Regelung erst im Jahr 2008 oder 2009 entschieden werden sollte, wurde insbesondere von Deutschland und Frankreich abgelehnt.

7. Verhandlungsrunde der Außenminister am 8. Dezember 2003

Die letzte Verhandlungsrunde vor dem abschließenden Gipfel der Staats- und Regierungschefs brachte wiederum keine Annäherung bei den entscheidenden institutionellen Themen. Im Mittelpunkt standen die Europäische Sicherheits- und Verteidigungspolitik und die Einbeziehung des Europäischen Parlaments in das Haushaltsverfahren. Die neutralen Mitgliedstaaten in der EU, Österreich, Schweden, Finnland und Irland, hatten in einem Positionspapier die Berücksichtigung ihrer Neutralität und eine Überarbeitung der Beistandsverpflichtung gefordert.

Hinsichtlich der Rolle des Europäischen Parlaments im europäischen Haushaltsverfahren diskutierte die Regierungskonferenz vornehmlich über die Frage, wer im Falle von Kontroversen zwischen Rat und Parlament letzten Endes über den Haushalt entscheiden solle. Der Konvent hatte dem Europäischen Parlament das Letztentscheidungsrecht eingeräumt; dies wurde von der Mehrheit der Mitgliedstaaten abgelehnt. Die Vertreter des Parlaments in der Regierungskonferenz, die beiden deutschen Abgeordneten Elmar Brok für die EVP[324] und Klaus Hänsch für die SPE-Fraktion, setzten sich unterstützt von der Europäischen Kommission für das Festhalten am Konventsentwurf ein.

Darüber hinaus hatte die finnische Delegation einen neuen Entwurf für eine komplett überarbeitete, stark gekürzte Präambel vorgelegt, die in weiten Teilen auf den Textfassungen der gültigen Verträge beruhte.

8. Verhandlungsrunde der Staats- und Regierungschefs am 12./13. Dezember 2003

Das den Regierungschefs zu ihrem Gipfeltreffen in Brüssel vorgelegte Verhandlungspaket fixierte die bereits in den vorherigen Verhandlungsrunden erreichten Fortschritte, z.B. bei der Sicherheits- und Verteidigungspolitik, und diente als umfassende Grundlage für die entscheidende Verhandlungsrunde auf höchster politischer Ebene. Dieses „konsolidierte Paket von Vorschlägen" des italienischen Vorsitzes setzte sich genau so wie das erste Verhandlungspaket im Vorfeld des Neapel-Konklaves der Außenminister aus verschiedenen Elementen zusammen:

---

[324] In der EVP-Fraktion des Europäischen Parlaments war die Benennung zunächst heftig umstritten; dabei standen die beiden Mitglieder im Konvent, der Deutsche Elmar Brok und der Spanier Mendez de Vigo, zur Wahl. Um eine länger andauernde Debatte zu vermeiden verständigten sich die beiden Politiker auf eine Teilung des Mandats. Zu Beginn war der spanische Abgeordnete Mendez de Vigo EVP-Vertreter für die Regierungskonferenz; er wurde im November von Elmar Brok abgelöst.

- Einem einleitenden „Vermerk" der Präsidentschaft[325], in dem die eigentlichen Verhandlungsgrundlage, die beiden Anhänge 1 und 2, kurz vorgestellt wurden. Zugleich wurde dort zum Verhandlungsverfahren formuliert: „...während der Tagung werden so lange Texte vorgelegt, bis eine endgültige, umfassende Einigung erreicht ist." Als grundsätzliche Verhandlungsprämisse wurde erneut bestätigt, dass kein Vorschlag als endgültig anzusehen sei, solange keine Einigung über den gesamten Entwurf des Vertrags über eine Verfassung erreicht worden sei.
- Einem ersten Dokument[326], in dem die italienische Präsidentschaft auf der Grundlage des bisherigen Verhandlungsverlaufs und der Klausurtagung der Außenminister in Neapel eigene Vorschläge zusammengestellt hatte. Dieses Dokument enthielt insgesamt 44 konkrete Formulierungsvorschläge zu einzelnen Artikeln in allen Teilen des Verfassungsvertrags.
- Ein zweites Dokument[327], in dem der Vorsitz zu den „heikleren politischen Fragen" der Verhandlungen eigenen Lösungsvorschläge, jedoch keine Textformulierungen, vorlegte. Die abschließende Verhandlungsrunde der Staats- und Regierungschefs sollte sich nach den Vorstellungen der Präsidentschaft auf die Lösung dieser Probleme konzentrieren.

Ergebnis der abschließenden Verhandlungsrunde sollten nach den Vorstellungen des Vorsitzes zwei Dokumente sein. Zum einen der von der Gruppe der Rechtsexperten vorgelegte, überarbeitete und konsolidierte Text des Verfassungsvertrags und zum anderen das in einem einzigen Dokument zusammengefasste Ergebnis der abschließenden Verhandlungsrunde, in dem die von den Staats- und Regierungschefs vorgenommen Änderungen an dem konsolidierten Text der Rechtsexperten enthalten sein sollten.

Die eigentlichen Verhandlungen begannen am Nachmittag des 12. Dezember 2003, nach dem die offizielle Sitzung des Europäischen Rats mit einem Mittagessen beendet worden war. Bereits nach einer ersten allgemeinen Aussprache im Kreis aller Regierungschefs wurden die Verhandlungen für bi- und trilaterale Gespräche unterbrochen. Diese kleinen Gesprächs- und Verhandlungsrunden wurden am zweiten Tag des Gipfels fortgesetzt und dauerten bis zum Mittagessen des 13. Dezember, ohne dass in den entscheidenden Fragen Annäherungen erkennbar geworden wären. Eine gemeinsame Verhandlungsrunde aller Regierungschefs wurde von der italienischen Präsidentschaft angesichts der verhärteten Positionen nicht mehr einberufen. Damit wurde für die Beobachter offenkundig, dass sich die Regierungskonferenz spätestens bei diesem entscheidenden Gipfel festgefahren hatte. Wirkliche ziel- und ergebnisorientierte Verhandlungen zwischen allen Teilnehmern wurden nicht mehr geführt. Entgegen der Zusage der Präsidentschaft, kontinuierlich neue Kompromisstexte zu erstellen und vorzulegen, wurden keine neuen Texte mehr in die Verhandlungen eingebracht.

Im Zentrum der Gespräche standen die strittigen institutionellen Themen. Zur Lösung der Frage, ob man am dreistufigen Modus und dem System der gewichteten

---

[325] Vorschlag der Präsidentschaft, CIG 60/03 vom 9. Dezember 2003.
[326] Addendum 1 zum Vermerk des Vorsitzes, CIG 60/03 Add 1 vom 9. Dezember 2003.
[327] Addendum 2 zum Vermerk des Vorsitzes, CIG 60/03 Add 2 vom 11. Dezember 2003.

Stimmen festhalten oder dem Vorschlag des Konvents folge und einen neuen Abstimmungsmodus der doppelten Mehrheit einführe solle, wurden in den einzelnen Gesprächskreisen offensichtlich verschiedene Kompromissvorschläge diskutiert. Die Einführung der doppelten Mehrheit wurde insbesondere von Polen und Spanien kategorisch abgelehnt. Der polnische Ministerpräsident Miller zeigte sich davon überzeugt, dass das Verfahren der doppelten Mehrheit den Entscheidungsmodus nicht vereinfache und man an dem in Nizza vereinbarten Verfahren festhalten solle. Auf der anderen Seite war Bundeskanzler Schröder nicht bereit, vom Vorschlag des Konvents abzurücken. Auch die kurzzeitig zirkulierte Variante, die Anzahl der gewichteten Stimmen für Deutschland über das Nizza vereinbarte Quorum deutlich zu erhöhen, wurde abgelehnt. Andere Kompromissoptionen sahen verschiedene „Rendez-vous-Klauseln" vor oder gegenüber dem Konventsvorschlag abgeänderte Grenzwerte für den notwendigen Bevölkerungsanteil. Diese „Rendez-vous-Klauseln" sahen je nach Vorschlag den grundsätzlichen Beschluss zum Systemwechsel und eine spätere Einführung der doppelten Mehrheit im Jahr 2014 vor, oder die Vertagung der Entscheidung über diese strittige Frage auf das Jahr 2008. Die ebenfalls diskutierte Option, den Wert zur Berechnung des Bevölkerungskriteriums abzuändern, sah eine Anhebung der vom Konvent vorgeschlagenen Marge von 60% der EU-Bevölkerung auf 70% vor. Damit sollte der Einstieg in das System der doppelten Mehrheit erreicht werden, ohne die Veto- bzw. Blockademöglichkeiten einzelner Mitgliedstaaten zu begrenzen.

Ebenfalls umstritten blieben die übrigen Lösungsvorschläge des Konvents zur Reform des institutionellen Gefüges der Union, wie die Größe der Europäischen Kommission und die Zusammensetzung des Europäischen Parlaments. Allerdings rückten diese Themen ebenso wie die anderen Einzelfragen vor dem Hintergrund der alles überlagernden Frage des Abstimmungsmodus im Rat in den Hintergrund. Keine Regierung war bereit, nationale Positionen in den Einzelfragen der Politikbereiche aufzugeben, ohne dass eine Verständigung in der entscheidenden Machtfrage absehbar gewesen wäre. Der italienische Vorsitz fand für seine Kompromissvorschläge keine Zustimmung in den bilateralen Gesprächen. Er brach daraufhin die Verhandlungen ab, ohne ein neues Gesamtpapier vorzulegen oder die Runde der Staats- und Regierungschefs wieder zusammenzurufen.

Fazit nach dem Scheitern von Brüssel

Der Gipfel wurde daraufhin am Mittag des zweiten Verhandlungstages mit einer kurzen Erklärung abgeschlossen, in der vom Vorsitz festgestellt wurde, dass zum gegenwärtigen Zeitpunkt keine Einigung auf einen Gesamtentwurf möglich gewesen sei. Die nachfolgende irische Ratspräsidentschaft wurde beauftragt, auf der Basis von Konsultationen die Möglichkeiten weiterer Fortschritte auszuloten und dem Europäischen Rat im März 2004 zu berichten. Unklar war zunächst, ob dieses ergebnislose Scheitern des Brüsseler Gipfels zugleich auch das Scheitern und das Ende der Regierungskonferenz bedeute, oder ob die Konferenz nur vertagt wurde. Unklar blieb auch, ob an den Punkten, über die im Vorfeld des Gipfels weitgehend

Einigkeit bestand, als Zwischenergebnis der Regierungskonferenz festgehalten werden kann, oder ob das gesamte Verhandlungspaket bei einer Wiederaufnahme der Verhandlungen wieder zur Disposition stehen würde. Dies betraf z.B. die Änderungen im Bereich der strafrechtlichen Zusammenarbeit oder der Steuerpolitik, bei denen die britische Regierung sich mit der Forderung nach einer Rückkehr zum Prinzip der einstimmigen Beschlussfassung durchgesetzt hatte.

Eng verknüpft war diese Frage mit der weiteren Terminierung der Verhandlungen. Einerseits wollte die irische Präsidentschaft lediglich vorsichtig die Möglichkeiten zu weiteren Annäherungen ausloten, ohne sich auf eine schnelle Wiederaufnahme der Verhandlungen unter ihrer Ägide festlegen zu lassen. Einige Regierungschefs glaubten unmittelbar nach dem gescheiterten Gipfel von Brüssel, dass eine Fortsetzung der Verhandlungen frühestens Ende 2004 möglich sein werde. Andererseits bestand die Gefahr, dass eine längere Unterbrechung bei vielen Mitgliedstaaten die Bereitschaft schwinden lassen könnte, an einmal gefundenen Kompromissen festzuhalten. Auch die positiven Erfahrungen der Konventsmethode würden bei einer längeren Zwischenphase weiter verblassen.

In Brüssel kulminierten die bekannten Rituale von Regierungskonferenzen, obwohl die Verhandlungen dieser Regierungskonferenz an den Konventsentwurf anknüpften und nur auf politischer Ebene geführt wurden. Die intergouvernementale Konferenz wurde von taktischen Erwägungen dominiert. Die Verhandlungen begannen zunächst mit einer „Phase des Abtastens": Nur zu einzelnen Punkten, bei denen sich ein gemeinsames Interesse und ein unkomplizierter Konsens abzeichnete, wurden ernsthaft Verhandlungen geführt. Die meisten Regierungen verfolgten die Strategie, ihre Verhandlungspositionen nicht zu früh zu offenbaren oder gar zu räumen, um genügend Spielmaterial für Tauschgeschäfte in der letzten Verhandlungsphase zu bewahren. Diese Endphase begann erst Mitte November mit den Vorbereitungen für das Konklave der Außenminister.

Die Dominanz taktischer Erwägungen war eine Konsequenz der besonderen Vorgeschichte dieser Regierungskonferenz. Die eigentlichen Machtfragen, die Anpassung des institutionellen Gefüges an die Herausforderungen einer sich erweiternden Union, waren bereits in Nizza ausführlich verhandelt worden. Auch im Konvent waren die nationalen Positionen und mögliche Kompromiss- und Rückzugslinien deutlich erkennbar geworden. Es standen also nur begrenzt neue Inhalte und veränderte Positionen zur Verhandlung. Hingegen waren die Konfliktlinien bereits im Vorfeld leicht zu identifizieren. Bei der Frage der Zusammensetzung der Europäischen Kommission standen sich 15 kleinere und mittlere Staaten unterstützt von der Europäischen Kommission und die größeren Mitgliedstaaten ebenso gegenüber, wie bei der Frage der Sitzverteilung im Europäischen Parlament. Bei der weiteren Ausweitung von Mehrheitsabstimmungen trafen die von einem supranationalen Grundverständnis geprägten Staaten auf die eher intergouvernemental orientierten Regierungen. Bei der Frage der Vertiefung im Bereich der Sicherheits- und Verteidigungspolitik wiederum schienen die neutralen Staaten in der Union zurückhaltend zu sein.

Nachdem auch die Klausurtagung der Außenminister in Neapel keinen fundamentalen Durchbruch gebracht hatte, trieb die Regierungskonferenz auf einen letzten „Show down" zu. Bundeskanzler Schröder hatte unmittelbar vor dem entscheidenden Brüsseler Gipfel bei einem Besuch in Warschau erfolglos versucht, Kompromisswege auszuloten. Die daraufhin lancierte Formel, wonach eine Vertagung immer noch besser sei, als ein schlechter Kompromiss, schloss die Möglichkeit des Scheiterns bereits ein. Damit wurde die Frage der doppelten Mehrheit zum alles entscheidenden Verhandlungsthema in Brüssel. Die tiefe Kluft zwischen den Befürwortern des Systemwechsels und den Gegnern erwies jedoch als unüberbrückbar. Dass dabei insbesondere beim polnischen Premierminister Miller auch innenpolitische Überlegungen eine wichtige Rolle spielten, war unübersehbar. Die innenpolitische Schwäche der polnischen Regierung und der starke Druck, den die polnischen Medien und die Opposition unter dem Signum „Nizza oder der Tod" ausübten, ließen dem polnischen Regierungschef kaum Verhandlungsspielraum. Von deutscher Seite wurde wiederholt diese starre polnische Verhandlungsführung als einzige Erklärung für das Scheitern des Gipfels angeführt. Einige Staaten hätten ihre nationalen Interessen über das Gemeinwohl der Europäischen Union gestellt und damit das Scheitern provoziert. Dennoch sind einseitige Schuldzuweisungen nicht angebracht. Auch die vehementen Verfechter der doppelten Mehrheit, Deutschland und Frankreich, zeichneten sich nicht durch eine große Kompromissfähigkeit aus.[328]

Das Scheitern des Brüsseler Gipfels wurde europaweit sehr unterschiedlich interpretiert. Zwar wurde allenthalben festgestellt, dass die Erweiterung der Union nicht in Frage stehe und der Vertrag von Nizza unverändert seine Geltung behalte. Aber zugleich wurde bedauert, dass die zentralen Erfolge des Konvents, wie die Aufnahme der Grundrechtecharta in den Verfassungsvertrag, die Vereinfachung der Entscheidungsverfahren, die Stärkung der Handlungsfähigkeit der Union und die Schaffung eines europäischen Außenministers, auf unbestimmte Zeit vertagt seien. Während das Scheitern in Polen als Erfolg der polnischen Interessenpolitik interpretiert wurde, waren die Reaktionen in Berlin und Paris eher verhalten. Bereits in ihren Abschlusspressekonferenzen in Brüssel hatten der französische Staatspräsident und der deutsche Bundeskanzler auf ihre im Vorfeld des Brüsseler Gipfels geäußerten Überlegungen zu einer Fortsetzung des Integrationsprozesses mit einer kleinen Kerngruppe oder in verschiedenen Integrationskreisen verwiesen. Auch der luxemburgische Ministerpräsident Juncker mochte ein Kerneuropa nicht mehr ausschließen. Bundesaußenminister Fischer sprach von einem Kerneuropa, das kein Ziel, aber faktische Konsequenz des Scheiterns sein könne. Sein französischer Kollege de Villepin nahm die Vorschläge auf, die Präsident Chirac in seiner Rede vor dem Deutschen Bundestag im Juni 2000 bereits gemacht hatte, und sah die Zukunft des europäischen Integrationsprozesses in einem festen Sockel des gemeinsamen Integrationsbestandes aller Staaten und ergänzenden flexiblen Formen der Zusammenarbeit zwischen den Staaten, die weiter gehen wollten.

Diese Debatte über ein mögliches Kerneuropa und über alte und neue Koalitionen innerhalb der Union verstärkte jedoch das Klima des Misstrauens. Bereits am 15. Dezember 2003, also unmittelbar nach dem Gipfeltreffen von Brüssel, wandte sich eine Gruppe von sechs Regierungschefs in einem abgestimmten Schreiben an

---

[328] Vgl. hier auch Andreas Maurer; Simon Schunz: Die Textur der Krise: Europas Verfassungsgebungsprozess in der Verlängerung, SWP-Diskussionspapier, Februar 2004.

Kommissionspräsident Romano Prodi, um ihre gemeinsame Haltung zu den Verhandlungen über den neuen EU-Finanzrahmen für die Dauer von 2007 bis 2013 mitzuteilen. Diese Gruppe der so genannten Nettozahler, zu der neben Deutschland auch Großbritannien, Frankreich, Österreich, die Niederlande und Schweden gehörten, forderte die Beschränkung des künftigen Finanzvolumens auf nicht mehr als 1 Prozent des EU-Bruttonationaleinkommens. Damit bezogen sie bereits eine klare Verhandlungsposition, bevor die Kommission ihren Vorschlag vorgelegt hatte. Bei den Empfängerländern, unter anderem Spanien und Polen, musste dieses Schreiben nicht nur als Auftakt für die bevorstehenden schwierigen Finanzverhandlungen verstanden werden, sondern auch als Signal für die Möglichkeiten und Wege von Gruppenbildungen innerhalb und außerhalb der Union. Ein weiteres Signal ging von dem Treffen der Regierungschefs der drei großen Mitgliedstaaten am 18. Februar 2004 in Berlin aus. Jacques Chirac, Tony Blair und Gerhard Schröder zelebrierten ihr Treffen als trilaterale Abstimmungsrunde zur Vorbereitung des EU-Frühjahrsgipfels in Brüssel am 25. und 26. März 2004. In der Kommission, dem Europäischen Parlament und vielen kleineren Staaten in der Union wurde dieses Treffen als Einstieg in ein Europa der verschiedenen Geschwindigkeiten und als Steuerungsanspruch eines „Direktoriums" der Großen kritisiert.[329] Das Scheitern des Brüsseler Gipfels wurde im Rückblick als Startschuss für bereits vorbereitete Kerneuropa-Initiativen interpretiert.

Die „Erklärung von Laeken zur Zukunft der Europäischen Union" stand unter der programmatischen Überschrift „Europa am Scheideweg". Nach dem Scheitern des Gipfels von Brüssel sollte diese Situationsbeschreibung eine neue Aktualität erhalten. Dennoch zeichnete sich nach einer kurzen Atempause bereits im Frühjahr 2004 ab, dass das Scheitern des Gipfels nicht mit dem Scheitern der Verfassung verwechselt werden sollte. Die Arbeit des Konvents und der anschließenden Regierungskonferenz hatten zu ausgewogenen und tragfähigen Kompromissen geführt. Die Uneinigkeit in den wichtigen Punkten der institutionellen Neuausrichtung der Union sollte nicht das große Zukunftsprojekt einer europäischen Verfassung gefährden. Immer häufiger wurde deshalb das Scheitern von Brüssel als „heilsamer Schock"[330] interpretiert, der zu neuer Kompromissbereitschaft auf allen Seiten führen könne.

---

[329] Der italienische Ministerpräsident Silvio Berlusconi warnte vor einem „Direktorium", und sein Europaminister Rocco Buttiglione sprach davon, dass andere EU-Staaten nicht als „Bürger zweiter Klasse" behandelt werden dürften. Vgl. hierzu auch den Beitrag „Italien warnt vor europäischem Direktorium", Neue Züricher Zeitung vom 18. Februar 2004; sowie Andreas Maurer: Die Gravitationskraft der Staaten in der Europäischen Union, Chancen und Gefahren der EU-Gruppenbildung, SWP-Aktuell, März 2004.

[330] „Heilsamer Schock" – Interview mit Außenminister Fischer, in: Der Spiegel vom 20.12.2003.

18 Die Neuaufnahme der Verhandlungen und der Abschluss der Regierungskonferenz

Der irische Ratsvorsitz hatte in Brüssel die schwierige und diplomatisch sehr heikle Aufgabe übernommen, die bilateralen Gespräche des Brüsseler Gipfels fortzuführen und mögliche Kompromisslinien abzustecken. Der irische Premier, Bertie Ahern, suchte zunächst in einer Vielzahl von direkten Gesprächen mit seinen europäischen Amtskollegen, mit den Vertretern der Europäischen Kommission und des Europäischen Parlaments die Möglichkeiten zu einer Wiederaufnahme der Verhandlungen auszuloten. Bereits im Januar hatten die Außenminister ihren Willen zur Fortsetzung der Gespräche bekundet. Darauf hin hatte auch die Gruppe der Rechtsexperten wieder ihre Arbeit aufgenommen und die den europäischen Verträgen beigefügten Protokolle sowie die Beitrittsverträge geprüft.

Trotz der gescheiterten Regierungskonferenz zeigte sich zum Jahresbeginn 2004 weiterhin eine Mehrheit von 77% der Europäer mit der Annahme einer Verfassung einverstanden, während lediglich 15% dies ablehnten.[331] Die höchste Zustimmung wurde in Italien (92%), Griechenland (89%) und Ungarn (87%) erzielt. Skeptisch blieben Dänen (pro 60%, contra 29%), Schweden (pro 58%, contra 26%) und Briten (pro 51%, contra 30%), die auch in vorangegangenen Befragungen einer europäischen Verfassung kritisch gegenüber standen. Beachtlich sind hier die hohen Werte für die Verfassungsgegner. In Deutschland begrüßte eine überdurchschnittliche Mehrheit von 83% eine Verfassung, während 14% dagegen waren. Selbst in den beiden Ländern, deren Regierungen den Brüsseler Gipfel offen scheitern ließen, sprach sich eine Mehrheit für die Annahme einer Verfassung aus: in Spanien 85% Zustimmung gegenüber 7% Ablehnung, in Polen 72% Zustimmung gegenüber 18% Ablehnung. Interessanterweise sprach sich dort ebenfalls eine Mehrheit dafür aus, dass ihr Land zu Konzessionen bereit sein müsse, um die Verabschiedung der Verfassung nicht zu verhindern. In Spanien teilten 65% diese Meinung, 20% waren dagegen. In Polen waren trotz der im Vorfeld des Brüsseler Gipfels extrem aufgepeitschten Emotionen in der Bevölkerung 56% der Befragten zu Konzessionen bereit, 34% nicht. Ganz allgemein war die Bereitschaft zu Konzessionen in den alten Mitgliedstaaten mit 64% (gegenüber 27% Ablehnung) stärker ausgeprägt, als in den zehn Beitrittländern (55% Befürwortung gegenüber 32% Ablehnung). Folgt man den Zahlen der Eurobarometer-Umfrage vom Januar 2004, dann unterstützte trotz der Querelen zwischen den europäischen Regierungen eine deutliche Mehrheit in allen 25 Ländern den Verfassungsprozess und zeigte sich auch offen für Konzessionen gegenüber den anderen Staaten.

---

[331] Vgl. Flash Eurobarometer 159: „Future European Constitution", Februar 2004, Feldzeit Januar 2004, S. 21-27, hier S. 21.

Ganz so weit war man auf Regierungsebene noch nicht. Anstöße zu weiteren Debatten kamen erneut vom deutsch-französischen Duo. Die Bundesregierung schlug in Abstimmung mit dem französischen Partner vor, einen „Super-Kommissar" zu schaffen, der als Vize-Präsident der Kommission ausschließlich für Wirtschaftsfragen zuständig sein solle. Zu seinen Aufgaben solle gehören, die Arbeit der übrigen Kommissare in diesem Politikfeld zu koordinieren und zu kontrollieren, ob geplante Vorhaben dem Ziel der Wachstums- und Beschäftigungsförderung dienten. Darüber hinaus sollten in Übereinstimmung mit der Lissabon-Strategie bürokratische Hindernisse für Wettbewerb und Wachstum in Europa abgebaut werden. Mit seinen Vorschlägen suchte das Duo zunächst die Unterstützung Polens, das sich jedoch nach dem forschen Auftreten beim Brüsseler Gipfel zurückhielt. Stattdessen stieß die britische Regierung zur deutsch-französischen Entente hinzu. Bei dem Sondergipfel der drei Regierungschefs am 18. Februar in Berlin bekräftigten sie ihre Forderungen nach einer Aufwertung der Wirtschafts- und Industriepolitik in der Europäischen Union und die Bündelung von Kompetenzen in der Kommission. Die Vorschläge des Dreiergipfels stießen bei den übrigen Partnern sogleich auf Ablehnung. Sie monierten, der Ressortzuschnitt sei Angelegenheit des Kommissionspräsidenten und befürchteten durch die Schaffung eines „Super-Kommissars" einen Einstieg in die Zwei-Klassen-Gesellschaft unter den Kommissaren, da durch die Aufwertung eines Kommissars andere zwangsläufig abgewertet werden. Dahinter steckte zugleich die Sorge der kleinen Mitgliedstaaten in der EU, sie könnten „ihren" Kommissar und damit Einfluss in Brüssel verlieren. In einem offenen Brief an den irischen Ratspräsidenten Ahern kritisierten dann auch sechs Staaten, Spanien, Portugal, Italien, die Niederlande, Italien sowie Polen und Estland, die „großen Drei" würden die Reform der Union monopolisieren. Anlass zur Sorge gab auch die Nachwirkung der Entscheidung des Rates vom November 2003, Deutschland und Frankreich trotz der Verletzung des Stabilitätspaktes nicht zu sanktionieren. Obwohl beide Länder mehrfach ein Haushaltsdefizit von mehr als drei Prozent des Bruttoinlandsprodukts aufwiesen, konnten sie unter Duldung Londons einer drohenden Strafe durch die Kommission entgehen. Der Brief der sechs Staaten forderte daher auch die strikte Anwendung des Stabilitätspaktes.

Eine Verstetigung der Gruppenbildung gegen das Dreieck Berlin-Paris-London war jedoch nicht zu befürchten, zu unterschiedlich waren die Haltungen der Länder in anderen Fragen, wie beispielsweise der Irak-Krise. Vielmehr öffneten sich auf europäischer Ebene mehrere Optionen der Allianzenbildung, so dass die Staaten Europas je nach Politikfeld miteinander koalierten. Auf die weitere Behandlung der Verfassungsfrage konnte dieses Vorgehen zunächst jedoch keine unmittelbare Wirkung erzielen.

Der entscheidende Durchbruch, der Bewegung in die noch immer festgezurrten Verhandlungspositionen brachte, war das überraschende Ergebnis der spanischen Parlamentswahl am 14. März 2004. Nach den verheerenden Anschlägen auf Pendlerzüge in Madrid nur drei Tage zuvor, bei denen 200 Menschen starben und mehr als 1500 verletzt wurden, leistete die regierende Volkspartei unter José Maria Aznar schlechtes Krisenmanagement. Vorwürfe wurden laut, die Regierung halte Informationen zurück. Zudem beschuldigte sie fälscherlicherweise die baskische Separatistenorganisation ETA dieses Anschlags, obwohl recht schnell deutlich wurde, dass offensichtlich das Netzwerk um al-Kaida für die Anschläge verantwortlich war. Mit einer gegenüber der vorherigen Wahl erheblich höheren Wahlbeteiligung wurde der Führer der spanischen Sozialisten, José Luis Rodríguez Zapatero, zum neuen Ministerpräsidenten gewählt. Der Machtwechsel führte zu einem radikalen Kurswechsel in der spanischen Außenpolitik. Während Aznar Spanien an die Seite der USA und Großbritanniens führen wollte, löste Zapatero Spanien aus der engen Allianz. Unmittelbar nach seiner Wahl verkündete er, dass Spanien seine 1300 Soldaten im Irak zurückziehen werde, die hauptsächlich für die polnische Besatzungszone vorgesehen waren, und begann mit dieser Maßnahme unmittelbar nach seiner Einsetzung als Ministerpräsident im April 2004. Zudem forderte er, den Irak schnellstmöglich der Kontrolle durch die Vereinten Nationen zu unterstellen. Gegenüber Frankreich und Deutschland signalisierte Zapatero, er wolle mit beiden Ländern die traditionell „hervorragenden Beziehungen" wieder aufnehmen. Zugleich kündigte er an, Spanien stehe einer europäischen Verfassung zukünftig nicht mehr im Wege. Er deutete an, Spanien beharre nicht mehr auf der im Vertrag von Nizza festgelegten Stimmenverteilung im Rat, ohne jedoch vollständig auf Mitspracheansprüche zu verzichten.

Die Äußerungen des neuen spanischen Regierungschefs lösten in Polen Besorgnis vor einer Isolation des eigenen Landes in Europa aus. Die Regierung zeigte sich daher nach dem Umschwung in Spanien zu Kompromissen in der Europapolitik bereit. „Weder Nizza noch der Tod", kommentierte die Zeitung Rzeczpospolita in Anspielung auf den Slogan vor dem Brüsseler Gipfel die neue polnische Gesprächsbereitschaft. Polen setzte nun wieder auf erneute Verhandlungen und signalisierte Gesprächsbereitschaft. Unmittelbar vor dem Frühjahrsgipfel des Europäischen Rats reiste Bundeskanzler Schröder zu seinem polnischen Kollegen Miller nach Warschau. Dabei zeigten sich beide Regierungschefs sehr zuversichtlich, die Verhandlungen über die Europäische Verfassung noch unter der irischen Präsidentschaft, also im ersten Halbjahr 2004, abschließen zu können. Grundlage „des vorsichtigen Optimismus"[332] schien die Bereitschaft Polens zu sein, dem Modus der doppelten Mehrheit nun grundsätzlich zuzustimmen. In der gemeinsamen Pressekonferenz erklärten Miller und Schröder, dass sie ihre Außenminister beauftragt hätten, einen gemeinsamen Kompromissvorschlag zu einem Berechnungsmodus für die doppelte Mehrheit zu erarbeiten und diesen der irischen Ratspräsidentschaft zuzuleiten. Diskutiert wurde über eine Formel „zweimal 55 Prozent", nach der Entscheidungen des Ministerrats mit 55 Prozent der Mitgliedstaaten, die gleichzeitig 55 Prozent der EU-Bevölkerung repräsentierten, möglich sein sollten.

Nachdem die Signale aus den europäischen Hauptstädten zur Fortführung des Verfassungsprozesses überwiegend positiv waren, sollte der Frühjahrsgipfel des Europäischen Rates am 25. und 26. März in Brüssel zu einem unerwartet harmonischen Treffen werden. Der Bericht[333], den der Ratsvorsitzende Ahern in Brüssel seinen Amtskollegen vorlegte, bestätigte den grundsätzlichen „Konsens über die Bedeutung und den Wert des vorgeschlagenen Verfassungsvertrags als ein Mittel,

---

[332] So die Neue Zürcher Zeitung, „Kompromisssignale Millers in Warschau", am 24. März 2004.
[333] Bericht des Vorsitzes an den Europäischen Rat (Tagung am 25./26. März 2004 in Brüssel) über die Regierungskonferenz, CIG 70/04 vom 24. März 2004.

mit dem die Union besser gerüstet wäre, um den Erwartungen ihrer Bürger gerecht zu werden und eine effizientere Rolle in der Welt zu spielen."[334] Der irische Vorsitz beantwortete in seinem Bericht auch die Frage, welches Gesamtpaket als Verhandlungsbasis für die Wiederaufnahme der Regierungskonferenz herangezogen werden sollte. Nicht, wie vereinzelt gefordert worden war, das erste Gesamtpaket der italienischen Präsidentschaft zur Vorbereitung der Klausurtagung der Außenminister in Neapel, sondern das zweite Gesamtpaket zur Vorbereitung des Brüsseler Gipfels sollte als Bezugsgrundlage herangezogen werden.[335]

Insgesamt hatte EU-Ratspräsident Ahern rund zwanzig strittige Fragen in seinen Sondierungsgesprächen in den Hauptstädten festgestellt, wobei die institutionellen Fragen nach wie vor die schwierigsten waren. Dennoch kam der Vorsitz zu der vorsichtig optimistischen Bewertung: „Nach Auffassung des Vorsitzes kann für diese Fragen und andere Problempunkte eine Gesamtlösung gefunden werden, wenn ausreichender politischer Wille und Flexibilität dafür vorhanden sind."[336] Dieser politische Wille wurde von den Staats- und Regierungschefs bestätigt. Sie beschlossen, „dass eine Einigung über den europäischen Verfassungsvertrag spätestens auf der Tagung des Europäischen Rats im Juni erzielt werden sollte."[337] Damit hatte die irische Präsidentschaft nicht nur eine Wiederaufnahme der Verhandlungen erreicht, sondern darüber hinaus auch die zeitliche Festlegung durchsetzen können, bis wann die Regierungskonferenz den Verfassungsvertrag annehmen sollte.

Dieses Ergebnis wurde europaweit begrüßt. Bundeskanzler Schröder sprach davon, dass sich Europa bewegen könne, „wenn man das will"[338]. Kommissionspräsident Prodi und der Präsident des Europäischen Parlaments, Pat Cox, bezeichneten es als wünschenswert, dass noch vor den Wahlen zum Europaparlament am 13. Juni eine Einigung gefunden werde. Gefördert wurde die neue Gemeinsamkeit durch den Machtwechsel in Spanien und die Regierungskrise in Polen. Leszek Miller hatte sich nach Korruptionsaffären entschieden, mit dem Beitritt seines Landes zur EU am 1. Mai zurückzutreten. Damit war der Weg frei, die zehn neuen Mitglieder in der Union willkommen zu heißen und gleichzeitig einen Weg zur Konsolidierung und Vertiefung weisen zu können. Das „starke Gefühl der Einheit", wie Tony Blair formulierte, der Wille zu Gemeinsamkeit und Stärke hielt in den folgenden Monaten an.

Am 1. Mai 2004 wurden die zehn langjährigen Beitrittskandidaten Mittel- und Osteuropas in die Europäische Union aufgenommen. In Estland, Lettland, Litauen, Polen, der Tschechischen Republik, der Slowakei, Ungarn, Slowenien, Zypern und Malta wurde die Aufnahme aufwendig gefeiert, in den Grenzgebieten zu den Alt-

---

[334] Ebenda, Ziffer 4.
[335] In Ziffer 6 des Berichts CIG 70/04 vom 24. März 2004 wird ausdrücklich das Dokument für den Dezember-Gipfel (CIG 60 ADD1 und ADD 2) erwähnt. Zu den in diesem Dokument enthaltenen Vorschlägen habe „im Rahmen einer Gesamteinigung ein breiter politischer Konsens" bestanden. Dagegen hatte zum Beispiel EU-Kommissar Barnier im konstitutionellen Ausschuss des Europäischen Parlaments gefordert, das Gesamtpapier für Neapel als Bezugsgrundlage zu wählen, weil die Regierungskonferenz in der überarbeiteten Fassung zu weit von den ursprünglichen Vorschlägen des Konvents abgewichen sei.
[336] Ziffer 8 des Berichts CIG 70/04 vom 24. März 2004.
[337] Schlussfolgerungen des Europäischen Rats von Brüssel, 25./26. März 2004, Ziffer 4.
[338] „Schröder spricht von Durchbruch bei EU-Verfassung", FAZ vom 26. März 2004.

mitgliedern Begegnungen von Politikern und Bürgern organisiert. Viele der rund 74 Millionen Einwohner der neuen Länder nahm an den zahllosen Festen teil; in der irischen Hauptstadt Dublin kamen die Staats- und Regierungschefs zu einem Kurztreffen zusammen, um das Ereignis angemessen zu würdigen. Einen Schatten warf die Ablehnung des von den Vereinten Nationen für Zypern ausgehandelten Wiedervereinigungsreferendums durch das griechische Südzypern. Hier hatte sich am 24. April eine überraschend deutliche Mehrheit von 76% gegen die Annahme des Annan-Planes ausgesprochen, nur 24% waren dafür. Demgegenüber votierten im türkischen Nordzypern 65% für den Plan, 35% dagegen. Ein großer Erfolg für die türkische Diplomatie, die die Nationalisten im Norden in ihre Schranken verweisen konnte und sich einen weiteren Bonus für eine baldige Aufnahme von Beitrittsverhandlungen mit der Europäischen Union versprach. An der Teilung der Mittelmeerinsel aber dürfte sich vorläufig nichts ändern. Nach dem Beitritt des südlichen Teils verläuft die EU-Außengrenze nunmehr mitten durch die Insel, und erstmals stehen Truppen der UN auf dem Boden der Europäischen Union.

Während der irische Ratspräsident Ahern mit zahlreichen Rundreisen durch die europäischen Hauptstädte die Kompromisssuche fortsetzte und die noch immer strittigen Bereiche der Verfassung eruierte, überraschte der britische Premierminister Blair die Politiker im eigenen Land und in Europa mit der Ankündigung im Unterhaus, in Großbritannien ein Referendum über die Verfassung durchführen zu lassen. Damit vollzog er eine radikale Kehrtwendung zu seiner bisherigen Position, denn bis dahin hatte nur die europakritische Opposition eine Volksabstimmung gefordert. Es sei an der Zeit zu entscheiden, ob Großbritannien „ein führender Partner und Verbündeter Europas ist oder am Rande" stehen solle, erklärte Blair seinen Kurswechsel. Nun könnten die Briten selbst entscheiden, „ob Europa eine Verschwörung gegen uns ist oder eine Partnerschaft, mit der wir unser nationales Interesse in der modernen Welt vertreten können". Viele Kommentatoren deuteten die Abstimmung dann folgerichtig als ein Urteil der Bürger über den weiteren Verbleib in der Union. Auch EU-Außenkommissar Chris Patten meinte, dass eine Ablehnung der Verfassung „so gut wie" ein Austritt aus der Union sei. Im April 2004 lehnten nach einer Umfrage des „Sunday Telegraph" 68% der Briten die Verfassung ab, nur 21% waren dafür. Nach einer anderen Umfrage der „News of the World" lehnten 55% die Verfassung ab, während 25% sich für eine Annahme aussprachen. In der gleichen Umfrage votierten jedoch 51% für einen Verbleib in der Europäischen Union, nur 36% plädierten für einen Austritt. Bis zum voraussichtlichen Zeitpunkt des Referendums im Herbst 2005, nach der nächsten Unterhauswahl, werden die Debatten in Großbritannien vermutlich weiter an Heftigkeit zunehmen.

Die Kehrtwende Blairs in der Referendumsfrage setzte auch die anderen Regierungen in Europa unter Druck. Insbesondere in Frankreich wurde eine rege Diskussion über Für und Wider einer Volksabstimmung geführt. Der ehemalige Außen- und spätere Innenminister und Teilnehmer des Konvents, Dominique de Villepin, sowie Valéry Giscard d'Estaing sprachen sich dafür aus. Giscard sah die Bestimmungen über den gemeinsamen Außenminister, die gemeinsame Verteidigungspolitik, die Präsidentschaft und die Aufwertung des Europäischen Parlaments für so gravierend an, dass eine Abstimmung unerlässlich sei. Insbesondere vor dem Hintergrund der äußerst knappen Abstimmung über den Vertrag von Maastricht – damals gab es 51% Ja-Stimmen gegenüber 49% Nein-Stimmen – zögerte Präsident Chirac zunächst, seinen Landsleuten die Verfassung zur Abstimmung vorzulegen, doch musste er schließlich nachgeben und beraumte eine Volksabstimmung ebenfalls für 2005 an.

Trotz der teilweise negativen Erfahrungen mit Referenden werden einige Staaten die Verfassung ihren Bürgern vorlegen, darunter neben Großbritannien und Frankreich auch Irland und Dänemark, deren Verfassungen eine Abstimmung zwingend vorschreibt, sowie Spanien, Portugal, Luxemburg, die Niederlande und die Tschechische Republik. Die Bundesregierung sprach sich dagegen für eine Ratifizierung der Verfassung durch den Deutschen Bundestag und den Bundesrat aus. Einige Kabinettsmitglieder befürworteten jedoch Überlegungen für ein europaweites Referendum, damit die Weiterentwicklung der Union nicht durch kleine Länder blockiert werden könne. Der dänische Premierminister, Anders Fogh Rasmussen, lehnte dieses Vorgehen mit Verweis auf die national unterschiedlichen Traditionen ab. Die Kommission wiederum wollte möglichst zeitnahe Ratifikationen in den Mitgliedstaaten, um den Abstimmungsprozess zu europäisieren.[339]

Die Fortsetzung der Verhandlungen

Mit einem Treffen der Außenminister am 17. und 18. Mai wurden die nach dem gescheiterten Brüsseler Gipfel unterbrochenen Verhandlungen auf politischer Ebene wieder aufgenommen. Neben den „Dauerbrennern" Abstimmungsmodus im Rat und Neustrukturierung der Kommission brachten die Staaten zunehmend weitere nationale Interessen ins Spiel. London bestand weiterhin auf Vetorechten in den Bereichen Migrations-, Verteidigungs- und Außenpolitik sowie im Steuerwesen. Insgesamt legte die britische Regierung 25 Änderungswünsche vor. Madrid wollte die katalanische und auch die baskische Sprache zu offiziellen Sprachen der Union aufwerten. Paris plädierte dafür, die Einbeziehung eines Sozialgipfels in die Verfassung zu schreiben. Dublin setzte sich dafür ein, die Gesetzgebung gegen Zigaretten- und Alkoholmissbrauch zu europäisieren. Warschau und Rom bestanden in Übereinstimmung mit den konservativen Abgeordneten des Europäischen Parlaments weiterhin darauf, den Gottesbezug in der Präambel zu verankern. Es bestätigte sich, dass es nicht alleine die schwierigen institutionellen Fragen waren, die noch zu lösen waren. Der irische Vorsitz stand vor der schwierigen Aufgabe, nun die kompromissorientierte Grundstimmung des Europäischen Rats vom März auf die spezifischen Sachfragen zu übertragen und so das kleine „window of opportunity" zu nutzen. Dazu setzten sowohl der irische Premierminister Bertie Ahern als auch sein Außenminister Brian Cowen ihre Reihe der bilateralen Gespräche fort.

---

[339] Umfassend zur Debatte über ein Referendum Andreas Maurer; Andrea Stengel: Ein Referendum für Europa, SWP-Diskussionspapier, Mai 2004.

18 Die Neuaufnahme der Verhandlungen und der Abschluss der Regierungskonferenz

Bereits am 29. April 2004 legte die irische Präsidentschaft ein Arbeitsdokument[340] als Verhandlungsgrundlage für ein Treffen der „focal points" am 4. Mai in Dublin vor. Mit der Bezeichnung „Arbeitsdokument" und mit der Erläuterung, dieses Dokument sei nicht als ein neuer Gesamtvorschlag des Vorsitzes zu verstehen, versuchte die irische Präsidentschaft die Erwartungen und den Verhandlungsdruck vor der Wiederaufnahme der Verhandlungen auf politischer Ebene zu minimieren. Zwar knüpften die Iren an den letzten Vorschlag der italienischen Präsidentschaft vom 9. Dezember 2003 an und unterstrichen so die Kontinuität der Verhandlungen. Aber dennoch machte der Vorsitz klar, dass er es noch für verfrüht halte, neue Vorschläge vorzulegen. Zugleich sollte das Verhandlungsfeld begrenzt werden. Der Vorsitz machte deutlich, dass er davon ausgehe und erwarte, dass keine neuen Anliegen in die Verhandlungen eingebracht würden.

Das Treffen der Arbeitsebene diente der weiteren Annäherung und der Vorbereitung des Außenministertreffens am 17. und 18. Mai. Es zeichnete sich bereits zu Beginn der Neuaufnahme der Verhandlungen ab, dass für eine Mehrzahl der vorgeschlagenen Kompromissformulierungen des Arbeitspapiers eine erneute Veränderung nicht möglich sein würde. Demzufolge wollte die irische Präsidentschaft Änderungswünsche einzelner Delegationen nicht weiter verfolgen. Dies betraf in erster Linie die Formulierungen einzelner Vertragsartikel in Teil III des Verfassungsentwurfs. Dennoch eröffneten sich in einzelnen Sachfragen neue Verhandlungsspielräume. So wurde die Forderung der Europäischen Zentralbank berücksichtigt, die Preisstabilität des Euro als Ziel in Artikel 3 der Verfassung aufzunehmen. Umstritten blieb die Rolle des Europäischen Parlaments in der Aufstellung des jährlichen Haushalts. Während der Konvent dem Parlament das Letztentscheidungsrecht eingeräumt hatte, wollten insbesondere die europäischen Finanzminister dem Rat die letzte Entscheidung über die Aufstellung des Haushaltsplans vorbehalten. Hier zeichnete sich eine heftige Konfrontation mit den Beobachtern des Parlaments bei der Regierungskonferenz ab. Auch in vielen anderen, noch offenen Fragen wurden Rückschritte gegenüber dem Vorschlag des Konvents deutlich, die zu einem Festhalten am *status quo* führen würden. So sprachen sich die meisten Delegationen gegen die Einführungen von Mehrheitsabstimmungen bei den finanzwirksamen Entscheidungen aus. Auch nach Inkrafttreten der Verfassung sollte über die nächste Finanzielle Vorausschau und die europäischen Strukturfonds einstimmig entschieden werden. In der Formulierung der künftigen territorialen Kohäsionspolitik der Union in Artikel III-116 wurde eine neue Konfliktlinie zwischen den potentiellen Gewinnern und Verlierern dieser Politik deutlich. Während einige Mitgliedstaaten die Förderung besonders benachteiligter Regionen, wie Bergregionen, dünn besiedelter Regionen oder Inselregionen, aus dem europäischen Haushalt forderten, lehnten andere Staaten diese Auflistung ab, um keine neuen Fördertatbestände im Verfassungsvertrag zu verankern.

Die schwierigen institutionellen Fragen, aber auch die Fragen der Einführung von Mehrheitsabstimmungen in sensiblen Bereichen wie der Innen- und Justizpolitik und der Steuerpolitik sollten den Außenministern vorbehalten bleiben. Aber gerade

---

[340] RK 2003 – Treffen der Kontaktstellen (Dublin, 4. Mai 2003), Arbeitsdokument, CIG 73/04 vom 29. April 2004.

in diesen Bereichen suchte der irische Vorsitz neue Lösungen. So wurde die Einführung eines so genannten „Notbremse-Mechanismus" diskutiert. Dieser neue Mechanismus sollte es einem einzelnen Staat ermöglichen, in besonders sensiblen Fragen Einspruch gegen den Vorschlag eines europäischen Rahmengesetzes einzulegen. Wenn dies der Fall wäre, sollte sich der Europäische Rat mit der Frage befassen und innerhalb von vier Monaten entscheiden. Wenn auch auf höchster Ebene keine Lösung der Frage möglich sein sollte, würde automatisch denjenigen Staaten, die die beanstandete Regelung unterstützen, die Option der verstärkten Zusammenarbeit eröffnet. Damit versuchte der Vorsitz die Vorbehalte einzelner Staaten gegen weitergehende Integrationsschritte zu berücksichtigen, zum Beispiel bei der Einführung eines europäischen Strafrechts. Zugleich sollte aber die Hürde für die Aktivierung neuer Formen der verstärkten Zusammenarbeit für diejenigen Staaten, die weitergehen wollen, gesenkt werden. Für andere Fragen, wie zum Beispiel bei Abstimmungen über den künftigen mehrjährigen Finanzrahmen, wurden ebenfalls zusätzliche „Passarelle"-Klauseln vorgeschlagen, die trotz des Festhaltens an der einstimmigen Beschlussfassung den späteren Übergang zu Mehrheitsvoten ermöglichen sollten.

Die Verhandlungen im Kreis der Außenminister im Mai 2004

Insgesamt bestätigten die beiden Außenministertreffen am 17./18. Mai sowie am 24. Mai die neue Verhandlungsdynamik. Gerade bei den schwierigen institutionellen Fragen, wie bei der Einführung der doppelten Mehrheit, wurden neue Kompromisslinien erkennbar, die sich bereits nach dem März-Gipfel der Staats- und Regierungschefs abgezeichnet hatten. Der Wechsel vom System von Nizza zum System der doppelten Mehrheit wurde von Spanien und auch von Polen nicht mehr grundsätzlich abgelehnt. So eröffneten sich erstmals wirkliche Verhandlungsmöglichkeiten über die Fragen der Ausgestaltung der doppelten Mehrheit; also die Höhe der Schwellenwerte und mögliche zusätzliche Konditionen. Damit verbunden war auch eine neue Verhandlungsdynamik in den übrigen institutionellen Fragen, wie der Mindestzahl der Sitze im Europäischen Parlament und der Größe und Zusammensetzung der Europäischen Kommission. Hier zeichnete sich die Möglichkeit einer Kompensation der kleinen Mitgliedstaaten für deren Zustimmung zur doppelten Mehrheit ab. Auch in einigen Sachfragen wurden Verhandlungsfortschritte auf der Grundlage neuer, für alle Seiten akzeptabler Kompromissformulierungen des irischen Vorsitzes deutlich. So sollten die Differenzen zwischen den Finanzministern und dem Europäischen Parlament über die Gestaltung des Haushaltsverfahrens durch die gleichberechtigte Rolle beider Teile der europäischen Haushaltsbehörde bei der Verabschiedung des jährlichen Haushalts beigelegt werden.

Der Vorsitz hatte zur Vorbereitung des Ministertreffens am 17. und 18. Mai zwei Verhandlungspakete vorgelegt. Das erste Paket[341] enthielt die Textentwürfe, über die weitgehender Konsens bestand und die im Rahmen eines Gesamtkompromisses verabschiedet werden sollten. Dazu zählten die ergänzten Zielbestimmungen

---

[341] Vgl. RK 2003 – Vorschläge des Vorsitzes im Anschluss an das Treffen der „Kontaktstellen" vom 4. Mai 2003, CIG 76/04 vom 13. Mai 2004.

der Union, eine Erweiterung um den Minderheitenschutz in Artikel I-2, weitere Klarstellungen zur Aufgabe des Europäischen Außenministers und des europäischen Auswärtigen Dienstes sowie ein Reihe von Erklärungen, die dem Verfassungsvertrag hinzugefügt werden sollten. Einigkeit bestand auch darüber, dass weiterhin die Mitgliedstaaten ihre Wirtschaftspolitiken koordinieren sollten und nicht, wie es der Konvent vorgeschlagen hatte, die Union. Abänderungen vom Vorschlag des Konvents waren auch in den Bereichen der Energiepolitik, des Tourismus und des Gesundheitswesens vorgesehen. In einem zweiten Paket[342] wurden diejenigen Textentwürfe zusammengestellt, für die sich eine Mehrheit bei dem Treffen der Arbeitsebene abgezeichnet hatte, ohne dass allerdings eine Konsenslösung möglich gewesen war. Diese Einzelthemen sollten nochmals von den Außenministern erörtert werden. Dazu gehörten sowohl institutionelle Fragen, wie die Möglichkeit von Teampräsidentschaften im Ministerrat als Alternative zur halbjährlich rotierenden Präsidentschaft, als auch Sachfragen, wie die Rückkehr zur Einstimmigkeit bei der Verabschiedung des mehrjährigen Finanzrahmens oder eine Ergänzung der Charta der Grundrechte.

Besonders bei der Frage der Ausweitung von Mehrheitsabstimmungen bestanden noch deutliche Unterschiede zwischen den Delegationen. Auf der einen Seite stand die britische Delegation, die unter Verweis auf das angekündigte Referendum über den Verfassungsvertrag ihre Verhandlungsposition mit „roten Linien", die man in keinem Fall überschreiten werde, akzentuierte. So lehnte London Mehrheitsabstimmungen in der Steuerpolitik und in weiten Bereichen den Innen- und Justizpolitik ab. Unterstützt wurde Großbritannien von einigen kleineren Delegationen aus den neuen Mitgliedstaaten. Auf der anderen Seite befand sich die Mehrzahl der Gründerstaaten, die eine Ausweitung von Mehrheitsabstimmungen befürwortete. Namentlich Bundesaußenminister Fischer sprach sich gegen die Verhandlungsführung der britischen Delegation aus, die nachträglich das Ergebnis des Konvents in dieser Frage immer weiter aufweichen wolle. Auch in der Frage der Integration der Grundrechtecharta in den Verfassungsvertrag bezog der Bundesaußenminister eindeutig Stellung gegen die britische Position, der er eine „Salami-Taktik" vorwarf. Während die britische Delegation weitergehende Beschränkungen des Anwendungsbereichs der Charta über die bereits im Konvent durchgesetzten Abänderungen der Grundrechtecharta durchsetzen und auch die Interpretationshilfen des Herzog-Konvents rechtsverbindlich machen wollte, lehnte die Bundesregierung nochmalige Eingriffe in die Grundrechtecharta ab.

Umgekehrt eröffnete aber auch die Bundesregierung während der Verhandlungsrunden im Kreis der Außenminister ein neues Konfliktthema. Die Europäische Kommission hatte vor dem EuGH eine Klage gegen den Ministerrat eingereicht, um ihre Rolle in einem Defizitverfahren gegen einen Mitgliedstaat im Rahmen des Europäischen Stabilitäts- und Wachstumspakts zu klären. Im Kern ging es darum, ob sich der Ministerrat mit einem Mehrheitsbeschluss oder allenfalls mit einstimmiger Beschlussfassung über die Position der Kommission hinwegsetzen konnte, als die Kommission im Frühjahr die Einleitung eines Defizitverfahrens gegen Deutschland vorgeschlagen hatte. Die Bundesregierung versuchte diese auf den ersten Blick

---

[342] RK 2003 – Erörterungen auf der Ministerebene am 17./18. Mai 2004, CIG 75/04 vom 13. Mai 2004.

formale, in ihren Konsequenzen aber hoch politische Frage durch eine Klarstellung im Verfassungsvertrag zu lösen. Dagegen sprachen sich einige Delegationen, am deutlichsten die Niederlande, aus. Deshalb suchte die Bundesregierung mit der niederländischen Delegation eine bilaterale Verständigung, die die Grundlage für einen Kompromiss im Rahmen der Regierungskonferenz bilden sollte. Ein weiterer ungelöster Konfliktpunkt blieb die Formulierung der Präambel. Während sich einige Delegationen deutlich für die Aufnahme eines Gottesbezuges oder zumindest der christlichen Wurzeln Europas in die Präambel aussprachen, lehnte dies das laizistische Frankreich ebenso eindeutig ab.

Zur Vorbereitung der Ministertagung am 24. Mai legte der irische Vorsitz keine neuen Textentwürfe, sondern lediglich einen kurzen erläuternden, den Verhandlungsstand zusammenfassenden Bericht[343] vor. Demnach sollte das Treffen der allgemeinen politischen Aussprache zum Gesamtstand der Verhandlungen und der Vertiefung der institutionellen Fragen dienen. Der Vorsitz legte bewusst keine neuen Textentwürfe vor, gerade auch nicht zu den institutionellen Fragen, um der Gesamtlösung nicht vorzugreifen und die eigenen bilateralen Sondierungsgespräche nicht zu gefährden. Mit ihren deutlichen Erläuterungen zum Stand der Beratungen und zu den beiden institutionellen Kernfragen – der doppelten Mehrheit und der Zusammensetzung des Europäischen Parlaments – versuchte die Präsidentschaft alle Delegationen nochmals auf eine Konsenslösung zu verpflichten. Der Hinweis auf die Zielvorgabe des Europäischen Rats vom März, noch im ersten Halbjahr 2004 eine Einigung zu ermöglichen, erhöhte auch für die Außenminister den Konsensdruck.

Eine Einigung auf den Vorschlag des Konvents zur doppelten Mehrheit sei nicht zu erwarten, fassten die Iren den Verhandlungsstand zusammen. Deshalb sollten Möglichkeiten der Anpassung durch eine Veränderung der Schwellen der Bevölkerungszahl und der Anzahl der Mitgliedstaaten geprüft werden. In dem Bericht heißt es: "Der Vorsitz ist bei seinen Konsultationen zu dem Schluss gelangt, dass ein Konsens nur erreicht werden kann, indem die Schwelle für die Bevölkerungszahl heraufgesetzt wird."[344] Dies mache angesichts der Forderung aus dem Kreis der kleinen Mitgliedstaaten, eine Parität der Schwellen einzuführen, auch eine Erhöhung der Anzahl der Mitgliedstaaten erforderlich. Der Vorsitz öffnete darüber hinaus die Debatte um zusätzliche „Möglichkeiten der Verfeinerung". Dazu gehörten die Frage der Zählweise von Stimmenthaltungen und der besonderen Berücksichtigung von Sperrminoritäten. Dieser Appell an die Kompromissbereitschaft aller Seiten förderte die weitere Annäherung der Positionen im Kreis der Außenminister, ohne die abschließende Verständigung der Staats- und Regierungschefs vorweg nehmen zu können.

---

[343] RK 2003 – Erörterungen auf der Ministertagung am 24. Mai 2004 in Brüssel, CIG 77/04 vom 19. Mai 2004.
[344] Ebda, Ziffer 8.

Die letzten Verhandlungsrunden im Juni 2004

Das letzte Außenministertreffen am 14. Juni, wenige Tage vor dem entscheidenden Gipfel am 17./18. Juni, diente der weiteren Einengung der noch offenen Punkte. Dazu hatte der irische Vorsitz wiederum zwei Dokumente vorgelegt, in denen zum einen die unstrittigen und zum anderen die verschiedenen noch offenen Fragen zusammengestellt waren. Das Papier[345] mit den Konsenspunkten enthielt 49 Anhänge mit über 50 Textentwürfen. Darin, so der Vorsitz, seien die Stellungnahmen der Außenminister bei ihren Tagungen im Mai „so weit wie möglich berücksichtigt" worden. In den kurzen einführenden Bemerkungen formulierte der Vorsitz demzufolge: „Aus der Sicht des Vorsitzes ist dieses Dokument ein fairer Kompromiss zwischen den unterschiedlichen Standpunkten der Delegationen."[346] Diese Leistung der irischen Präsidentschaft wurde offensichtlich auch von den übrigen Delegationen anerkannt, denn die Kompromisstexte wurden nicht mehr in Frage gestellt.

Das zweite Dokument[347] enthielt neue Textentwürfe zu den noch umstrittenen Sachfragen; die Einigung auf die noch offenen institutionellen Fragen sollte dagegen den Staats- und Regierungschefs vorbehalten bleiben. Die Außenminister diskutierten deshalb insbesondere die Möglichkeiten, in zusätzlichen Politikfeldern mit qualifizierter Mehrheit abstimmen zu können. So sprach sich eine Mehrheit der Delegationen nun für den „Notbremse-Mechanismus" im Bereich der Justiz- und Innenpolitik aus, um sich zumindest die Option weiterer Integrationsfortschritte offen zu halten. Im Gegensatz dazu lehnte Großbritannien und eine Mehrheit der Mitgliedstaaten die Ausweitung von Mehrheitsabstimmungen im Bereich der Steuerpolitik ab. London wollte darüber hinaus durchsetzen, dass grundsätzlich alle Beschlüsse, die steuerpolitische Bezüge aufwiesen, einstimmig zu treffen seien. Großbritannien hielt auch an seiner Forderung zur Verankerung der Auslegungen der Grundrechtecharta im Verfassungsvertrag fest. Neben der Bundesregierung sprach sich insbesondere auch Frankreich für eine deutliche Ausweitung der qualifizierten Mehrheit aus. Umstritten war auch die deutsche Forderung, die Rolle der Europäischen Kommission in einem Defizitverfahren nach Artikel III-76 des Verfassungsvertrags auf die Abgabe von Empfehlungen zu beschränken und damit Abweichungen des Rates mit qualifizierter Mehrheit zu ermöglichen. Die Bundesregierung hatte für diese Position die Unterstützung Italiens, Polens und Griechenlands gewinnen können. In einem gemeinsamen Schreiben an den irischen Vorsitz hatten diese vier Delegationen unmittelbar vor dem Außenministertreffen dieses Anliegen bekräftigt. Insbesondere die Niederlande beharrten allerdings auf einer Stärkung der gerichtlichen Kontrolle des Defizitverfahrens durch den EuGH. Die Bundesregierung und die Niederlande hatten sich bereits auf eine Erklärung zur Interpretation des Stabilitäts- und Wachstumspakts verständigt, in der klargestellt wurde, dass die Union ein ausgewogenes Wirtschaftswachstum und die Stabilität der gemeinsamen Währung anstrebe. In Phasen schwachen wirtschaftlichen Wachstums sollten deshalb die Prioritäten in

---
[345] RK 2003 – Vorschlag des Vorsitzes im Anschluss an die Ministertagung vom 24. Mai 2004, CIG 79/04 vom 10. Juni 2004.
[346] Ebenda, Ziffer 2.
[347] RK 2003 – Ministertagung am 14. Juni 2004 in Luxemburg, CIG 80/04 vom 12. Juni 2004.

Richtung auf Wirtschaftsreformen, Innovation, Wettbewerbsfähigkeit sowie Steigerung des privaten Verbrauchs und der privaten Investitionen gesetzt werden. In Zeiten wirtschaftlichen Wachstums sollten Überschüsse zur Konsolidierung der öffentlichen Haushalte genutzt werden. Zur Frage der Einbeziehung der Interpretationshilfen zur Charta der Grundrechte in den Verfassungsvertrag legte der irische Vorsitz drei Alternativen vor. Danach wurden entweder eine Ergänzung in der Präambel verbunden mit einer dem Verfassungsvertrag anzuhängenden Erklärung oder eine zusätzliche Ergänzung von Artikel 52 der Charta in zwei unterschiedlichen Formulierungen vorgeschlagen. In der Frage der Einbeziehung eines Gottesbezugs in die Präambel bestätigten sich die verhärteten Positionen, so dass eine Lösung unwahrscheinlich wurde. Der Änderungsentwurf für die Präambel der Präsidentschaft verzichtet zudem auf das vom Konventsvorsitzenden Giscard gewählte Eingangszitat von Thukydides.

Damit konnte vor dem entscheidenden Gipfel der Staats- und Regierungschefs die Zahl der strittigen Fragen weiter eingegrenzt werden. Dennoch lagen der abschließenden Verhandlungsrunde, wie bereits im Dezember 2003, die entscheidenden institutionellen Machtfragen zur Lösung vor. Auf der Grundlage der letzten Verhandlungsrunde der Außenminister erstellte die irische Präsidentschaft ein neues Konsenspapier[348] bzw. ein überarbeitetes Dissenspapier[349] für die Verhandlungen der Chefs am 17. und 18. Juni 2004 in Brüssel. Dabei wurde deutlich, dass der Vorsitz die Zahl der Dissenspunkte und damit die im Kreis der Staats- und Regierungschefs vorrangig zu verhandelnden Punkte deutlich begrenzen wollte. In dem Papier wurden ein neuer Vorschlag zur Größe der Kommission und sechs neue Formulierungsvorschläge zu einzelnen Sachfragen vorgelegt. Der Vorsitz schlug vor, die institutionellen Fragen in ihrer Gesamtheit zu betrachten; jede Paketlösung müsse insgesamt für Ausgewogenheit sorgen. Umstritten waren noch immer die Schwellen für die Bevölkerungszahl und die Anzahl der Mitgliedstaaten bei der Ausgestaltung der doppelten Mehrheit. Der Vorsitz legte auf der Grundlage seiner bilateralen Konsultationen und der Diskussionen im Kreis der Außenminister erstmals einen eigenen Kompromissvorschlag vor. Danach sollten für Mehrheitsentscheidungen 55 Prozent der Staaten erforderlich sein, die zugleich 65 Prozent der Bevölkerung repräsentieren. Mit diesem Vorschlag kam die Präsidentschaft der Forderungen der Gruppe der kleineren und mittleren Mitgliedstaaten entgegen. Die Erhöhung der Schwellen erleichtert die Möglichkeit, ein europäisches Gesetz zu verhindern. Darüber hinaus empfahl der Vorsitz, den informellen Kompromiss von Ioannina aus dem Jahr 1994 in den Verfassungsvertrag aufzunehmen, nach dem bei sehr knappen Mehrheitsentscheidungen zunächst verstärkte Anstrengungen unternommen werden, eine größere Mehrheit zu finden.

Bei der Mindestsitzzahl von Abgeordneten kleinerer Mitgliedstaaten im Europäischen Parlament schlug der Vorsitz eine Erhöhung auf sechs Sitze vor und zugleich die Festschreibung einer Maximalsitzzahl pro Mitgliedstaat. Die Bun-

---

[348] RK 2003 – Tagung der Staats- und Regierungschefs am 17./18. Juni 2004 in Brüssel, CIG 81/04 vom 16. Juni 2004.
[349] RK 2003 – Tagung der Staats- und Regierungschefs am 17./18. Juni 2004 in Brüssel, CIG 82/04 vom 16. Juni 2004.

18 Die Neuaufnahme der Verhandlungen und der Abschluss der Regierungskonferenz

desregierung hatte noch beim Außenministertreffen am 14. Juni darauf bestanden, dass die Erhöhung der Mindestsitzzahl nicht zu einer Verringerung der 99 deutschen Abgeordneten im Europäischen Parlament führen dürfe. Auch in der strittigen Frage der Größe der Kommission kam der Vorsitz den kleinen und mittleren Staaten entgegen. Allerdings sollte zugleich festgeschrieben werden, dass ab dem Jahr 2014 nicht mehr jeder Mitgliedstaat einen eigenen Kommissar nach Brüssel entsenden sollte. Der Konvent wollte die Kommission ab dem Jahr 2009 auf 15 Mitglieder verkleinern und zwischen stimmberechtigten und nicht-stimmberechtigten Kommissaren unterscheiden. Die Iren schlugen vor, dass die Kommission erst ab 2014 und dann nur auf 18 Mitglieder verkleinert werden solle. Zu den nicht-institutionellen Fragen legte der Vorsitz die von Deutschland und den Niederlanden erarbeitet Erklärung zum Stabilitäts- und Wachstumspakt, neue Textentwürfe zur Rolle der Kommission in einem Defizitverfahren, die Formulierung einer gesonderten Passarelle-Klausel für die Verabschiedung des mehrjährigen Finanzrahmens sowie Vorschläge zur Ergänzung der Charta der Grundrechte vor.

Der Gipfel der Staats- und Regierungschefs am 17. und 18. Juni stand unter dem ernüchternden Eindruck der Europawahlen vom 14. Juni. In der Analyse der Wahlen war deutlich geworden, wie gering das Interesse der Wählerinnen und Wähler an der Europäischen Union war. Die Wahlbeteiligung sank auf unter 45% und in den neuen Mitgliedstaaten sogar unter 40% und war damit deutlich geringer als bei den letzten Wahlen zum Europäischen Parlament vor fünf Jahren. In der Slowakei wurde mit 16,7% Wahlbeteiligung ein Negativ-Rekord in der Union erzielt. Auf Grund dieser niedrigen Wahlbeteiligung wurden die europaskeptischen oder -kritischen Parteien zu den Gewinnern der Wahlen. Nur wo zeitgleich andere Regionalwahlen stattfanden, erreichte die Wahlbeteiligung die üblichen Werte. Insgesamt ergaben die Analysen drei Ergebnisse:

1. Die Wahlen gaben nur begrenzt Anhaltspunkte für die Zustimmung der Wähler zu den europapolitischen Fragen oder zur Rolle des Europäischen Parlaments. Viel stärker gaben nationale Beweggründe den Ausschlag für die Entscheidung der Wähler; bereits die Wahlkämpfe waren von nationalen Themen und Kandidaten dominiert. So wurden die Europawahlen überwiegend dazu genutzt, den nationalen Regierungen das Misstrauen auszusprechen. Nur in Spanien und Griechenland, in denen erst kurz vor den Europawahlen die nationalen Parlamentswahlen bereits zu einem Regierungswechsel geführt hatten, konnten die Regierungsparteien auch die Europawahlen gewinnen. In Prag hatten die herben Verluste der regierenden Sozialdemokraten sogar den Rücktritt der Regierung Spidla zur Folge.
2. Die geringe Wahlbeteiligung war sowohl ein Zeichen der Unzufriedenheit mit der Politik der eigenen nationalen Regierung als auch ein deutlicher Beleg für das zunehmende Desinteresse und das Unverständnis der Wählerinnen und Wähler gegenüber der Europapolitik.
3. Die Anteile der europaskeptischen oder gar -ablehnenden Parteien stiegen deutlich an. In Großbritannien konnte die United Kingdom Independence Party (U-KIP) die Konservative Partei überflügeln und auch in Polen waren die europakritischen oder sogar nationalistischen Parteien die Wahlgewinner.

Für die Staats- und Regierungschefs bedeutete diese enttäuschende Analyse, dass ein nochmaliges Scheitern der Regierungskonferenz auf europaweites Unverständnis gestoßen wäre. Trotz des erneut gestiegenen Einigungsdruckes sollten sich die Verhandlungen allerdings als schwierig erweisen. Erst am späten Abend des zweiten Gipfeltages konnte ein Gesamtkonsens über den europäischen Verfassungsvertrag erreicht werden. Bis zuletzt standen die institutionellen Machtfragen im Zentrum der Verhandlungen der Staats- und Regierungschefs. Nachdem der irische Vorsitz am 18. Juni die Diskussionen des Vortages in einem überarbeiteten Papier[350] zusammengefasst hatte, sollten die Verhandlungen am 18. Juni nach einer erneuten Verhandlungsrunde am Vormittag ab Mittag in bilateralen Runden fortgesetzt werden. Der irische Vorsitz suchte neue Kompromisslösungen und legte schließlich ein nochmalig überarbeitetes Papier[351] vor. Darin wurden zusätzliche Textentwürfe in nunmehr 19 Anlagen vorgelegt. Mit diesen Formulierungen kam der Vorsitz insbesondere den kleinen und mittleren Staaten bei den Fragen der Ausgestaltung der doppelten Mehrheit und der Größe der Kommission weiter entgegen. Dies spiegelte die langen und intensiven Verhandlungen der Nachmittagsverhandlungen gerade mit den Delegationen aus diesen Mitgliedstaaten wider. Dieser Vorschlag wurde schnell von den Gründerstaaten Deutschland, Frankreich, Belgien und Luxemburg akzeptiert, aber umgehend von einer Gruppe von 13 kleinen Mitgliedstaaten zurückgewiesen, die auf einer Regelung 58% der Staaten und 65% der Bevölkerung beharrten. Nach weiteren Verhandlungen wurde am späten Abend dann der von der Präsidentschaft allen Delegationen vorgelegte Kompromisstext[352] schließlich ohne weitere Detailverhandlungen von allen Seiten gebilligt.

Im Ergebnis zeigten sich alle Delegationen erleichtert und zufrieden, einen Konsens gefunden zu haben. Bundeskanzler Schröder sprach von einer „wahrhaft historischen Entscheidung", eine Bewertung, die der französische Staatspräsident Chirac nur eingeschränkt teilte. Dennoch sprach er von einem sehr befriedigenden Ergebnis und auch der neue polnische Ministerpräsident Belka betonte, dass Polen einen großen Erfolg errungen habe. Der britische Premier Tony Blair unterstrich, dass der Verfassungsvertrag die Rolle des Ministerrats und der nationalen Parlamente stärke und zugleich die britischen Vetomöglichkeiten in den Bereichen der Steuer- und der Sozialpolitik gewahrt blieben. Der spanische Ministerpräsident Zapatero zeigte sich „sehr sehr zufrieden", sein luxemburgischer Kollege Juncker sprach von einem „qualitativen Durchbruch" und sogar der Präsident des Konvents, Giscard d'Estaing, dankte in einer ersten Stellungnahme den 25 Staats- und Regierungschefs und lobte das Ergebnis der Regierungskonferenz als „großen Tag für Europa". Insbesondere der irischen Präsidentschaft wurde Anerkennung und Lob für die erfolgreiche Arbeit gezollt.

---

[350] RK 2003 – Tagung der Staats- und Regierungschefs am 17./18. Juni 2004 in Brüssel, CIG 83/04 vom 18. Juni 2004.
[351] RK 2003 – Tagung der Staats- und Regierungschefs am 17./18. Juni 2004 in Brüssel, CIG 84/04 vom 18. Juni 2004.
[352] RK 2003 – Tagung der Staats- und Regierungschefs am 17./18. Juni 2004 in Brüssel, CIG 85/04 vom 18. Juni 2004.

18 Die Neuaufnahme der Verhandlungen und der Abschluss der Regierungskonferenz   253

Warum aber war im Juni 2004 ein Erfolg möglich, der im Dezember 2003 noch in weiter Ferne schien? Vier Punkte sprechen für ein verändertes und damit den Erfolg ermöglichendes Verhandlungsumfeld:

1. Der Regierungswechsel in Spanien
Mit dem Wechsel der Regierung Aznar zu seinem kompromissbereiteren Nachfolger Zapatero kam eine neue Dynamik in die festgefahrenen Verhandlungen. Mit dem Regierungswechsel wurde die spanische Haltung in der Frage der doppelten Mehrheit flexibler und dies bedeutete zugleich, dass auch Polen sich für eine Verhandlungslösung und einen Kompromiss öffnen musste, wollte es nicht isoliert zurück bleiben. Umgekehrt bedeutete dies aber auch, dass die Delegationen, die puristisch am Ergebnis des Konvents festhalten wollten und die in den Verhandlungen genauso wenig kompromissbereit waren, sich ihrerseits für inhaltliche Verhandlungen öffnen mussten. Zudem wurde im Juni 2004 erstmals auch auf der höchsten Ebene der Staats- und Regierungschefs verhandelt. Die Verhandlungen im Dezember 2003 waren bereits nach einer *tour de table* ohne die Vorlage neuer Kompromisstexte des italienischen Vorsitzes abgebrochen worden. Im Juni legten die Iren hingegen ständig neue Papiere vor, über die verhandelt werden konnte.

2. Die Ankündigung Tony Blairs, ein Referendum in Großbritannien über die Verfassung abzuhalten
Die Ankündigung führte zunächst dazu, dass die Verhandlungsposition Großbritanniens deutlich gestärkt wurde. London zog „rote Linien" in wichtigen Sachfragen, wie der Steuerpolitik, der Sozialpolitik, der Grundrechtecharta und im Bereich der Innen- und Justizpolitik. Damit wurden die Verhandlungspositionen eindeutiger akzentuiert und es setzte sich auf allen Seiten die Einsicht durch, dass man auf diese Positionen eingehen musste, wollte man überhaupt ein Ergebnis erzielen. Die Verhandlungen wurden insgesamt dynamisiert – wenn auch nicht im Sinne und in die Richtung der Vorschläge des Konvents.

3. Die Europawahlen am 14. Juni 2004
Die Wahlbeteiligung war mit 45% deutlich geringer als 1999 und nicht nur in den Medien verfestigte sich das Bild eines europaweiten Desinteresses. Darüber hinaus bewirkte die deutliche Stärkung der populistischen und europaskeptischen Parteien eine erhöhte Sensibilität in den Hauptstädten für eine europäische Lösung im gemeinsamen Interesse. In der Konsequenz bedeutete dies, dass ein nochmaliges Scheitern der Regierungskonferenz nahezu ausgeschlossen war. Ein Ergebnis war sozusagen Pflicht für die Staats- und Regierungschefs.

4. Die Rolle des irischen Vorsitzes
Im Vergleich zum italienischen Vorsitz konnten die Iren offenkundig verloren gegangenes Vertrauen zurückgewinnen. Die irischen Kompromissvorschläge wurden von allen Seiten als faire Verhandlungsgrundlage und unparteiische Darstellung der Verhandlungssituation akzeptiert. Die Iren nutzen geschickt die neue Dynamik und den kleinen, zusätzlichen Verhandlungsspielraum, um immer neue Kompromiss-

formulierungen vorzulegen, die die Verhandlungen weiter führten und einem Gesamtergebnis näher brachten.

Die Einigung auf den Europäischen Verfassungsvertrag

Der zentrale Fortschritt der Regierungskonferenz bestand in der Beschränkung auf die institutionellen Fragen. Bundesaußenminister Fischer sollte deshalb auch in seiner ersten Stellungnahme betonen, dass dieses Mal keine *left overs* zurück blieben. Die Regierungskonferenz hatte in der strittigen Frage der Größe der Europäischen Kommission einen Kompromiss gefunden, der sowohl die kleinen als auch die großen Mitgliedstaaten zufrieden stellte. Der Grundsatz „ein Kommissar pro Mitgliedstaat" wurde zunächst bis zum Jahr 2014 fest geschrieben, also für die erste Kommission nach Inkrafttreten der Verfassung. Im Gegensatz zum Vorschlag des Konvents wurde aber keine Differenzierung zwischen den Kommissaren vorgenommen; Kommissare ohne Stimmrecht wird es nicht geben. Für die Europäische Kommission nach dem Jahr 2014 soll dann die Zahl der Kommissare nur noch 2/3 der Zahl der Mitgliedstaaten entsprechen, d.h. also 18 Kommissare bei einer EU von 27 Mitgliedstaaten. Zunächst war während der Regierungskonferenz eine Kommission mit 18 Kommissaren ab dem Jahr 2009 vorgeschlagen worden. Dem widersprachen allerdings die kleinen Staaten vehement, so dass die Verkleinerung der Kommission um weitere 5 Jahre verschoben wurde. Von besonderer Bedeutung war während der gesamten Verhandlungen die besondere Rolle des Europäischen Außenministers. Er soll im Fall des vorzeitigen Rücktritts der Kommission ebenfalls seine Funktion als Mitglied der Kommission verlieren, könnte allerdings sein Amt als Beauftragter des Rats für die Außenpolitik behalten.

In der besonders umstrittenen Frage der doppelten Mehrheit nach Art. I-25 des Verfassungsvertrags zeigte sich die Regierungskonferenz flexibler als der Konvent, einen für alle Seiten tragbaren Kompromiss zu finden. Der Konvent hatte eine einfache Mehrheit der Mitgliedstaaten und 60% der Bevölkerung vorgeschlagen. Aus Rücksicht auf die Bedenken der kleinen Mitgliedstaaten wurden diese Quoren in der Regierungskonferenz um jeweils 5% erhöht, also auf 55% und 65%, die ab dem 1. November 2009 gelten sollen. Darüber hinaus wurde als weitere Klarstellung eingefügt, dass die Mehrheit der Mitgliedstaaten mindestens 15 Staaten ausmachen muss. Diese Klarstellung ist nur für die Übergangszeit einer EU-25 von Relevanz, weil nur während dieser Phase 55% der Staaten nur 14 Staaten ausmachen. Bei einer EU mit zumindest 27 Mitgliedern entsprechen 55% auch mindestens 15 Staaten. Wichtig für die kleinen Staaten blieb zudem die Sperrminorität, die besagt, dass mindestens vier Staaten erforderlich sind, um eine Entscheidung zu verhindern. Diese Schutzklausel war gefordert worden, um eine Blockadekoalition der drei großen Staaten Deutschland, Frankreich und Großbritannien zu verhindern. Um auch die letzten Einwände insbesondere der polnischen Delegation aufzunehmen, vereinbarten die Staats- und Regierungschefs eine ergänzende Erklärung zu Artikel I-25 des Verfassungsvertrags. In dieser Erklärung vereinbaren die Mitgliedstaaten, den Kompromiss von Ioaninna zumindest für eine Übergangszeit von 2009 bis zum 1. November 2014 anzuwenden. Danach soll der Rat keine Entscheidung mit der neuen qualifizierten Mehrheit treffen, wenn mindestens drei Viertel des Bevölkerungsanteils oder mindestens drei Viertel der Mitgliedstaaten, die für die Bildung einer Sperrminorität erforderlich wären, der Annahme eines Rechtsaktes widersprechen. Darüber hinaus sollen künftig Stimmenthaltungen nicht für die Berechnung der qualifizierten Mehrheit oder der Blockademinderheiten herangezogen werden. Zusätzlich wird in den Politikbereichen der früheren zweiten und dritten Säule, also in den Bereichen Gemeinsame Außen- und Sicherheitspolitik sowie Innen- und Justizpolitik, bei Mehrheitsabstimmungen ein höheres Staatenquorum erforderlich. Für diese Fälle schreibt der Verfassungsvertrag das Quorum von 72% der Staaten und 65% der Bevölkerung vor. Auch in diesen Bereichen wurden also die Schwellen des Konvents erhöht. Damit konnte in der Regierungskonferenz zwar grundsätzlich ein Wechsel vom System der gewichteten Stimmen hin zu einem System der doppelten Mehrheit erreicht werden. Diese doppelte Mehrheit wurde aber zugleich mit einer Vielzahl von Konditionen und einer schrittweisen Einführung verbunden, die das System weder transparenter noch effizienter machen. Der Abstimmungsmodus wird vielmehr noch komplexer werden.

Die Mitgliederzahl des Europäischen Parlaments in Artikel I-20 wurde von 736 auf 750 Mitglieder als Obergrenze erhöht. Darüber hinaus wurde die Zahl der Mindestsitze von 4 auf 6 pro Mitgliedstaat erhöht und eine Höchstzahl von 96 Sitzen festgelegt. Dies bedeutet, dass die derzeitige Sitzzahl von 99 deutschen Abgeordneten im Jahr 2009 auf 96 Sitze verringert wird.

Bei den Sachfragen standen die wirtschafts- und währungspolitischen Fragen im Mittelpunkt der Abschlussverhandlungen. Dem Verfassungsvertrag wurde eine „Erklärung zum Stabilitäts- und Wachstumspakt" beigefügt, der das Ergebnis der deutsch-niederländischen Verhandlungen war und die Ziele des Paktes nach Artikel III-184 klarstellen soll. Die Bundesregierung konnte sich auch mit ihrer Forderung durchsetzen, bei einem Defizitverfahren am derzeitigen Status quo festzuhalten. Nicht „auf Vorschlag" der Kommission, wie es der Konventsentwurf vorsah, sondern nur auf „Empfehlung" der Kommission soll ein solches Verfahren ausgelöst werden. Im Unterschied zu einem „Vorschlag der Kommission", der nur einstimmig im Rat abgelehnt werden kann, kann auch weiterhin eine „Empfehlung der Kommission" im Rat mit Mehrheit überstimmt werden. Allerdings konnten die Niederlande durchsetzen, dass zur Feststellung des Defizits das Vorschlagsrecht der Kommission unangetastet bleibt. Die britische Regierung konnte ihrerseits durchsetzen, dass auch weiterhin der mehrjährige Finanzrahmen einstimmig verabschiedet wird und nicht wie im Konventsentwurf vorgesehen mit Mehrheitsentscheidung. Allerdings kann der Rat einstimmig beschließen, zur Mehrheitsentscheidung überzugehen („Passerelle-Regelung"). Auch die „Modalitäten" der Finanzmittel nach Artikel I-55 sollen weiterhin der einstimmigen Beschlussfassung und der Ratifizierung durch alle Mitgliedstaaten unterliegen. Auch hier hatte der Konvent eine Mehrheitsentscheidung empfohlen. Andererseits wurde eine gesonderte Passerelle-Regelung eingefügt. Bei der einstimmigen Verabschiedung des Eigenmittelbeschlusses kann festgelegt werden, dass Durchführungsmaßnahmen zum Eigenmittelsystem zukünftig mit Mehrheit getroffen werden können.

Die allgemeine Passerelle-Regelung nach Artikel IV-444, mit der ein erleichterter Übergang von der Einstimmigkeit in die Mehrheitsentscheidung ermöglicht werden soll, wurde um eine Berücksichtigung der nationalen Parlamente ergänzt. Im Gegensatz zum Konventsentwurf erhalten demnach die nationalen Parlamente ein eigenes Vetorecht gegenüber der Union.

Im Bereich der Justiz- und Innenpolitik eröffnete die frühzeitig vom irischen Vorsitz vorgelegte Möglichkeit einer „Notbremse" den Weg für einen Kompromiss zwischen den Staaten, die weitere Integrationsschritte forderten, und denjenigen, die zurückhaltend blieben. Danach kann ein Staat, der ein europäisches Rahmengesetz als mit den grundlegenden Prinzipien seiner Strafrechtsordnung für unvereinbar hält, einen Beschluss zunächst verhindern. Der Europäische Rat muss sich dann mit der Frage befassen und innerhalb von vier Monaten entscheiden. Kann auch er keine Einigung erzielen, so kann automatisch eine verstärkte Zusammenarbeit eingeleitet werden, an der sich mindestens ein Drittel der Mitgliedstaaten beteiligen muss. Auch in der Frage der Schaffung einer europäischen Staatsanwaltschaft konnte sich die britische Regierung weitgehend durchsetzen. Nach Artikel III-274 kann das Amt nur einstimmig geschaffen werden. Seine Befugnisse werden auf Straftaten zum Nachteil der finanziellen Interessen der Union beschränkt. Zugleich ist aber auch hier vorgesehen, dass seine Befugnisse durch einstimmige Entscheidung des Europäischen Rates und Zustimmung des Parlaments auf die Bekämpfung schwerer grenzüberschreitender Kriminalität ausgedehnt werden können. Im Bereich der Gesundheitspolitik konnte der irische Vorsitz eine eigene Forderung durchsetzen. In Artikel III-278 werden die Kompetenzen der Union ausgeweitet. So erhält die Union beispielsweise die Befugnis, Maßnahmen zur Bekämpfung des Alkohol- und Tabakmissbrauchs zu ergreifen.

Weitere wichtige Veränderungen in den Sachfragen gegenüber dem Konventsentwurf sind
- die erneut aufgenommene Zuständigkeit der EU für Tourismus nach Artikel III-281, die allerdings auf Unterstützungsmaßnahmen begrenzt bleibt,
- die Ergänzung von Artikel III-122 zur Daseinsvorsorge, nach der die nationalen Zuständigkeiten unberührt bleiben sollen,
- die neu eingefügte Querschnittsklausel zum Tierschutz nach Artikel III-121,
- die grundsätzliche Gleichrangigkeit der Mitgliedstaaten wird in Artikel I-5 an prominenter Stelle im Verfassungsvertrag verankert,
- ein Hinweis auf die Interpretationshilfen zur Grundrechtecharta wurde auf Wunsch der britischen Regierung in den Verfassungsvertrag aufgenommen,
- das Bürgerbegehren nach Artikel I-47 wurde um eine Mindestzahl der notwendigen Staaten ergänzt,
- der europäische Auswärtige Dienst erhält mit Artikel III-296 eine klare Rechtsgrundlage,
- die Modalitäten der strukturierten Zusammenarbeit im Bereich der europäischen Verteidigungspolitik werden konkretisiert,
- die beiden Teile der europäischen Haushaltsbehörde, das Europäische Parlament und der Rat, werden gleichberechtigt den jährlichen Haushalt der Union erstellen,

- die Symbole der Union werden, wie es der Konvent vorgeschlagen hatte, in den ersten Teil des Verfassungsvertrags verschoben,
- der Beitritt zur Europäischen Menschenrechtskonvention nach Artikel I-7 wird verpflichtend,
- der Verfassungsvertrag kann, wie es die spanische Regierung gefordert hatte, in regionale Sprachen übersetzt werden und
- die Koordinierungszuständigkeit im Bereich der Wirtschaftspolitik verbleibt bei den Mitgliedstaaten.

Der Konvent hatte im Juli 2003 einen schlüssigen Gesamtentwurf für einen Europäischen Verfassungsvertrag vorgelegt, der zum Ausgangsdokument für die Verhandlungen der Regierungskonferenz wurde. Während der Regierungskonferenz wurde dieser Entwurf zum Referenzdokument, an dem das Ergebnis der Regierungskonferenz zu messen sein würde. So bemerkten die meisten Beobachter unmittelbar nach dem erfolgreichen Ende der Regierungskonferenz, dass gut 90% des Konventstextes von der Regierungskonferenz übernommen worden sei. Allerdings, so muss man kritisch anmerken, hatte der Konvent selbst bereits mit der Übernahme der Grundrechtecharta als Teil II und der weitgehenden Übernahme des EG-Vertrags als Teil III des Verfassungsvertrags auf bestehende Texte rekurriert. Die Regierungskonferenz übernahm die grundlegenden Neuerungen des Konvents, wie die vierteilige Struktur des Verfassungsvertrags, die Aufnahme der Grundrechtecharta in den Verfassungsvertrag, die neuen Institutionen, wie den Präsidenten des Europäischen Rats und den Außenminister, die Einfügung von Kompetenzkategorien und die rechtliche Regelung des Austritts aus der Union. Damit konnte das Anliegen des Konvents, einen einheitlichen Text vorzulegen, der den Maßstäben der Transparenz und Bürgernähe, der Effizienz und der demokratischen Legitimation gerecht würde, auch in der Regierungskonferenz gesichert werden. Allerdings veränderten die Regierungen der Mitgliedstaaten den Entwurf des Konvents in einer Vielzahl von Sachfragen und auch in einigen grundlegenden institutionellen Fragen. Trotz unvermeidlicher Kompromisse, die zunächst im Konvent und dann nochmals in der Regierungskonferenz notwendig waren, stellt der Verfassungsvertrag einen bedeutenden Fortschritt in der europäischen Integrationsgeschichte dar.

Dennoch bleibt auch dieser Verfassungsvertrag zunächst ein völkerrechtlicher Vertrag, der an die Stelle des bisherigen vielgliedrigen europäischen Vertragswerks tritt. Gerade auch die in der Regierungskonferenz vorgenommenen Abänderungen am Konventsentwurf bestätigen den Vertragscharakter. Ebenso die Nutzung der klassischen Instrumente von Regierungsverhandlungen zur Kompromissfindung, die Möglichkeit von Paketlösungen oder die zeitliche Verschiebung von Entscheidungen. Das erstmalige Scheitern der Regierungskonferenz, die tiefe Depression, in die Europa zu fallen schien und die dann nur drei Monate später, im März 2004, sich abzeichnende Lösung sind Beleg dafür, dass sich die Staats- und Regierungschefs in einem fundamentalen Dilemma befanden. Einerseits hatte der Europäische Rat bereits bei der Mandatierung des Konvents in der Erklärung von Laeken im Dezember 2001 davon gesprochen, dass sich Europa am Scheideweg befinde und einer Konstitutionalisierung bedürfe. Auch der Konvent, und insbesondere sein Präsident Giscard, hatten immer wieder von der Notwendigkeit einer europäischen Verfassung gesprochen, die man benötige, um Europa den Bürgern näher zu bringen und für den Bürger zu öffnen. Damit wurden der normative Anspruch und der Maßstab, an dem man das Ergebnis messen wollte, sehr hoch angelegt. Andererseits versuchten aber die Regierungsvertreter bereits im Konvent und später noch deutlicher während der Regierungskonferenz ihre nationalen Interessen durchzusetzen. Der Europäische Verfassungsvertrag war stets auch die rechtliche Grundlage, auf der 25 Mitgliedstaaten und ihre Regierungen in der Zukunft zu einer gemeinsamen Politik finden müssen. Dies erforderte eine rationale und pragmatische Fortsetzung der Vertiefung durch Verträge. Während Giscard von einer Verfassung gesprochen hatte, die 50 Jahre und länger bestehen bleiben werde, verhandelten die Vertreter der Regierungen einen Vertrag, der in den Augen vieler Beobachter eine Bestandsdauer von bestenfalls 5-10 Jahren haben sollte.

Der Verfassungsvertrag liegt nun in einer konsolidierten Fassung vor und umfasst 325 Seiten mit rund 450 Artikeln und zwei Anhängen. Im ersten Anhang sind auf 351 Seiten die 36 Vertragsprotokolle zusammengestellt. In Anhang 2 sind auf 88 Seiten 39 Erklärungen aufgeführt, die einzelne Mitgliedstaaten, Gruppen oder die Kommission abgegeben haben. Dieses Gesamtwerk wurde bis Ende Oktober 2004 vom Juristischen Dienst und dem Sprachendienst des Rates geprüft und in alle 21 Amtssprachen übersetzt. Am 29. Oktober erfolgte dann die förmliche Unterzeichnung durch die Staats- und Regierungschefs in Rom. Anschließend hat das Ratifikationsverfahren in den Mitgliedstaaten begonnen, das üblicherweise ungefähr 2 Jahre dauert. Eine besondere Herausforderung werden dabei die Volksbefragungen in mindestens 10 Mitgliedstaaten sein, denn noch ist die Zustimmung zum Verfassungsvertrag in diesen Staaten keinesfalls sicher. Eine erfolgreiche Ratifikation in allen Mitgliedstaaten vorausgesetzt, soll der Verfassungsvertrag zum 1. November 2006 in Kraft treten und damit die Römischen Verträge von 1957 endgültig ablösen.

19 Ausblick: Integration durch Verfassung

Mit der Annahme der Verfassung haben die Staats- und Regierungschefs die Weichen gestellt für eine weitere Konsolidierung der Europäischen Union. Nach der rasanten Entwicklung der vergangenen Jahre, die der Gemeinschaft den Binnenmarkt, den Wegfall der Grenzkontrollen, die politische Union, die Gemeinsame Außen- und Sicherheitspolitik, die gemeinsame Währung, die Grundrechtecharta und eine gewaltige Erweiterung nach Norden, Süden und Osten gebracht hat, kann Europa mit dieser Verfassung nun in den notwendigen Prozess der Sicherung und Ausgestaltung des bisher Erreichten eintreten. Zugleich muss sich die Union in einem unsicheren politischen Umfeld bewähren, in dem „neue Kriege" und Terrorismus eine immer größere Rolle spielen, sie muss dem ökonomischen Druck standhalten, der den Wohlstand der Unionsbürger bedroht, und sie muss sich selbst so weit festigen, dass Populisten und Demagogen die europäische Integration und die gemeinsamen Werte und Ziele nicht mehr in Frage stellen können. Und schließlich muss sie sich bei den Bürgerinnen und Bürgern in das politische Gedächtnis eingraben als eine Gemeinschaft, auf die sie stolz sind und die sie schützen vor den Herausforderungen der Zukunft. So wegweisend die Verfassung dafür ist, kann und soll sie doch nicht alles endgültig regeln. Somit stellt sich die Frage, was denn in dieser Verfassung noch fehlt. Was sind die „Leftovers" der vorgelegten Verfassung? Auf welche Fragen hat der Entwurf keine oder keine hinreichenden Antworten geliefert? Was sind die Herausforderungen für die Union in den kommenden Jahren? Exemplarisch sollen vier Problemkreise angesprochen werden: Die Finalität der Europäischen Union, die Zukunft des Nationalstaats, die Anbindung der EU an die Unionsbürger sowie die Erweiterung der Union.

Zur Finalität der Union: Das Präsidium des Konvents hatte mit Bedacht keine eigene Arbeitsgruppe zur institutionellen Reform eingesetzt. Die Diskussion darüber sollte dem Plenum und damit allen Teilnehmern offen stehen. Doch durch den zunehmenden Zeitdruck in der dritten Phase des Konvents konnte diese für die Zukunft der EU eigentlich zentrale und für die Machtverteilung in der Union fundamentale Debatte nicht detailliert genug geführt werden. Dabei hätte sich gerade der Konvent für eine solche grundsätzliche Debatte angeboten, während Regierungskonferenzen dafür denkbar ungeeignet sind. Im Konvent entwickelten sich zwar Debatten über institutionelle Veränderungen, wie beispielsweise den europäischen Außenminister, aber eine grundlegende und anspruchsvolle Debatte über Chancen und Risiken demokratischen Regierens jenseits des Nationalstaats wurde nicht geführt. Kann es einen „echten europäischen" Regierungschef geben? Und kann eine genuin europäische Regierung funktionieren? Wie sieht es dann mit der legitimatorischen Rückkopplung an die Unionsbürger aus? Der Konvent hat hier nicht einmal ansatzweise visionäre Vorschläge geliefert, sondern sich auf das politisch Machbare und gegenüber dem Europäischen Rat Durchsetzbare beschränkt. Dabei hätte durchaus die Möglichkeit bestanden, die von Bundesaußenminister Fischer angestoßene Finalitätsdebatte aufzunehmen und zumindest ein Stück weiter zu treiben.

Die klassische Regierungslehre unterscheidet bei der demokratischen Organisation von Staat und Regierung bekanntlich drei Modelle - das parlamentarische System, wie es in Deutschland praktiziert wird, das präsidentielle System, wie es die USA besitzen, und das semi-präsidentielle System, wie es in Frankreich umgesetzt ist.[353] Der Konvent hätte diese Modelle aufgreifen können, die auch in unterschiedlicher Ausprägung den verschiedenen in den Konvent eingebrachten Verfassungsentwürfen zu Grunde gelegen hatten, um sie im Spiegel der je nationalstaatlichen Erfahrungen fruchtbar zu diskutieren. Was bedeutet es, wenn dem parlamentarischen System gemäß die Kommission zu einer Regierung mit einem „Kanzler" an ihrer Spitze umgewandelt wird? Hierbei würde der Regierungschef direkt aus den Wahlen zum Europäischen Parlament hervorgehen und von der Mehrheitsfraktion oder einer Koalition gestellt werden. Voraussetzung dafür wäre ein tragfähiges, ausgebildetes und gefestigtes Parteiensystem in Europa. Davon kann derzeit keine Rede sein, sind doch europäische Parteien erst in einem embryonalen Stadium vorhanden. Wie könnten zukünftig nationenübergreifende Parteien organisiert sein, die über entsprechende Mobilisierungskraft gegenüber den Bürgern verfügen, denn ein Wahlkampf müsste ja zugleich in allen Mitgliedstaaten geführt werden?

Diese Frage stellt sich auch beim präsidentiellen System. Hier stünden sich ein direkt gewählter und damit von den Unionsbürgern legitimierter Präsident mit seiner Regierung einerseits und das Europäische Parlament als Völkervertretung andererseits gegenüber. Auch hier gibt es ein Mobilisierungsproblem. Was ist, wenn sich, beispielsweise, ein sozialdemokratischer Kandidat aus Portugal und ein konservativer Kandidat aus Irland gegenüberstehen? Ob eine solche Wahl in Deutschland wohl genügend Wähler fände? Und kann in Europa ein System funktionieren, dass, wie in den USA, auf eine proportionale Vertretung der Bürger im Parlament setzt, während in der Staatenvertretung alle Länder unabhängig von ihrer Größe über die gleiche Stimmenanzahl verfügen würden? Immerhin, die Diskussion über die Stimmgewichtung im Rat, die die Mitgliedstaaten nach dem Konvent so lange umtrieb, wäre damit obsolet. Bleibt noch die semi-präsidentielle, „französische" Variante. Hier würde der Europäische Rat einen Präsidenten bestimmen, der Vorgaben für die EU erlässt und dem ein Kommissionspräsident als Chef der Exekutive zur Seite steht. Mit dieser dualistischen Struktur würde der Balance zwischen supranationalen und intergouvernementalen Institutionen in der Union Rechnung getragen. Aber käme es nicht zu fortwährenden Kompetenzstreitigkeiten, wie sie für „Kohabitationen" in Frankreich kennzeichnend sind, wenn beide Spitzenpositionen von unterschiedlichen Parteien oder Parteifamilien besetzt werden? Gibt es nicht schon jetzt zu viele Präsidenten in Europa? In der Theorie gibt es eine Vielzahl an Demokratisierungs-

---

[353] Politikwissenschaftliche Studien zur Übertragung dieser Systeme auf die europäische Ebene liegen bereits vor. Vgl. Frank Decker: Parlamentarisch, präsidentiell oder semi-präsidentiell? Der Verfassungskonvent ringt um die künftige institutionelle Gestalt Europas, in: Aus Politik und Zeitgeschichte, B 51-52, 2002, S. 16-23.

pfaden. Es wäre die Aufgabe des Konvents gewesen, die grundlegenden Voraussetzungen für die weitere Demokratisierung des europäischen politischen Systems zu debattieren. Die angerissenen Fragen können und sollen hier nicht beantwortet werden, bilden aber idealen Diskussionsstoff für weitere Diskurse.

Zur Zukunft des Nationalstaats: Wer sich der institutionellen Ausgestaltung der Union und ihrer Finalität zuwendet, der muss auch die Auswirkungen einer weiteren Vertiefung der Gemeinschaft klären. Ist eine weitere Entwicklung weg vom Nationalstaat und hin zu supranationalen Strukturen überhaupt gewünscht? Bislang bedeutete europäische Integration stets: „Europa wächst zusammen; langsam, bürokratisch, unaufhaltsam und vor allem: zumeist unspektakulär."[354] Der Integrationsprozess wurde meist als ein naturnotwendiger Prozess gesehen. Die Karawane zog stetig weiter, auch wenn sie manchmal Rast machen musste. Niemals aber kehrte sie um. Soll dieser Prozess auch in Zukunft weiter fortgesetzt werden und in welche Richtung? Der Konvent hat hier sich neben der institutionellen vor einer weiterer wichtigen Frage gedrückt: Wo will Europa hin? Wie soll die Zukunft der Nationalstaaten als Mitgliedstaaten aussehen? Kann und soll es einen europäischen Staat und eine europäische Gesellschaft geben? Im Vorfeld der Verleihung des Karlspreises an Giscard d'Estaing wurden vier Zukunftsprojekte für die EU skizziert.[355] Demnach sollte die Europäische Union langfristig zu einer Sicherheits-, Wirtschafts-, Solidaritäts- und Verfassungsgemeinschaft weiter entwickelt werden.

Doch die für die Zukunft grundlegendste Frage ist die nach der Möglichkeit und Wünschbarkeit der Überwindung des Nationalen und der Nationalstaatlichkeit. Ist die These zutreffend, dass Europa zu einem vielschichtigen „Gebilde aus lokalen Gemeinden, mehr oder weniger starken Regionen, immer mehr verblassenden Resten von Nationen und einer Vielzahl horizontal angeordneter Interessengruppierungen, vor allem aber selbstverantwortlich handelnder Individuen [wird]. Es wird keinen zentralen Ort der Politik geben und keine zentrale Öffentlichkeit, sondern viele Orte und Teilöffentlichkeiten. (...) Die Ressource ihrer Legitimation wird ihre Auffächerung in Ebenen und Arenen, ihre Offenheit und Partizipation, ihr Stückwerkscharakter, ihre Revidierbarkeit, ihre Fähigkeit zur ständigen Korrektur von Fehlern sein."[356] Aber kann ein „Gebilde", bestehend aus „Interessengruppierungen" und dezentralen Diskursarenen, tatsächlich die Nationalstaaten aufheben und historisch beerben? Die „verblassenden Reste von Nationen" scheinen sich im kognitiven und emotionalen Haushalt der Europäer stärker verfestigt zu haben, als es manche Theorie wahrhaben will. Die Vermengung des Wünschenswerten mit dem Realistischen ist aber in keiner Weise nützlich bei der Prognose des weiteren Integrationsweges. Stärker an der Wirklichkeit orientiert formulierte Bundesaußenminister Fi-

---

[354] Arno Krause: Die Europäische Verfassung: Chancen und Herausforderungen für die europapolitische Bildung, in: ders.; Heiner Timmermann (Hrsg.): Europa – Integration durch Verfassung, Münster 2003, S. 18-29, hier S. 24.
[355] Vgl. Bertelsmann Forschungsgruppe Politik: Europas Reform denken. Diskussionspapier zum Karlspreis-Europa-Forum in Aachen, 2002 (www.cap-muenchen.de)
[356] Richard Münch: Demokratie ohne Demos. Europäische Integration als Prozess des Institutionen- und Kulturwandels, in: Wilfried Loth; Wolfgang Wessels (Hrsg.): Theorien europäischer Integration, Opladen 2001, S. 177-203, hier S. 203.

scher: „Kein einzelner der europäischen Staaten, auch nicht der größte, kann in Zukunft alleine seine Interessen nach außen auf Dauer wirksam vertreten. Dafür sind selbst die größten und mächtigsten europäischen Nationalstaaten unter den Bedingungen, die sich uns in Zukunft stellen werden, zu klein. Nur gemeinsam als Europäische Union können wir den Herausforderungen der Zukunft effektiv begegnen. Nur gemeinsam haben wir eine Chance, das 21. Jahrhundert auf positive Weise zu gestalten."[357] Die Sprache der Wissenschaft formuliert diesen Sachverhalt so: „Die Europäische Union ist (...) ein Teil der dritten und höheren Ebene der nunmehr von Staaten ausgehenden und getragenen Selbstbindung. Die Staaten büßen dabei gleichsam die Freiheit des Naturzustandes ein; sie sind nicht mehr im bisherigen Sinne souverän. (...) Und doch behalten die Staaten im Völkerrechtsverkehr ihre im Hinblick auf das Machtmonopol im Außenverhältnis unabgeleitete Grundfreiheit, ihre im theoretischen und juristischen Sinne bestehende Souveränität. Die ungebundene Freiheit bleibt als unüberwindbare konstruktive Voraussetzung einer neuen Stufe der Ordnung erhalten und doch durch die Bindung auf der neuen Ebene um die Möglichkeit der Willkür gebracht."[358]

Zweck der europäischen Integration ist nicht die Zerstörung des Nationalstaats, aber er kann auch nicht im Sinne des Realismus die einzige legitime Ordnung bleiben, wenn weiterhin Fortschritte auf dem Weg zu Freiheit, Frieden und Wohlstand angestrebt werden. Noch immer ist der Nationalstaat wichtiger Garant für innere Sicherheit und Wohlfahrt der Bürger in Europa. Noch immer ist er ein geradezu „natürlich" erscheinender Bezugspunkt für die Mehrheit der Menschen. Daher darf der Nationalstaat nicht aufgelöst, sondern soll eingebunden werden in supranationale Strukturen. In seinen Aktivitäten ist der Nationalstaat nicht mehr völlig frei, vielmehr ist die Bühne seines Handelns, zumindest in Europa, die supranationale Organisation. Hier tritt er weiterhin als Lobbyist seiner Bürger auf, doch zugleich ist er in seinem Handeln eng an die gemeinschaftlichen Institutionen und Verfahren und die sie tragenden Werte und Normen gebunden. Es gilt daher, Abschied zu nehmen vom irrigen Leitbild des Realismus, der Staat sei frei und ungebunden in seinem Handeln. Aber auch der Föderalismus eignet sich kaum als Interpretationsrahmen für die gegenwärtigen Verhältnisse. Eine starke europäische Föderation, die Vereinigten Staaten von Europa, mögen ein interessantes und attraktives Leitbild sein, realistisch ist es kaum. Die Weltföderation, ja die Errichtung des Weltstaates, war die ehrgeizige Vision mancher Föderalisten nach den schrecklichen Erfahrungen des 2. Weltkriegs. Knapp 60 Jahre später wissen wir, dass dieses Ziel noch immer ins Reich der Utopien gehört. Der Nationalstaat lebt, aber er ist wenn nicht untergeordnet, so doch eingeordnet in supranationale Strukturen, die seine totale Freiheit und Ungebundenheit einhegen.

Damit stellt sich die Frage nach einem neuen Paradigma. Der Realismus zieht mit seiner starken Betonung der nationalen Souveränität, der Interessendurchsetzung

---

[357] Joseph Fischer: Den historischen Herausforderungen gerecht werden, Rede vor dem Deutschen Bundestag am 11. Dezember, in: Das Parlament, Nr. 51, 15.12.2003, S. 17.
[358] Udo di Fabio: Mehrebenendemokratie in Europa. Auf dem Weg in die komplementäre Ordnung, Vortrag an der Humboldt-Universität zu Berlin, 15.11.2001, Forum Constitutionis Europae, 10/01, S. 14 (www.whi-berlin.de/difabio.htm).

und Machtmaximierung die Stellung der Gemeinschaftsorgane und die Existenz eines vorhandenen gemeinschaftlichen Rahmens zu wenig ins Kalkül. Idealismus und Föderalismus wiederum scheinen die Rolle von Verhaltensregeln und gemeinschaftlichen Prozessen als Folge nationalstaatlicher Kooperation überzubewerten. Die Nationalstaaten sind auch nach fünfzig Jahren europäischer Integration noch deutlich Herren der Entwicklung. Das hat die auf den Konvent folgende Regierungskonferenz sehr deutlich gezeigt. Aber Politik in der Europäischen Union ist weder ein freies Spiel der Staaten untereinander, wie der Realismus unterstellt, noch sind bislang wichtige Bereiche ausschließlich auf die Ebene der Gemeinschaftsorgane gehoben worden. Es finden vielmehr Verhandlungen der Staaten innerhalb des vorgegebenen politischen, rechtlichen und administrativen Rahmens der Europäischen Union statt. Daher hat auch ein tiefes Zerwürfnis zwischen den Mitgliedstaaten kein Krieg der Beteiligten zur Folge, sondern höchstens eine Unterbrechung der Verhandlungen mit zeitversetzter Fortsetzung. In der EU selber herrscht der „ewige Friede". Kriege finden nur noch außerhalb der Union statt, zu denen man entweder schweigt (z.B. Tschetschenien), die Führung den USA überlässt (z.B. in den Jugoslawien-Kriegen) oder keine einhellige Meinung entwickelt (z.B. im Irak-Krieg 2003). Die Mitgliedstaaten bleiben die Herren im europäischen Haus, die Gemeinschaftsorgane werden jedoch zu ernst zu nehmenden Mitspielern und erinnern die Mitgliedstaaten immer wieder an ihre Gemeinschaftsverpflichtung. Angemessen scheint daher das Paradigma eines „institutionellen Realismus", der die verschiedenen Akteure, die Mitgliedstaaten und die Gemeinschaftsorgane, mit ihren ganz unterschiedlichen Stellungen im europäischen Mehrebenensystem und verschiedenen Interessen berücksichtigt und dabei auch noch verschiedene Arenen der Verhandlungsführung im Rat, im Konvent, aber auch in der Kommission selbst und auch im Europäischen Parlament und im Ausschuss der Regionen mit einbezieht. Derzeit schält sich kein eindeutiges Bild heraus, der Beobachter findet ein unübersichtliches Feld von Akteuren und Arenen vor. Verhandlungen finden auf mehreren Ebenen, in verschiedenen Konstellationen und mit unterschiedlichen Beteiligten statt. Offensichtlich befinden sich alle Beteiligten in einem ergebnisoffenen Prozess.

Zur Verbindung von EU und Unionsbürger. Zwar betonten fast alle Konventsteilnehmer die Bedeutung der Anbindung europäischer Politik und ihrer Institutionen und Entscheidungsverfahren an die Unionsbürger. Der Konventsentwurf beschränkt sich jedoch weitgehend auf Korrekturen des repräsentativen Systems sowie die Möglichkeit der Einführung plebiszitärer Elemente. Mit der Aufwertung des Mitentscheidungsverfahrens zum zentralen Gesetzgebungsverfahren und der Bestimmung, die Wahl des Kommissionspräsidenten vom Ergebnis der vorangegangenen Europawahl abhängig zu machen, ist die Rolle des Europäischen Parlaments entscheidend verbessert worden. Dennoch ist es noch ein weiter Weg zu einer echten „Demokratie in Europa".[359] Auf lange Sicht scheint es unumgänglich zu sein, die Kommission zu „enttechnokratisieren" und stärker als bisher zu politisieren. Es ist eine Fiktion zu glauben, Europa könne auf Dauer von einem Direktorium regiert werden, das sich aus weitgehend entpolitisierten Fachleuten zusammensetzt und

---

[359] Vgl. Larry Siedentop: Demokratie in Europa, Stuttgart 2002.

ausschließlich an der rationalsten Problemlösung orientiert ist. Politische Fragen können und sollen auf europäischer Ebene nicht dauerhaft in eine technokratische Sphäre entrückt werden, sondern sie müssen als das behandelt werden, was sie sind: Probleme, für die es grundsätzlich mehr als eine Lösung gibt und die auf der Grundlage von Werten und Weltanschauungen gelöst werden. Für die Bürgerinnen und Bürger der Union ist es wichtig zu sehen, dass Europa kein politisches Neutrum ist, sondern dass an seiner Spitze Akteure stehen, die eingebunden sind in den Wertekanon einer bestimmten politischen Richtung. Nur dann können Europawahlen auch zu einem echten Bürgerentscheid über die politischen Mehrheitsverhältnisse in der folgenden Legislaturperiode werden und gegensätzliche nationale Interessen in ideologische Auseinandersetzungen überführt werden. Voraussetzung dafür ist die Ausstattung des Europäischen Parlaments mit einer echten Wahlfunktion. Zugleich wäre eine Reform des Wahlrechts im Sinne eines einheitlichen europäischen Wahlrechts nahe liegend. Voraussetzung für eine weitere Politisierung ist allerdings die Klärung der Finalitätsfrage.

Ergänzt werden könnte das europäische parlamentarische System durch die Einführung plebiszitärer Elemente, wie sie der Verfassungsentwurf des Konvents vorsah: „Mindestens eine Million Bürgerinnen und Bürger aus einer erheblichen Zahl von Mitgliedstaaten können die Kommission auffordern, geeignete Vorschläge zu Themen zu unterbreiten, zu denen es nach Ansicht der Bürgerinnen und Bürger eines Rechtsakts der Union bedarf, um die Verfassung umzusetzen." (Art. I–46, 4). Über die Einführung direktdemokratischer Elemente gab und gibt es auch auf nationalstaatlicher Ebene kontroverse Diskussionen. Hier stehen sich parlamentarisch-repräsentative und radikal-basisdemokratische Vorstellungen gegenüber. Doch müssen sich diese beiden Positionen nicht ausschließen, vielmehr geht es darum, „beide Prinzipien zu Komponenten eines gemischten plebiszitär-repräsentativen, demokratischen Regierungssystems auszugestalten".[360] Der Einbau plebiszitärer Elemente führt weg von der „Zuschauerdemokratie"[361] und hin zu einer erhöhten Bürgerbeteiligung. Sie verzahnen die unterschiedlichen Ebenen in Europa für den Bürger stärker miteinander und können daher ein wichtiges Mittel der gewünschten Bürgernähe darstellen. Zudem haben die Bürgerinnen und Bürger in vielen Mitgliedstaaten der Union bereits Erfahrungen mit Volksabstimmungen. Explizit ausgearbeitete Vorschläge für Europa liegen bereits auf dem Tisch.[362] Allerdings darf die Stellung des Europäischen Parlaments als Repräsentativorgan nicht in Frage gestellt werden. Und noch ist die Europäische Union keine so hinreichend gefestigte Gemeinschaft, als dass die unterlegene Minderheit die Entscheidung der, womöglich national gefärbten, Mehrheit widerspruchslos akzeptieren würde. Gerade auf europäischer Ebene könnten daher durch Bürgerbegehren die nationalen Interessen deutlicher konturiert werden und damit der gewünschte Effekt der Herstellung einer europäischen Wahlbürgerschaft nicht eintreten. Eine Renationalisierung durch Referenden ist in Europa

---

[360] Ernst Fraenkel: Die repräsentative und die plebiszitäre Komponente im demokratischen Verfassungsstaat, in: ders.: Deutschland und die westlichen Demokratien, Stuttgart 1979, S. 113-151, hier S. 117.
[361] Vgl. Rudolf Wassermann: Die Zuschauerdemokratie, Düsseldorf u.a. 1986.
[362] Vgl. Heidrun Abromeit: Ein Vorschlag zur Demokratisierung des europäischen Entscheidungssystems, in: PVS, Heft 1, 1998, S. 80-90, sowie Edgar Grande: Demokratische Legitimation und europäische Integration, in: Leviathan, 2, Heft 3, 1996, S. 339-360.

nicht undenkbar. Der Konvent war daher gut beraten, den entsprechenden Artikel auf eine Aufforderung an die Europäische Kommission, gesetzgeberisch tätig zu werden, zu begrenzen. Stabilität und Beständigkeit europäischen Regierens dürfen durch plebiszitäre Elemente nicht gefährdet werden.

Zur Erweiterung der Europäischen Union: Dieser Problemkreis betrifft die „Erweiterung nach der Erweiterung". Mit dem Beitritt zehn neuer Länder im Mai 2004 ist die Ausdehnung der Union noch lange nicht abgeschlossen. Bulgarien und Rumänien erwarten einen Beitritt im Jahr 2007. Die Türkei, die ihren Antrag bereits 1987 gestellt hat, wartet schon seit vielen Jahren auf die Aufnahme der Beitrittsverhandlungen und macht sich berechtigte Hoffnungen, dass ihre innenpolitischen Reformen von der Union entsprechend gewürdigt werden. Für Kroatien hat die Kommission bereits die Aufnahme von Beitrittsverhandlungen empfohlen. Mit Mazedonien hat bereits eine weitere ehemalige jugoslawische Republik einen Antrag auf Aufnahme in die Union gestellt. Auch Norwegen hat ein weiteres Beitrittsreferendum in Aussicht gestellt, wenn auch noch nicht zeitlich konkretisiert. Und der Blick geht weiter, fällt auf die Ukraine, das noch zögernde Serbien, das rückständige Albanien. Selbst Georgien hat bereits entsprechende Signale ausgesandt. Auch die Maghreb-Staaten des nördlichen Afrika machen auf sich aufmerksam. Wo liegen die Grenzen der Europäischen Union? Und wie können die Staaten an der Peripherie in den Integrationsprozess eingebunden werden? Darf es nur das Format der Vollmitgliedschaft geben oder ist eine „abgestufte Integration" sinnvoll? Eine grundlegende Diskussion über verschiedene Modelle wurde bereits seit den 1970er Jahren und intensiv in den 1990er Jahren geführt. Grundidee war, die Dichotomie von Bundesstaat im Sinne der Föderalisten und Staatenbund im Sinne der Intergouvernementalisten zu überwinden und durch Modelle flexibler Integration zu ersetzen. Die durch die fortschreitende Erweiterung bedrohte Vertiefung der Union soll durch verstärkte Zusammenarbeit einiger Mitgliedstaaten auf bestimmten Gebieten kompensiert werden. Die Europäische Union bediente sich in ihrer Geschichte wiederholt der differenzierten Zusammenarbeit, da mit jeder Erweiterung die Unterschiede der Integrationsbereitschaft der Mitgliedstaaten größer wurden. Sie diente aber auch der Erhaltung der Gemeinschaft, da einige Länder die verstärkte Zusammenarbeit bewusst zum Vorantreiben der Integration genutzt haben, wenn auch teilweise außerhalb der Gemeinschaftsrahmens wie beim Schengener Abkommen.[363] Hierbei lassen sich einige Grundformen unterscheiden.

Beim „Europa der verschiedenen Geschwindigkeiten" einigen sich die Mitgliedstaaten auf gemeinschaftlich zu erreichende Ziele, legen aber zugleich fest, dass konkrete Maßnahmen zur Umsetzung vorerst nur von einem Teil der Mitgliedstaaten durchgeführt werden. Dadurch können integrationswillige Länder voranschreiten, ohne die Gemeinschaft zu zerstören. Wird im Anschluss daran zu einem späteren Zeitpunkt versucht, die übrigen Staaten wieder heranzuführen, könnte dies im Endeffekt sogar eine integrationsvertiefende Wirkung zur Folge haben. Dem Modell der verschiedenen Geschwindigkeiten folgte Europa bislang bei jeder neuen Erweite-

---

[363] Vgl. Christian Deubner: Differenzierte Integration: Übergangserscheinung oder Strukturmerkmal der künftigen Europäischen Union, in: Aus Politik und Zeitgeschichte, B 1-2, 2003, S 24-32.

rungsrunde. Denn kaum jemals waren die neuen Mitgliedstaaten imstande, den gesamten gemeinschaftlichen Besitzstand der Gemeinschaft zum Zeitpunkt des Beitritts umzusetzen. Hier gab es immer wieder Übergangsfristen und Sonderregelungen, bis sie endgültig in der Gemeinschaft angekommen waren. Beim Konzept eines „Europas à la carte" können die Mitgliedstaaten frei wählen, in welchen Bereichen sie sich integrieren wollen. Dieses Prinzip lässt die Mitgliedstaaten sehr flexibel auf neue Entwicklungen und Herausforderungen reagieren und setzt politisches Kreativitätspotential frei. Allerdings muss vorher definiert sein, welche Bereiche nicht zur flexiblen Disposition stehen, sondern zwingend vergemeinschaftet sein müssen, soll die Gemeinschaft nicht durch ein Übermaß an Freiheit und Willkür zerstört werden. Dasselbe gilt auch für ein „Europa der konzentrischen Kreise", das ebenfalls einen festen Kern voraussetzt, an den sich Politikbereiche mit freiwilliger Kooperation anlagern. Bei diesem Konzept steht es den Beteiligten frei, auch außerhalb des institutionellen Rahmens der Gemeinschaft zu agieren. Nach dem gescheiterten Gipfel von Brüssel 2003 flammte die Diskussion um ein „Kerneuropa" wieder auf. Auch bei diesem Konzept schließen sich diejenigen Mitglieder, die gewillt sind, den Integrationsprozess voranzutreiben, zusammen. Die integrationswilligen Länder müssen sich an allen vereinbarten Politikbereichen beteiligen; anderen Ländern steht die Teilnahme prinzipiell offen, wenn sie bereit sind, diese Konditionen zu akzeptieren. Das so genannte Schäuble-Lamers-Papier aus dem Jahr 1994 sah vor, dass sich die Kerngruppe am „Modell eines föderativen Staatsaufbaus" orientiert und ein „verfassungsähnliches Dokument" verabschiedet.[364] „Der feste Kern hat die Aufgabe, den zentrifugalen Kräften in der immer größer werdenden Union ein starkes Zentrum entgegenzustellen", schrieben die Autoren. „Zu diesem Zweck müssen die Länder des festen Kerns sich nicht nur selbstverständlich an allen Politikbereichen beteiligen, sondern darüber hinaus gemeinsam erkennbar gemeinschaftsorientierter handeln als andere und gemeinsame Initiativen einbringen." Die Länder, für die dieses Konzept primär gedacht war, waren Frankreich, Deutschland und die Benelux-Staaten. Zumindest in Frankreich wurden diese Gedanken positiv aufgenommen und in Verbindung mit Avantgarde-Gedanken gebracht. Im Vorfeld des Konvents äußerte sich insbesondere Staatschef Chirac in diese Richtung.

Zukünftige Aufgabe der Union wird es sein, einen Rahmen für die verstärkte Zusammenarbeit einzelner Länder auszuarbeiten, damit der Zusammenhalt der Union nicht gefährdet wird. Dieser Rahmen sollte so konstruiert sein, dass weder die integrationswilligen Staaten uneinholbar für die übrigen Staaten voranschreiten, noch die auf Souveränität Wert legenden Länder den immer engeren Zusammenschluss der Völker Europas, wie es der Gemeinschaftsvertrag programmatisch formuliert, verhindern können. Auch hier muss Europa die richtige Balance finden. Derzeit aber wird das Kerneuropa-Konzept vielfach als Drohung benutzt, um die europakritischen Länder zu beeinflussen. Dabei könnte es, vorausgesetzt, ein einheitlicher Rahmen ist gegeben, durchaus ein Mittel sein, die Integration voranzutreiben, ohne andere Länder auszugrenzen.

---

[364] Wolfgang Schäuble; Karl Lamers: Überlegungen zur europäischen Politik, 1.9.1994 (www.wolfgang-schaeuble.de).

19 Ausblick: Integration durch Verfassung

Wenn sich im Laufe der kommenden Jahre kein eindeutiges Bild ergibt, in welche Richtung die Union gehen soll, dann könnte es sinnvoll sein, den Vorschlag von Wolfgang Wessels der Etablierung einer „konstitutionellen Evolution" aufzunehmen.[365] Demnach könnte eine Abfolge von Konventen und Regierungskonferenzen und damit mehreren Generationen von Politikern die Chance nutzen, gemeinsam die europäische Zukunft zu gestalten. „Angesichts deutlicher Schwächen bei Prognosen zur Entwicklung der Europäischen Union (...) sind Gesamtvorschläge mit erheblicher Reichweite nicht empfehlenswert. Unerwartete Entwicklungen innerhalb, aber auch außerhalb der Union können einen rigiden Masterplan zur zukünftigen Verfassung schnell zur Utopie werden lassen. Anstelle eines großen, aber nur schwierig revidierbaren Sprungs ins möglicherweise Wünschbare ist eine flexible Strategie des Erprobens, ja teilweise sogar des Experimentierens sinnvoll."[366] Doch sollte bei diesem Experimentieren nicht Europas größte Aufgabe vergessen werden – die Konkretisierung des europäischen Projekts. Die Diskussion über die Kernbereiche der Integration - supranationale Demokratie, Anbindung der Bürger an das europäische politische System, die Klärung der Finalitätsfrage und die Chancen und Risiken der Erweiterung – muss im nun folgenden „Post-Verfassungs-Prozess" fortgeführt werden. Mit ihren Reden hatten die europäischen Politiker im Vorfeld des Konvents diese Fragen thematisiert. Aber aus einer Reihe von Monologen wird noch kein Dialog. Der Konvent hatte die großartige Chance, in einer freien und fairen Diskussionsatmosphäre die Zukunft Europas zu diskutieren. Er hat seine Möglichkeiten voll ausgeschöpft und einen ersten Verfassungsentwurf vorgelegt.

Diese Verfassung sollte ursprünglich nach den Worten von Giscard d'Estaing die Union für die nächsten 50 Jahre bestimmen. Doch recht schnell wurde die Bedeutung der Verfassung relativiert. Sie sei nur ein weiterer Baustein am Haus Europa, dem weitere folgen müssten. Noch während der Konvent tagte, wurde bereits an eine Fortsetzung, ja an einen womöglich permanent tagenden Konvent gedacht, der den Konstitutionalisierungsprozess inspirieren, kontrollieren und forcieren soll. Und tatsächlich ist die endgültige Konstruktion Europas, ihre so oft beschworene Finalität, auch mit dieser Verfassung noch lange nicht festgelegt. Noch immer fehlt eine echte gesamteuropäische Debatte, gemeinsam geführt von Politik und Zivilgesellschaft, über Chancen und Grenzen einer europäischen Demokratie, über Möglichkeiten des Zusammenlebens in Europa und das Ziel der Integration. Ein viel versprechender Anfang ist mit dem Konvent und der Verabschiedung der Verfassung gemacht, was noch aussteht, ist ein fairer und offener Wettbewerb europäischer Visionen.

---

[365] Wolfgang Wessels: Der Konvent: Modelle für eine innovative Integrationsmethode, in: integration, 2/2002, S. 83-98, hier S. 83.
[366] Ebenda, S. 95.

20 Literaturverzeichnis

Abromeit, Heidrun: Ein Vorschlag zur Demokratisierung des europäischen Entscheidungssystems, in: PVS, Heft 1, 1998, S. 80-90.

Albrecht, Thorben; Müller, Gloria: Der Verfassungsentwurf des Europäischen Konvents. Erfolgsstory mit ungewissem Ausgang, in: Gewerkschaftliche Monatsblätter, 8-9/2003, S. 472-480.

Barnutz, Sebastian; Große Hüttmann, Martin: Die Verfassungsdebatte nach Laeken. Der Konvent als neue und bessere Methode für Reformen in der EU. Tagungsbericht, in: integration, 2/2002, S. 157-163.

Barriga, Stefan: Die Entstehung der Charta der Grundrechte der Europäischen Union. Eine Analyse der Arbeiten im Konvent und kompetenzrechtlicher Fragen, Baden-Baden 2003.

Benhabib, Seyla: Ein deliberatives Modell demokratischer Legitimität, in: Deutsche Zeitschrift für Philosophie, 43, 1995, S. 3-39.

Bernsdorff, Norbert; Borowsky, Martin: Die Charta der Grundrechte der Europäischen Union, Baden-Baden 2002.

Bertelsmann Forschungsgruppe Politik: Europas Reform denken. Diskussionspapier zum Karlspreis-Europa-Forum in Aachen, 2002.

Bieber, Roland: Verfassungsentwicklung und Verfassungsgebung in der Europäischen Gemeinschaft, in: Rudolf Wildenmann (Hrsg.): Staatswerdung Europas? Optionen für eine Europäische Union, Baden-Baden 1991, S. 393-414.

Blair, Tony: Rede in der polnischen Börse, http://www.number-10.gov.uk.

Blanke, Hermann-Josef: Europa auf dem Weg zu einer Bildungs- und Kulturgemeinschaft, Köln, Berlin 1994.

Blanke, Hermann-Josef: Essentialia einer europäischen Verfassungsurkunde, in: Thüringer Verwaltungsblätter, 9/2002, S. 197-203 (Teil 1), 10/2002, S. 224-232 (Teil 2).

Bogdandy, Armin von: Europäische Verfassung und europäische Identität, in. Juristenzeitung 2/2004, S. 53-61.

Borowsky, Martin: Wertegemeinschaft Europa. Die Charta der Grundrechte der Europäischen Union zwischen politischer Proklamation und rechtlicher Verbindlichkeit – Ziele, Inhalte, Konfliktlinien, Deutsche Richter Zeitung, Sonderdruck (Juli 2001), S. 277.

Brok, Elmar: Europa im Aufwind? Überlegungen zu den Ergebnissen des Gipfels von Laeken, in: integration, 1/2002, S. 3-6.

Brok, Elmar: Der Europäische Verfassungskonvent, in: KAS-Auslandsinformationen 1/2003, S. 14-28.

Brok, Elmar: Der Konvent: eine Chance für die Europäische Verfassung, in: integration, 4/2003, S. 338-344.

Brugmans, Hendryk: Skizze eines europäischen Zusammenlebens, Frankfurt/Man 1953.

Brunner, Manfred (Hrsg.): Kartenhaus Europa? Abkehr vom Zentralismus – Neuanfang durch Vielfalt, München 1994.

Brusis, Martin; Emmanouilidis, Janis A.: Vorschläge zur EU-Reform. Die Perspektiven der Beitrittskandidaten, in: Internationale Politik 5/2002, S. 47-50.

Bundesverband der Deutschen Industrie; Bundesvereinigung der Deutschen Arbeitgeber: Kernforderungen der deutschen Wirtschaft für eine handlungs- und wettbewerbsfähige Europäische Union. Positionspapier zur Debatte über die Zukunft Europas, Dezember 2001.

Bundesverband der Deutschen Industrie; Bundesvereinigung der Deutschen Arbeitgeber: Konzepte für die Zukunft Europas. Beitrag der deutschen Wirtschaft zur Reformdebatte in der EU, Berlin, Juni 2002.

Busek, Erhard; Hummer, Waldemar (Hrsg.): Der Europäische Konvent und sein Ergebnis. Eine Europäische Verfassung, Wien 2004.

Chirac, Jacques: Unser Europa. Rede vor dem Deutschen Bundestag, abgedruckt in: Blätter für deutsche und internationale Politik, 8/2000, S. 1017-1021.

Closa, Carlos: The value of institutions: Mandate and self-mandate in the Convention Process, in: Politique européenne, Réformer L'Europe: La Convention européenne, 13/2004, S. 7- 20.

Costa, Olivier: La contribution de la composante „Parlement européen" aux negotiations de la Convention, in: Politique européenne, Réformer L'Europe: La Convention européenne, 13/2004, S. 21-42.

Cremer, Hans-Joachim: Das Demokratieprinzip auf nationaler und europäischer Ebene im Lichte des Maastricht-Urteils des Bundesverfassungsgerichts, in: Europarecht, Heft 1/2, 1995, S. 21-45.

Cromme, Franz: Verfassungsvertrag der Europäischen Union. Begriff und Konzept, in: Die öffentliche Verwaltung, 14/2002, S. 593-600.

Cuntz, Eckart: Ein ausgewogener Kompromiss: Die Ergebnisse des Konvents aus Sicht der Bundesregierung, in: integration, 4/2003, S. 351-356.

Decker, Frank: Parlamentarisch, präsidentiell oder semi-präsidentiell? Der Verfassungskonvent ringt um die künftige institutionelle Gestalt Europas, in: Aus Politik und Zeitgeschichte, B 51-52, 2002, S. 16-23.

Deloche-Gaudez, Florence: La secrétariat de la Convention européenne: un acteur influent, in: Politique européenne, Réformer L'Europe: La Convention européenne, 13/2004, S. 43-68.

Delors, Jacques: Für eine neue Dynamik im europäischen Integrationsprozess, abgedruckt in: Internationale Politik und Gesellschaft, 1/2001.

Deubner, Christian (Hrsg.): Die Europäische Gemeinschaft in einem neuen Europa. Herausforderungen und Strategien, Baden-Baden 1991.

Deubner, Christian; Maurer, Andreas: Ein konstitutioneller Moment für die EU: Der Konvent zur Zukunft Europas, Diskussionspapier, Februar 2002.

Deubner, Christian: Differenzierte Integration: Übergangserscheinung oder Strukturmerkmal der künftigen Europäischen Union, in: Aus Politik und Zeitgeschichte, B 1-2, 2003, S. 24-32.

Deutscher Gewerkschaftsbund: Zur Organisation der Debatte über die Zukunft Europas. Vorschläge für den EU-Ratsgipfel von Laeken im Dezember 2001, Beschluss des Bundesvorstandes vom 2. Oktober 2001.

Deutscher Gewerkschaftsbund: Erstes Arbeitspapier des DGB zur Verfassungsdebatte in Europa, 22.04.2002.

Deutscher Gewerkschaftsbund: Für eine Europäische Verfassung. Stellungnahme des DGB zur EU-Regierungskonferenz, Beschluss des Geschäftsführenden Bundesvorstandes vom 29.09.2003.

Duff, Andrew: Der Beitrag des Europäischen Parlaments zum Konvent: Treibende Kraft für einen Konsens, in: integration, 1/2003, S. 3-9.

Einem, Caspar: Braucht die Europäische Union eine Verfassung? Der Post-Nizza-Prozeß in zweierlei Perspektive, in: Europäische Rundschau 4/2001, S. 79-89.

Emmanouilidis, Janis A.: Historisch einzigartig, im Detail unvollendet – eine Bilanz der Europäischen Verfassung, in: Reform-Spotlight 03/2004, Centrum für angewandte Politikforschung; Bertelsmann-Stiftung (www.eu-reform.de).

Emmanouilidis, Janis A.; Giering, Claus: In Vielfalt geeint – Elemente der Differenzierung im Verfassungsvertrag, in: integration 4/2003, S. 454-467.

Emmanouilidis, Janis A.; Giering, Claus: Lücken und Tücken. Der EU-Verfassungsentwurf auf dem Prüfstand, in: Internationale Politik, Heft 8/2003, S. 27- 32.

Engels, Markus: Die europäische Grundrechtecharta: Auf dem Weg zu einer europäischen Verfassung?, in: Friedrich Ebert Stiftung (Hrsg.), Reihe Eurokolleg, Nr. 45, 2001.

Europäisches Hochschulinstitut: Ein Basisvertrag für die Europäische Union Studie zur Neuordnung der Verträge. Abschlussbericht, am 15. Mai 2000 Herrn Romano Prodi, Präsident der Europäischen Kommission übergeben.

Europäisches Parlament: Entwurf eines Vertrages zur Gründung eienr Europäischen Union, abgedruckt in: Werner Weidenfeld (Hrsg.): Wie Europa verfasst sein soll. Materialien zur Politischen Union, Gütersloh 1991, S. 354-385.

Europäisches Parlament: Bericht des Institutionellen Ausschusses des Europäischen Parlaments zur Verfassung der Europäischen Union vom 10. Februar 1994, in: Werner Weidenfeld (Hrsg.): Reform der Europäischen Union. Materialien zur Revision des Maastrichter Vertrages 1996, Gütersloh 1995, S. 389-410.

Europäisches Parlament: Arbeitsdokument des Institutionellen Ausschusses über die Funktionsweise des Vertrages über die Europäische Union im Hinblick auf die Regierungskonferenz 1996 – Verwirklichung und Entwicklung der Union, Entwurf einer Begründung, Verwirklichung der Union; Berichterstatter: Jean-Louis Bourlanges, Dok. PE212.450/end/Teil I.3.

Fabio, Udo di: Mehrebenendemokratie in Europa. Auf dem Weg in die komplementäre Ordnung, Vortrag an der Humboldt-Universität zu Berlin, 15.11.2001, Forum Constitutionis Europae, 10/01.

Farnleitner, Hannes (Hrsg.): Unser Europa – gemeinsam stärker. Die Kooperation der Klein- und Mittelstaaten im Konvent, MMC Verlag 2004.

Fischer, Joschka: Vom Staatenverbund zur Föderation – Gedanken über die Finalität der europäischen Integration, abgedruckt in: Blätter für deutsche und internationale Politik, 6/2000, S. 752-762.

Fischer, Joschka: Interview, Der Spiegel vom 20.12.2003.

Fischer, Klemens H.: Der Konvent zur Zukunft Europas. Texte und Kommentar, Baden-Baden 2003.

Frei, Daniel: Internationale Zusammenarbeit. Theoretische Ansätze und empirische Beispiele, Königstein/Ts. 1982.

Friedrich, Carl J.: Europa – Nation im Werden?, Bonn 1972.

Fraenkel, Ernst: Die repräsentative und die plebiszitäre Komponente im demokratischen Verfassungsstaat, in: ders.: Deutschland und die westlichen Demokratien, Stuttgart 1979, S. 113-151.

Gerhards, Jürgen: Westeuropäische Integration und die Schwierigkeiten der Entstehung einer europäischen Öffentlichkeit, in: Zeitschrift für Soziologie, 22, 1993, S. 96-110.

Gerhards, Jürgen: Das Öffentlichkeitsdefizit der EU im Horizont normativer Öffentlichkeitstheorien, in: Hartmut Kaelble, Martin Kirsch, Alexander Schmidt-Gernig (Hrsg.): Transnationale Öffentlichkeiten und Identitäten im 20. Jahrhundert, Frankfurt/Main 2002.

Giering, Claus: Verschiedene Wege – ein Ziel. Konventsmitglieder präsentieren erste Verfassungsentwürfe, Konvent-Spotlight, 8/2002, CAP und Bertelsmann Stiftung 2002.

Giering, Claus (Hrsg.): Der EU-Reformkonvent - Analyse und Dokumentation, Gütersloh, München 2003.

Giering, Claus, Vom Vertrag zur Verfassung – Verlauf und Bilanz des EU-Reformkonvents in: ders. (Hrsg.): Der EU-Reformkonvent - Analyse und Dokumentation, Gütersloh, München 2003, S. 4-14.

Giering, Claus: Der EU-Reformkonvent vor der Bewährungsprobe. Generalüberholung statt Facelifting, in: Internationale Politik, 1/2003, S. 31-38.

Göler, Daniel: Der Gipfel von Laeken: Erste Etappe auf dem Weg zu einer europäischen Verfassung?, in: integration 2/2002, S. 99-110.

Göler, Daniel: Der Europäische Verfassungskonvent. Strukturen – Phasen – Ergebnisse, in: Arno Krause; Heiner Timmermann (Hrsg.): Europa – Integration durch Verfassung, Münster 2003, S. 30-69.

Göler, Daniel; Jopp, Mathias: Der Konvent und die europäische Verfassung, in: Jahrbuch der Europäischen Integration 2002/2003, hrsgg. v. Werner Weidenfeld und Wolfgang Wessels, Bonn 2003, S. 39-50.

Göler, Daniel; Marhold, Hartmut: Die Konventsmethode, in: integration, 4/2003, S. 317-330.

Goulard, Sylvie: Die Rolle der Kommission im Konvent. Eine Gratwanderung, in: integration, 4/2003, S. 371-382.

Grande, Edgar: Demokratische Legitimation und europäische Integration, in: Leviathan, 2, Heft 3, 1996, S. 339-360.

Große Hüttmann, Martin: Der Konvent und die Neuordnung der Europäischen Union: Eine Bilanz verschiedener Verfassungsvorschläge aus Sicht der Länder und Regionen, in: Europäisches Zentrum für Föderalismus-Forschung (Hrsg.): Jahrbuch des Föderalismus 2003, S. 432-443.

Große Hüttmann, Martin; Der Konvent zur Zukunft der Europäischen Union. Leitbilder, Kontroversen und Konsenslinien der europäischen Verfassungsdebatte, in: Klaus Beckmann; Jürgen Dieringer; Ulrich Hufeld (Hrsg.): Eine Verfassung für Europa, Tübingen 2004, S. 137-165.

Guérot, Ulrike: Eine Verfassung für Europa. Neue Regeln für den alten Kontinent?, in: Internationale Politik, 2/2001, S. 28-36.

Guérot, Ulrike: Europa wird neu verfasst. Schafft der Konvent den Durchbruch?, in: Internationale Politik, 4/2003, S. 41-48.

Günther, Carsten A.: Der Verfassungsvertrag – ein Modell für die Europäische Union?, in: Zeitschrift für Parlamentsfragen, 2/2002, S. 347-360.

Habermas, Jürgen: Warum braucht Europa eine Verfassung?, in: Die ZEIT, 27/2001, S. 7.

Hankel, Wilhelm; Nölling, Wilhelm; Schachtschneider, Karl Albrecht; Starbatty, Joachim: Die Euro-Illusion. Ist Europa noch zu retten? Reinbek bei Hamburg 2001.

Häberle, Peter: Die Herausforderungen des europäischen Juristen vor den Aufgaben unserer Verfassungs-Zukunft: 16 Entwürfe auf dem Prüfstand, in: Die öffentliche Verwaltung, 56. Jg., Heft 11, 2003, S. 429-443.

Hänsch, Klaus: Aus der aktuellen Arbeit des Konvents. Stand und Perspektiven, in: integration, 3/2002, S. 226-229.

Hänsch, Klaus: Der Konvent – unkonventionell, in: integration, 4/2003, S. 331-337.

Harrison, Reginald J.: Europe in Question – Theory of Regional International Integration, London 1974.

Haupt, Volker: Über den Bau demokratischer Institutionen im Prozess der europäischen Einigung, in: Armin von Bogdandy (Hrsg.): Die Europäische Option, Baden-Baden 1993, S. 217f.

Hesse, Joachim Jens (Hrsg.): Vom Werden Europas. Der EU-Verfassungskonvent: Auftrag, Ansatz, Ergebnisse, Göttingen 2004.

Heuser, Annette: Die Struktur des Konvents bestimmt das Ergebnis. Gliederung der Arbeitsgruppen, CAP-Konvent-Spotlight 03/2002.

Heuser, Annette: Der Konvent in der öffentlichen Wahrnehmung und die Rolle der Zivilgesellschaft, in: Claus Giering (Hrsg.): Der EU-Reformkonvent – Analyse und Dokumentation, Gütersloh, München 2003, S. 15-19.

Hilf, Meinhard: Eine Verfassung für die Europäische Union. Zum Entwurf des Institutionellen Ausschusses des Europäischen Parlaments, in: integration, 4/1994, S. 68-78.

Hilf, Meinhard: Europäische Union und nationale Identität der Mitgliedstaaten, in: Albrecht Randelzhofer; Rupert Scholz; Dieter Wilke (Hrsg.): Gedächtnisschrift für Eberhard Grabitz, München 1995, S. 157-170.

Hoffmann, Stanley: Obstinate or Obsolete? The Fate of Nation-State and the Case of Western Europe, in: Daedalus, 95 (3), 1966, S. 862-915.

Hoffmann, Stanley: The European Community and 1992, in: Foreign Affairs, 1989, S. 27-47.

Hrbek, Rudolf (Hrsg.): Der Vertrag von Maastricht in der wissenschaftlichen Kontroverse, Baden-Baden 1993.

Hrbek, Rudolf (Hrsg.): Die Reform der Europäischen Union. Positionen und Perspektiven anlässlich der Regierungskonferenz, Baden-Baden 1997.

Hrbek, Rudolf: Die deutschen Länder und der Verfassungsentwurf des Konvents, in: integration, 4/2003, S. 357-370.

Huber, Peter M.: Maastricht – ein Staatsstreich?, Stuttgart 1993.

Hummer, Waldemar: Der Status der „EU-Grundrechtecharta". Politische Erklärung oder Kern einer europäischen Verfassung?, Bonn 2002.

Hummer, Waldemar: Vom Grundrechte-Konvent zum Zukunfts-Konvent. Semantische und andere Ungereimtheiten bei der Beschickung des „Konvents zur Zukunft Europas", in: Zeitschrift für Parlamentsfragen, 2/2002, S. 323-347.

Iral, Hubert: Wartesaal oder Intensivstation? Zur Lage der EU nach der gescheiterten Regierungskonferenz, ZEI-Discussion Paper C133 2004 (www.zei.de).

Isensee, Josef: Der Vorrang des Europarechts und deutsche Verfassungsvorbehalte, in: Joachim Burmeister; Michael Nierhaus (Hrsg.): Festschrift für Klaus Stern, München 1997, S. 1239f.

Jachtenfuchs, Markus: Die Konstruktion Europa. Verfassungsideen und institutionelle Entwicklung, Baden-Baden 2002.

Jachtenfuchs, Markus; Knodt, Michèle (Hrsg.): Regieren in internationalen Organisationen, Opladen 2002.

Janning, Josef: Dynamik in der Zwangsjacke – Flexibilität in der Europäischen Union, in: integration, 4/1997, S. 285-291.

Joerges, Christian: Das Recht im Prozess der europäischen Integration, in: Markus Jachtenfuchs; Beate Kohler-Koch (Hrsg.): Europäische Integration, Opladen 1996, S. 73-108.

Jopp, Mathias; Lippert, Barbara; Schneider, Heinrich (Hrsg.): Das Vertragswerk von Nizza und die Zukunft der Europäischen Union, Bonn 2001.

Jopp, Mathias; Matl, Saskia: Perspektiven der deutsch-französischen Konventsvorschläge für die institutionelle Architektur der Europäischen Union, in: integration, 2/2003, S. 99-110.

Jospin, Lionel: „Europa schaffen, ohne Frankreich abzuschaffen", Rede zur Zukunft des erweiterten Europas, abgedruckt in: Blätter für deutsche und internationale Politik, 7/2001, S. 858-869.

Juncker, Jean-Claude: Interview, Der Spiegel, Nr. 25, 2003, S. 46-48.

Katsigiannis, Stavros; Piepenschneider, Melanie: Verfassung der Europäischen Union. Zum Entwurf des Institutionellen Ausschusses im Europäischen Parlament, Sankt Augustin 1994.

Kaufmann, Sylvia-Yvonne (Hrsg.): Grundrechtecharta der Europäischen Union. Mitglieder und Beobachter des Konvents berichten, Bonn 2001.

Kielmansegg, Peter Graf: Integration und Demokratie, in: Markus Jachtenfuchs, Beate Kohler-Koch (Hrsg.): Europäische Integration, Opladen 1996, S. 47-71.

Kirchhof, Paul: Der deutsche Staat im Prozess der europäischen Integration, in: Josef Isensee; ders. (Hrsg.): Handbuch des Staatsrechts, Bd. 7, Heidelberg 1992, § 183.

Kleger, Heinz (Hrsg.): Der Konvent als Labor. Texte und Dokumente zum europäischen Verfassungsprozess, Münster 2004.

Klein, Eckart: Der Verfassungsstaat als Glied einer Europäischen Gemeinschaft. Leitsätze, in: Europarecht, Heft 4, 1990, S. 389-391.

Koch, Claus: Das Ende des Selbstbetrugs: Europa braucht eine Verfassung, München 1997.

Krause, Arno: Die Europäische Verfassung: Chancen und Herausforderungen für die europapolitische Bildung, in: ders.; Heiner Timmermann (Hrsg.): Europa – Integration durch Verfassung, Münster 2003, S. 18-29.

Kreckel, Reinhard: Soziale Integration und nationale Identität, in: Berliner Journal für Soziologie, 4, 1, 1994, S. 13-20.

Landfried, Christine (Hrsg.): Politik in einer entgrenzten Welt, Köln 2001.

Landsberg, Gerd; Zimmermann, Uwe: Eine Verfassung für Europa. Entwicklung der Europäischen Union an einem Wendepunkt, in: Stadt und Gemeinde Magazin, Nr. 1.2, 2004, S. 3.

Läufer, Thomas: Zur künftigen Verfassung der Europäischen Union – Notwendigkeit einer offenen Debatte, in: integration, 4/1994, S. 204f.

Leinen, Jo; Schönlau, Justus: Die Erarbeitung der EU-Grundrechtecharta im Konvent: nützliche Erfahrungen für die Zukunft Europas, in: integration, 1/2001, S. 28-33.

Leiße, Olaf: Demokratie „auf europäisch". Möglichkeiten und Grenzen einer supranationalen Demokratie am Beispiel der Europäischen Union, Frankfurt/Main 1998.

Leiße, Olaf: Was vom Reden übrig blieb. Gedanken europäischer Politiker im Vorfeld des Konvents zur Zukunft der Europäischen Union im Lichte seiner Ergebnisse, in: Arno Krause; Heiner Timmermann (Hrsg.): Europa – Integration durch Verfassung, Münster 2003, S. 70-93.

Leiße, Olaf; Leiße; Utta-Kristin; Richter, Alexander: Beitrittsbarometer Rumänien. Grundprobleme des Landes und Einstellungen rumänischer Jugendlicher auf dem Weg in die Europäische Union, Wiesbaden 2004.

Lepsius, M. Rainer: Die Europäische Union. Ökonomisch-politische Integration und kulturelle Pluralität, in: Reinhold Viehoff; Rien T. Segers (Hrsg.): Kultur, Identität, Europa. Über die Schwierigkeiten und Möglichkeiten einer Konstruktion, Frankfurt/Main 1999, S.201-222.

Lika, George F.: Nations in Alliance: the Limits of Interdependence, Baltimore 1962.

Lippert, Barbara (Hrsg.): Osterweiterung der Europäischen Union - die doppelte Reifeprüfung. Bonn 2000.

Loth, Wilfried: Entwürfe einer Europäischen Verfassung. Eine historische Bilanz, Berlin 2002.

Lübbe, Hermann: Regionalismus und Föderalismus in der politischen Transformation, in: Peter M. Huber (Hrsg.): Das Ziel der europäischen Integration, Schriften des Hellmuth-Loening-Zentrums für Staatswissenschaften Jena, Bd. 2, Berlin 1996, S. 85-95.

Magnette, Paul; Nikolaidis, Kalypso: Coping with the Lilliput Syndrom. Large vs. Small Member States in the European Convention, in: Politique européenne, Réformer L'Europe: La Convention européenne, 13/2004, S. 69-94.

Marhold, Hartmut (Hrsg.): Die neue Europadebatte. Leitbilder für das Europa der Zukunft, Bonn 2001.

Marhold, Hartmut: Der Konvent zwischen Konsens und Kontroversen. Zwischenbilanz nach der ersten Phase, in: integration, 4/2002, S. 251-268.

Maurer, Andreas: Nationale Parlamente in der Europäischen Union – Herausforderungen für den Konvent, in: integration, 1/2002, S. 20-34.

Maurer, Andreas: Schließt sich der Kreis? Der Konvent, nationale Vorbehalte und die Regierungskonferenz, Diskussionspapier der Stiftung Wissenschaft und Politik, Berlin 2003.

Maurer, Andreas: Die Methode des Konvents – ein Modell deliberativer Demokratie?, in: integration, 2/2003, S. 131-140.

Maurer, Andreas: Mass Media Publidized Discourses on the Post-Nice Process,, Forschungsstelle für institutionellen Wandel und Europäische Integration Wien, IWE-Working Paper No. 40, Juni 2003.

Maurer, Andreas: Der Endspurt des Konvents, SWP-Aktuell 24, Juni 2003.

Maurer, Andreas: Die Gravitationskraft der Staaten in der Europäischen Union, Chancen und Gefahren der EU-Gruppenbildung, SWP-Aktuell, März 2004.

Maurer, Andreas; Schunz, Simon: Von Brüssel nach Rom. Der Entwurf einer Europäischen Verfassung zwischen Konvent und Regierungskonferenz, Diskussionspapier, Stiftung Wissenschaft und Politik, Berlin, Oktober 2003.

Maurer, Andreas; Schunz, Simon: Die Textur der Krise: Europas Verfassungsgebungsprozess in der Verlängerung, SWP-Diskussionspapier, Februar 2004.

Maurer, Andreas; Andrea Stengel: Ein Referendum für Europa, SWP-Diskussionspapier, Mai 2004

Meyer, Jürgen; Bernsdorff, Norbert; Borowsky, Martin: Die Charta der Grundrechte der Europäischen Union – Kommentar zur Charta der Grundrechte der Europäischen Union, 2 Bde., Baden-Baden 2003.

Meyer, Jürgen; Hölscheidt, Sven: Die Europäische Verfassung des Europäischen Konvents, in: EuZW, Heft 20, 2003, S. 613- 621.

Meyer, Jürgen; Hölscheidt, Sven: Die Europäische Verfassung aus Sicht des Deutschen Bundestags, in: integration, 4/2003, S. 35-350.

Morgenthau, Hans J.: Politics among Nations: The Struggle for Power and Peace, New York 1948.

Müller-Brandeck-Boucquet, Gisela: Die Grundrechtscharta – Nukleus einer europäischen Verfassung?, SWP-Aktuell 2000/68, November 2000.

Müller-Graff, Peter-Christian: Die Kopfartikel des Verfassungsentwurfs für Europa – ein europrechtlicher Vergleichsblick, in: integration, 2/2003, S. 111-129.

Münch, Richard: Das Projekt Europa. Zwischen Nationalstaat, regionaler Autonomie und Weltgesellschaft, Frankfurt/Main 1993.

Münch, Richard: Demokratie ohne Demos. Europäische Integration als Prozess des Institutionen- und Kulturwandels, in: Wilfried Loth; Wolfgang Wessels (Hrsg.): Theorien europäischer Integration, Opladen 2001, S. 177-203.

Münkler, Herfried: Europa als politische Idee. Ideengeschichtliche Facetten des Europabegriffs und deren aktuelle Bedeutung, in: Leviathan, Bd. 4, 1991, S. 521-541.

Murswieck, Dietrich: Maastricht und der Pouvoir Constituant, in: Der Staat, 32, 1993, S. 163f.

Nettesheim, Martin: Die Charta der Grundrechte der Europäischen Union. Eine verfassungstheoretische Kritik, in: integration, 1/2002, S. 34-37.

Neuß, Beate: Die Krise als Durchbruch. Die EU zwischen Vertragsreform und Verfassungsentwurf, in: Internationale Politik, 1/2002, S. 9-16.

Nickel, Dietmar: Der Entwurf des Europäischen Parlaments für einen Vertrag zur Gründung der Europäischen Union, in: integration, 1/1985, S. 11-27.

Niess, Frank: Die europäische Idee. Aus dem Geist des Widerstands, Frankfurt/Main 2001.

Oppermann, Thomas: Eine Verfassung für die Europäische Union - Der Entwurf des Europäischen Konvents, in: Deutsche Verwaltungsblätter, Jg. 118, Heft 18, 2003, S. 1165-1176.

Oppermann, Thomas; Classen, Claus Dieter: Europäische Union: Erfüllung des Grundgesetzes, in: Aus Politik und Zeitgeschichte, B 28, 1993, S. 11-20.

Pernice, Ingolf: Die Dritte Gewalt im europäischen Verfassungsverbund, in: Europarecht, 1996, S. 27f.

Peters, Anne: Elemente einer Theorie der Verfassung Europas, Berlin 2001.

Pinder, John: EC, the Building of a Union, Oxford 1991.

Rack, Reinhard; Fraiss, Daniela: Eine Verfassung für Europa. Verlauf und Ergebnisse der Arbeiten des Konvents über die Zukunft Europas 2002/03, Graz 2003.

Rau, Johannes: Plädoyer für eine europäische Verfassung. Rede vor dem Europäischen Parlament, abgedruckt in: Blätter für deutsche und internationale Politik, 5/2001, S. 630-634.

Regelsberger, Elfriede: Die Gemeinsame Außen- und Sicherheitspolitik der Europäischen Union. Profilsuche mit Hindernissen, Bonn 1993.

Regelsberger, Elfriede; Jopp, Mathias: Und sie bewegt sich doch. Die Gemeinsame Außen- und Sicherheitspolitik nach den Bestimmungen des Amsterdamer Vertrages, in: integration, 4/1997, S. 255-263.

Riedel, Norbert: Der Konvent zur Zukunft Europas. Die Erklärung zur Zukunft der EU, in: Zeitschrift für Rechtspolitik, 35. Jg., 2002, Heft 6, S. 241-246.

Riker, William H.: The Theory of Political Coalitions, New Haven 1962.

Roth, Michael: Europa braucht einen erfolgreichen Konvent, in: integration, 1/2002, S. 7-11.

Rupp, Hans-Heinrich: Muss das Volk über den Vertrag von Maastricht entscheiden?, in: Neue Juristische Wochenschrift, 46, 1993.

Rupp, Hans Heinrich: Eine Verfassung für Europa?, in: Peter M. Huber (Hrsg.): Das Ziel der europäischen Integration, Schriften des Hellmuth-Loening-Zentrums für Staatswissenschaften Jena, Bd. 2, Berlin 1996, S. 49-53.

Schachtschneider, Karl Albrecht: Verfallserscheinungen der Demokratie, in: EG-Magazin, 1-2, 1993, S. 40f.

Schachtschneider, Karl Albrecht: Die Europäische Union und die Verfassung der Deutschen, in: Aus Politik und Zeitgeschichte, B 28, 1993, S. 3-10.

Scharpf, Fritz W.: Mehrebenenpolitik im vollendeten Binnenmarkt, Köln 1994.

Scharpf, Fritz W.: Was man von einer europäischen Verfassung erwarten und nicht erwarten sollte, in: Blätter für deutsche und internationale Politik, 1, 2003, S 49-59.

Schäuble, Wolfgang; Lamers, Karl: Überlegungen zur europäischen Politik, 1.9.1994 (www.wolfgang-schaeuble.de).

Schauer, Klaus: Nationale und europäische Identität. Die unterschiedlichen Auffassungen in Deutschland, Frankreich und Großbritannien, in: Aus Politik und Zeitgeschichte, B 10, 1997, S. 3-13.

Schmuck, Otto: Der Vertrag zur Europäischen Union. Fortschritt und Ausdifferenzierung der Europäischen Einigung, in: Europa-Archiv, Folge 4/1992, S. 97-106.

Schmuck, Otto (Hrsg.): Die Reform der Europäischen Union. Analyse – Positionen – Dokumente zur Regierungskonferenz 1996/97, Bonn 1996.

Schmuck, Otto: Die Ausarbeitung der Europäischen Grundrechtscharta als Element der Verfassungsentwicklung, in: integration, 1/2000, S. 48-56.

Schmuck, Otto: Die Beteiligung der Zivilgesellschaft – notwendige Ergänzung der Konventsstrategie, in: integration, 2/203, S. 162-165.

Schneider, Heinrich: Leitbilder der Europapolitik. Der Weg zur Integration, Bonn 1977.

Schneider, Heinrich: The constitutional debate, in: European Integration Online Papers, 4/2003 (http://eiop.or.at/eiop).

Schneider, Volker; Werle, Raymund: Vom Regime zum korporativen Akteur: Zur institutionellen Dynamik der Europäischen Gemeinschaft, in: Beate Kohler-Koch (Hrsg.): Regime in den internationalen Beziehungen, Baden-Baden 1989, S. 409.

Schneider, Heinrich: Europäische Identität. Historische, kulturelle und politische Dimensionen, in: integration, 4/1991, S. 160-176.

Schneider, Heinrich: Ein Wandel europapolitischer Grundverständnisse? Grundsatzüberlegungen, Erklärungsansätze und Konsequenzen für die politische Bildungsarbeit, in: Mathias Jopp; Andreas Maurer; ders. (Hrsg.): Europapolitische Grundverständnisse im Wandel. Analysen und Konsequenzen für die politische Bildung, Bonn 1998, S 19-148.

Schönfelder, Wilhelm; Silberberg, Reinhard: Der Vertrag von Amsterdam. Entstehung und erste Bewertung, in: integration, 4/1997, S. 203-210.

Schwarze, Jürgen: Verfassungsentwicklung in der Europäischen Gemeinschaft – Begriff und Grundlagen, in: ders.; Roland Bieber (Hrsg.): Eine Verfassung für Europa. Von der Europäischen Gemeinschaft zur Europäischen Union, Baden-Baden 1984, S. 15-48.

Schwarze, Jürgen: Ein pragmatischer Verfassungsentwurf. Analyse und Bewertung des vom Europäischen Verfassungskonvent vorgelegten Entwurfs eines Vertrags über eine Verfassung für Europa, in: Europarecht 4/2003, S. 535-573.

Schwarze, Jürgen (Hrsg.): Der Verfassungsentwurf des Europäischen Konvents. Verfassungsrechtliche Grundstrukturen und wirtschaftswissenschaftliches Konzept, Baden-Baden 2004.

Seeler, Hans-Joachim: Die rechtsstaatliche Fundierung der EU-Entscheidungsstrukturen, in: Europarecht, Heft 2, 1990, S. 99-122.

Siedentop, Larry: Demokratie in Europa, Stuttgart 2002.

Simson, Werner von: Voraussetzungen einer europäischen Verfassung, in: Jürgen Schwarze; Roland Bieber (Hrsg.): Eine Verfassung für Europa, Baden-Baden 1984, S. 91-114.

Sozialdemokratische Partei Deutschlands: Verantwortung für Europa – Deutschland in Europa, Beschluss E1 auf dem Parteitag in Nürnberg am 20.11.2001.

Steinberg, Rudolf: Grundgesetz und Europäische Verfassung, in: Zeitschrift für Rechtspolitik, Heft 9, 1999, S. 365-374.

Stiftung Mitarbeit (Hrsg.): Wie viel Demokratie verträgt Europa? Wie viel Europa verträgt die Demokratie?, Opladen 1994.

Stuart, Gisela: The Making of Europe's Constitution, London 2003.

Stuart, Gisela; Knowles, Vanda; Pottebohm, Silke: Zwischen Legitimität und Effizienz. Ergebnisse der Arbeitsgruppen „Einzelstaatliche Parlamente" und „Verteidigung" im Konvent, in: integration, 1/2003, S. 10-16.

Taylor, Charles: Was ist die Quelle kollektiver Identität?, in: Nicole Dewandre; Jacques Lenoble (Hrsg.): Projekt Europa: Postnationale Identität: Grundlage für eine europäische Demokratie?, Berlin 1994, S. 42-46.

Teufel, Erwin: Warum Europa endlich eine Verfassung braucht, in: Die Welt vom 2. Februar 2004.

Thiel, Elke; Schönfelder, Wilhelm: Ein Markt - Eine Währung. Die Verhandlungen zur europäischen Wirtschafts- und Währungsunion, 2. Aufl., Baden-Baden 1996.

Tomuschat, Christian: Die Europäische Union unter der Aufsicht des Bundesverfassungsgerichts, in: Europäische Grundrechtszeitschrift, Heft 20-21, 2003, S. 489-496.

Tortarolo, Eduardo: Europa. Zur Geschichte eines umstrittenen Begriffs, in: Armin von Bogdandy (Hrsg.): Die Europäische Option, Baden-Baden 1993, S. 21f.
Vobruba, Georg: Was kann der Konvent?, in: Blätter für deutsche und internationale Politik, 5, 2002, S. 526-530.
Vries, Gijs de: Eine heikle Balance – Der Konvent aus der Sicht eines kleinen Mitgliedstaates, in: integration 4/2003, S. 390-397.
Wassermann, Rudolf: Die Zuschauerdemokratie, Düsseldorf u.a. 1986.
Weidenfeld, Werner (Hrsg.): Europa öffnen. Anforderungen an die Erweiterung, Gütersloh 1997.
Weidenfeld, Werner (Hrsg.): Amsterdam in der Analyse, Gütersloh 1998.
Weidenfeld, Werner (Hrsg.): Nizza in der Analyse, Gütersloh 2001.
Weiler, Joseph H.: Community, Member States and European Integration, Is the Law relevant?, in: Journal of Common Market Studies, 21, 1982, S. 39-56.
Wessels, Wolfgang: Maastricht: Ergebnisse, Bewertungen, Langzeittrends, in: integration, 1/1992, S. 2-16.
Wessels, Wolfgang: Die Debatte um die Europäische Union – Konzeptionelle Grundlinien und Optionen, in: Werner Weidenfeld; ders. (Hrsg.): Wege zur Europäischen Union: Vom Vertrag zur Verfassung?, Bonn 1986, S. 37-58.
Wessels, Wolfgang: Der Amsterdamer Vertrag – durch Stückwerksreformen zu einer effizienteren, erweiterten und föderalen Union?, in: integration, 3/1997, S. 117-135.
Wessels, Wolfgang: An Ever closer Fusion? A dynamic macropolitical view in integration processes, in: Journal of Common Market Studies, Vol. 35, No. 2, 1997, S. 266-299.
Wessels, Wolfgang: Die Vertragsreformen von Nizza – Zur institutionellen Erweiterungsreife, in: integration, 1/2001, S. 8-25.
Wessels, Wolfgang: Der Konvent: Modelle für eine innovative Integrationsmethode, in: Integration, 2/2002, S. 83-98.
Wessels, Wolfgang: Der Verfassungsvertrag im Integrationstrend. Eine Zusammenschau zentraler Ergebnisse, in: integration 4/2003, S. 284-300.
Wildenmann, Rudolf (Hrsg.): Staatswerdung Europas? Optionen für eine Europäische Union, Baden-Baden 1991.
Wolff, Janna; Leiße, Olaf: Der Konvent zur Zukunft der Europäischen Union – ein Bericht, in: Blätter für deutsche und internationale Politik, 3, 2003, S. 323-333.
Zellentin, Gerda: Überstaatlichkeit statt Bürgernähe, in: integration, 1/1984, S. 45-51.
Zürn, Michael: Regieren jenseits des Nationalstaats. Globalisierung und Denationalisierung als Chance, Frankfurt/Main 1998.

21 Anhang

Erklärung für die Schlussakte der Konferenz zur Zukunft der Union (Nizza Dezember 2000)

1. In Nizza wurden umfangreiche Reformen beschlossen. Die Konferenz begrüßt den erfolgreichen Abschluss der Konferenz der Vertreter der Regierungen der Mitgliedstaaten und überträgt es den Mitgliedstaaten, auf eine baldige erfolgreiche Ratifizierung des Vertrags von Nizza hinzuwirken.
2. Die Konferenz ist sich darin einig, dass mit dem Abschluss der Konferenz der Vertreter der Regierungen der Mitgliedstaaten der Weg für die Erweiterung der Europäischen Union geebnet worden ist, und betont, dass die Europäische Union mit der Ratifizierung des Vertrags von Nizza die für den Beitritt neuer Mitgliedstaaten erforderlichen institutionellen Änderungen abgeschlossen haben wird.
3. Die Konferenz hat den Weg für die Erweiterung geebnet und fordert nunmehr zu einer eingehenderen und breiter angelegten Diskussion über die künftige Entwicklung der Europäischen Union auf. Im Jahr 2001 werden der schwedische und der belgische Vorsitz in Zusammenarbeit mit der Kommission und unter Einbindung des Europäischen Parlaments eine umfassende Debatte mit allen interessierten Parteien einleiten, mit Vertretern der nationalen Parlamente sowie aller Kreise, die die öffentliche Meinung widerspiegeln: Vertreter aus Politik, Wirtschaft und dem Hochschulbereich, der Zivilgesellschaft usw. Die Beitrittsstaaten werden nach noch festzulegenden Einzelheiten in diesen Prozess einbezogen.
4. Im Anschluss an einen Bericht für seine Tagung in Göteborg im Juni 2001 wird der Europäische Rat auf seiner Tagung in Laeken/Brüssel im Dezember 2001 eine Erklärung vereinbaren, in der die geeigneten Initiativen für die Fortsetzung dieses Prozesses festgehalten werden.
5. Im Rahmen des Prozesses sollten unter anderem folgende Fragen behandelt werden:
   - Die Frage, wie eine genauere, dem Subsidiaritätsprinzip entsprechende Abgrenzung der Zuständigkeiten zwischen der Europäischen Union und den Mitgliedstaaten geschaffen und ihre Einhaltung überwacht werden kann.
   - Der Status der in Nizza proklamierten Charta der Grundrechte der Europäischen Union gemäß den Schlussfolgerungen des Europäischen Rates von Köln.

- Eine Vereinfachung der Verträge, mit dem Ziel, diese klarer und verständlicher zu machen, ohne sie inhaltlich zu ändern.
- Die Rolle der nationalen Parlamente in der Architektur Europas.

6. Durch diese Themenstellung erkennt die Konferenz an, dass die demokratische Legitimation und die Transparenz der Union und ihrer Organe verbessert und dauerhaft gesichert werden müssen, um diese den Bürgern der Mitgliedstaaten näher zu bringen.
7. Die Konferenz kommt überein, dass nach diesen Vorarbeiten 2004 wiederum eine Konferenz der Vertreter der Regierungen der Mitgliedstaaten einberufen wird, die die oben erwähnten Fragen im Hinblick auf die entsprechenden Vertragsänderungen behandelt.
8. Die Konferenz der Vertreter der Regierungen der Mitgliedstaaten soll keinesfalls ein Hindernis oder eine Vorbedingung für den Erweiterungsprozess darstellen. Außerdem werden diejenigen Beitrittsländer, die ihre Beitrittsverhandlungen mit der Union abgeschlossen haben, zur Teilnahme an der Konferenz eingeladen. Beitrittsländer, die ihre Beitrittsverhandlungen noch nicht abgeschlossen haben, werden als Beobachter eingeladen.

Die Zukunft der Europäischen Union – Erklärung von Laeken

I. EUROPA AM SCHEIDEWEG

Jahrhundertelang haben Völker und Staaten versucht, durch Krieg und Waffengewalt den europäischen Kontinent unter ihre Herrschaft zu bringen. Nach der Schwächung durch zwei blutige Kriege und infolge des Geltungsverlusts in der Welt wuchs das Bewusstsein, dass der Traum eines starken und geeinigten Europas nur in Frieden und durch Verhandlungen verwirklicht werden konnte. Um die Dämonen der Vergangenheit endgültig zu bannen, wurde mit einer Gemeinschaft für Kohle und Stahl der Anfang gemacht, zu der dann später andere Wirtschaftszweige, wie die Landwirtschaft, hinzukamen. Schließlich wurde ein echter Binnenmarkt für Waren, Personen, Dienstleistungen und Kapital geschaffen, zu dem 1999 eine einheitliche Währung hinzutrat. Am 1. Januar 2002 wird der Euro für 300 Millionen europäische Bürger zur alltäglichen Realität.

Die Europäische Union entstand somit nach und nach. Zunächst ging es vor allem um eine wirtschaftliche und technische Interessengemeinschaft. Vor zwanzig Jahren wurde mit der ersten Direktwahl des Europäischen Parlaments die demokratische Legitimität, die bis dahin allein durch den Rat gegeben war, erheblich gestärkt. In den letzten zehn Jahren wurde eine politische Union auf den Weg gebracht, und es kam zu einer Zusammenarbeit in den Bereichen Sozialpolitik, Beschäftigung, Asyl, Migration, Polizei, Justiz, Außenpolitik sowie zu einer gemeinsamen Sicherheits- und Verteidigungspolitik.

Die Europäische Union ist ein Erfolg. Schon mehr als ein halbes Jahrhundert lebt Europa in Frieden. Zusammen mit Nordamerika und Japan gehört die Union zu den drei wohlhabendsten Regionen der Welt. Und durch gegenseitige Solidarität und gerechtere Verteilung der Früchte der wirtschaftlichen Entwicklung ist das Wohlstandsniveau in den schwächeren Regionen der Union gewaltig gestiegen, die so einen Großteil ihres Rückstands aufgeholt haben.

Fünfzig Jahre nach ihrer Gründung befindet sich die Union allerdings an einem Scheideweg, einem entscheidenden Moment ihrer Geschichte. Die Einigung Europas ist nahe. Die Union schickt sich an, sich um mehr als zehn neue, vor allem mittel- und osteuropäische Mitgliedstaaten zu erweitern und so eine der dunkelsten Seiten der europäischen Geschichte endgültig umzuschlagen: den Zweiten Weltkrieg und die darauf folgende künstliche Teilung Europas. Endlich ist Europa auf dem Weg, ohne Blutvergießen zu einer großen Familie zu werden - eine grundlegende Neuordnung, die selbstverständlich ein anderes als das vor fünfzig Jahren verfolgte Konzept verlangt, als sechs Länder die Initiative ergriffen.

Die demokratische Herausforderung Europas

Gleichzeitig muss sich die Union einer doppelten Herausforderung stellen, nämlich innerhalb und außerhalb ihrer Grenzen.

In der Union müssen die europäischen Organe dem Bürger näher gebracht werden. Die Bürger stehen zweifellos hinter den großen Zielen der Union, sie sehen jedoch nicht immer einen Zusammenhang zwischen diesen Zielen und dem täglichen Erscheinungsbild der Union. Sie verlangen von den europäischen Organen weniger Trägheit und Starrheit und fordern vor allem mehr Effizienz und Transparenz. Viele finden auch, dass die Union stärker auf ihre konkreten Sorgen eingehen müsste und nicht bis in alle Einzelheiten Dinge behandeln sollte, die eigentlich besser den gewählten Vertretern der Mitgliedstaaten und der Regionen überlassen werden können. Manche erleben dies sogar als Bedrohung ihrer Identität. Was aber vielleicht noch wichtiger ist: Die Bürger finden, dass alles viel zu sehr über ihren Kopf hinweg geregelt wird, und wünschen eine bessere demokratische Kontrolle.

Europas neue Rolle in einer globalisierten Welt
Außerhalb ihrer Grenzen hingegen sieht sich die Europäische Union mit einer sich schnell wandelnden, globalisierten Welt konfrontiert. Nach dem Fall der Berliner Mauer sah es einen Augenblick so aus, als ob wir für lange Zeit in einer stabilen Weltordnung ohne Konflikte leben könnten. Die Menschenrechte wurden als ihr Fundament betrachtet. Doch nur wenige Jahre später ist uns diese Sicherheit abhanden gekommen. Der 11. September hat uns schlagartig die Augen geöffnet. Die Gegenkräfte sind nicht verschwunden: Religiöser Fanatismus, ethnischer Nationalismus, Rassismus, Terrorismus sind auf dem Vormarsch. Regionale Konflikte, Armut, Unterentwicklung sind dafür nach wie vor ein Nährboden.

Welche Rolle spielt Europa in dieser gewandelten Welt? Muss Europa nicht - nun, da es endlich geeint ist - eine führende Rolle in einer neuen Weltordnung übernehmen, die Rolle einer Macht, die in der Lage ist, sowohl eine stabilisierende Rolle weltweit zu spielen als auch ein Beispiel zu sein für zahlreiche Länder und Völker? Europa als Kontinent der humanitären Werte, der Magna Charta, der Bill of Rights, der Französischen Revolution, des Falls der Berliner Mauer. Kontinent der Freiheit, der Solidarität, vor allem der Vielfalt, was auch die Achtung der Sprachen, Kulturen und Traditionen anderer einschließt. Die einzige Grenze, die die Europäische Union zieht, ist die der Demokratie und der Achtung der Menschenrechte. Die Union steht nur Ländern offen, die ihre Grundwerte, wie freie Wahlen, Achtung der Minderheiten und der Rechtsstaatlichkeit, teilen.

Nun, da der Kalte Krieg vorbei ist und wir in einer globalisierten, aber zugleich auch stark zersplitterten Welt leben, muss sich Europa seiner Verantwortung hinsichtlich der Gestaltung der Globalisierung stellen. Die Rolle, die es spielen muss, ist die einer Macht, die jeder Form von Gewalt, Terror und Fanatismus entschlossen den Kampf ansagt, die aber auch ihre Augen nicht vor dem schreienden Unrecht in der Welt verschließt. Kurz gesagt, einer Macht, die die Verhältnisse in der Welt so ändern will, dass sie nicht nur für die reichen, sondern auch für die ärmsten Länder von Vorteil sind. Einer Macht, die der Globalisierung einen ethischen Rahmen geben, d.h. sie in Solidarität und in nachhaltige Entwicklung einbetten will.

Die Erwartungen des europäischen Bürgers
Das Bild eines demokratischen und weltweit engagierten Europas entspricht genau dem, was der Bürger will. Oftmals hat er zu erkennen gegeben, dass er für die Union eine gewichtigere Rolle auf den Gebieten der Justiz und der Sicherheit, der Bekämpfung der grenzüberschreitenden Kriminalität, der Eindämmung der Migrationsströ-

me, der Aufnahme von Asylsuchenden und Flüchtlingen aus fernen Konfliktgebieten wünscht. Auch in den Bereichen Beschäftigung und Bekämpfung der Armut und der sozialen Ausgrenzung sowie im Bereich wirtschaftlicher und sozialer Zusammenhalt will er Ergebnisse sehen. Einen gemeinsamen Ansatz verlangt er bei Umweltverschmutzung, Klimaänderung, Lebensmittelsicherheit. Kurz gesagt, dies sind alles grenzüberschreitende Fragen, bei denen er instinktiv spürt, dass es nur durch allseitige Zusammenarbeit zu einer Wende kommen kann. Wie er auch mehr Europa in außen-, sicherheits- und verteidigungspolitischen Fragen wünscht, mit anderen Worten: mehr und besser koordinierte Maßnahmen bei der Bekämpfung der Krisenherde in Europa und in dessen Umfeld sowie in der übrigen Welt.

Gleichzeitig denkt derselbe Bürger, dass die Union in einer Vielzahl anderer Bereiche zu bürokratisch handelt. Bei der Koordinierung der wirtschaftlichen, finanziellen und steuerlichen Rahmenbedingungen muss das gute Funktionieren des Binnenmarktes und der einheitlichen Währung der Eckpfeiler bleiben, ohne dass die Eigenheit der Mitgliedstaaten dadurch Schaden nimmt. Nationale und regionale Unterschiede sind häufig Ergebnis von Geschichte und Tradition. Sie können eine Bereicherung sein. Mit anderen Worten, worum es außer „verantwortungsvollem Regierungshandeln" geht, ist das Schaffen neuer Möglichkeiten, nicht aber neuer Zwänge. Worauf es ankommt, sind mehr Ergebnisse, bessere Antworten auf konkrete Fragen, nicht aber ein europäischer Superstaat oder europäische Organe, die sich mit allem und jedem befassen.

Kurz, der Bürger verlangt ein klares, transparentes, wirksames, demokratisch bestimmtes gemeinschaftliches Konzept, - ein Konzept, das Europa zu einem Leuchtfeuer werden lässt, das für die Zukunft der Welt richtungsweisend sein kann, ein Konzept, das konkrete Ergebnisse zeitigt, in Gestalt von mehr Arbeitsplätzen, mehr Lebensqualität, weniger Kriminalität, eines leistungsfähigen Bildungssystems und einer besseren Gesundheitsfürsorge. Es steht außer Frage, dass Europa sich dazu regenerieren und reformieren muss.

II. DIE HERAUSFORDERUNGEN UND REFORMEN IN EINER ERNEUERTEN UNION

Die Union muss demokratischer, transparenter und effizienter werden. Und sie muss eine Antwort auf drei grundlegende Herausforderungen finden: Wie können dem Bürger, vor allem der Jugend, das europäische Projekt und die europäischen Organe näher gebracht werden? Wie sind das politische Leben und der europäische politische Raum in einer erweiterten Union zu strukturieren? Wie kann die Union zu einem Stabilitätsfaktor und zu einem Vorbild in der neuen multipolaren Welt werden? Um hierauf antworten zu können, muss eine Anzahl gezielter Fragen gestellt werden.

Eine bessere Verteilung und Abgrenzung der Zuständigkeiten in der Europäischen Union
Der Bürger setzt oft Erwartungen in die Europäische Union, die von dieser nicht immer erfüllt werden; umgekehrt hat er aber mitunter den Eindruck, dass die Union zu viele Tätigkeiten in Bereichen entfaltet, in denen ihr Tätigwerden nicht immer unentbehrlich ist. Es ist daher wichtig, dass die Zuständigkeitsverteilung zwischen der Union und den Mitgliedstaaten verdeutlicht, vereinfacht und im Lichte der neuen Herausforderungen, denen sich die Union gegenübersieht, angepasst wird. Dies kann sowohl dazu führen, dass bestimmte Aufgaben wieder an die Mitgliedstaaten zurückgegeben werden, als auch dazu, dass der Union neue Aufgaben zugewiesen werden oder dass die bisherigen Zuständigkeiten erweitert werden, wobei stets die Gleichheit der Mitgliedstaaten und ihre gegenseitige Solidarität berücksichtigt werden müssen.

Ein erstes Bündel von Fragen, die gestellt werden müssen, bezieht sich darauf, wie wir die Einteilung der Zuständigkeiten transparenter gestalten können. Können wir zu diesem Zweck eine deutlichere Unterscheidung zwischen drei Arten von Zuständigkeiten vornehmen: den ausschließlichen Zuständigkeiten der Union, den Zuständigkeiten der Mitgliedstaaten und den von der Union und den Mitgliedstaaten geteilten Zuständigkeiten? Auf welcher Ebene werden die Zuständigkeiten am effizientesten wahrgenommen? Wie soll dabei das Subsidiaritätsprinzip angewandt werden? Und sollte nicht deutlicher formuliert werden, dass jede Zuständigkeit, die der Union nicht durch die Verträge übertragen worden ist, in den ausschließlichen Zuständigkeitsbereich der Mitgliedstaaten gehört? Und welche Auswirkungen würde dies haben?

Das nächste Bündel von Fragen bezieht sich darauf, dass in diesem erneuerten Rahmen und unter Einhaltung des Besitzstands der Gemeinschaft zu untersuchen wäre, ob die Zuständigkeiten nicht neu geordnet werden müssen. In welcher Weise können die Erwartungen des Bürgers hierbei als Richtschnur dienen? Welche Aufgaben ergeben sich daraus für die Union? Und umgekehrt: welche Aufgaben können wir besser den Mitgliedstaaten überlassen? Welche Änderungen müssen am Vertrag in den verschiedenen Politikbereichen vorgenommen werden? Wie lässt sich beispielsweise eine kohärentere gemeinsame Außenpolitik und Verteidigungspolitik entwickeln? Müssen die Petersberg-Aufgaben reaktualisiert werden? Wollen wir uns bei der polizeilichen und justiziellen Zusammenarbeit in Strafsachen einem stärker integrierten Konzept zuwenden? Wie kann die Koordinierung der Wirtschaftspolitiken verstärkt werden? Sollen wir die Zusammenarbeit in den Bereichen soziale Integration, Umwelt, Gesundheit, Lebensmittelsicherheit verstärken? Soll andererseits die tägliche Verwaltung und die Ausführung der Unionspolitik nicht nachdrücklicher den Mitgliedstaaten bzw. - wo deren Verfassung es vorsieht - den Regionen überlassen werden? Sollen ihnen nicht Garantien dafür gegeben werden, dass an ihren Zuständigkeiten nicht gerührt werden wird?

Schließlich stellt sich die Frage, wie gewährleistet werden kann, dass die neu bestimmte Verteilung der Zuständigkeiten nicht zu einer schleichenden Ausuferung der Zuständigkeiten der Union oder zu einem Vordringen in die Bereiche der ausschließlichen Zuständigkeit der Mitgliedstaaten und - wo eine solche besteht - der

Regionen führt. Wie kann man zugleich darüber wachen, dass die europäische Dynamik nicht erlahmt? Auch in Zukunft muss die Union ja auf neue Herausforderungen und Entwicklungen reagieren und neue Politikbereiche erschließen können. Müssen zu diesem Zweck die Artikel 95 und 308 des Vertrags unter Berücksichtigung des von der Rechtsprechung entwickelten Besitzstandes überprüft werden?

Vereinfachung der Instrumente der Union
Nicht nur die Frage, wer was macht, ist von Bedeutung. Ebenso bedeutsam ist die Frage, in welcher Weise die Union handelt, welcher Instrumente sie sich bedient. Die einzelnen Vertragsänderungen haben jedenfalls zu einer Proliferation der Instrumente geführt. Und schrittweise haben sich die Richtlinien immer mehr in die Richtung detaillierter Rechtsvorschriften entwickelt. Die zentrale Frage lautet denn auch, ob die verschiedenen Instrumente der Union nicht besser definiert werden müssen und ob ihre Anzahl nicht verringert werden muss.

Mit anderen Worten: Soll eine Unterscheidung zwischen Gesetzgebungs- und Durchführungsmaßnahmen eingeführt werden? Muss die Anzahl der Gesetzgebungsinstrumente verringert werden: direkte Normen, Rahmengesetzgebung und nicht bindende Instrumente (Stellungnahmen, Empfehlungen, offene Koordinierung)? Sollte häufiger auf die Rahmengesetzgebung zurückgegriffen werden, die den Mitgliedstaaten mehr Spielraum zur Erreichung der politischen Ziele bietet? Für welche Zuständigkeiten sind die offene Koordinierung und die gegenseitige Anerkennung die am besten geeigneten Instrumente? Bleibt das Verhältnismäßigkeitsprinzip der Ausgangspunkt?

Mehr Demokratie, Transparenz und Effizienz in der Europäischen Union
Die Europäische Union bezieht ihre Legitimität aus den demokratischen Werten, für die sie eintritt, den Zielen, die sie verfolgt, und den Befugnissen und Instrumenten, über die sie verfügt. Das europäische Projekt bezieht seine Legitimität jedoch auch aus demokratischen, transparenten und effizienten Organen. Auch die einzelstaatlichen Parlamente leisten einen Beitrag zu seiner Legitimierung. In der im Anhang zum Vertrag von Nizza enthaltenen Erklärung zur Zukunft der Union wurde darauf hingewiesen, dass geprüft werden muss, welche Rolle ihnen im europäischen Aufbauwerk zukommt. In einem allgemeineren Sinne stellt sich die Frage, welche Initiativen wir ergreifen können, um eine europäische Öffentlichkeit zu entwickeln.

Als Erstes stellt sich jedoch die Frage, wie wir die demokratische Legitimierung und die Transparenz der jetzigen Organe erhöhen können - eine Frage, die für die drei Organe gilt.

Wie lässt sich die Autorität und die Effizienz der Europäischen Kommission stärken? Wie soll der Präsident der Kommission bestimmt werden: vom Europäischen Rat, vom Europäischen Parlament oder - im Wege direkter Wahlen - vom Bürger? Soll die Rolle des Europäischen Parlaments gestärkt werden? Sollen wir das Mitentscheidungsrecht ausweiten oder nicht? Soll die Art und Weise, in der wir die Mitglieder des Europäischen Parlaments wählen, überprüft werden? Ist ein europäischer Wahlbezirk notwendig oder soll es weiterhin im nationalen Rahmen festgelegte Wahlbezirke geben? Können beide Systeme miteinander kombiniert werden?

Muss die Rolle des Rates gestärkt werden? Soll der Rat als Gesetzgeber in derselben Weise handeln wie in seiner Exekutivfunktion? Sollen im Hinblick auf eine größere Transparenz die Tagungen des Rates - jedenfalls in seiner gesetzgeberischen Rolle - öffentlich werden? Soll der Bürger besseren Zugang zu den Dokumenten des Rates erhalten? Wie kann schließlich das Gleichgewicht und die gegenseitige Kontrolle zwischen den Organen gewährleistet werden?

Eine zweite Frage, ebenfalls im Zusammenhang mit der demokratischen Legitimierung, betrifft die Rolle der nationalen Parlamente. Sollen sie in einem neuen Organ - neben dem Rat und dem Europäischen Parlament - vertreten sein? Sollen sie eine Rolle in den Bereichen europäischen Handelns spielen, in denen das Europäische Parlament keine Zuständigkeit besitzt? Sollen sie sich auf die Verteilung der Zuständigkeiten zwischen der Union und den Mitgliedstaaten konzentrieren, indem sie beispielsweise vorab die Einhaltung des Subsidiaritätsprinzips kontrollieren?

Die dritte Frage ist die, wie wir die Effizienz der Beschlussfassung und die Arbeitsweise der Organe in einer Union von etwa 30 Mitgliedstaaten verbessern können. Wie könnte die Union ihre Ziele und Prioritäten besser festlegen und besser für deren Umsetzung sorgen? Brauchen wir mehr Beschlüsse mit qualifizierter Mehrheit? Wie lässt sich das Mitentscheidungsverfahren zwischen Rat und Europäischem Parlament vereinfachen und beschleunigen? Was soll mit dem halbjährlichen Turnus des Vorsitzes der Union geschehen? Welches ist die Rolle des Europäischen Rates? Welches ist die Rolle und die Struktur der verschiedenen Ratsformationen? Wie kann auch die Kohärenz der europäischen Außenpolitik vergrößert werden? Wie lässt sich die Synergie zwischen dem Hohen Vertreter und dem zuständigen Kommissionsmitglied verbessern? Soll die Außenvertretung der Union in internationalen Gremien ausgebaut werden?

Der Weg zu einer Verfassung für die europäischen Bürger
Für die Europäische Union gelten zurzeit vier Verträge. Die Ziele, Zuständigkeiten und Politikinstrumente der Union sind in diesen Verträgen verstreut. Im Interesse einer größeren Transparenz ist eine Vereinfachung unerlässlich.

Hierzu können Fragen gestellt werden, die sich in vier Bündeln zusammenfassen lassen. Ein erstes Fragenbündel betrifft die Vereinfachung der bestehenden Verträge ohne inhaltliche Änderungen. Soll die Unterscheidung zwischen Union und Gemeinschaften überprüft werden? Was soll mit der Einteilung in drei Säulen geschehen?

Sodann stellen sich die Fragen nach einer möglichen Neuordnung der Verträge. Soll zwischen einem Basisvertrag und den anderen Vertragsbestimmungen unterschieden werden? Muss diese Aufspaltung vorgenommen werden? Kann dies zu einer Unterscheidung zwischen den Änderungs- und Ratifikationsverfahren für den Basisvertrag und die anderen Vertragsbestimmungen führen?

Ferner muss darüber nachgedacht werden, ob die Charta der Grundrechte in den Basisvertrag aufgenommen werden soll und ob die Europäische Gemeinschaft der Europäischen Menschenrechtskonvention beitreten soll.

Schließlich stellt sich die Frage, ob diese Vereinfachung und Neuordnung im Laufe der Zeit nicht dazu führen könnte, dass in der Union ein Verfassungstext angenommen wird. Welches wären die Kernbestandteile einer solchen Verfassung? Die Werte, für die die Union eintritt? Die Grundrechte und -pflichten der Bürger? Das Verhältnis zwischen den Mitgliedstaaten in der Union?

III. DIE EINBERUFUNG EINES KONVENTS ZUR ZUKUNFT EUROPAS

Im Hinblick auf eine möglichst umfassende und möglichst transparente Vorbereitung der nächsten Regierungskonferenz hat der Europäische Rat beschlossen, einen Konvent einzuberufen, dem die Hauptakteure der Debatte über die Zukunft der Union angehören. Im Lichte der vorstehenden Ausführungen fällt diesem Konvent die Aufgabe zu, die wesentlichen Fragen zu prüfen, welche die künftige Entwicklung der Union aufwirft, und sich um verschiedene mögliche Antworten zu bemühen.

Der Europäische Rat hat Herrn V. Giscard d'Estaing zum Präsidenten des Konvents und Herrn G. Amato sowie Herrn J.L. Dehaene zu Vizepräsidenten ernannt.

Zusammensetzung
Neben seinem Präsidenten und seinen beiden Vizepräsidenten gehören dem Konvent 15 Vertreter der Staats- und Regierungschefs der Mitgliedstaaten (ein Vertreter pro Mitgliedstaat), 30 Mitglieder der nationalen Parlamente (2 pro Mitgliedstaat), 16 Mitglieder des Europäischen Parlaments und zwei Vertreter der Kommission an. Die Bewerberländer werden umfassend an den Beratungen des Konvents beteiligt. Sie werden in gleicher Weise wie die Mitgliedstaaten vertreten sein (ein Vertreter der Regierung und zwei Mitglieder des nationalen Parlaments) und an den Beratungen teilnehmen, ohne freilich einen Konsens, der sich zwischen den Mitgliedstaaten abzeichnet, verhindern zu können.

Die Mitglieder des Konvents können sich nur dann durch Stellvertreter ersetzen lassen, wenn sie nicht anwesend sind. Die Stellvertreter müssen in derselben Weise benannt werden wie die Mitglieder.

Dem Präsidium des Konvents gehören der Präsident, die beiden Vizepräsidenten und neun Mitglieder des Konvents an (die Vertreter aller Regierungen, die während des Konvents den Ratsvorsitz innehaben, zwei Vertreter der nationalen Parlamente, zwei Vertreter der Mitglieder des Europäischen Parlaments und zwei Vertreter der Kommission).

Als Beobachter werden eingeladen: drei Vertreter des Wirtschafts- und Sozialausschusses und drei Vertreter der europäischen Sozialpartner sowie sechs Vertreter im Namen des Ausschusses der Regionen (die von diesem unter den Vertretern der Regionen, der Städte und der Regionen mit legislativer Befugnis zu bestimmen sind) und der Europäische Bürgerbeauftragte. Der Präsident des Gerichtshofs und der Präsident des Rechnungshofs können sich auf Einladung des Präsidiums vor dem Konvent äußern.

Dauer der Arbeiten
Die Eröffnungssitzung des Konvents findet am 1. März 2002 statt. Bei dieser Gelegenheit ernennt der Konvent sein Präsidium und legt die Regeln für seine Arbeits-

weise fest. Die Beratungen werden nach einem Jahr so rechtzeitig abgeschlossen, dass der Präsident des Konvents die Ergebnisse des Konvents dem Europäischen Rat vorlegen kann.

Arbeitsmethoden
Der Präsident bereitet den Beginn der Arbeiten des Konvents vor, indem er die Ergebnisse der öffentlichen Debatte auswertet. Dem Präsidium fällt die Aufgabe zu, Anstöße zu geben, und es erstellt eine erste Arbeitsgrundlage für den Konvent.

Das Präsidium kann die Kommissionsdienste und Experten seiner Wahl zu allen technischen Fragen konsultieren, die seines Erachtens vertieft werden sollten. Es kann Ad-hoc-Arbeitsgruppen einsetzen.

Der Rat wird über den Stand der Arbeiten des Konvents auf dem Laufenden gehalten. Der Präsident des Konvents legt auf jeder Tagung des Europäischen Rates einen mündlichen Bericht über den Stand der Arbeiten vor; dies ermöglicht es zugleich, die Reaktion der Staats- und Regierungschefs einzuholen.

Der Konvent tritt in Brüssel zusammen. Seine Erörterungen und sämtliche offiziellen Dokumente sind für die Öffentlichkeit zugänglich. Der Konvent arbeitet in den elf Arbeitssprachen der Union.

Abschlussdokument
Der Konvent prüft die verschiedenen Fragen. Er erstellt ein Abschlussdokument, das entweder verschiedene Optionen mit der Angabe, inwieweit diese Optionen im Konvent Unterstützung gefunden haben, oder, im Falle eines Konsenses, Empfehlungen enthalten kann.

Zusammen mit den Ergebnissen der Debatten in den einzelnen Staaten über die Zukunft der Union dient das Abschlussdokument als Ausgangspunkt für die Arbeiten der künftigen Regierungskonferenz, die die endgültigen Beschlüsse fasst.

Forum
Im Hinblick auf eine umfassende Debatte und die Beteiligung aller Bürger an dieser Debatte steht ein Forum allen Organisationen offen, welche die Zivilgesellschaft repräsentieren (Sozialpartner, Wirtschaftskreise, Nichtregierungsorganisationen, Hochschulen usw.). Es handelt sich um ein strukturiertes Netz von Organisationen, die regelmäßig über die Arbeiten des Konvents unterrichtet werden. Ihre Beiträge werden in die Debatte einfließen. Diese Organisationen können nach vom Präsidium festzulegenden Modalitäten zu besonderen Themen gehört oder konsultiert werden.

Sekretariat
Das Präsidium wird von einem Konventssekretariat unterstützt, das vom Generalsekretariat des Rates wahrgenommen wird. Experten der Kommission und des Europäischen Parlaments können daran beteiligt werden.

Die Zusammensetzung des Konvents

Präsidium

Vorsitzender	Valéry GISCARD D'ESTAING
Stellvertretender Vorsitzende	Giuliano AMATO
Stellvertretender Vorsitzende	Jean-Luc DEHAENE

Vertreter der Staats- und Regierungschefs der Mitgliedstaaten

LAND	MITGLIED	STELLVERTRETER
Belgien	Louis MICHEL	Pierre CHEVALIER
Dänemark	Henning CHRISTOPHERSEN	Poul SCHLÜTER
Deutschland	Joschka FISCHER (bis 10/02 Peter GLOTZ)	Hans Martin BURY (bis 11/02 Gunter PLEUGER)
Finnland	Teija TIILIKAINEN	Antti PELTOMÄKI
Frankreich	Dominique de VILLEPIN (bis 10/02 Pierre MOSCOVICI)	Pascale ANDREANI (bis 07/02 Pierre VIMONT)
Griechenland	Giorgos PAPANDREOU (bis 01/03 Giorgos KATIFORIS)	Giorgos KATIFORIS (bis 01/03 Panayotis IOAKIMIDIS)
Großbritannien	Peter HAIN	Baroness SCOTLAND OF ASTHAL
Italien	Gianfranco FINI	Francesco E. SPERONI
Irland	Dick ROCHE (bis 06/02 Ray MacSHARRY)	Bobby McDONAGH
Luxemburg	Jacques SANTER	Nicolas SCHMIT
Niederlande	Gijs de VRIES (bis 09/02 Hans van MIERLO)	Thom de BRUIJN
Österreich	Hannes FARNLEITNER	Gerhard TUSEK
Portugal	Ernâni LOPES (bis 04/02 Joao de VALLERA)	Manuel Lobo ANTUNES
Schweden	Lena HJELM-WALLÉN	Sven-Olof PETERSSON (bis 11/02 Lena HALLENGREN)
Spanien	Alfonso DASTIS (bis 02/02 Ana PALACIO)	Ana PALACIO (bis 02/02 Alfonso DASTIS)

Vertreter der nationalen Parlamente

LAND	MITGLIED	STELLVERTRETER
Belgien	Karel DE GUCHT	Danny PIETERS
	Elio DI RUPO	Marie NAGY
Dänemark	Peter SKAARUP	Per DALGAARD
	Henrik DAM KRISTENSEN	Niels HELVEG PETERSEN
Deutschland	Jürgen MEYER	Peter ALTMAIER
	Erwin TEUFEL	Wolfgang GERHARDS (bis 02/03 Wolfgang SENFF)
Finnland	Kimmo KILJUNEN	Riitta-Liisa KORHONEN
	Matti VANHANEN	Esko HELLE
Frankreich	Pierre LEQUILLER	Jacques FLOCH
	Hubert HAENEL	Robert BADINTER
Griechenland	Paraskevas AVGERINOS	Nikolaos CONSTANTOPOULOS
	Marietta GIANNAKOU	Evripidis STILIANIDES
Großbritannien	Gisela STUART	Lord TOMLINSON
	David HEATHCOAT-AMORY	Lord MACLENNAN OF ROGART
Irland	John BRUTON	Pat CAREY (bis 06/02 Martin CULLEN)
	Proinsias DE ROSSA	John GORMLEY
Italien	Marco FOLLINI	Valdo SPINI
	Lamberto DINI	Filadelfio Guido BASILE
Luxemburg	Paul HELMINGER	Gaston GIBERYEN
	Ben FAYOT	Renée WAGENER
Niederlande	René van der LINDEN	Wim VAN EEKELEN
	Frans TIMMERMANS	Jan Jacob van DIJK (bis 09/02 Hans van BAALEN)
Österreich	Caspar EINEM	Evelin LICHTENBERGER

		Reinhard Eugen BÖSCH	Eduard MAINONI (bis 02/03 Gerhard KURZMANN)
Portugal		Alberto COSTA	Guilherme d'OLIVEIRA MARTINS (bis 05/02 Osvaldo de CASTRO)
		Eduarda AZEVEDO	António NAZARÉ-PEREIRA
Schweden		Sören LEKBERG	Kenneth KVIST
		Göran LENNMARKER	Ingvar SVENSSON
Spanien		Josep BORRELL FONTELLES	Diego LÓPEZ GARRIDO
		Gabriel CISNEROS LABORDA	Alejandro MUÑOZ ALONSO

Vertreter des Europäischen Parlaments

MITGLIED	STELLVERTRETER
Elmar BROK (D)	Teresa ALMEIDA GARRETT (P)
Timothy KIRKHOPE (UK)	John CUSHNAHAN (IRL)
Alain LAMASSOURE (F)	Piia-Noora KAUPPI (FI)
Hanja MAIJ-WEGGEN (NL)	Reinhard RACK (ÖS)
Íñigo MÉNDEZ DE VIGO Y MONTOJO (ES)	The Earl of STOCKTON (UK)
Antonio TAJANI (IT)	Joachim WUERMELING (D)
Klaus HÄNSCH (D)	Pervenche BERÈS (F)
Olivier DUHAMEL (F)	Maria BERGER (ÖS)
Luís MARINHO (P)	Carlos CARNERO GONZÁLEZ (ES)
Linda McAVAN (UK)	Elena PACIOTTI (IT)
Anne VAN LANCKER (B)	Helle THORNING-SCHMIDT (DK)

Andrew Nicholas DUFF (UK)	Lone DYBKJAER (DK)
Johannes VOGGENHUBER (ÖS)	Neil MacCORMICK (UK)
Frau Sylvia-Yvonne KAUFMANN (D)	Esko SEPPÄNEN (FI)
Cristiana MUSCARDINI (IT)	Luís QUEIRÓ (P)
Jens-Peter BONDE (DK)	William ABITBOL (F)

Vertreter der Regierungen der beitrittswilligen Länder

LAND	MITGLIED	STELLVERTRETER
Bulgarien	Meglena KUNEVA	Neli KUTSKOVA
Estland	Lennart MERI	Henrik HOLOLEI
Lettland	Sandra KALNIETE (bis 12/02 Roberts ZILE)	Roberts ZILE (bis 12/02 Guntars KRASTS)
Litauen	Rytis MARTIKONIS	Oskaras JUSYS
Malta	Peter SERRACINO-INGLOTT	John INGUANEZ
Polen	Danuta HÜBNER	Janusz TRZCIŃSKI
Rumänien	Hildegard Carola PUWAK	Constantin ENE (bis 11/02 Ion JINGA)
Slowakei	Ivan KORČOK (bis 10/02 Jan FIGEL)	Juraj MIGAŠ
Slowenien	Dimitrij RUPEL (bis 12/02 Matjaz NAHTIGAL)	Janez LENARČIČ
Tschechische Republik	Jan KOHOUT (bis 08/02 Jan KAVAN)	Lenka Anna ROVNA (bis 08/02 Jan KOHOUT)
Türkei	Abdullah GÜL (bis 11/02 Mesut YILMAZ) Yasar YAKIS (bis 02/03)	Oğuz DEMÍRAL (bis 07/02 Nihat AKYOL)

Ungarn	Péter BALÁZS (bis 05/02 János MARTONYI)	Péter GOTTFRIED
Zypern	Michael ATTALIDES	Theophilos V. THEOPHILOU

Vertreter der nationalen Parlamente der beitrittswilligen Länder

LAND	MITGLIED	STELLVERTRETER
Bulgarien	Daniel VALCHEV	Alexander ARABADJIEV
	Nikolai MLADENOV	Nesrin UZUN
Estland	Tunne KELAM	Liina TÖNISSON (bis 03/03 Liia HÄNNI)
	Rein LANG (bis 03/03 Peeter REITZBERG)	Urmas REINSALU (bis 03/03 Ülo TÄRNO)
Lettland	Rihards PIKS	Guntars Krasts (bis 10/02 Māris SPRINDŽUKS)
	Liene LIEPIŅA (bis 12/02 Edvīns INKĒNS)	Arturs Krisjanis KARINS (bis 12/02 Inese BIRZNIECE)
Litauen	Vytenis ANDRIUKAITIS	Gintautas ŠIVICKAS (bis 02/03 Gediminas DALINKEVICIUS) (bis 11/02 Rolandas PAVILIONIS)
	Algirdas GRICIUS (bis 11/02 Alvydas MEDALINSKAS)	Dalia KUTRAITE-GIEDRAITIENE
Malta	Michael FRENDO	Dolores CRISTINA
	Alfred SANT	George VELLA
Polen	Jozef OLEKSY	Marta FOGLER
	Edmund WITTBRODT	Genowefa GRABOWSKA
Rumänien	Alexandru ATHANASIU (bis 01/03 Liviu MAIOR)	Péter ECKSTEIN-KOVACS
	Puiu HASOTTI	Adrian SEVERIN

Slowakei	Jan FIGEL (bis 09/02 Pavol HAMZIK)	Zuzana MARTINAKOVÁ (bis 10/02 František ŠEBEJ)
	Irena BELOHORSKÁ	Boris ZALA (bis 10/02 Olga KELTOŠOVÁ)
Slowenien	Jelko KACIN (bis 12/02 Slavko GABER)	Franc HORVAT (bis 12/02 Danica SIMŠIČ)
	Alojz PETERLE	Mihael BREJC
Tschechische Republik	Jan ZAHRADIL	Petr NEČAS
	Josef ZIELENIEC	František KROUPA
Türkei	Zekeriya AKCAM (bis 11/02 Ali TEKIN)	Ibrahim ÖZAL (bis 11/02 Kursat ESER)
	Kemal DERVIS (bis 11/02 Ayfer YILMAZ)	Necdet BUDAK (bis 11/02 Emre KOCAOĞLU)
Ungarn	József SZÁJER	András KELEMEN
	Pál VASTAGH	István SZENT-IVÁNYI
Zypern	Eleni MAVROU	Marios MATSAKIS
	Panayiotis DEMETRIOU	Androula VASSILIOU

Vertreter der Kommission

MITGLIED	STELLVERTRETER
Michel BARNIER	David O'SULLIVAN
António VITORINO	Paolo PONZANO

Beobachter

Ausschuss der Regionen	Josef CHABERT
	Manfred DAMMEYER
	Patrick DEWAEL
	Claude DU GRANRUT
	Claudio MARTINI
	Ramón Luis VACARCEL SISO
	(Eva-Riita SIITONEN)
	(Eduardo ZAPLANA HERNANDEZ SORO)
Wirtschafts- und Sozialausschuss	Göke FRERICHS
	Roger BRIESCH
	Anne-Marie SIGMUND
Europäische Sozialpartner	Emilio GABAGLIO
	João CARDONA CRAVINHO
	Georges JACOBS
Europäischer Bürgerbeauftragter	Nikiforos DIAMANDOUROS
	(bis 02/03 Jacob SÖDERMAN)

Arbeitsgruppen des Europäischen Konvents

11 Arbeitsgruppen (insgesamt 86 Sitzungen und 583 Dokumente):		
AG I „Subsidiarität"	Sitzungsanzahl: 7 Dokumente: 38	Einsetzung CONV 52/02 v. 17.05.2003 Abschlussdokument CONV 286/02 v. 23.09.2002.
AG II „Charta"	Sitzungsanzahl: 6 Dokumente: 44	Einsetzung CONV 52/02 v. 17.05.2003 Abschlussdokument CONV 354/02 v. 22.10.2002.
AG III „Rechtspersönlichkeit"	Sitzungsanzahl: 9 Dokumente: 48	Einsetzung CONV 52/02 v. 17.05.2003 Abschlussdokument CONV 305/02 v. 01.10.2002.
AG IV „Einzelstaatliche Parlamente"	Sitzungsanzahl: 9 Dokumente: 66	Einsetzung CONV 52/02 v. 17.05.2003 Abschlussdokument CONV 353/02 v. 22.10.2002.
AG V „Ergänzende Zuständigkeiten"	Sitzungsanzahl: 6 Dokumente: 46	Einsetzung CONV 52/02 v. 17.05.2003 Abschlussdokument CONV 375/02 REV 1 v. 04.11.2002.
AG VI „Ordnungspolitik"	Sitzungsanzahl: 9 Dokumente: 37	Einsetzung CONV 52/02 v. 17.05.2003, CONV 60/02 v. 29.05.2002. Abschlussdokument CONV 357/02 v. 21.10.2002.
AG VII „Außenpolitisches Handeln"	Sitzungsanzahl: 10 Dokumente: 90	Einsetzung CONV 206/02 v. 19.07.2002, CONV 284/02 v. 17.09.2002. Abschlussdokument: CONV 252/02 v. 10.09.2002.
AG VIII „Verteidigung"	Sitzungsanzahl: 8 Dokumente: 67	Einsetzung CONV 206/02 v. 19.07.2002, CONV 284/02 v. 17.09.2002. Abschlussdokument CONV 461/02 v. 10.09.2002.
AG IX „Vereinfachung"	Sitzungsanzahl: 7 Dokumente: 43	Einsetzung CONV 206/02 v. 19.07.2002, CONV 284/02 v. 17.09.2002. Abschlussdokument CONV 271/02 v. 17.09.2002.
AG X „Freiheit, Sicherheit und Recht"	Sitzungsanzahl: 9 Dokumente: 49	Einsetzung CONV 206/02 v. 19.07.2002, CONV 284/02 v. 17.09.2002. Abschlussdokument CONV 426/02 v. 02.12.2002.
AG XI „Soziales Europa"	Sitzungsanzahl: 6 Dokumente: 55	Einsetzung CONV 400/02 v. 13.11.2002, CONV 421/02 v. 22.11.2002. Abschlussdokument CONV 516/1/03 REV 1 v. 04.02.2003.

Konventsdaten 2002/2003:

Datum	Thema	Dokumente
Februar, 28.:	Eröffnung des Konvents	Eröffnungsreden Aznar, Cox, Prodi, Giscard (Ablauf 1/02 und 7/02) Geschäftsordnung (3/02) Hintergrundinformationen (8/02) Arbeitsmethoden (9/02), Anträge der Bewerberländer (10/02)
März, 21., 22.:	Allgemeine Debatte: Erwartungen an die Europäische Union Sonstiges: Arbeitsmethoden, Forum, Jugendkonvent, Bewerberländer Dolmetschen	Tagesordnung (5/02 und 6/02) *Zusammenfassung der Sitzung (14/02)* Jugendkonvent (15/02) Dolmetschen (18/02)
April, 15., 16.:	Allgemeine Debatte: Die Aufgaben der Europäischen Union (Kompetenzverteilung)	Tagesordnung (16/02 und 21/02) *Grundlagendokument I (17/02) Zusammenfassung der Sitzung (40/02) Grundlagendokument II (47/02)* (ex post) Beschluss zur Bildung von Arbeitsgruppen (52/02)
Mai, 23., 24.:	Allgemeine Debatte: Die EU bei der Wahrnehmung ihrer Aufgaben: Effizienz und Legitimität (System der Rechtsakte, Instrumente, Beschlussverfahren)	Tagesordnung (51 und 54/02) *Grundlagendokument (50/02) Zusammenfassung der Sitzung (60/02)*
Juni, 6., 7.:	Allgemeine Debatte: Raum der Freiheit, der Sicherheit und des Rechts: Die Rolle der Union und ihrer Mitgliedstaaten 21.1 Justiz und Inneres Rolle der einzelstaatlichen Parlamente Zusammensetzung der Arbeitsgruppen	Tagesordnung (78/02) Fragen Justiz und Inneres (70/02) *Grundlagendokument Justiz und Inneres (69/02)* Fragen nat. Parlamente (68/02) *Grundlagendokument nat. Parlamente (67/02) Zusammenfassung der Sitzung(97/02)*
Juni, 24., 25.:	Plenartagung der Zivilgesellschaft gewidmet	Tagesordnung (117/02) Zusammenfassung der Beiträge (112/02))
Juli, 11., 12.:	Allgemeine Debatte: Außenpolitisches Handeln der EU Plenartagung dem Jugendkonvent gewidmet	Tagesordnung (171/02) *Grundlagendokument außenpolitische Maßnahmen (161/02) Zusammenfassung der Sitzung (200/02)* Schlussdokument des Jugendkonvents (205/02)
	Sommerpause 2002	

September, 12., 13.:	Vereinfachung der Rechtsakte und der Rechtsetzungsverfahren *Zwischenbericht Gruppe:* Subsidiarität Bildung weiterer Gruppen	Tagesordnung (226/02) Fragen Vereinfachung der Rechtsakte (225/02) *Grundlagendokument Rechtsetzungsverfahren (216/02)* *Grundlagendokument Vereinfachung der Verträge und Ausarbeitung eines Verfassungsvertrags (250/02)* *Zusammenfassung der Sitzung (284/02)*
Oktober, 3., 4.:	*Zwischenberichte Gruppen:* Charta der Grundrechte, nat. Parlamente, *Abschlussberichte Gruppen:* Rechtspersönlichkeit, Subsidiarität	Tagesordnung (302/02) *Abschlussbericht Gruppe III:* *Rechtspersönlichkeit (305/02)* *Abschlussbericht Gruppe I:* *Subsidiarität (286/02)* *Zusammenfassung der Sitzung(331/02)*
Oktober, 28., 29.:	Vorstellung und Diskussion des Verfassungsentwurfs von Giscard *Zwischenberichte Gruppen:* Ordnungspolitik, Ergänzende Zuständigkeiten *Abschlussberichte Gruppen:* nat. Parlamente, Charta der Grundrechte	Tagesordnung (352/02) *Vorentwurf des Verfassungsvertrags (369/02)* *Abschlussbericht Gruppe IV:* *nat. Parlamente (353/02)* *Abschlussbericht Gruppe II:* *Charta der Grundrechte (354/02)* *Zusammenfassung der Sitzung (378/02)*
November, 7., 8.:	Diskussion des Verfassungsentwurfs *Zwischenberichte Gruppen:* Vereinfachung Rechtsakte, Sicherheit und Recht *Abschlussbericht Gruppen:* Ordnungspolitik; Ergänzende Zuständigkeiten;	Tagesordnung (373/02) *Abschlussbericht Gruppe VI:* *Ordnungspolitik (375/1/02)* *Abschlussbericht Gruppe V:* *Ergänzende Zuständigkeiten (357/02)* *Zusammenfassung der Sitzung (400/02)*
Dezember, 5., 6.:	Bericht Prodi *Zwischenberichte Gruppen:* Außenpolitisches Handeln, Verteidigung *Abschlussberichte Gruppen:* Vereinfachung Rechtsakte, Sicherheit und Recht Bildung Gruppe XI (Soziales Europa)	Tagesordnung (420/02) *Abschlussbericht Gruppe IX:* *Vereinfachung der Rechtsetzungsverfahren (424/02)* *Abschlussbericht Gruppe X:* *Sicherheit und Recht (426/02)* *Zusammenfassung der Sitzung (449/02)* Mandat Gruppe XI (421/02)
Dezember, 20.:	*Abschlussberichte Gruppen:* Außenpolitisches Handeln, Verteidigung	Tagesordnung (462/02) *Abschlussbericht Gruppe VII* *Außenpolitisches Handeln (459/02)* *Abschlussbericht Gruppe VIII:* *Verteidigung (461/02)* *Zusammenfassung der Sitzung (473/03)*
	Weihnachtspause 2002/03	

Januar, 20., 21.:	Thema: Funktionsweise der Organe	Tagesordnung (475/03) Arbeitspapier über die Funktionsweise der Organe (477/03) *Zusammenfassung der Sitzung (508/03)*
Februar, 6., 7.:	Verfassungsentwurf Artikel 1-16 (Titel I-III) vorgestellt *Abschlussbericht Gruppe:* Soziales Europa Thema: Regionale und lokale Dimension	Tagesordnung (519/03) Entwurf der Artikel 1-16 des Verfassungsvertrages (528/03) *Abschlussbericht Gruppe XI: Soziales Europa (516/03) Arbeitspapier zur regionalen und lokalen Dimension (519/03) Zusammenfassung der Kontaktgruppe „Reg. und lok. Gebietskörperschaften" (523/03) Zusammenfassung der Sitzung (548/03)* Mandat für die Gruppe der von den Juristischen Diensten zu benennenden Sachverständigen (529/03) Arbeitskreis betreffend den Gerichtshof (543/03)
Februar, 27., 28.:	Verfassungsentwurf Artikel 24-33 (Titel V) vorgestellt Aussprache über Artikel 1-16 des Verfassungsentwurfs	Tagesordnung (565/03) Entwurf der Artikel 24-33 des Verfassungsvertrages (571/03) Reaktionen auf Art. 1-16 (574/03) *Zusammenfassung der Sitzung (601/03)*
März, 5.:	Aussprache über Artikel 1-16 des Verfassungsentwurfs (Fortsetzung)	Tagesordnung (593/03) *Zusammenfassung der Sitzung (624/03)*
März, 17., 18.:	Verfassungsentwurf Artikel 38-40 (Titel VII) und Art. 31 vorgestellt Aussprache über Artikel 24-33 des Verfassungsentwurfs Aussprache über Protokolle zur Subsidiarität und zu den nationalstaatlichen Parlamenten	Tagesordnung (608/03) Entwurf der Artikel 38-40 des Verfassungsvertrages (602/03) Reaktionen auf Art. 38-40 (643/03) Entwurf des Artikels 31 des Verfassungsvertrages (614/03) Reaktionen auf Art. 31 (644/03) *Zusammenfassung der Sitzung (630/03)*
März, 26.:	Aussprache über Artikel 1-16 des Verfassungsentwurfs (2. Fortsetzung)	Tagesordnung (628/03) *Zusammenfassung der Sitzung (674/03)*
April, 3., 4.:	Verfassungsentwurf Artikel 33-37 (Titel (Titel VI), Artikel 42 (Titel IV), Artikel 43-46 (Titel X), sowie Teil III: Schlussbestimmungen (später Teil IV) vorgestellt	Tagesordnung (645/03) Entwurf der Artikel 33-37 des Verfassungsvertrages (650/03) Reaktionen auf Art. 33-37

	Aussprache über Artikel 38-40 und Art. 31 des Verfassungsentwurfs	(670/03)
		Entwurf des Artikels 42 (649/03)
		Reaktionen auf Art.42 (671/03)
		Entwurf der Artikel 43-46 des Verfassungsvertrages (648/03)
		Reaktionen auf Art. 43-46 (672/03)
		Entwurf Teil III (647/03)
		Reaktionen auf Teil III (673/03)
		Zusammenfassung der Sitzung (677/03)
April, 24., 25.:	Verfassungsentwurf Artikel 14-23 (Titel IV) und Artikel 29-30 (Titel V) vorgestellt Aussprache über Artikel 33-37, 42, 43-46 und Teil III des Verfassungsentwurfs	Tagesordnung (686/03) Entwurf der Artikel 14-23 des Verfassungsvertrages (691/03)
		Reaktionen auf Art. 14-23 (709/03)
		Entwurf der Artikel 29-30 des Verfassungsvertrages (685/03)
		Reaktionen auf Art. 29-30 (707/03)
		Zusammenfassung der Sitzung (696/03)
Mai, 15., 16.:	Aussprache über Artikel 14-23 und 29-30 des Verfassungsentwurfs Übermittlung Art. 32 (Titel V)	Tagesordnung (717/03) *Zusammenfassung der Sitzung (748/03)* Entwurf des Artikels 32 (723/03)
Mai, 30, 31.:	Aussprache über Artikel 32 und Teil II und neuer Teil III	Tagesordnung (751/03) *Zusammenfassung der Sitzung (783/03)*
Juni, 5., 6.:	Aussprache über Teil I und IV (Schlussbestimmungen) sowie Protokolle	Tagesordnung (772/03) *Zusammenfassung der Sitzung (798/03)*
Juni, 11., 12., 13.:	Aussprache über den gesamten Teil I sowie über das weitere Vorgehen Abschlusszeremoniell	Tagesordnung (801/03) *Zusammenfassung der Sitzung (814/03)*
Juli, 4.:	Bericht Giscard über Gipfel des Europäischen Rates Aussprache über Teil III	Tagesordnung (822/03) Reaktionen auf Teil I, II, IV (821/03)
		Zusammenfassung der Sitzung (849/03)
Juli, 9., 10.	Aussprache über Teil III Abschluss des Konvents	Tagesordnung (823/03) *Zusammenfassung der Sitzung (853/03)*
		Abschlussdokumente: Verfassung für Europa (850/03) Bericht des Vorsitzenden an den Präsidenten des Europäischen

		Rates (851/03)
	.	Schlussdokument (852/03)

Neu im Programm Politikwissenschaft

Wolfgang Schroeder,
Bernhard Weßels (Hrsg.)
Die Gewerkschaften in Politik und Gesellschaft der Bundesrepublik Deutschland
Ein Handbuch
2003. 725 S. Br. EUR 42,90
ISBN 3-531-13587-2

In diesem Handbuch wird von führenden Gewerkschaftsforschern ein vollständiger Überblick zu den Gewerkschaften geboten: Zu Geschichte und Funktion, zu Organisation und Mitgliedschaft, zu den Politikfeldern und ihrer Gesamtrolle in der Gesellschaft usw. Auch die Neubildung der Gewerkschaftslandschaft, das Handeln im internationalen Umfeld und die Herausforderung durch die Europäische Union kommen in diesem Buch zur Sprache.

Hans-Joachim Lauth (Hrsg.)
Vergleichende Regierungslehre
Eine Einführung
2002. 468 S. Br. EUR 24,90
ISBN 3-531-13533-3

Der Band „Vergleichende Regierungslehre" gibt einen umfassenden Überblick über die methodischen und theoretischen Grundlagen der Subdisziplin und erläutert die zentralen Begriffe und Konzepte. In 16 Beiträgen werden hierbei nicht nur die klassischen Ansätze behandelt, sondern gleichfalls neuere innovative Konzeptionen vorgestellt, die den aktuellen Forschungsstand repräsentieren. Darüber hinaus informiert der Band über gegenwärtige Diskussionen, Probleme und Kontroversen und skizziert Perspektiven der politikwissenschaftlichen Komparatistik.

Sebastian Heilmann
Das politische System der Volksrepublik China
2., akt. Aufl. 2004. 316 S.
Br. EUR 21,90
ISBN 3-531-33572-3

In diesem Buch finden sich kompakt und übersichtlich präsentierte Informationen, systematische Analysen und abgewogene Beurteilungen zur jüngsten Entwicklung in China. Innenpolitische Kräfteverschiebungen werden im Zusammenhang mit tief greifenden wirtschaftlichen, gesellschaftlichen und außenpolitischen Veränderungen dargelegt. Die Hauptkapitel behandeln Fragen der politischen Führung, der politischen Institutionen, des Verhältnisses von Staat und Wirtschaft sowie von Staat und Gesellschaft.

Erhältlich im Buchhandel oder beim Verlag.
Änderungen vorbehalten. Stand: Juli 2004.

www.vs-verlag.de

VS VERLAG FÜR SOZIALWISSENSCHAFTEN

Abraham-Lincoln-Straße 46
65189 Wiesbaden
Tel. 0611.7878-722
Fax 0611.7878-400

Neu im Programm Politikwissenschaft

Andreas Kost,
Hans-Georg Wehling (Hrsg.)
Kommunalpolitik in den deutschen Ländern
Eine Einführung
2003. 356 S. Br. EUR 29,90
ISBN 3-531-13651-8
Dieser Band behandelt systematisch die Kommunalpolitik und -verfassung in allen deutschen Bundesländern. Neben den Einzeldarstellungen zu den Ländern werden auch allgemeine Aspekte wie kommunale Finanzen in Deutschland, Formen direkter Demokratie und die Kommunalpolitik im politischen System der Bundesrepublik Deutschland behandelt. Damit ist der Band ein unentbehrliches Hilfsmittel für Studium, Beruf und politische Bildung.

Franz Walter
Abschied von der Toskana
Die SPD in der Ära Schröder
2004. 186 S. Br. EUR 19,90
ISBN 3-531-14268-2
Seit 1998 regiert die SPD. Aber einen kraftvollen oder gar stolzen Eindruck machen die Sozialdemokraten nicht. Die Partei wirkt vielmehr verwirrt, oft ratlos, auch ermattet und erschöpft. Sie verliert massenhaft Wähler und Mitglieder. Vor allem die früheren Kernschichten wenden sich ab. Auch haben die überlieferten Leitbilder keine orientierende Funktion mehr. Führungsnachwuchs ist rar geworden. Was erleben wir also derzeit? Die ganz triviale Depression einer Partei in der Regierung? Oder vielleicht doch die erste Implosion einer Volkspartei in Deutschland? Das ist das Thema dieses Essaybandes.

Antonia Gohr,
Martin Seeleib-Kaiser (Hrsg.)
Sozial- und Wirtschaftspolitik unter Rot-Grün
2003. 361 S. Br. EUR 34,90
ISBN 3-531-14064-7
Dieser Sammelband legt eine empirische Bestandsaufnahme der Wirtschafts- und Sozialpolitik nach fünfjähriger rot-grüner Regierungszeit vor. Gefragt wird nach Kontinuität und Wandel in Programmatik und umgesetzten Maßnahmen in der Sozial- und Wirtschaftspolitik von Rot-Grün im Vergleich zur Regierung Kohl.

Erhältlich im Buchhandel oder beim Verlag.
Änderungen vorbehalten. Stand: Juli 2004.

www.vs-verlag.de

VS VERLAG FÜR SOZIALWISSENSCHAFTEN

Abraham-Lincoln-Straße 46
65189 Wiesbaden
Tel. 0611.7878-722
Fax 0611.7878-400

MIX
Papier aus verantwortungsvollen Quellen
Paper from responsible sources
FSC® C105338

If you have any concerns about our products,
you can contact us on
ProductSafety@springernature.com

In case Publisher is established outside the EU,
the EU authorized representative is:
**Springer Nature Customer Service Center GmbH
Europaplatz 3, 69115 Heidelberg, Germany**

Printed by Libri Plureos GmbH
in Hamburg, Germany